KB083007

정서심리학

김경희 저

博英社

서   문

인간의 심리는 보편적으로 성격, 정서, 인지의 세 가지 영역으로 분류되어 연구되는 경향이 있다. 전통적으로 정서는 일반심리학, 임상심리학, 정신분석학, 정신의학, 동물행태학 및 인류학에서 연구되었으나, 최근 진화론적 입장에 근거를 둔 사회생물학, 유전학, 신경생리학 등에서 중요한 주제로 다루어지고 있다.

저자는 10여 년 전(1995)에 "정서란 무엇인가"라는 제목으로 논저 수준의 저서를 집필한 적이 있다. 그 당시 국내에서는 정서에 관한 저서가 발견되지 않았기 때문인데, 그 후에도 정서에 관한 저서는 찾아볼 수 없었다.

저자는 학부 때 '웃음'에 관한 졸업 논문을 쓸 정도로 정서에 대해서 깊은 관심을 가져왔기 때문에, 그리고 지난 저서에서 다루지 않은 새로운 연구 추세와 이론을 보강해야 할 책임감을 가지고 이번에 전문서를 집필하게 되었다.

이번 저서는 대학원 강의와 세미나를 통해서 틈틈히 자료를 수집해 놓은 것을 연구년을 맞이하여 정리할 수 있게 되었다.

지난 번과 다르게 책의 내용을 구성하는 문제 때문에 많은 고민을 했다. 우선 저자의 "정서란 무엇인가"를 기초적 틀로 삼고, 2003년 독일 방문 시에 정서심리학에 관한 가능한 모든 저서를 두루 개관하여 정서 전반에 걸친 내용을 저자 방식대로 구성하였다. 이 책은 2000년부터 착수하여 2004년 2월에 걸쳐 완성되었으며 참고문헌은 2003년 12월까지 발행된 문헌들을 참고했다.

이 저서는 6부, 14장으로 구성되어 있다.

서론은 도입부로서 정서의 개념, 연구 및 이론의 변천을 약술했다. 제1부는 정서의 본질이라고 명명하여 정서의 심리학적 본질과 연구 방법을, 제2부는 정서의 생물학적 기초로 이름하여 정서와 뇌의 기능, 신경-내분비학적 기초, 정서의 해부학을, 제3부는 정서의 이론으로 이름하여 진화론적 차원, 심리생리학적 차원, 역동적 차원의 이론들을, 제4부는 정서 발달로 명명하여 유아의 정서 발달, 사회화, 정서의 발달 이론을, 제5부는 정서의 치료법이라 명명하여 진화론적 정신치료, 정신분석학적 및 역동적 치료를 다루었다.

이 책은 정서를 연구하는 심리학도 및 인접 과학분야의 전공자들, 그리고 정서에 관심을 갖는 일반인에게 지침이 될 수 있고 더 나아가서 이들의 지적인 욕구 충족에 동기를 부여할 수 있게 될 것을 목적으로 한다.

이 지면을 통해서 저서의 체제 구성에 의견을 교환했던 충북대학교 심리학과 김혜리 교수와 영남대학교 유아교육과 이현진 교수, 그리고 해부학에 도움말을 주신 연세대학교 의과대학 해부학 교실의 박경아 교수께 감사한다. 워드프로세싱을 해 준 연세대학교 아동·가족 전공의 김호정 양과 남상보 군, 그리고 2003년 10월 독일 방문시 저서에 대해서 의견을 교환했던 동료 교수인 Josef Held 박사께도 고마움을 전한다.

끝으로 이 책의 출판을 허락해 주신 박영사의 안종만 회장님과 황인욱 전무님, 그리고 편집부의 조성호, 김희경님께 진심으로 감사드린다.

2004. 5.
삼성관 연구실에서
김경희

차 례

제1부　정서의 본질

제1장
정서의 본질

**제 2 장
정서 연구 방법**

제 2 부　정서의 생물학적 기초

**제 3 장
정서와 신체**

제 4 장
정서의 내분비학

제 5 장
정서의 해부학

제 3 부   정서의 이론

제 6 장
정신진화론적 차원

제 7 장
심리생리학적 차원

제 4 부   정서 발달

제10장
사 회 화

제11장
정서 발달 이론

제5부   정서의 치료법

제12장
정신진화적 치료

제13장
정신분석적 치료

제14장
역동적 치료

서 론

1. 정서 정의의 변천

정서란 용어와 개념은 인류가 존재해 온 이래 계속 사용되어 왔을 것으로 간주되는 바, 시대사조의 변천에 따라 여러 가지로 변화되어 왔을 것이다. 문헌상으로 기록된 인지의 발달은 그리스 시대로 거슬러 올라가는데, 흔히 감정과 동일시되는 정서도 그 당시부터 언급되어 온 것으로 나타나 있다.

정서가 체계적으로 연구된 것은 빌헬름 분트(Wilhelm Wundt)가 1879년 라이프치히에 심리학 실험실(Psychologisches Laboratorium, 심리학과의 시초)을 창설한 이후부터라고 보고 있다. 그 이후 현대 심리학에서는 인간의 정신 활동을 성격, 정서, 인지의 측면으로 나누어 접근하고 있으며, 이 가운데서 정서는 특히 1980년 이후 다시 활발한 연구 과제로 대두되고 있다.

20세기 초까지 정서는 감정(affect, feeling, Gefühl)과 동일한 것으로, 또는 혼용되어 왔다. 감정이란 특정한 사태(situation)나 사건(event)에 대한 개별적 정서이다. 현재 정서(emotion, Gemütsbewegung)는 여러 가지 감정들을 포괄하는 상위 개념으로 사용되고 있다.

학자들 사이에 의견의 일치를 보이는 것은 정서란 어떤 대상이나 상황을 지각하고 그에 따르는 생리적 변화를 수반하는 복잡한 상태라고 보는 것이다. 정서가 갖는 강한 주관적 경험 가운데 하나는 행위 충동으로서 환경과의 특정한 형태의 만남을 통해서 나타난다. 이 행위 충동 또는 동인요소는 정서란 단어의 어원적 근원에 내포되어 있다. 즉 라틴어로 'e'는 '밖으로'란 뜻이며 'movere'는 '움직이다'는 뜻이다.

밖으로 움직이려면 우선 주위에 자극 존재가 있어야 가능하며, 또 이렇게 움직이는 반응 행위를 하는 유기체의 조건이 고려되어야 했다. 따라서 심리학의 다른 개념들과 마찬가지로 정서를 유기체, 환경 가운데 어느 쪽에 초점을 두느냐에 따라 정의가 달라지며, 이에 기초한 정서 이론과 연구 방법도 달라지게 된다.

정서의 태고적 용어인 수난(passion)이란 용어는 라틴어로 'pati'이며, 그리스어로는 'pathos'이다. 그런데 영어로 'passivity', 'patient', 'pathology'는 어원이 같다. 따라서 이 개념이 갖는 근원적 의미는 개인이 어떤 변화를 하거나 어떤 변화를 갖도록 강요당함을 뜻한다. 달리 표현하면 정서는 우리가 행하는 행위가 아니라 어떤 것이 우리에게 일어나는 수난인 것이다.

이렇게 볼 때, 정서의 수동성(passivity)의 예는 일상생활에서 많이 볼 수 있다. 예컨대 '사랑에 빠진다', '죄책감에 사로잡힌다'거나, '겁에 질려서 꼼짝 못한다' 등이다(김경희, 1995).

전통적 이론가들은 이러한 현상들을 기초로 흔히 다음과 같은 가설을 설정한다. (1) 정서를 생물학적으로 원시적(본능적) 반응으로, (2) 정서의 중재로서 자율(불수의적)신경계의 역할을 강조하거나, (3) 정서를 기본적으로 비인지적(불합리한) 반응으로 가정했다. 이에 비해서 구성주의 정서 이론가들은 정서를 사회적 구성물이며, 다른 복잡한 행태의 사회적 행동과 마찬가지로 같은 수준의 인지적 능력을 필요로 한다고 보고 있다.

그렇다면 정서의 수동성은 이상의 가정을 기초로 어떻게 설명할 수 있을까가 문제이다. 대부분의 심리학자들은 행위 또는 수난으로 반응을 분류하는 것은 해석의 차이라고 본다. 예를 들면 행위는 자기가 솔선하는 것으로 해석되고 수난은 자기 통제를 벗어난 것으로서 해석된다. 다시 말하면 아주 단순한 감각적 경험일지라도 어떤 해석적 요소를 갖고 있으며,

보다 복잡한 정서 경험의 경우에는 더욱 그러하다.

다음은 정서와 흔히 동일시되거나 혼돈되어 쓰이는 '기분'이란 용어를 살펴보기로 한다. 정서는 개인이 어떤 목표를 추구하는 데 있어서 동기, 지각된 기회, 환경이 제공하는 보상들, 개인의 과제—특수적 능력에 대한 신념이 잘 조화되어서 성공여부를 결정한다.

정서의 강도(intensity)는 실제화된 동기의 강도에 따라 다르며(Smith & Lazarus, 1990). 정서의 질(quality)은 성공과 실패의 경험과 동기에 따라 다르다. 정서는 중추적인 통합적 기능을 갖는다. 즉 정서는 동물의 감각이나 운동이 갖는 본능적이고 융통성 있는 협응보다 훨씬 높은 진화의 수준에서 행위충동에 대한 인지와 관련되어 있다.

정서와 기분은 서로 다른 현상에 관계된 용어로 간주되고 있다. 많은 학자들은 이 두 개념을 다르게 변별하고 있다. 정서는 대상에 대한 인간의 감정에 초점이 맞추어져 있어서 기억되고, 지각되거나 또는 기대되는 사건들에 대한 반응인 데 비해서, 기분(mood)은 이러한 대상 창조나 의도성(intentionality)이 결여되어 있다(Ekman & Davidson, 1994).

포가스(Fogas, 1995)에 의하면, 기분과 정서의 차이는 의도성, 지속되는 감정적 상태 및 인지적 내용과 관련되어 있다. 정서는 보다 강하고 단기적이며, 명백한 이유와 분명한 인지적 내용을 갖는데(Fogas, Johnson & Ciarochi, 1998, p. 157), 기분은 각 사태에 대한 전반적인 평가만을 내포한다.

정서심리학을 정의하는 것은 간단치 않다. 어떤 학자들은 정서의 정의를 정서란 주제하에 요약되었거나 연구되는 것만을 정서라고 국한시킨 데 비해서, 또 다른 학자들은 문외한이 정서라고 생각하는 것을 모두 정서로 간주하기도 한다. 따라서 여러 가지 정의들이 갖고 있는 중추적 측면을 동일시하고 파악하기 위해서 이를 살펴볼 필요가 있다.

클라인기나와 클라인기나(Kleinginna & Kleinginna, 1981)는 100여 명의 학자들의 정의를 개관하였으며 이를 4개의 범주로 분류했다. 클라인기나와 클라인기나는 정서를 신경학적/ 체질적 체계에 의해서 중재되는 주관적·객관적 요인들의 복잡한 상호구조라고 정의하고 있다. 이들이 분류한 4가지 정서 정의의 범주는 다음과 같다.

① 흥분의 감정, 또는 쾌/불쾌를 야기할 수 있는 감정적 경험(affective experience)
② 정서적으로 중요한 지각 효과, 평가, 분류과정을 야기할 수 있는 인지적 과정
③ 흥분을 발생시키는 조건에 대한 광범한 생리학적 순응
④ 뚜렷하고 목표 지향적이며 순응적인 행동

활동적인 정서는 행동으로 표현되기 때문에, 따라서 알아차릴 수 있는 행동경향을 기대하게 한다. 이러한 정서의 기능은 상대적인데, 왜냐하면 특정한 사태에서 정서 사태를 그대로 두지 않고 상대방을 착각하게 하는 데 유리하기 때문이다.

유기체의 목표, 그것이 긍정적이든 부정적이든 간에 이 목표에서 결과로 나온 행위경향은 많은 정서 정의에서 중요한 역할을 한다. 한 개인의 목표에 관한 것인지에 대한 지식을 사건에 의거해서 재고하는 과정은 인지적 평과 과정으로 명명된다. "인지적"이란 말은 이러한 과정들이 항상 의식적으로 진행한다는 것을 의미하는 것은 아니며 또 이러한 과정들이 통제될 수 있고 합리적이야 한다는 것도 아니다.

정서를 정의할 때는 실제 정서의 발생에 따라서 무엇이 어떤 정서에 특징적인 것인가가 기술되어야 한다. 어떤 정서의 발생의 원인, 곧 한 사건은 개인의 목표에 의미 있는 의식적 또는 무의식적 지각일 것이라고 가정된다. 이러한 관점은 각 이론을 고찰할 때 상세히 기술될 것이며, 정서란 개념도 각 이론과 연구자들에 따라 다르게 정의될 수 있는바, 이를 정서 이론에서 연구와 함께 자세히 다루고자 한다.

어떤 정서는 한 사건이 중요한 목표 달성에 의미 있다고 평가될 때 야기된다. 즉, 목표가 촉진될 때 정서는 긍정적으로 체험되고 목표가 방해를 받을 때 부정적으로 체험된다. 오틀리와 젠킨스(Oatley & Jenkins, 1996, p. 96)에 의하면 어떤 정서의 핵심은 행위 준비도와 행위 계획의 촉진자라는 것이다. 여러 가지 행위 준비도의 종류는 사람에 따라 다르게 나타나며 정서는 흔히 신체적 변화, 표현현상, 그리고 행위를 수반하는 전형적인 정신적 상태(state)로 체험된다는 것이다. 즉 정서의 핵심은 행위 준비도라고 간주되고 있다. 어떤 정서가 발생되면 그에 속하는 행위 준비도 역시 더욱 확실하게 작용한다. 이러한 행위 준비도는 개인에게 유용할 뿐 아니라 실제적 사회적인 관계 곧, 대인관계에서도 일관되게 나타난다.

정서의 또 다른 결정적인 특징은 정서 상태에 속하는 특정 정서를 체험하는 것이다. 부분적으로 어떤 연구자들은 정서에 대해서 중추적으로 평가되는 신체적 변화, 표현행동 및 주관적 체험 등을 부수현상으로 간주하기도 한다.

2. 정서 이론의 변천

많은 학자들은 개개의 감정은 이미 태어날 때부터 나타나는 막연한 흥분에서 분화된다고 가정해 왔다. 개개의 감정은 일정한 사태와 운동 반응과의 연합 과정에서 형성되어 나타난다는 것이다. 또 다른 학자들은 쾌-불쾌, 불안, 사랑 또는 공격성 차원과 같은 정서의 개별적이고 특수한 발생을 규명하고자 하였다.

정서는 여러 가지 기본 욕구를 나타내는 폐쇄된 전체로서 유전된다는 견해도 있다. 초기 본능 이론과 현재의 동물행태학이 이러한 견해에 속한다. 이 견해에 따르면 감정은 특수한 본능 행동에 알맞는 추진력을 제공한다고 가정한다. 1차적 감정이 통합되고 분화됨으로써 여러 가지 파생된 감정들이 발달된다는 것이다.

어떤 학자들은 감정의 발달 기제들을 제안했다. 어린 시절의 여러 가지 경험들이 중요하다는 것이 강조되었는데, 예컨대 할로우(Harlow, 1958)는 초기 아동기의 감각적 접촉의 역할을 강조했고, 보울비(Bowlby, 1969)는 어머니-아동의 분리의 결과를 시사한 바 있다.

아동기에 경험되는 자극들이 학습 과정을 통해서 정서에 영향을 미친다는 연구는 특히 고전적 조건 형성을 강조하는 행동주의자들에 의해 수행되었다. 아울러 기초적 신경 기능과 학습 능력에 있어서 개인차가 강조되었다(Eysenck, 1967).

여러 정서 사태가 서로 다른 생리적 반응 유형을 갖게 하는 데 대해서는 아직 밝혀지지 않고 있다. 다만 인간 피험자의 신체적 변화를 그 당시 지배적인 사태에 근거하여 정서와 연관시키려고 하였다. 따라서 특별하게 생리적이고, 특별하게 인지적이며, 특별하게 행동에 부응하는 유형은 주어진 방출 조건과 함께 고려할 때만 가능한 것으로 가정되었다(Lazarus, 1968).

골트슈타인(Goldstein, 1968)이 개관한 바와 같이, 많은 학자들은 정서적 행동에 관여하는 신경학적 구조와 기제를 연구하였다. 예컨대 파페즈(Papez, 1937)는 오늘날 가장 영향력 있는 정서 이론인 '변연계'(lymbic system) 이론을 제안했다. 이 체계는 외수용체보다는 고유 수용체의 정보를 처리하는 소뇌에 관한 것이다. 인간에게서 신피질 시상하부의 상호 작용은 지각, 기억 및 학습 과정과 함께 정서적 과정에서 중요한 역할을 한다는 것이다.

신경계의 활성화 조직의 흥분과 정서와의 관계를 강조하는 활성화 이론도 대두되었다. 즉 더피(Duffy, 1962)는 정서는 흥분 연속체상의 양극단에 놓여 있다고 가정하고 있다. 여러 학자들(Eysenck, 1967; Routtenberg, 1968)은 활성 조직(ARAS)의 기능을 변연계의 기능과 분리시켜 가정하고 있다. 이 연구자들은 이 두 가지 체계는 생리적으로 상호 작용할 때에도 그들의 작용 방식과 의미에 따라 정서 생성의 의미가 분리될 수 있다는 것이다.

3. 정서 연구의 변천

역사적으로 보아서 정서 연구와 정서 이론은 주로 정서의 발생 문제와 정서 내용의 다양성을 차원화시키려는 시도에 집중되어 왔다. 예컨대 다윈 이후에, 분트는 정서를 세 가지 차원의 결합 체계, 곧 쾌-불쾌, 흥분-진정, 긴장-이완으로 보았는데, 이는 정서 연구의 고전이다. 정서 앙양 원인에 따라 로라허(Rohracher)는 정서를 동인적 정서, 감각적 정서, 그리고 성격적 정서로 분류했다.

슐로스버그(Schlosberg, 1953)는 정서를 사회적 환경과의 관계에 기초하여 분류했으며, 트렉슬(Traxel, 1962)은 유쾌한-불쾌한, 굴복-우월의 차원에 따라 제작된 척도를 사용하여 정서를 분류하고 있다.

인지이론가인 샤치텔과 싱어(Schachter & Singer, 1962)는 인간이 직접 설명할 수 없는 생리적 흥분 상태를 상황에 대한 인지적 측면으로 분류하여 이를 실험적으로 증명할 수 있었다. 즉 생리적 흥분 상태는 선행된 상황에 의존해서 분노, 기쁨, 공포 등으로 체험될 수 있다는 것이 증명되었다.

오늘날 정서 연구는 심리학적·생리적 모델을 통해서 강조되고 있다. 예를 들어 정서에 따른 인지적·정보이론적 과정에 관한 것과, 인공두뇌적 피드백 원리에 관한 모델들이다. 전자의 경우에는 정서 표현이 학습되고 사용되는 방식(Davitz, 1969), 정서에 의한 환경 연상의 제한(Easterbrook, 1959), 지각된 자극과 그에 수반되는 경험과의 비교(예 : 기억내용, Sokolov, 1960), 아놀드(Anold, 1960)와 라자러스(Lazarus, 1968)에 의한 정서 평가에 관한 것이 이에 속한다. 인공 두뇌적 피드백 원리에 관한 것으로는 정서를 동질 정체적(homeostatic) 조정으로 설명하려는 연구가 있다. 즉 정서로 야기되는 긴장 에너지가 자유 방출되어 정화의 기능을 갖는다는 것이다(Stampfl, 1966). 프리브램(Pribram, 1967)은 개인이 정서 앙양시에 자기 통제를 할 수 있는지, 달리 표현해서 특별한 행위를 나타내지 않고 균형 상태 또는 동질 정체를 재생하는 내적 적응을 할 수 있는지에 대해서 문제를 제기하고 있으나, 정서의 기능에 대해서는 아직까지 분명하지가 않다.

한 마디로 정서의 에너지 유출 기능에 대해서만 많은 관심이 집중되어 왔고, 성격의 성장 및 자아 형성에 유익한 긍정적 정서 경험들은 소홀히 다루어져 왔다(Anold, 1960, & Koestler, 1964).

제1부 정서의 본질

제 1 장
정서의 본질

1.1 정서의 심리학적 기초

클라인기나와 클라인기나가 시사한 바와 같이, 정서는 여러 가지 부분가정 또는 구성요소들로 되어 있다. 정서는 개인의 체험과 관련해서 정의될 뿐 아니라 오틀리와 젠킨스와 같이 인지적 동기적 과정에 따라 정의된다. 이에 덧붙여 표현적, 신경생리학적 과정도 고려된다. 어떤 정서의 구성요소라고 하는 것은 쉐러와 월보트(Scherer & Wallbott, 1990)의 모델로 통합되어 있으며 구성요소별로 그에 속하는 하위 체계와 기능을 보면 [표 1-1]과 같다.

표 1-1 정서의 구성요소들과 5개 하위 체계의 기능

구성요소	하위 체계	기 능
인지적 구성요소	정보처리 체계	자극 평가
신경 생리학적 구성요소	공급 체계	체계 조절
동기적 체계	조종 체계	행위 준비도
표현 구성요소	활동 체계	반응과 의도의 의사 소통
감정 구성요소	감시 체계	반사와 통제

인지적 구성요소는 정보처리 체계의 일부로써 자극 평가에 관여한다. 이 구성요소는 개인이 어떤 특정한 자극이나 특정한 사태에 관해서 수행하는 평가를 포함한다. 한 사태의 평가에 근거해서 특정한 표현유형과 감정을 나타낼 수 있는 여러 가지 신경생리학적이고 동기적인 변화를 가져온다. 구성요소들에 따라 정서 정의의 의미가 달라진다. 즉 정서과정들은 하위체계의 협응이라고 정의된다. 정서는 실제적 또는 사건들의 정신적 표상과 같이 상상되고 분리된 사건이나 자극을 통해서 발생되며 또한 유기체나 목표를 의해서 의미 있는 사건들을 통해서도 발생된다.

1.1.1 기본 정서

기본 정서에 관한 특징을 언급하기 전에 라자러스(Lazarus, 1991)의 정서 일반에 관한 주장을 고찰할 필요가 있다. 이를 통해서 에크만과 프리젠의 기본 정서에 관한 규정들을 비교해 볼 수 있기 때문이다.

라자러스(1991)에 의하면 각 정서는 핵심적으로 독특한 관계적 곧 상대적 의미를 갖는 것으로 이러한 견해는 정서에 관한 함축적, 또는 직관적인 상식심리학적 견해라고 볼 수 있다. Lazarus의 견해를 각 정서별로 보면 다음과 같다(표 1-2 참조).

에크만과 아이자드는 정서의 표정표현에 관한 문화포괄적 보편성을 연구했다. 이들은 연구에서 정서와 정서표현은 자연 도태의 체험이라는 것과 또 모든 인간에게서 발견될 것이라는 가설을 설정했다. 앞에서 언급된 바와 같이 에크만과 프리젠은 소위 기본 정서라고 불리우는 일련의 정서에 대한 보편적 가설을 증명한 바 있다. 기본 정서는 문화를 포괄하는 얼굴표정의 표현으로 정의하는 것은 아니다. 기본 정서에 대한 에크만의 논쟁은 기본 정서가 차원적 이해 가능성을 벗어나는 독립적인 체계이며, 진화적 발달 과정의 체험으로 고려해야 한다는 관점에 근거하고 있다. 이러한 두 가지 정의적 규정은 에크만(Ekman, 1992)의 다음과 같은 정의에서 나타나고 있다.

표 1-2	각 정서별로 본 핵심 관계 주제
분노	나와 나의 소유에 대한 위반행위
불안	모호한 존재적 위협에 직면하는 것
경악, 놀람	즉각적이고, 구체적이며 압도적인 위협에 직면하는 것
죄책감	도덕적 명령을 위반한 것에 직면하는 것
수치심	자아이상(self-ideal)에 따라 생활하는 데 실패하는 것.
슬픔	돌이킬 수 없는 상실을 경험하는 것
부러움	타인이 소유한 것을 원하는 것
질투	타인의 애정의 상실 또는 위협에 대한 관계자를 원망하는 것
혐오	소화할 수 없는 대상 또는 생각에 너무 가까운 것을 받아들이는 것
행복	목표 실현에 대한 합리적 발전을 하는 것
자만심	자기 자신이나 자기가 동일시하는 집단의 구성원 또는 그 집단의 가치 있는 대상, 혹은 성취를 명예로 삼음으로써, 자신의 자아–정체감을 증대시키는 것
위안	보다 나은 것을 위해서 변화되었거나 도달하기 어려운 목표와 불일치되는 조건에 직면하는 것
희망	최악의 것을 두려워하면서 최선의 것을 갈망하는 것
사랑	일반적으로 보답할 필요가 없는 애정을 원하거나, 애정이 빠지는 것
연민, 동정	다른 사람이 고통 받는데 마음이 움직여서 돕기를 원하는 것

① 차원적 기술의 가능성을 넘는 확실하게 구별할 수 있는 일정한 수의 정서가 있다.

② 정서 및 그 기능의 특수성과 공통속성은 대부분 진화적 발달 과정의 산물이다.

에크만과 아이자드(Izard, 1977)에 의하면 기본 정서는 행복(happiness), 놀람(surprise), 슬픔(sadness), 공포(fear), 분노(anger) 등이다. 이에 덧붙여 아이자드는 흥미–흥분(interest-excitement), 절망–고뇌(distress-anguish), 수치심(shame), 그리고 죄책감(guilt)을 기본 정서에 포함시켰다. 경멸(contempt)은 에크만과 아이자드 모두 기본 정서로 간주했으나 이 정서에 관한 경험적 연구는 아직 충분하지 못하다.

아놀드(Anold, 1960)는 인지적 평가과정 이론의 창시자로서 프리자(Frijda, 1986)와 유사하게 일정한 기본 정서를 다루었다. 그는 기본 정서를 행위 경향에부터 추론했으며, 펜크섭(Panksepp, 1982)은 기본 정서를 신경생물학적 기초에서 다루었다. 에크만(1992)는 기본 정서를 구별하고 다른 정서의 현상들과 구별되는 특징 또는 준거들을 다음과 같이 들고 있다.

① 특징이 있는 보편적 신호
② 다른 영장류에서도 출현
③ 특징적인 생리학
④ 선행사건에서의 특징적 보편성
⑤ 정서적 반응체계의 응집력
⑥ 빠른 시작
⑦ 짧은 지속성
⑧ 자동적 평가
⑨ 원하지 않은 발생

이상의 준거는 일정한 정서가 기본 정서인지 아닌지를 결정할 때 지침이 될 수 있다. 분노, 공포, 슬픔, 기쁨, 혐오, 놀람 등의 기본 정서들은 이 조건들을 충족시키는 것이다. 이들 정서는 위에서 명명되었던 9개의 특수한 특징에 따라 구별될 수 있다. 다음의 정서들은 추가되는 특징들에 따라 구별될 수 있다. 즉 경멸, 수치심, 죄책감, 당황(embarancement), 경외(awe) 등이다.

한편, 오토니와 터너(Ortoney & Turner, 1990)는 여러 학자들이 분류한 기본 정서를 다음과 같이 정리하고 있다(표 1-3 참조).

우리 나라에서는 김경희(1996, 1997)가 기본 정서를 행동과 표현을 기준으로 흥미, 기쁨, 놀람, 슬픔, 우울, 분노, 혐오, 공포-불안, 수줍음, 수치심, 죄책감 그리고 사랑 등으로 분류하고 있다.

모든 정서가 기본 정서는 아니다. 기본 정서는 위에서 언급된 일련의 준거들을 충족시켜야 한다. 준거를 충족시키지 못하는 정서는 문화적, 사회적 영향을 받은 것이어서 기본 정서가 되지 못한다.

표 1-3	기본 정서의 분류	
학 자 명	기본 정서	분류 기준
플라칙 (Platchik)	수용, 분노, 예상, 혐오, 기쁨, 공포, 슬픔, 놀람	순응적 생물학적 과정 과의 관계
아놀드 (Arnold)	분노, 혐오(aversion), 용기, 낙담, 욕망, 절망, 공포, 증 오, 희망, 사랑, 슬픔	순응적 생물학적 과정 과의 관계
엑크맨(Ekman) 프리젠(Friesen) 엘스워스(Ellsworth)	분노, 혐오, 공포, 기쁨, 슬픔, 놀람	보편적 얼굴 표정
프리자 (Frijda)	욕망, 행복, 흥미, 놀람, 경이, 비애(sorrow)	행위 준비도의 형태
그레이(Gray)	분노와 공포, 불안, 기쁨	행동 기준
아이자드 (Izard)	분노, 멸시, 혐오, 고뇌, 공포, 죄책감, 기쁨, 수치, 놀람	행동 기준
제임스(James)	공포, 비탄, 사랑, 분노	신체적 관여
맥두갈 (McDougall)	분노, 혐오, 의기양양(elation), 공포, 복종(subjection), 부드 러운 정서, 경이	본능과의 관계
모우러(Mowrer)	고통, 기쁨	학습되지 않은 정서상태
오트리, 존슨-레어드 (Oatley, Johnson-Laird)	분노, 혐오, 불안, 행복, 슬픔	명제적 내용을 필요로 하지 않음
펜크셒(Panksepp)	기대, 공포, 분노, 공황(panic)	행동 기준
톰킨스 (Tomdins)	분노, 흥미, 멸시, 혐오, 고뇌, 공포, 기쁨, 수치심, 놀람	신경섬유의 밀도
왓슨(Watson)	공포, 사랑, 분노	행동 기준
와이너와 그래힘 (Weiner & Graham)	행복, 슬픔	독립적 속성

출처: Ortoney, A., & Turner, T. J.(1990). What's basic about emotions? *Psychological Review*, 97, 315-331.

1.1.2 정서의 결정 요인: 유전과 환경

1. 유 전

1) 서   론

정서의 본질과 강도에도 심리학의 대전제인 개인차가 있다. 심리학자들은 이러한 변화를 설명하기 위한 가설로 세 가지를 들고 있다. 즉 유전, 환경사, 유전과 환경의 상호 작용이 그들이다. 일반적으로 세 번째의 가설이 수용되고 있지만, 동시에 유전과 경험의 중요성이 크다는 것도 강조되어야 할 것이다.

유전학자들은 정서 행동의 변화를 가져오는 유전인자의 영향을 측정하려고 많은 기술을 사용하고 있으며, 그 결과 정서적 특질의 유전성을 평가할 수 있다고 주장하고 있다(Fuller, 1986). 최근 게놈-프로젝트(genom-project)가 계획중이기는 하나, 개인 안에서 유전성을 측정할 수 없다는 점을 간과해서는 안 될 것이다. 유전성에 관한 것은 주로 동물을 대상으로 해서 계산된 것이기 때문이다.

유전학자들에게 정서와 같은 복잡한 현형(phenotype)은 정의하기도 측정하기도 어렵다. 지금까지는 인간의 지능에 관한 유전성에 대해서는 검사 등의 도움으로 약 50%라는 것이 평가되었다. 정서적 행동의 유전성에 관한 연구는 비교적 드물지만, 수행된 연구의 대부분은 의미 있는 정도로 정서의 유전성을 증명했다. 대부분 연구들은 '정서성'(emotionality)과 반대된 요인들을 포함하는 성격 목록표를 사용했다. 이들 가운데는 공포(fear)와 같은 특별한 정서에 초점을 맞춘 것들이 많다.

정서를 현형으로 볼 때 생기는 문제는 정서가 변화되고, 특수한 조건에서만 나타난다는 점이다. 물론 동물을 실험할 때는 통제된 조건에서 혐오적 또는 쾌자극에 대한 행동 반응을 측정할 수 있다. 유전형과 유전적 경험 요인이 둘 다 통제되었을 때 정서적 반응의 유전성에 대한 가설을 검증할 수 있다. 그러나 인간의 경우에는 부모와 자손, 일란성과 이란성 쌍생아 또는 양자와 친자(biological children)로부터 얻은 자료를 가지고 비교한다. 대부분 이러한 자료는 오랫동안의 자연 장면을 관찰한 실험에서 나온 것이 아니라, 개개인의 자기 보고와 평가에서 얻어진 것들이다. 이러한 정보를 가지고 정서에 관한 유전 인자와 경험의 상대적 영향을 측정할 수 있을 것이다.

이러한 제한점을 가지고 있음에도 불구하고, 인간 정서의 유전성에 관한 문헌들이 계속 나오고 있으며 유전 인자가 개인의 정서성 유형을 결정짓는 데 중요한 역할을 한다는 증거가 많이 나오고 있다.

이 책에서는 동물을 실험으로 한 연구 결과는 생략하고 인간 정서의 유전학에 국한시켜 개관하겠다.

2) 현형의 분류

유전학에서는 개인의 유전형과 현형 사이를 구별하고 있다. 일란성 쌍생아는 동일한 유전형을 가지고 있지만, 아주 비슷한 경우일지라도 구조나 행동에 있어서 현형적 차이가 나타나고 있다. 현형은 대단히 다양하다. 따라서 풀러(Fuller, 1986)같은 학자는 현형이 대단히 복잡하고 또 유전형을 조성하는 유전 인자와의 관계가 다르다는 것을 강조하기 위해서 몇 가지로 분류하고 있다. 현형은 발달에 직접 관여하고 있는 유전 인자의 복잡성과 수에 따라 분류될 수 있다. 현형이 복잡한 것일수록 발달에서 더 많은 유전인자를 갖고 있는데, 동시에 환경의 역할도 중요하게 된다.

풀러는 현형을 케모펜스(chemophens), 소마토펜스(somatophens), 그리고 피지오펜스(physiophens)로 분류하고 있다. 케모펜스는 분자로서 이의 합성은 유전에 의해서 직접 조절된다. 예컨대 인간의 여러 형태의 헤모글로빈은 각기 다른 유전 인자의 산물이다. 소마토펜스는 내적 외적 신체 형태와 같은 특징이다. 예컨대 지문, 키, 얼굴 모양 등이다. 피지오펜스는 여러 가지 체계를 포함하는 뇌파(EEG, electroencephalogram)의 유형과 맥박과 같은 특징으로 피지오펜스는 정서와 상관이 있다. 풀러는 행동의 현형을 두 가지로 보고 있다. 즉 하나는 에포펜스(epophens)로서 이는 능력있는 관찰자에 의해서 인식되고 범주화될 수 있는 것이다. 또 다른 하나인 사이코펜스(psychophens)는 심리학적 기초로 인식되는 변인의 재현과 조직된 체계이며, 지능, 성격, 정서가 이에 속한다.

3) 정서와 유전 인자

행동의 현형은 하나의 유전 인자나 염색체의 변형에 의해서 달라질 수 있다. 정서성의 유전학을 연구하는 데 다음과 같은 세 가지 중요한 문제가 지적되고 있다.

첫째는 정서는 특수한 상황 아래에서만 관찰이 가능한 변화하는 현상이라는 것, 둘째는 정서의 유전적 기초는 복잡하다는 것, 그리고 셋째는 연구 세팅에서 정서를 유발시키는 실험적 과정은 극히 제한되어 있다는 점이다. 이러한 문제들은 피험 동물에게는 불가능하다. 다만 인간을 대상으로 유전적 연구를 할 경우에, 유전 인자가 정서적 특징에서 나타나는 개인적 변화에 얼마나 영향을 미치는지의 역할 정도를 특정하기 위해서 가족, 쌍생아 및 양자 기법이 사용되고 있다. 이러한 방법은 잘만 설계된다면, 정서의 유전성을 측정할 수 있을 것이라 생각된다.

인간 집단의 유전적 파라미터(parameter)를 통제하는 데는 윤리적 제한이 있다. 따라서 인간 정서를 연구하는 사람들은 전기적(biographical) 정보와 검사 자료 및 사회적 계급과 가족의 크기 등과 같은 범주에 의존하지 않으면 안 된다.

4) 유전적 모델

지금까지 수행된 정서적 행동의 유전학에 관한 대부분의 연구는 양적 접근이다. 정서의 수준은 여러 가지 생물학적, 경험적, 그리고 사태적 요인의 상호 작용에 의해서 결정되는 것으로 가정된다. 유전적 모델은 한 개의 유전 인자의 장소(locus)로서 많은 수의 대립 인자(alleles) 가운데 하나에만 점유될 수 있다. 어떤 대립 인자는 정서를 각성시키고, 또 다른 대립 인자는 정서를 억압하기도 한다. 정서적 강도에 대해서 균형이 잡힌 일련의 긍정적, 부정적 대립 인자들을 갖고 있는 사람은 한 개의 중재적인 정서 현형을 갖는다. 이때 이러한 개인은 환경의 역사에 의존하는 방향으로 움직일 것이라고 기대된다.

유전 모델은 환경의 역사와 현재 상황이 정서성에 영향을 준다는 것을 가정한다. 정서의 유전학에 관한 대부분의 문헌들은 많은 유전적 가설에 접근하고 있지만 그렇다고 해서 한 개의 중요한 효과를 생산하는 한 개의 유전 인자가 존재한다는 것을 부정하기도 어렵다.

위에서 언급한 대로 인간의 정서성을 측정하는 데는 자기-보고나 정서를 정의하는 범주에 관한 요인 분석 또는 각 정서의 강도를 점수화하는 것인데, 이러한 기법들은 유전 연구에서 사용되지 못하는 것들이다.

유전학자들이 정서를 연구하는데 겪는 또 다른 문제점은 정서 행동에 관한 단어들이 다르다는 것이다. 플라칙(1980, 1983)의 정서의 심리진화적 이론이 이러한 욕구를 충족시킬 수는 있으나, 공통적으로 수용되는 정서의 용어는 없다.

심리학에서 플라칙이 사용한 주관적 용어는 플러의 사이코펜스와 같은 것이고, 행동적 용어는 에포펜스와 동일한 개념으로 볼 수 있다.

팬크셒(Panksepp, 1982)의 심리생물학적 이론은 플라칙의 모델과 어느 정도 유사하지만, 펜크셒은 여러 가지 정서 유형과 관련된 신경학적 하위 체계를 더 강조한 점이 플라칙과 다른 것이다.

5) 인간 정서의 유전에 관한 기법들

인간 행동의 유전학을 분석하는 주요 방법들은 쌍생아 연구, 양자연구 및 가족연구이다. 쌍생아 연구에서 가장 공통적인 방법은 일란성 쌍생아와 이란성 쌍생아 사이의 유사성을 비교하여 유전성을 확인하는 것이다. 양자 연구에서는 친형제와 양자로 들어간 집의 형제들 사이의 유사성을 비교하거나 양자와 친부모, 양부모 사이의 유사성을 비교하기도 한다. 친부모와의 더 큰 유사성을 보이는 것은 유전성의 증거이다. 가족 설계(design)는 부모-자손 형태, 쌍생아-가족비교들을 포함한다.

인간 정서의 유전학을 완전하게 연구하려면 발달 단계도 다루어야 한다(Fuller, 1986). 적어도 유아기, 아동기, 청년기, 성인기, 그리고 노인기의 다섯 가지 단계로 나누어 연구되어야 할 것이다. 성격과 정서에 관한 평가는 첫째, 자기-보고, 둘째, 타인에 의한 평정, 셋째, 연구자와의 면접, 넷째, 관찰에 기초한 행동 평가, 그리고 다섯째, 연구실에서의 실험적 방법으로 되는데, 처음 세 가지가 가장 보편적으로 사용된다. 일반적으로 알려진 변량을 보면 유전적인 것이 0.33-0.55, 공통적인 환경이

0.10-0.15, 그리고 개인적 환경 및 오차가 0.45-0.55를 점유하는 것으로 되어 있다.

홍미 있는 연구 결과 가운데 하나는 정서의 유전성은 발달 단계에 따라서 변화한다는 것이다. 드워킨과 그의 동료들(Dworkin, Burke, Mayer, Gottesman, 1976)은 MMPI와 CPI의 프로파일에서 나타난 청년기에서 성인기로의 변화는 유전형에 의해서 영향을 받는다는 것을 증명했다. 일란성 쌍생아의 성격 프로파일에 나타난 12세 이후의 변화는 이란성 쌍생아의 것보다 더 높은 상관이 있었다. 이는 성격에 대한 유전적·경험적 입력은 평생에 걸쳐서 변화한다는 것을 시사한다. 연령에 따른 정서의 변화는 유전-환경의 상호작용에 의해서 해석될 수 있다.

다음에 정서의 유전성에 관한 연구로 쌍생아 연구와 양자 연구를 상론하겠다.

2. 쌍생아 연구

쌍생아 연구는 정서의 유사성을 비교함으로써 정서의 유전성을 증명하는 것을 목적으로 한다. 고츠맨(Gottesman, 1966)은 15세 된 일란성 쌍생아와 이란성 쌍생아를 대상으로 CPI와 MMPI를 검사한 결과, 일란성 쌍생아가 지배성, 사회성, 자기 수용, 사회적 참여, 사회화, 좋은 인상, 자아 통제 척도에서 이란성 쌍생아보다 의미 있게 높은 유사성을 보이는 결과를 얻었다. 몇몇 척도에서 발견된 성차는 유전적 요인의 힘으로 해석되고 있다.

이브스와 그의 동료들(Eaves, Martin, & Eysenck, 1977)은 쌍생아들의 충동성 연구에 공변인 분석을 적용했다. 여기서 네 가지 특징이 각각 고려되었다. 우선 참을성 없음(좁은 의미의 충동성)에서 공변량의 유전적 성소(component)는 남녀 모두에서 비슷했다(여자:0.357, 남자:0.404). 위험 요소에서는 의미 있는 성차가 있었다(여자:0.357, 남자:0.173). 환경적 요인이 남성에게 더욱 의미 있는 것으로 나타났는데, 이는 남성이 더 다양한 경험을 하기 때문으로 해석되었다. 무계획에 대한 공변량의 유전적 성소는 남녀 모두에게 비슷했다(여자:0.377, 남자:0.379). 생동감은 양성 모두에게 의미 없는 유전적 성소를 가진 것으로 나타났다. 연구자들은 유전적 역할은 일반적 현형보다는 특수한 현형을 분석할 때 가장 명백하기 나타난다고 결론짓고 있다.

10세부터 64세에 이르는 약 400쌍의 쌍생아를 대상으로 하여 공포에 대하여 7점 척도로된 자기 보고식 방법을 사용해서 정서의 유전을 연구한 논문이 있다(Rose & Ditto, 1983). 연령 효과는 5년 간격 집단으로 나누어서 평가되었다. 유전적 분석을 보면 일란성 쌍생아 집단이 이란성 쌍생아 집단보다 의미 있게 유사함을 보였으며, 유전성의 범위는 0.28-0.72였다. 연령에 따른 극적인 변화는 없었으며 성차도 없는 것으로 나타났다.

쌍생아의 정서의 안정성을 연구하기 위해서 메트니(Metheny, 1983)는 6개월부터 24개월 된 유아를 대상으로 종단적 연구를 시도했다. 유아 행동을 보기 위해서 베일리 유아 행동 기록(Bayley Infant Behavior Record) 중 과제-지향(Task-Orientation), 감정-외향성(Affect-Extroversion), 활동성(Activity) 요인을 선택했다. 연령에 따른 상관은 낮은 것으로부터 중간 정도를 나타냈다. 또 일란성 쌍생아가 이란성 쌍생아보다 더 유사함을 발견했다. 메트니는 기질에서는 개인차가 연령에 따라 변화되므로 기질은 안정적이지 못하지만, 일란성 쌍생아가 이란성 쌍생아보다 기질에서도 연령에 따른 일치가 더 크다고 요약하고 있다.

이상의 연구들은 쌍생아를 대상으로 정서의 유전적 분석을 시도한 것으로 장차 수행해야 할 연구의 모델이다. 정서를 연구하는 데는 유전적인 것뿐 아니라 연령과 환경요인도 함께 고려되어야 할 것이다.

무엇보다도 일란성 쌍생아를 사용해서 정서의 유전성을 연구한 것은 시사하는 바가 크다. 이미 지능이나 성격 연구에서도 그러했듯이, 일란성 쌍생아 연구는 앞으로 수행되어야 할 정서 연구에 새로운 통찰을 제공하는 것임엔 틀림없다.

3. 양자 연구

양자 연구는 성격이나 정서적 특징에 대해서보다는 인지적 측면을 연구하는 데 많이 사용되어 왔다. 적은 수이지만 직접 정서에 관한 것이라기보다는 성격 연구를 하는 가운데 정서의 유전성을 다룬 연구가 있다.

예컨대 로우린과 그의 동료들(Loehlin, Horn, & Willerman, 1981)은 카텔 (Cattell)의 성격척도를 사용해서 양부모와 그의 친자들과 양자들에 관하여 외향성, 사회성, 정서적 안정성을 비교했다. 검사의 상관은 부모-친자, 부모-양자에서 모두 낮게 나왔다. 이 연구자들은 세 가지로 결론을 내리고 있다. 즉 첫째, 성격 특질의 유전성은 인지 요인에서 보다 약하며, 둘째, 형제간의 상관은 이란성 쌍생아의 상관보다 낮고, 셋째, 정서성과 같은 성격 요인의 측정은 지능 측정보다 덜 정확하다는 것이다.

이 연구의 결과는 보통 인지적 요인에서 발견되는 것보다 상당히 낮게 나오는 정서의 중간 정도의 유전성에 대한 가설을 지지하는 것이다. 그런데 측정된 유전성에서 나타난 이러한 차이가 유전 인자는 정서에 대해서보다 지능에 대해서 더 큰 효과를 가지기 때문인지, 또는 정서적 특징을 양화하는 기술이 덜 신뢰롭다는 사실 때문이지는 정확하지 않다.

결론적으로 인간에게서 현형을 유전적으로 연구한다는 것은 대단히 어려운 것이어서, 정서를 안정된 현형이라기보다는 역동적 개념으로 간주하는 것이 합리적일 것이다. 정서의 유전성에 관해서는 심리학의 다른 분야에서 보다 더 많은 연구가 진행되어야 할 것으로 전망된다.

1.2   정서의 철학적 기초

파우어와 달그레쉬(Power & Dalgleish, 1997)는 정서를 다룬 철학적 이론을 플라톤(Platon)과 아리스토텔레스(Aristoteles)의 학문 노선에 따라 철학자들을 분류하고 있다. 플라톤 노선으로 데카르트(Descartes), 록크 (Locke), 흄(Hume)과 제임스(James)를, 그리고 아리스토텔레스의 업적과 관련된 학자로 스토아 학파인 세네카(Seneca)와 그리시푸스(Chryssipus), 그리고 토마스 아퀴나스(Thomas Aquinas)와 스피노자(Spinoza), 20세기 후반의 아놀드(Arnold), 케니(Kenny), 라이온스(Lyons) 등을 들고 있다.

본 절에서는 대표적인 학자들의 견해만을 다루기로 한다.

1.2.1 그리스와 로마시대 근대에서의 정서

1. 아리스토텔레스(Aristoteles, BC. 384-322)

아리스토텔레스의 사상은 최초의 심리학 저서로 일컬어지는 '마음에 관하여'(De Anima)에서 피력되었듯이 철학자로서뿐 아니라, 심리학의 원조로 불리울 만큼 현대 심리학의 연구과제와 대단히 유사하다.

라이온스(1999)에 의하면 아리스토텔레스와 스토아 학파는 현대철학과 심리학에 가장 가깝다고 언급했다.

특히 생리학 및 해부학에 관한 것으로 동물의 발생을 언급할 때 진화란 표현과 개념은 없었으나, 하등동물에서 고등동물에 이르기까지 연속적 계열을 인정한 것과, 사람의 정신과 동물의 정신은 별개의 것이 아니라 정도의 차이만 있을 뿐 이라고 한 것, 접근(contiguity), 대비(contrast), 유사(similarity)의 원리에 의해서 관념의 연상 작용을 주장한 것은 현대 심리학의 학습현상의 원리가 되었으며, 관찰을 통해서 지식이 발전된다는 경험을 언급한 것은 관찰이 심리학적 방법의 하나라는 것을 시사한 것이라고 볼 수 있다.

Solomon(1993)의 주장에 의하면, 아리스토텔레스의 정서에 관한 견해는 도덕에 근거한 것이다. 이는 BC. 4세기, 곧 아리스토텔레스에서부터 19세기의 다윈(Darwin)에 이르는 도덕적 철학의 전통이 되었다.

아리스토텔레스는 정서현상에 대한 귀납적 접근을 하지는 않았고, 그 당시 학문의 사조였던 수사학이나 윤리학, 그리고 희곡 등에 대한 논평에서 정서에 관한 관점을 발견할 수 있다. 예컨대 그의 저서 수사학(Aristoteles, 1941)에서 "정서란 개인의 상태를 변형시켜 그의 판단에 영향을 미치게 하는 것이고, 이는 기쁨과 고통을 수반한다. 정서의 예로는 분노, 공포, 동정(pity)이 있고 이와 반대되는 것이 있다"고 언급했다(Solomon, 1993).

아리스토텔레스는 특히 분노에 관심이 많았으며, 분노는 그의 도덕론

(Nicomachean Ethics, 1941)에서 잘 나타나고 있다.

그에 의하면 무례함에 대해 잘 분노하는 사람은 참을성이 없는 (unbearable) 사람일지 몰라도, 분노하지 않는 것은 미덕이기보다 악덕 (vice)이라고 보고 오직 바보들만이 분노하지 않는다고 주장하였다. 따라서 수사학에서 나타난 분노에 대한 아리스토텔레스의 분석은 분노를 유발하는 자극 평가에서 인지적 요인을 강조한 최초의 정서이론이라고 볼 수 있다. 즉 아리스토텔레스는 인지적 평가가 정서에 영향을 미칠 뿐 아니라 정서 상태나 이후의 인지 또는 판단에 영향을 미칠 것이라고 주장했다.

아리스토텔레스에 의하면 분노의 중요행동 요소는 복수 행위이다. 정서 상황을 고려할 때, 아리스토텔레스는 생리적 요소를 인식하였으며, 병이나 고통과 같은 신체적 고민이 분노의 원인이 될 뿐 아니라, 이러한 신체적 상황은 강한 분노를 수반한다고도 하였다. 또한 분노는 이중적이거나 배은망덕과 같이 심리적일 수도 있고, 가난이나 전쟁과 같이 사회적일 수도 있다고 언급했다. 한마디로 아리스토텔레스는 분노를 근절하는 것은 통제를 통해서 부인하는 것이 아니라 이성(reason)과 중용(moderation)을 통한 적응적 표현으로 접근했다.

아리스토텔레스는 공포에 대해서는 분노에 관해서 보다는 간단하게 언급했는데, 공포란 그가 반대정서라고 한 정서의 하나인 용기를 정의하는데서 지적되고 있다. 즉 용기는 공포를 극복하는 것이 아니라, 공포를 적당하게 갖고 있는 것, 겁쟁이가 통제하지 못하는 두려움이 아닌 것이라고 언급했다.

아리스토텔레스의 정서 이론을 요약하면, 정서는 자아의 본질적 부분 중 하나로서 간주된다.

2. 스토아 학파

아리스토텔레스 시대 후, 4세기가 지나서 로마시대의 정서의 연구는 스토아 학파였던 세네카(Seneca)와 크리시프스(Chryssipus)에 의해서 계속되었다.

스토아 학자들은 정서를 고통과 좌절의 근원이며 인지와 밀접한 관련을 가진 개념이라고 보았다. 스토아 학파는 정서를 더 잘 통제할 수 있기 위해서 정서를 이해하려고 하였다. 이 학파에 의하면 정서는 위험한 상태가 극복될 수 있도록 인지적으로 유도된 충동이다. 불안은 충동을 멀리하거나 또는 충동과 싸우는 것으로 기술되었다.

그리스 철학자들과는 달리 스토아 학파는 정서를 부족한 덕목의 표시라고 보았다. 예를 들어, 죽음에 대한 불안이나 신에 대한 불안은 의미가 없는데, 이는 인간은 다른 대상과 마찬가지로 원소의 임의적 군집에 지나지 않기 때문이다. 인간은 이러한 대상들 때문에 놀라고 불안해 하지만 궁극적인 목적은 이를 극복하고 개인적 내적 평안을 찾기 위한 것이다. 토마스 아퀴나스는 정서를 우리가 수동적으로 당하는 추동과 충동으로, 그리고 개인과 환경간의 상호작용의 결과라고 보았다.

네로(Nero) 황제의 폭정하에서 스토아 학자들은 냉소적이고 비관적 세계관을 가지게 되면서 정서는 주로 분개(indignation), 도덕적 분노, 사랑의 연약함, 공포에서 초래되는 자기 몰두적 의존을 다루었다. 스토아 학파의 학자들은 예측 불가능한 세상의 변화에 대해서 무관심과 무감각을 요구했는데, 이는 시대사조에 적응하는 가치관과 무관하지 않은 것으로 보인다.

1.2.2 근대에서의 정서

아리스토텔레스와 스토아 학파의 생각은 이후 1000여 년 동안 서구 사고의 근원이 되었으며, 이는 데카르트(Descartes)와 흄(Hume)의 사상에 잘 나타나 있다. 이들 근대 철학가들의 중심과제는 심신 이원론과 이성과 감정의 관계였다. 오늘날 심리학에서 이성은 인지로, 감정은 정서의 개념으로 도입되어 연구되고 있다.

1. 데카르트(1596-1650)

데카르트는 서구 철학의 전통이였던 정신-신체의 이원론을 채택하였는데, 이는 정서를 신경생리학과 관련시킨 시도에서 잘 나타나고 있다.

즉 인간의 정신과 육체는 송과선으로 알려진 뇌의 하부에 있는 작은 선(gland)에서 만나는데, 육체는 동물적 성질의 흥분을 통해서 정신에 영향을 미치며, 이는 다시 정서와 육체의 다른 부분에 영향을 미친다는 것이다. 그런데 정서는 정조(sentiment)뿐 아니라, 지각, 욕망, 신념을 포함한다.

데카르트는 아리스토텔레스 이론의 인지적 평가요소를 발전시켰으며, 정서는 정신의 고차적 과정의 한 유형으로 보았다. 그에 의하면, 정서는 내적 자아나 정신상태에 대한 정보를 줄 수 있다고 믿었다.

데카르트를 가리켜 정서를 기본적이고 복잡한 유형으로 조직화한 최초의 이론가라고 언급한 학자도 있다(Solomon, 1993). 데카르트는 본질적인 기본 감정을 가정했는데, 이는 경이(wonder), 사랑, 증오, 욕망, 기쁨 그리고 슬픔이다. 이외에 기본적 정서의 복잡한 혼합감정이 있을 수 있다는 것과, 이에는 긍지(pride), 질투, 경멸, 희망, 공포 등이 포함된다고 하였다. 정서는 쾌한 것이나 불쾌한 기능을 갖는다는 것도 가정했다.

2. 스피노자(Spinoza, 1632-1677)

스피노자는 "윤리학"(The Ethics)이란 저서에서 인간의 행동과 행위에 대한 공리적이고 엄격한 체계를 발달시켰으며 여기서 정서도 다루었다. 스피노자는 그의 저서에 나타난 주장 때문에 그 당시 천주교회의 미움을 샀다. 왜냐하면 스피노자는 인간은 영혼과 육체로 되어 있다는 견해에 반대했기 때문이다. 스피노자는 생명의 무한하고 원천적인 것을 물질이라고 인식하고 신을 비개인적 물질과 동등하게 취급했기 때문에 교회대표자들의 분노는 극에 달했다고 한다. 한마디로 스피노자는 개개의 정서는 신체적 변화와 인지 과정간의 상호작용에서 나온 것이라고 보고 기초적인 정서적 구성요소에서부터 기쁨과 고통 등의 정서들이 정신적 수정(modification)을 통해서 발달한다고 주장했다. 스피노자의 이론은 방향이 가정되지 않은 단순한 신체적 변화만을 수반하는 인지이론이다. 특기할 만한 것은 스피노자는 프로이드(Freud)와 유사성을 갖는데, 왜냐하면 스피노자는 프로이드의 리비도와 비슷한 동기적 행동의 원천을 "코나투스"
(Conatus, 의욕)라고 가정했기 때문이다.

3. 흄(Hume, 1711-1776)

흄은 인간의 이성보다는 도덕적 행동에 더 많은 관심을 가졌다. 그는
정열(passion)을 도덕적 행위를 가능케 하는 정신기능으로 보았는데, 그
가운데 대부분이 공감(sympathy)으로 되어 있는 도덕적 정조(moral
sentiment)에 주의했다. 흄은 공감을 이성과 반대되는 것으로 보지는 않았
다. 공감은 지나친 이기심을 자제시키고 인간사회의 도덕성을 확립하는
데 꼭 필요한 것이라고 주장했다. 공감은 오늘날 죄책감 등과 함께 도덕
적 정서의 주 연구과제 중 하나이다.

이외에 프랑스 철학자 룻소(Jean-Jacques Rouseau)는 이성을 정서보다
더 중요시한 유럽 철학과 대조적 입장을 보였다. 룻소는 다른 철학자들에
비해서 독자적인 정서이론이나 개념을 다루지는 않았으나, 그의 유명한
저서 에밀(Emile, 1762/1956)에서 교육은 논리나 이성보다는 자애적인 것과
정서에 의해 전개되어야 한다고 제안한 바 있기 때문이다.

1.2.3 현대의 정서

심리학에서 정서의 역사는 19세기 말 분트(Wundt), 제임스(James), 왓
슨(Watson), 메농(Meinong), 스툼프(Stumpf) 및 맥두갈(McDougall) 등과 함
께 시작되었다. 이 가운데 분트와 제임스의 이론은 오늘날 정서심리학에
영향을 미쳤다. 20세기 중반에는 정서에 관한 심리학적 관심은 후퇴했었
다. 이는 미국의 행동주의가 큰 관심을 끌면서 주관적 측면을 강조한 정
서 연구는 관찰할 수 있는 자극과 반응에만 국한시킨 행동주의의 연구대
상 영역에서 떠밀리게 되었기 때문이다. 예컨대 왓슨에게는 정서란 생리
적 반응인 생리적 변화의 유형에 지나지 않았다. 1960년대를 기점으로
이러한 제한점에 대한 통찰이 생기면서 인지 연구가 집중되었으며 따라

서 정서도 심리학의 중추적 요소가 되었다.

정서 이론들은 특정한 역사적 맥락에서 발달되었으며 여러 전통에 귀속되게 되었다. 따라서 정서 이론을 분류하는 데는 상이한 관점이 기준이 될 수 있다. 예를 들어, 쉐러(1990)는 인지, 신경생리학, 표정, 동기 및 감정에 따라 분류했다. 코넬리우스(Cornelius, 1996)도 이와 유사하게 분류했으나 그는 이론적 전통(심리학파)의 역사적 발달을 강조했으며, 마이어와 그의 동료들(Meyer, Schüthwohl, & Reisenzein, 1997)도 정서를 이론적 전통에 따라 분류했다.

이론적 전통은 진화 생물학적 전통에서 시작되는데, 다윈의 업적으로 소급된다. 이 전통은 1960년대와 1970년대에 아이자드(Izard), 톰킨스(Thomkins) 그리고 에크만(Ekman)에 의해서 재정립되어 다시 활발하게 되었다. 이 이론은 진화 심리학(evolutionary psychology)에서 잘 표현되고 있다.

진화생물학적 전통은 정서란 계통발생적 유산을 나타내며 이는 도태 과정의 관점에서만 이해될 수 있다고 주장하고 있다. 이 전통을 따르는 대표적 학자들은 정서의 얼굴 표정에 몰두하였으며 이들의 쟁점은 얼굴 표정이 문화적 보편성을 가지는지와, 우리의 계통발생적 원시조상들에서도 비슷한 행동 양식이 존재했는지를 밝히는 것이다.

정서를 생리학적으로 접근한 것은 제임스(James, 1884)와 랑게(Lange, 1885)이다. 이 두 학자는 신체적, 특히 생리학적 반응들을 정서 과정에 필요하고도 충분한 기초라고 보았다. 이 전통에서 다른 연구 전통이 생겨났다. 어떤 연구는 개개 정서에서 특수하게 나타나는 것이라고 가정되는 말초 생리적, 내장의 유형을 추구하며 이러한 생리학적 반응 이외에 얼굴 표정 유형을 정서의 체험으로 논의 한다(얼굴 표정-피드백 가설). 또 다른 연구는 비분화된 생리학적 흥분을 정서적 체험의 출발로 가정하는 전통을 발달시켰다(Bridges, 1932).

최근에는 정서적 행동과 관련해서 중추신경계의 반응에 더 많은 주의가 집중되고 있다. 이 연구들의 목표는 정서 과정에 기초가 되는 뇌의 영역을 확인하고 그들의 상호작용을 파악하는 것이다.

모든 사람은 정서를 해결하는 사태를 똑같이 평가하지 않는다. 다시 말해서 사람들은 같은 상황에 놓이더라도 같은 정서로 반응하지 않는다는 것이다. 인지적 평가 과정에 관한 이론의 목적은 어떻게 인지적 평가에 관한 사태로부터 정서적 반응이 나타나는가를 기술하는 것이다. 이론들은 자극, 사건, 또는 사태에 대한 정서적 반응의 발생 및 반응들을 변별하는 데 관심을 갖는다. 이론들의 논점은 하나의 사태에 대한 정서 반응들을 설명할 수 있는 인지적 평가를 분석하는 것이다. 그 다음에 개인의 인지적 평가 과정에 고려될 때, 한 사태에서의 정서적 의미를 결정하게 된다.

정서체험과 행동에 미치는 문화적·사회적 조건의 영향은 정서의 사회구성론으로 논의될 수 있다. 사회구성론의 대표적 학자인 아베릴(Averill)은 정서는 사회적 구성 과정의 결과이며, 따라서 사회적인 잠정적 역할로서 이해되어야 한다고 주장하고 있다.

1.3 정서심리학의 문제점

정서심리학의 역사적 개관에서 에크만과 다비드손(Ekman & Davidson, 1994)이 시사한 바와 같이 전통적으로 정서심리학을 거론할 때, 다음과 같은 이론 및 연구 문제들이 제기될 수 있다(Merten, 2003, p.33).

1. 정서의 얼굴 표정에는 문화적 차이가 있는가?
2. 정서를 설명하는 가장 좋은 시작은 무엇일까? 즉 기본 정서를 명명하는 범주적 시작일까 아니면 정서를 나열할 수 있는 차원을 추구하는 차원적 시작이어야 할까?
3. 정서는 어느 정도로 생물학적으로 결정될까? 또 문화적 사회화 영향은 어디에서 시작되며 어디서 끝날까?
4. 만일 기본 정서를 출발점으로 한다면, 과연 기본 정서는 몇 개나 될까?
5. 정서는 어떠한 양상으로 발달되나? 정서는 어떻게 발생되며 또 공통되는 전제조건이 있는가?

6. 정서의 발생과 분화에서 인지적인 평가는 어떠한 역할을 하는가?

7. 인지적 평가 과정은 어떻게 기술될 수 있나?

8. 인지적 평가 과정은 특정 정서의 요소와 어떤 관계가 있는가?

9. 인지가 먼저인가 정서가 먼저인가?

10. 기본 정서에는 어느 정도의 인지가 필요한가?

11. 문화적 특징 또는 성상동형(sex stereotype)은 정서의 유전과 현상에 어떠한 영향을 미치는가?

12. 기본 정서하에 정서와 관련된 요소가 있는가?

13. 정서의 유전에서 신체적·생리적 과정은 어떠한 역할을 하는가?

14. 신체적 과정의 관여가 없는 정서가 있는가?

15. 정서특유의 생리적 유형이 있는가?

16. 정서는 어느 정도로 통제가 가능한가?

17. 정서와 건강, 즉 정서와 정신적 또는 정신신체적 질병과는 어떠한 관계가 있는가?

이상의 문제점을 해결하고 해답을 얻기 위해서 본저에서는 정서의 연구방법, 이론들, 정서의 발달, 그리고 정서의 병리 및 치료 등을 다루고자 한다.

제 2 장
정서 연구 방법

2.1 심리학적 측정법

2.1.1 정서 연구의 문제점

정서를 연구할 때 많은 수의 피험자를 대상으로 하여 여러 종류의 정서를 일으키게 한 사태에 관해서 많은 수의 자기-보고를 얻는 것은 대단히 합리적일 것이다. 이러한 절차는 잠정적으로 정서를 야기시키는 사태의 범위와 정서 발생에 1차적으로 포함되어 있을 것으로 여겨지는 특징들과 관련된 확고한 정보적 기초를 얻는 데 도움이 될 것이다. 사태의 범위와 다양성에 대한 정보를 얻는 데 덧붙여서, 이러한 절차를 사용하면 특별한 유형의 사태, 곧 현실적 정보의 지침을 얻는 데도 도움이 될 것이다.

정서 연구의 첫번째 문제점은 예언 타당성의 문제이다.

월보트와 쉐러(Wallbott & Scherer, 1985)에 의하면, 이러한 자료는 실험실에서 이루어진 정서에 관한 실험적 연구와 정서 행동에 대한 체계적인 현장 관찰을 하는 데도 대단히 유용하다고 한다. 어떤 학자들(Lang, 1979; Wallbott & Scherer, 1985)은 정서 연구에서 실험적 유도와 현장 관찰을 사용하는 데 어려움을 지적했다. 실험적 유도는 대단히 활성적인 자아가 관여되어 있는 사태 특징과 사태를 조작하는 데 어려움이 있을 뿐 아니라, 최근 부쩍 증가되고 있는 윤리적 고려 때문에 제한점이 많다. 자연스럽게 일어나는 정서를 관찰하고 분석하는 것도 마찬가지로 제한점이 있다. 즉 대부분 정서들이 갖는 사적인 본질과 공적으로 정서 반응에 대한 예언도가 낮기 때문이다. 이것이 정서를 연구하는 데 첫번째 문제점이다. 그러나 자기-보고된 정서-유도 사태의 대표적인 것을 수집하면 실험실의 조작이나 현장 관찰의 사태적 특징들을 선택하는 데 좋은 지침이 될 수 있다.

정서 연구의 두 번째 문제점은 고도로 분화된 반응 유형을 갖는 분리된 기본 정서의 존재에 관한 것이다(Izard, 1977; Plutchik, 1980; Tomkins, 1962, 1963).

지금까지 수행된 정서 연구를 모아서 분석한 결과, 충분한 증거를 얻을 수 없었다. 구체적인 예로 많은 연구자들은 얼굴 표정(Ekman & Oster, 1979; Izard & Buechler, 1979), 감정 상태(Asendorpf, 1984; Izard, 1977; Schwartz & Weinberger, 1980), 음성 표현(Scherer, 1981, 1985, 1986) 등과 같은 정서 요소의 제한된 하위 성소만을 연구한 경향이 있다. 한 개인에게서 특수한 정서 에피소드에 대해서 동시에 모든 종류의 정서 요소를 연구하는 것은 어렵기 때문에, 자기-보고 기법을 통해서 정서 상태의 다양성의 문제를 접근해 가는 것이 유용할 것으로 여겨진다. 즉 한 사람에게 여러 가지 정서에 대한 여러 가지 정서 요소에서 느낀 변화의 경험을 물어봄으로써, 분화성의 문제에 대해서 통찰을 갖게 될 수 있다.

정서 연구의 세 번째 문제점은 정서 반응에서 나타나는 개인차의 중요성이다.

이 문제를 해결하기 위해서는 개인차와 개인 특성(예컨대 성별, 연령, 성격, 지능 등)도 함께 고려해야 하는 미래 연구가 절실하다. 이러한 경우에 자기-보고 연구는 정서 반응에 차이를 가져오는 것으로 보이는 개인차에 관한 것을 특히 강조해야 할 것이다.

정서 연구의 네 번째 문제점은 정서 경험의 통제와 조절에 관한 것이다.

정서 표현은 심한 사회적 통제를 받는다는 사실은 정서 연구문헌에서 많이 찾아 볼 수 있다. 예컨대 분트(Wundt, 1905)도 문명인일수록 다른 사람의 기대에 자기 정서를 맞추려 하기 때문에 얼굴 표정과 몸짓을 통제하고 특수한 감정의 가면을 쓰고 표현한다고 지적했다.

정서 연구는 주로 표현 행동의 통제에 초점을 맞추기 때문에 조절 시
도는 밝혀내지 못하고 있다. 정서를 통제하고 조절하려는 시도는 객관적
으로 연구하기가 대단히 어렵다. 그러나 어떤 조절 과정은 의식적으로 되
지 않기 때문에, 이러한 측면에 대한 보고는 가능할 것으로 여겨진다.

2.1.2   정서의 유도방법

패롯과 헤르텔(Parrot & Hertel, 1999)은 정서를 연구할 때, 정서 유도방
법을 다음과 같이 분류하였다:

① 실험자에 의해서 계획되는 정서 발생 조건
② 자연적 사건으로 소급시킬 수 있는 조건
③ 오래 지속되는 정서적 경향(예: 정서장애)
④ 어떤 정서적 상태에 대한 단순한 상상이나 정서적 사건에 대한 기
   억 또는 정서 표현이 있는 사진을 보는 것 등과 같이 아무런 정서
   가 유도되지 않는 조건

그런데 ④번의 조건에서 아무런 정서가 유도되지 않는다는 것은 의
문스럽다. 많은 연구들은 ①번 조건하에서 실험적 연구를 수행하고 있다.
정서를 실험적 사태에서 연구하기 위해서 피험자들을 요구되는 정서상태
의 실험적 세팅에 둘 수 있는 방법이 요구된다. 이러한 목적을 달성하기
위해서 여러 가지 선행조치가 발달되고 시험되었다. 아이자드(1990)는 정
서 유도에 방법을 다음과 같이 신경학적, 감각운동적, 동기적 그리고 인
지적 과정의 측면으로 분류한 바 있다.

① **신경학적 측면**   정서를 발생시키고 유지하고 강하게 하는 신
경전달체계, 신경전달 물질의 영향. 예컨대 주사에 의한 신경전달 또는
수용차단.

② **감각운동적 측면**   지향된 안면활동과제(directed facial action
task), 즉 정서적 얼굴 표정의 연속적 표현 재생, 정서적 신체 행동을 수

용하는 것. 스트렉과 그의 동료들(Strack, Martin, & Stepper, 1988)의 "pen-method." 이 방법은 펜을 입술, 또는 이(치아)로 물었을 때, 미소를 억제시키거나 촉진시키는 근육 행동을 조사하는 방법이다. 펜을 입술로 물을 때는 구륜근(orbicularis oris, 입둘레근육)을 수축시키는데, 이는 미소지을 때와 반대되는 것이다. 미소를 지을 때는 대협골근(zygomaticus major muscle)과 소근(risorius muscle)이 수축된다.

　　③ **동기적 측면**　　서로 다른 자극들(예: 맛, 냄새, 고통 등), 공포와 관련된 그림(뱀, 거미), 정서는 정서를 통해서 발생될 수 있는 것.

　　④ **인지적 과정**　　정서와 관련된 주제를 가지고 면접하는 것. 벨텐식 유도방법(Velten-induction method, 이 방법은 자기와 관련된 기분이 언급된 카드를 뽑아서 큰 소리로 읽는 것임), 어려운 과제나 또는 위협적 사건을 알려주는 것, 음악, 사진, 역할놀이, 상상, 최면.

　　위의 4가지 정서 유도방법 중 정서 반응을 이끌어내는 성공률은 다르다. 웨스터맨과 그의 동료들(Westerman, Spies, Stahl, & Hesse, 1996)이 유도방법의 성공도를 분석한 결과에 의하면, 일반적으로 부정적 정서들이 긍정적인 것보다 정서를 더 잘 유도한다는 것이다. 특히 영화와 스토리 자극에 의한 것에서 가장 뚜렷한 결과를 나타냈다고 한다. 아이자드(1990)는 외부로부터 조작된 얼굴표정(실험)과 해당 개인 자신이 표현한 얼굴표정 간을 비교해서 후자가 더 큰 유도 효과를 나타낸다는 것을 논의했다. 수시냥(Soussignan, 2002)의 연구에서 성공적인 정서 유도에 결정적인 것은 기본 정서에 타당한 표정 형태로 증명되는 얼굴 위치 형태라는 것이 입증되었다.

　　경험적 연구 결과가 효과적인가를 확인하기 위해서 모든 연구에 정서 유도 효과를 통제하는 것이 필수적이다. 이 때 정서의 개개 구성요소들을 재검사 해야만 가능하다. 뿐만 아니라 피험자의 주관적 체험을 실험적 연구의 전 기간 동안에 물어보아야 한다. 이는 연구 기간의 여러 가지 정서적 체험이 누적되어 전체 판단을 결정할 때 문제가 되기 때문이다.

　　정서적 반응은 정서적 조절이 되는 잠시 동안만 나타나는 일시적인 현상이기 때문에 시간이 지나면서 누적된 정서 체험의 보고는 실험 사태에서 정서적 상태에 대한 타당한 진술이 되지 못한다. 이러한 문제는 웨스터맨과 그의 동료들의 분석에서도 나타났다. 대안으로서 실험적 진행에 따라 정서적 상태를 조사하도록 해야 한다. 이 때 중요한 것은 실제적인 문제로서 정서 상태에 대해서 끊임없이 귀환 정보를 묻는 것은 본래 연구하고자 한 문제가 방해받을 수 있다는 것을 유의하는 것이다.

정서 상태를 결정하기 위한 또 다른 방법은 실험 동안에 비언어적인 정서적 행동양식이 나타났는가를 관찰하는 것이다. 예를 들면 데비드손과 에크만(Davidson & Ekman, 1990)의 연구에서 분석을 위해 시간 간격을 선택하여 정서 유도에 부응하는 정서적 얼굴 표정을 관찰할 수 있었다. 이러한 선행조건은 종합적인 정서적 체험보다는 훨씬 소모적이며 비언어적 암시 자극을 변별하는 조사 방법을 요구한다. 그러나 이 방법은 정서 과정의 시간적 구조에 가장 잘 맞는 것이기 때문에 소모적이지만 많이 사용되고 있는 실정이다.

1) 정서 구성 요소의 조사 방법

정서 현상에 대한 조사 방법은 정서에 속하는 구성 요소를 구조화하는 것이다.

(1) 감정적 구성 요소

감정 구성 요소와 인지 구성 요소는 유사한 방법으로 조사되는데 질문지나 면접과 같은 구조화된 방법이 보편적으로 사용된다. 감정의 강도(intensity)는 실험기간 동안에 계속해서 조사된다. 정서의 체험 조사에서 나타날 수 있는 문제들은 정서 유도와 방법의 효율성과 관련해서 앞에서 지적된 바 있다.

(2) 인지적 구성 요소

정서적 과정의 인지적 구성 요소에 대한 진술은 정서의 발생사건에 대해서 피험자가 기술한 내용이다. 그 다음 수집된 내용을 기초로 피험자에게 그 사건이나 사태를 어떻게 평가하는지를 물어야 한다. 예컨대, 그 사건이 갑자기 나타났는지 아니면 이미 그에 대해서 준비가 되어있는지를 묻는다. 그러나 이러한 질문은 본래의 과정이 아니라 과정에 대한 피험자의 표상(representation)이 재현될 위험이 있다. 타당한 정보는 심리−생리적 측정이나 행동 자료의 조사와 같이 인지적 구성 요소의 영향을 간접적으로 추론케 하는 방법이 될 수 있다.

(3) 신경 생리학적 구성 요소

신경 생리학적 구성 요소에 관한 조사 방법은 신경생리학적 파라미터, 심장박동, 피부저항, 손가락 온도 등이 정서적 반응으로 시도된다.

(4) 동기적 구성 요소

동기적 구성 요소는 실험적 정서 유도 상황에서 직접적·간접적 행동을 모두 관찰함으로써 가능하다. 예컨대 피험자의 분노는 진행되는 실험 과정에서 통제집단보다 다른 피험자에게 공격적으로 분노를 나타낼지 아니면, 투사법에서 보다 공격적인 내용을 만들어내는지를 연구할 수 있다. 또한 정서 유도에 조건이 되는 행위 경향은 실제 행위 경향을 나타낼 수 있는 기회를 주어서 파악될 수 있다.

(5) 표현적 구성 요소

정서 표현과 지각은 상이한 행동경향과 감각양상으로 나타난다. 흔히 시각적·청각적 정보가 큰 역할을 하며 특별한 경우에는 정서 지각에서 촉각적·후각적 정보가 중요한 역할을 하기도 한다. 따라서 여러 가지 조사 방법이 변별되어 사용된다.

① **얼굴 표정**　　정서 표현에 대한 학문적 관심은 19세기에 이미 존재했다. 특수한 정서적 정보는 얼굴 표정과, 음성에서 나타나는 감정적 질을 제공했다. 미소에 관한 특별한 형태인 뒤센느 미소(Duchenne smile)는 에크만과 프리젠(Ekman & Friesen, 1982)에 의해서 진정한 기쁨의 표현이라고 가정되었는데 이는, 불란서의 신경학자인 뒤센느 드 볼로뉴(Duchenne de Bologne)에 의한 것이다. 드 볼로뉴는 얼굴 표정의 근육적 기초에 대한 저서를 다윈 이전에 출판한바 있다.

뒤센느의 미소는 드 볼로뉴(1862/1990)의 이름을 딴 미소이다. 드 볼로뉴에 의하면 인위적이 아닌 진정한 기쁨 정서는 얼굴의 대협골근(zygomatiocus major)과 안윤근(눈둘레근, orbicuraris oculi)이 결합되어 수축하면서만 표현될 수 있다고 한다. 따라서 인위적인 미소에서는 안윤근 수

축이 나타나지 못하며 진정한 즐거움으로 유발되는 자연스러운 미소를
지을 때는 안윤근이 움직인다는 것이다. 에크만과 프리젠(1982)은 이러한
변화를 부호화 체계로 검증했다.

대협골근은 구강의 12개 근육 중의 하나로서 관골에서 시작되며 구강
으로 들어가는 근육이다. 이 근육은 웃거나 미소짓기 위해 구강을 위로,
뒤로 들어올리는 작용을 한다. 안윤근은 눈주위를 둘러싼 근육으로 안구,
안와, 누선(눈물분비선)의 근육을 포함한다. 뒤센느 미소에 대한 대부분의
연구에서 사용되는 부호화 체계(coding system)는 문제가 많은 것으로 나타
났다. 미소는 긍정적 정서의 지표로서 아무런 비판없이 조사되고 있으며
여러 가지 형태의 미소가 있음에도 불구하고 미소를 구별하는 데 유효한
것으로 해석하고 있다(Bänninger-Huber & Raubes-Kaiser, 1989). 얼굴 표정의
복합성을 측정하는 부호화 체계 중 잘 알려진 것은 FACS(Facial Action
Coding System)로써 이는 비교적 잘 세분화되어 있다.

얼굴 표정뿐 아니라 그에 수반하는 비언어적 행동에 관계되는 조사방
법은 게퍼트와 그의 동료들(Geppert, Schmidt, & Gallinowski, 1997)의 자기 평
가적 정서 부호화 체계(Self-Evaluative-Emotion-Coding System)이다(Merten,
2003, 재인용).

표정 행동에 대한 분화와 자동 부호화는 카이저와 휄레(Kaiser &
Wehrle, 1992)의 얼굴 분석 도구(Facial-Analysis Tool)이다. 근육 활동을 직접
측정하는 방법은 근육긴장도를 측정하는 근전도 기록술(Electromyography,
EMG, Schwartz, 1977)로 측정된다. 이는 주로 눈썹을 치켜올리는 근육활동
을 파악한다.

② **음성의 질**　　음성 표현의 정서적 측면은 표현된 음성의 진동수
와 파장을 분석해서 파악이 가능하다. 음성 기구와 음성 파라미터를 사용
해서 음성의 표현을 정확하게 측정해낼 수 있다.

③ **손짓, 머릿짓 및 몸짓**　　얼굴 표정과 목소리의 표현행동이 특
수한 정서적 정보를 전달해 주는 데 비해서, 손짓과 몸짓 부분은 그렇지
못하다. 정서자체보다는 이들은 정서의 강도와 같은 차원적 정보를 제공
한다. 머리와 몸짓은 얼굴 표정과 음성과 함께 정서 표현의 전체적 심상
을 결정하는 데 중요한 복합 변인이다. 예컨대 미소는 어떤 고갯짓과 함

께 나타나느냐에 따라서 다른 의미를 갖는다. 미소를 지으면서 머리를 숙이면 수치심의 인상을 주고(Geppert et al., 1997) 미소를 지으면서 머리를 옆으로 돌리면 이는 구애의 행동을 나타낸다고 한다. 머릿짓과 관련된 미소에 관한 여러 가지 기능은 카이저와 후버(1989)의 연구에서 찾아볼 수 있다. 손짓, 머릿짓, 및 몸짓에 관한 파악체계는 기능적 범주화를 사용하는 것보다 관찰할 수 있는 행동 양식을 가능한 한 정확하게 파악할 수 있어야 한다(Efron, 1972; Frey, Hirsbrunner, Pool, & Daw, 1981).

2.1.3 정서의 측정법

이 절에서는 자기-보고의 사용과 사용되는 장면을 다루기로 한다.

우선 정서 경험에 대한 자기-보고를 할 수 있도록 동기화하는 세 가지 종류의 장면을 보자. 이는 월보트와 셰러(1981, p. 61)가 제안한 것이다. 이 세 가지 종류는, 연구자에 의한 정서의 유도(induction), 현장에서 어떤 정서적 사건의 자연스러운 발생, 기억으로부터 과거 정서적 사건들의 재구성이다.

1. 질문지법

1) 자기-보고식 질문지

질문지법은 심리학의 다른 주제들에서 사용되는 보편적인 방법 가운데 하나이다. 정서를 자기-보고식의 질문지를 사용하는 학자들의 이론적 근거 및 구체적 방법들을 살펴보기로 하자.

심리학사에서 중요한 이론적 전통은 정서, 특히 정서 경험에 관한 연구들은 아니었다. 행동주의가 지배적이었던 시기를 지나서 1960년대에 인지심리학은 전통심리학에 반하는 거의 혁명적인 관심을 받은 데 비해서 정서에 관한 연구는 인기가 없었다. 인지심리학은 마음, 즉 블랙박스(black box)에 대한 내적 작업을 추론하는데, 그리고 사용되는 개념들도 정서 연구에는 적당하지 않다. 현상심리학은 감정(feeling)과 같은 주관적 경험을 이해하고, 또 내성법을 강조하였으나, 실제 정서적 경험을 체계적으로 평가하기보다는 정서 자체를 철학화하는 데 그쳤다. 그런데 대부분의 사람들은 자신의 정서 경험에 대해서 많은 개인적 지식을 가지고 있으며, 거의 매일 경험함에도 불구하고 정서에 관한 과학적 기술(description)이나 많은 사람들을 대상으로 정서 경험을 측정하는 방법에 대해서 알지 못하고 있는 형편이다. 이에 정서에 관한 연구의 필요성이 대두되었고, 또 질문지 방법이 정서 연구를 경험적으로 연구하는 데 적절하게 사용될 수 있다는 주장들이 1980년대부터 구체화되기 시작했다(Wallbott & Scherer, 1985).

심리학적 구인(construct)으로서 정서는 심리학과, 또 이와 관련된 분야의 많은 이론가들이 증후군으로 정의하고 있다(Averill, 1980; Kleinginna & Kleinginna, 1981; Lazarus, Averill, & Optern, 1990; Plutchik, 1980). 이 증후군의 구성요소로는 이전 사태의 평가, 생리적 변화, 운동 표현, 준비된 행동 경향과 동기적 효과 및 주관적 감정 상태를 들 수 있다.

정서적 경험은 정서를 야기시킨 사태에 대한 반응으로 나타나는 이러한 하위 체계의 상태에서의 변천에 대한 의식적 표상으로 정의할 수 있다(Scherer, 1984). 이 정의에서 정서적 경험은 주관적 감정과 동의어가 아니라는 것에 유의해야 한다.

정서적 경험은 경험을 하는 피험자(subject)의 내성적 보고를 통해서만 연구될 수 있다. 정서에 대한 생리적 측정과 표현 행동의 객관적 측정을 할 수 있지만, 정서 경험을 측정해서는 안 될 것이다. 이는 자기-보고 이외에 다른 방법으로 피험자가 경험하는 생리적·표현적 변화를 분석할 수 없기 때문이다. 그러나 객관적 측정과 함께 자기-보고와의 상관은 높게 나올 수 있을 것이라고 기대된다. 객관적으로 일어난 변화에 대한 특별한 측면이 갖는 의미는 정서적 경험의 전체 유형을 이해하는 데 대단히 중요할 것이다. 원칙적으로, 생리적 측정과 표현적 행동에 관한 한 정서 경험을 객관적으로 측정할 수도 있지만, 자기-보고는 주관적 감정 상태뿐 아니라 동기의 변화와 행동 경향을 알 수 있는 유일한 접근이다(Wallbott & Scherer, 1989).

많은 경우에, 예컨대 비언어적 행동을 기초로 해서도 정서적 경험의 행동 경향과 동기적 변화를 추론할 수 있으나, 피험자가 표현적 행동을 성공적으로 통제한 경우에는 이러한 추론은 정확할 수 없을 것이다. 또 정서 경험을 야기시킨 것처럼 보이는 사태적 특징을 객관적으로 기술할 수 있지만, 이러한 경우에 피험자의 자기-보고에 대한 접근없이는 특별한 정서 반응을 나타나게끔 한 평가의 유형을 이해하기 힘들 것이다.

어떤 학자들은 어떤 특정한 사람에게 생긴 정서적 사태에 대한 자기-보고는 특정한 정서 경험이므로 일반화되기 힘들 것이라고 비판한다. 그러나 자기-보고식 방법을 쓰는 사람들은 많은 사람들이 여러 가지 정서 사태에 대한 정서 경험을 보고하는 것은 사태 평가, 생리적 반응, 표현적 행동, 행동 경향 및 감정 상태 사이의 관계에 대한 체계적 유형을 나타낼 수 있고, 검증할 수 있는 가설을 공식화할 수 있다고 주장한다. 즉, 이 가설은 '만일 어떠어떠한 유형의 사람이 어떠어떠한 방식으로 이러한 특별한 사태를 평가한다면, 생리적 행동·동기 및 감정에 다음과 같은 변화가 생길 것'이라는 것이다(Wallbott & Scherer, 1989, p. 57). 이러한 종류의 가설들은 정서적 경험과 관계된 것이어야 한다.

회상법은 면대면(face to face) 사태이므로 면담자기 질문하는 것은 어떤 정서적 상태를 야기시켜서 피험자가 회상할 정서적 경험에 영향을 줄 것이다. 그러나 질문지법은 이러한 단점이 없으며, 사회과학과 행동과학에서 널리 사용되는 방법이다.

정서적 경험을 질문지로 측정하는 데 대한 회의가 있는데 이는 당연한 것이다. 이것은 '정서적 경험'이라는 주제에 대한 것이라기보다는 질문지 자체가 가지고 있는 문제이다. 질문지가 갖는 몇 가지 문제점은 알려진 바와 같이 피험자의 자아 방어, 사회적 바람직성 효과, 반응 태도, 사회적 상동형 등에 기인한 반응 일탈을 들 수 있다. 따라서 연구자들은 질문지를 발달시킬 때, 자기-보고식 질문지에서 나타날 수 있는 위에서 지적한 문제점을 최소화시키고, 가능한 편견을 감소시킬 수 있도록 시도해야 할 것이다.

최근에는 질문지를 사용하는 연구들이 나오게 되었다. 즉 특수한 정서를 일으키는 사태나 사건들의 유형에 대한 정보를 수집하는 연구에서 출발하여 어떤 한 정서에 대한 연구들에 이르렀다. 예컨대 불안과 공포의 원인(Berstein & Allen, 1969; Geer, 1965; Magnusson & Stattin, 1981, 1982; Rose & Ditto, 1983), 스트레스 사태(McGrath, 1982), 질투(Hupka, 1981) 등이다. 긍정적 또는 부정적 기분에 영향을 미치는 사태와 사건에 관한 정보를 수집하는 기법이 생활사 연구 영역에서 광범위하게 보고되었다(Bradburn, 1969; War & Paynl, 1982). 질문지법은 주관적으로 경험된 생리학적 각성에 대한 연구에서도 사용되었다(Pennebaker, 1982).

이러한 질문지들은 정서 경험 전반적인 것을 다루지 못하고 있기 때문에, 이러한 점을 보완하여 오늘날 사용할 수 있는 질문지가 나왔다. 이를 소개하면 다음과 같다.

2) 정서적 경험(emotional experience)질문지

월보트와 셰러는 이론적 고찰에 근거하여, 보다 포괄적인 질문지를 발달시키기 위해서, 정서를 일으키는 사태의 특징, 경험하는 사람의 특징, 정서에 대한 주관적 경험의 특징(예컨대 강도와 지속 시간), 언어적·표현적·생리적 반응의 특징 및 피험자의 통제 및 조절 시도 등을 접근시켰다. 이들은 세 차례에 걸쳐 질문지의 타당성 및 문항을 완성시켰다.

셰러, 서머필드, 그리고 월보트(Scherer, Summerfield, & Wallbott)는 3차에 걸쳐 개방형 질문지를 사용하여 정서적 경험을 조사했다. 개방형 질문지에는 연령, 성별, 부모 직업, 학력, 사회 경제적 지위 등을 포함시켰다.

제1차 연구는 1983년에 수행되었으며 영국, 미국, 독일과 프랑스, 그리고 이탈리아 등지에도 번역해서 비교했다. 신뢰도는 미국에서, 그리고 국가 간에 80% 이상이었다.

제2차 연구는 1986년에 시행되었으며, 이스라엘, 벨기에, 스페인을 더해서 여덟 개 나라에서 시행되었다.

제3차 연구는 같은 연구자들에 의해서 2차 연구와 같은 해(1986)에 여덟 개 나라의 1,400여 명의 피험자를 대상으로 실시되었다. 1, 2차 연구를 토대로 3차 연구에서 사용된 질문지는 지속 기간을 9점 척도로 평정케 하여 완성시켰다[질문지 문항들은 플라칙(Plutchik)과 켈러만(Kellerman)의 '정서'(Emotion), Vol 4, pp. 70-71를 참조할 것].

세 연구 사이에 흥미 있는 차이는 분노 반응과 경험의 통제에 대한 것이었다. 1, 2차 연구에서 유럽 내에서는 분노는 평균보다 더 통제되는 것으로 나타났으며, 3차 연구에서 여덟 개 나라 가운데 분노는 평균보다 낮게 통제되는 것으로 나타났다. 연구자들은 이러한 차이를 유럽의 사회적 규범이 분노 표현을 통제하도록 하기 때문일 것이라고 해석했다.

2. 관 찰 법

1) 실험적 관찰법

실제 정서를 실험실이나 실생활에서 유도하는 데에는 많은 어려움이 있다. 무엇보다도 강한 정서 반응, 예컨대 분노나 불안을 야기시키기 위해서 개인의 자아와 관계되는 사건들을 조작해야 하는데, 이는 개인 신분의 기본 보호권에 관여되기 때문에 어렵다. 따라서 어떤 연구자들은 불쾌한 영화나 슬라이드를 사용했다. 그러나 그 결과 객관적으로 측정된 정서 각성과 주관적 보고 사이의 상관, 즉 분화된 정서 반응은 발견하기 힘들었다. 이는 야기된 정서가 강하지 않았거나 또는 예측할 수 있었던 반응 유형을 보였기 때문이다(Pennebaker, 1982).

정서 경험에 대한 자기-보고 접근을 위한 유도 방법이 갖는 단점 가운데 하나는 정서 야기 사태의 본질을 연구할 수 없다는 것이다. 왜냐하면 정서를 유도하기 위해서 야기하는 요인에 대한 지식이 미리 가정되기 때문이다. 바로 이러한 소위 변별 타당성 딜레마(discrimination-validity dilemma: Asendorpf, 1984) 때문에 유도 방법의 사용은 제한점이 있다. 또 다른 문제는 이러한 연구 절차가 비용이 많이 든다는 점이다. 유도 방법의 또 다른 단점은 이러한 사태에 적합한 피험자 표집이 극히 제한되어 있다는 것이다. 일반적으로 피험자로 대학생들이 많은데, 이들은 과목의 이수를 위해서 꼭 이러한 실험실 연구에 피험자로 등록해야 하기 때문이다.

실험실에서 행해지는 정서 유도는 정서의 사회적 통제와 조절의 본질을 조사하는 데 거의 불가능하다. 실험실은 흔히 특별한 규준과 기대를 가진 인위적인 사회적 맥락이기 때문이다.

2) 자연관찰법: 실생활 관찰

실생활을 관찰한다는 것은 정서 표현 연구에 가장 이상적인 장면일 것이다. 그러나 실제로 이 방법도 어렵다. 체계적인 연구를 하기 위해서 연구자가 사람들을 하루 종일 뒤쫓아야 하며, 또 사건 후 바로 자기-보고를 얻어내기 위해서 어떤 정서적 사건이 일어나기를 기다려야 하기 때문이다. 또 여러 가지 정서의 경험에 대한 체계적인 표집을 하기 위해서 많은 수의 사람들이 필요한데, 이는 거의 불가능한 것으로 보인다.

3. 면접법-정서적 사건의 회상

이 방법에서는 연구자가 피험자에게 과거로부터 정서 경험을 신뢰롭게 회상할 수 있고, 위에서 언급한 여러 정서 요소에 대한 지식을 얻을 수 있을 만큼 자세하게 기술하도록 신뢰를 받아야 한다. 몇 가지 유형의 절차를 사용할 수 있다. 예컨대 피험자에게 생겼던 정서적 사건을 자기-보고로 쓰게 할 수도 있고, 또 이야기하도록 할 수도 있고, 또 일기 방식을 사용할 수도 있는데, 이러한 경우에 녹음기를 사용할 수도 있다.

이 절차도 많은 방법론적 문제를 제공하는데, 예컨대 기억의 효과 및 사실에 관한 것을 찾아내는 문제들이다(Nisbett & Ross, 1980; Tversky & Kahneman, 1974).

그러나 이 절차는 앞서 언급한 두 장면보다는 많은 장점을 갖고 있다. 가장 중요한 것은 연구자가 한 사람이 지난 주, 지난 달, 또는 몇 년 전에 겪었던 정서 경험에 대해서 풍부한 내용을 얻을 수 있다는 점이다. 또 특수한 정서를 일으키는 것으로 여겨지는 사태의 종류에 대하여 대표되는 표집을 얻을 수도 있다. 게다가 보고된 정서들은 강한 것일 수 있는데 그렇지 않다면 어떻게 기억에 남아 있겠는가. 따라서 실험적, 현장관찰 접근법의 중요한 문제 가운데 하나인 정서의 강도는 이 방법에서는 문제가 되지 않는다.

회상법은 자기-보고된 가장 융통성 있고 포괄적인 접근이며, 일종의 심층 면접법이지만, 비용이 많이 들고 시간이 많이 소요된다. 많은 피험자들은 자기가 노출되지 않는 무기명보다, 자기가 경험한 여러 가지 정서 경험들을 기꺼이 진실로, 이야기하기 싫어하는 경우가 많다. 대부분의 정서 경험들은 그것이 부정적 정서와 관계된 경우에는 억압하는 경향이 있다. 더구나 연구자(면접자)는 낯선 사람이기 때문에 사실대로 이야기하지 않으려 하기 때문에, 얻어진 자료가 투자된 시간이나 노력에 비해서 생산적이지 못하다(Wallbott & Scherer, 1989).

4. 전화 조사 연구 방법

셰러와 타넨바움(Tannenbaum, 1986)은 일상생활에서의 정서적 경험을 연구하려고 시도했다. 이들은 캘리포니아의 한 지역의 거주자를 무선 표집하여 캘리포니아 대학교의 조사연구센터(Survey Research Center)가 발달시킨 자동 컴퓨터화된 전화 면담을 사용했다. 반응자에게 최근 정서적으로 영향을 준(좋은 나쁘든 간에), 일을 기억해서 얘기해 줄 것을 부탁했다. 반응자의 85%는 정서 사태 및 반응에 대해서 자세한 정보를 주었다.

결과를 보면 사태의 대부분은 부정적 정서를 일으킨 것들이었고, 정서의 전제 조건의 대부분은 가족, 친구 또는 직장과 관련된 사태들이었다. 대부분의 정서 상태는 분노/슬픔, 슬픔/공포였다.

결론적으로 자기-보고식 방법의 고유한 제한점에도 불구하고, 질문지를 사용하는 것이 정서적 경험 연구에 가장 적합한 것이라고 볼 수 있다.

5. 투 사 법

1) 투사법의 역사적 개관

1924년에 헤르만 로샤(Hermann Rorchach)는 오늘날 로샤 검사라고 불리는 '잉크반점검사'(Ink Blot Test)를 만들어서 이를 성격 소질을 해석하는 논의와 함께 출판했다(Rorschach & Oberholzer, 1924). 로샤 검사는 내적 생활을 측정하는 것을 목적으로 하는 최초의 투사법이다. 로샤 검사는 오늘날 임상가들이 개인의 병리학, 진단, 성격뿐 아니라 그 개인의 정서적 생활들의 본질에 관한 자료를 수집하는 데 유일하고 가장 중요한 기법이 되었다. 다른 정신분석 방법보다 로샤 검사는 투사 심리학의 초석이 되었다고 볼 수 있다. .

그 후 1940년대는 투사 심리학의 발달의 해라고 할만하다. 1943년에 머레이(Henry Murray)가 TAT(Thematic Apperception Test: 주제 통각검사)를 출판했다. 이전에, 즉 1935년 머레이는 모간(Morgan)과 함께 문헌으로 발표하였다. TAT는 두 번째 표준화된 투사법으로, 임상심리학자들에게는 로샤 검사와 함께 두 개의 기본 검사가 되었다.

TAT는 공상, 욕구 및 압력(press), 즉 동기를 연구하는 방법으로서 고안된 것이다. TAT는 피험자에게 내용과 장면이 모호한 그림을 보여 주고 각 그림에 대해서 이야기를 꾸며볼 것을 요구한다. TAT는 피험자가 꾸민 이야기에 나타난 내용을 가지고 정서적 상황과 대인 관계에서 기초가 되는 피험자의 공상과 욕구를 평가하는 동기 측정 검사이다.

로샤 검사는 내적 심리적 또는 개인 내적 고찰에 관한 개인의 정서 생활을 기술하는 투사법이다. 다시 말해서 충동, 통제, 불안 수준, 현실 검증(reality-testing) 상태 등 기본적으로 성격 구조와 내적·심리적(심리내적)갈등의 본질에 관한 내적 생활을 평가하는 것이다. 이에 반해서 TAT는 대인 관계의 구조 안에서의 개인의 정서적 생활을 측정하는 투사법이다. 이 대인 관계 구조에는 피험자의 대인 관계양식, 전형적 태도, 부모 또는 권위적 인물과의 관계, 기타 대인적 욕구가 나타난다.

로샤와 TAT와 함께 임상가들에게 중요하게 된 세 번째 중요한 투사법이 1949년에 발표된 마코버(Karen Machover)의 '인물화 검사'(Figure Drawing Test)이다. 1940년 이전에 쉴더(Schilder, 1935) 등이 인물화를 사용하기는 했으나, 마코버 여사는 인물화의 심리학적 의미를 체계화시켰으며, 심리 내적 대인 관계 해석을 측정 범주와 관련시켜 사용하였다. 마코버 역시 개인의 정서적 생활, 정서가 방어와 진단에 어떻게 관계가 되는지에 큰 관심을 가졌다.

이 세 가지 투사법은 50여 년에 걸쳐서 정서, 성격, 사고의 하부구조에 관한 정보를 얻는 데 임상가들에게 형식적 투사평가 기법으로 사용되어 왔다. 임상가들은 이후에 단어연상검사, 벤더 게슈탈트(Bender Gestalt) 검사 등을 사용하기도 했으나, 이 둘은 선택적으로만 사용되어 왔다. 어쨌든 이 세 검사는 피험자의 정서 생활 및 성격 측면, 인지 과정 및 진단적 고려를 측정하는 데 기초가 되고 있다. 이 책에서는 켈러만(1987) 등 학자들이 제안하고 있고, 또 저자도 동조하는 입장에서, 로샤 검사의 내용을 정서 및 성격과 체계적으로 관련시킨 내용들을 고찰하기로 한다. 로샤 검사는 다른 두 검사에 비해서 채점체계가 많은 학자들에 의해서 연구되고 임상 실제에서도 가장 많이 사용되고 있기 때문이다.

2) 로샤의 채점 범주

로샤의 채점 범주는 2분화되어 있는데, 하나는 확장되고 변하기 쉽고 통제 불능인 성격 특성과, 또 다른 하나는 통제되고 엄격한 성격 특징을 나타내는 것이다. 로샤(1942)는 성격 구조를 변하기 쉽고 통제 불능인 외향성(extratensive type)과 엄격하고 통제된 내향성(introversive type)으로 양분했다.

실제로 로샤 채점 범주는 잉크 반점의 그림에 반영된 것을 성격의 충동성을 확인하는 것과, 성격의 통제 특징을 측정한 것을 목적으로 하는 것으로 나뉘어 있다.

성격의 변화와 외향성에 해당하는 문제를 언급하고 있는 로샤 채점 범주는 잉크 반점에서 색채 반응과 동물 운동 반응이 많고, 동물 반응의 백분율이 높고, 카드에 대한 반응 시간이 빠르며, 색채 없는 카드에 비해서 색채 카드에 대한 반응 빈도가 컸다.

다음에 외향성과 내향성의 반응 특징을 중심으로 진단과 해석을 좀 더 자세하게 다루고자 한다.

(1) 외향성 프로필

① **색채 반응**　　로샤에서 피험자의 색채 반응은 세 가지로 분류되어 이해된다. 첫째는 잉크 반점은 형태에 의해서 반응하지만 색채도 중요한 결정자인 경우이다. 즉 형태-색채 반응으로 FC로 표시한다(여기서 F는 형태, C는 색채인데, 형태 반응이 우세한 경우이다).

두 번째 반응 유형은 CF반응으로 색채가 우세한 반응 결정자이지만 형태도 지각되는 경우이다. 세 번째 색채 반응은 C 반응으로 순수하게 색채에 의해서만 반응하는 경우이다. 따라서 색채 반응은 채점할 경우에는 ΣC로 표시된다. 색채 반응 점수가 높은 것은 외향적 조적 성격 (extratensive labile personality)이다.

② **동물 반응**　　흥미 있는 것은 색채 반응과 동물 반응이 가장 밀접하게 관련되어 나타난다는 점이다. 이 반응은 동물 운동에 대한 형태 결정 반응으로 FM(F＝형태, M＝운동)으로 표시된다. 이 반응의 빈도가 높으면(동물을 내용으로 한 반응도 포함하여) 욕구 좌절을 통제하지 못하는 성격의 소유자로 행동 지향을 나타낸다. 성인에게서 이러한 반응은 미성숙으로 해석된다. 왜냐하면 어린이 피험자의 경우에 동물 반응이 많이 나타나기 때문이다. 일반적으로 동물 내용 반응이 동물 운동 반응보다 높게 나타난다.

③ **색채 카드에 대한 반응 시간 및 반응 수**　　외향성은 잉크 반점에 대해 빠른 반응 시간을 보일 뿐 아니라, 흑백 카드에 대해서보다는 색채 카드에 더 많은 반응 수를 나타낸다.

(2) 내향성 프로필

① **형태 반응**　　로샤에서 형태 반응(F%)은 로샤의 중심 가정의 기초로 여겨진다. 즉 좋은 형태 반응은 현실 검증을 잘하는 것으로, 좋지 않은(poor) 형태 반응은 정신병리의 여부를 시사하는 것으로 해석된다. 이 두 형태 반응 이외에 극단적으로 나쁜 형태 반응(F-)은 누가 보더라도 피험자가 본대로 도저히 볼 수 없는 그런 반응이다. 좋은 순수한 형태 반응이 많으면 내적 통제를 잘하는 것을 반영한다. 극단적으로 형태 반응이 높은 사람은 자발성, 감정 이입, 정서성, 불안 표현 등을 잘 통제하는 사람이다. 이러한 사람들은 긴장과 정서를 통제하려고 방어를 많이하며, 고집 센 사람으로 평가된다. 높은 형태 반응은 내향성 프로필의 기초 속성이다.

② **인간 운동 반응(M)**　　로샤 검사에서 인간 반응이 많은 것은 대상 관계의 긍정적 면으로 해석된다. 인간 운동 반응(예: 움직이는 사람, 걷는 것, 달리는 것 등)은 건강한 통제를 하며, 감정 이입 능력이 있는 것을 시사한다. 특히 인간 운동 반응은 성격에서 통제 욕구의 파생물로 평가되며, 반대로 색채 반응은 정서성과 충동성을 반영한다.

라파포트와 그의 동료들(Rapaport, Gill, & Schafer, 1970)은 좋은 형태 지

각 반응은 통제 측정으로서 원시적 충동을 조절할 수 있는 성숙된 에고 (ego)를 반영하는 것이라 가정했다. 이러한 종류의 반응은 에고가 강해서 원시적 충동을 잘 조정할 뿐 아니라, 이러한 충동을 창조적 에너지 원천 으로 이용하는 것을 의미한다.

③ **전체 반응 수와 반응 시간**　　내향적 유형의 성격의 통제 특징 을 나타내는 로샤 검사에 두 가지 척도가 있다. 하나는 한 카드의 제시에 처음 반응한 데 걸린 시간의 양으로 이는 반응 시간이라고 표시된다. 일 반적으로 내향적 성격을 울적이고 수동적 상태에 있어서, 반응 시간 척도 는 가장 좋게는 보통이지만 대부분 느리다. 반응 시간이 느린 것은 내향 적 성격이 흔히 덜 충동적이기 때문이다. 정상적으로 이러한 유형은 보다 사려 깊고, 분석적이고 통제를 잘 한다. 내향적 성격이 병리적 경험을 보 일 때는 철회적이고, 고집스러우며, 지나치게 통제하기 때문에, 임상적으 로 정신 운동 지체(psychomotor retardation)라고 불린다.

대부분 내향적인 사람들은 덜 충동적이고 외향적인 사람보다 반응시 간이 더 느리다.

내향성을 반영하는 또 다른 채점 범주는 로샤 검사에 나타난 전체 반 응의 수이다. 내향형은 외향형에 비해서 전체 반응 수가 낮다.

외향적 성격과 내향적 성격 사이의 차이는 로샤 채점 범주의 특수 비 율에서 나타난다. 즉 경험의 균형(F:ΣC), 인간 운동과 동물 운동 사이의 관계, 색채 카드 대 흑백 카드에 대한 반응 관계이다.

3) 외향성과 내향성의 정서 진단

켈러만과 플라칙(1974), 그리고 켈러만(1979, 1980, 1987)은 로샤 척도와 성격 및 정서와의 관계에 관해 연구를 수행해 왔다. 플라칙과 켈러만(1989) 은 플라칙이 제안한 여덟 가지 정서 가운데 네 가지, 기쁨, 수용, 분노, 놀람을 로샤의 외향적 범주로, 그리고 공포, 슬픔, 혐오, 기대를 내향적 범주로 보았다. 기본 정서와 특수한 진단 상태를 연결시킨 원리는 그후 많은 연구들에 의해서 정교화되었다(Kellerman, 1983, 1987; Kellerman & Plutchik, 1977, 1978; Plutchik, 1980, 1983, 1984, 1989). 켈러만과 플라칙은 기본 정서와 진단과의 연결 모델을 발달시켰는데 이를 소개하면 [그림 2-1]과

| 그림 2-1 | 정서와 진단 상태의 원형모델 |

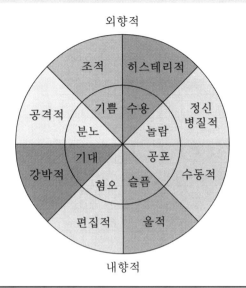

같다.

원의 상반은 외향적 성격의 정서 및 진단 상태를, 하반은 내향적 성격의 정서 및 진단 상태를 나타낸다.

켈러만과 플라칙(1989)은 외향성과 내향성의 정서-진단 상태에 따른 로샤 척도 반응을 [표 2-1]과 같이 정리하였는데 이를 소개하기로 한다.

6. 정보 통합법

이 방법에서는 정서와 감정은 정보 통합의 일반이론에 의해서 고찰되고 있으며, 이는 기능적 · 목표 지향적 전망을 포함한다. 이러한 관점에서 정서와 감정은 사고와 행동을 야기하는 생물 사회적 기능을 가지는 정보로 간주된다.

이 정보통합의 기본 주제는 사고와 행동이 다(多) 결정 인자의 합동 활동을 통해서 어떻게 구성되는지에 관한 이론적 강조를 반영하고 있다. 이 정보통합 주제는 비정서적이고 인지적인 결정 인자들이 정서에 있어

표 2-1	내향형, 외향형의 정서-진단 상태 범주와 로샤 척도 반응의 비교								

정서	진단 범주	M	ΣC	HM	AM	F%	전체 반응수	반응 시간	흑백 반응	색채 반응
내향적 성격										
기대	강박적	고	저	고	저	저	고	저-중	소	소
혐오	편집적	저	저	저	저	저	저	저-중	소	중
슬픔	울적	저	저	저	고	고	저	저	다	소
공포	수동적	저	저	저	저	중	저	저	소	소
외향적 성격										
놀람	정신병질적	저	고	저	고	중	고	속	소	다
수용	히스테리적	저	고	저	고	중-고	고	속	소	다
기쁨	조적	저	고	저	고	중-고	고	속	소	다
분노	공격적	저	고	저	고	중-고	고	속	소	다

서 기본이 된다고 하는 것이다. 정보 이론은 여러 가지 영역에서 정확한 기하학의 규칙을 따르고 있는데, 이 인지적 기하학이 정서 이론에 새로운 접근을 제공하고 있다. 이 이론은 심리학의 척도에 의식적·무의식적 정서를 모두 측정 가능하게 한다. 이 이론은 또한 주의, 기억, 추론 및 결정에 관한 문제들을 분석하는 데도 유용하다고 주장되고 있다. 이 정보 통합 이론은 공포증, 정서 확인, 사회적 감정, 고통, 뇌 조직 등에 경험적으로 적용될 수 있다.

정보 통합 이론은 주로 앤더슨(Anderson, 1981, 1982) 등에 의해서 주장되는 새로운 접근 방법이다.

2.2 응용 분야의 정서 측정

2.2.1 인류학의 연구방법

형식적 방법을 사용하는 실험적으로 지향된 심리학과는 대조적으로 인류학자들은 대부분 비교적 비공식적이고, 융통성 있는 조사 연구 기법을 사용하는데, 이를 사용함으로써 전에 간과되었지만 상당히 성과가 있을 문제를 연구할 수 있게 될 뿐 아니라 특수하고 예측하기 어려운 현장 연구 조건에 잘 대응할 수 있다.

최근 수년 이래 정서에 대한 많은 수의 인류학적 연구들이 전통적으로 인류학의 주요 연구 장면으로 되어 왔던 비 서방지역에서 행해졌다. 루츠와 화이트(Lutz & White, 1986)가 개관한 194편의 최근 발표된 연구들은 비교적 광범위한 범위에 걸쳐 있다. 이들은 정서 용어, 정서에 관한 지역 문화적 개념 및 이론들, 정서의 사회적·문화적 조절, 상징적 행동과 정서와의 관계를 포함하고 있다.

인류학자들은 1980년에 심리학자인 에크만이 뉴기니아인을 대상으로 하여 정서의 얼굴 표정을 연구한 결과에 대하여 대단히 매료된 것 같다(저자의 견해). 에크만의 연구 결과는 정서의 얼굴 표정에 관한 한 지역적으로 고유한 특성이 있는 것이 아니라 인류 공통적이라는 연구 결과를 보고해서 종래의 신념과 가설에 커다란 의문을 제기했다. 인류학자들은 에크만이 정서를 여러 가지 국면들로 구성된 연속으로서 정서를 개념화한 것을 수용하고 여기에서 문제를 제기한다. 인류학자들의 작업 단계는(1) 정서 유발 사태에 대한 최초의 평가, (2) 평가된 유발 사태에 대한 유기체 반응, (3) 감정에 대한 개인의 반응(이는 인지적 평가를 말함)이다(Levy & Wellenkamp, 1989, p. 210).

어떤 지역 사회에서 일상생활에서 생기는 정서 과정에 대한 관찰을 하기 위해서 인류학자들은 1년 또는 1년 반 이상 그곳에서 살면서 관찰하고, 이 관찰에 덧붙여 개방형 면접을 다시 보충한다. 면접을 할 때는 녹음을 하기도 하고 비디오로 촬영도 한다.

정서 연속을 관찰할 때 주민의 역할 특징(예: 연령, 성별, 부와 권력의 위계, 위치 등)과 정서가 일어나는 맥락의 측면도 꼭 기록한다.

1. 문제 제기 및 해결을 위한 책략

특정한 문화권에서 가치화된 행동 방출은 어떤 지역사회에서 어떻게 형성되며, 또 다른 경험과 기질을 가진 개개인이 어떻게 적절한 방법으로 행동할 수 있을까?(Levy & Wellenkamp, 1989, p. 212) 그리고 다른 문화적 형태들은 일상생활에서 쉽게 표현될 수 없는 정서들을 어떠한 방법으로 표현하고 방출하며, 위장할까?

위와 같이 제기된 문제를 해결하기 위해서 인류학자들은 두 가지 책략을 제안하고 있다.

하나는 비교이론과 유형론적 고찰이고, 또 다른 하나는 도덕적 정서의 존재이다. 비교이론은 인류학자들이 다른 문화들 사이의 비교연구를 통해서 얻은 가설로서 정서에 관해서 서로 다른 지역사회의 공통적인 특징은 정서와 관계되어 있을 것이라는 유형론적 접근이다.

도덕적 정서는 지역 사회가 정해 놓은 도덕적 체계에 반응으로서 정서를 자기 통제하는 데 효과적인 것이라고 생각된다. 도덕적 정서가 특히 인류학적으로 흥미 있는 것은 도덕적 정서에는 여러 종류의 사회에서 구조화되고 만들어진 방법에 확실한 차이가 있기 때문이다(Levy, 1973, 1985; Levy & Rosaldo, 1983). 도덕적 정서에 대해서는 여러 지역 사회에서 도덕적 자기 통제의 내적 동기에 영향을 주는 정서는 무엇이며, 어떻게 작용하는지, 그리고 정서들은 도덕 체계의 내재화된 측면 및 외적 측면과 어떠한 관계가 있는지 등의 문제를 해결할 수 있다.

2. 자연관찰법

　　인류학자들의 주무기는 관찰인데 앞에서 언급했듯이, 어떤 현상을 관찰하는 데 대한 이해에 문제가 있을 수 있다. 이러한 오해의 문제를 최소한으로 하기 위해서 인류학자들은 다음과 같은 정보 출처들을 사용해야 한다. 즉 개인이 나타낸 언어적 해석 및 설명, 맥락에 대한 연구자의 이해 노력, 지역 사회에서 어떤 정서 사건에 대한 제 3 자(방관자)의 반응, 그리고 한 개인의 과거 행동에 대한 지식이다.

　　특히, 자연관찰에서의 문제는 연구자의 감정 이입이다. 이미 가지고 있는 연구자의 가치관, 편견, 태도 등이 관찰된 사람들의 행동을 관찰하고 해석하는 데 영향을 줄 수 있기 때문이다. 더구나 관찰하는 정서 사건이 연구자가 과거에 경험했거나 경험을 통해서 아직까지 해결하지 못한 경우에 잘못 해석할 수 있는 소지가 크다. 따라서 인류학자는(이는 인류학자들의 자질 문제이기도 하나) 자신의 직관적 이해뿐 아니라 자신의 감정 이입을 교육해야 할 준비가 되어 있어야 한다.

3. 개방적 면접법

　　면접은 관찰에서 얻는 정보를 보충하는 방법이다. 면접은 정서를 통합하고 통제하는 체계적 분화 형태를 연구하는 데 필요하다. 연구자는 개방적 면접에서 반응하는 사람으로 하여금 분화와 개인적 의미를 갖는 유형을 나타낼 수 있는 경험 정서에 대한 현상을 자세하게 보고하도록 하는 것이 중요하다. 유능한 인류학자라면 또는 인류학적 심리학자라면 면접에서 반응자의 얼굴 표정, 몸짓, 언어의 특징, 머뭇거림, 당황 등을 기록해야 하는데 이때 비디오로 기록하는 것이 좋다.

　　개방 면접을 하기 위해서는 연구자가 그 지역에 오래 체류해서 그 지역 사람들과 친숙해 있고, 또 그곳 지역 언어에 대한 지식도 갖는 것이 바람직하다. 면접할 때, 중요한 것 중 하나는 반응자가 연구자를 신뢰해야 한다는 것인데, 이것은 정신 치료 과정에서 의사와 환자 사이에 래포(rapport)형성에 비유될 만한 것이다.

정서는 의식적으로 통제할 수 있어서 정서 표현은 조절, 통제, 위장될 수 있으며 또 억압될 수 도 있다. 그러므로 무엇보다도 개방 면접시에 '신뢰' 또는 정신 분석적 용어로 '래포'가 중요한 영향 요인인 것이다.

4. 문화적 셰마

어떤 인류학자들은 정서의 단어와 개념은 몇몇 중요 용어를 강조하여 접근한다. 또 다른 인류학자들은 이러한 단어와 용어, 평가 등을 체계적으로 탐색하기 위해서 면접법이나 유도 기법을 사용하여 정서의 형식적 인지 구조의 측면을 연구하기도 한다(Gerber, 1975, 1985; Lutz, 1982; Ochs, 1986; White, 1985).

이러한 접근은 문화적 셰마에 관한 보다 외적이며 체계적인 기초를 얻으려는 것이 목적이다. 그런데 이러한 문화적 셰마는 비공식적인 면접이나 관찰 배경에서 연역될 수 있는 것들이다. 유의해야 할 것은 실제로는 일관성도 없고 조직이 안 되어 있을 수 있는 문화적 구조를 지나치게 체계화하려는 나머지 반응자를 유도하지 말라는 것이다.

문화 형태와 여러 종류의 초기 경험이 어떻게 학습되었는가의 문제는 심리학적 인류학의 초기에 큰 관심사였다(Honigmann, 1967. 6~10장에서 재인용). 전통적인 심리학적 학습이론과 발달이론은 인류학에서는 적합하지 않은 것으로 취급되었다. 그러나 최근 문화적으로 정서의 영향을 받은 측면은 학습이라는 연구의 시도가 있다(Harkness & Kilbride, 1983; Lutz & White, 1986).

순응이 인류학의 영역에서는 중요한 문제이지만 정서가 다윈에 의한 종 특유의 순응이라는 문제에 관한 연구는 인류학에서 거의 찾아볼 수 없다. 즉 문화적으로 특수한 형태의 정서에 관한 순응적 측면은 간과되어 온 문제였다. 예외적으로 수(Sioux)인디언과 유록(Yorok)인디언의 정서적 적응과 순응을 비교한 에릭슨(Erikson, 1950)의 연구가 있기는 하다.

2.2.2 음성 측정법

1. 음성적 정서 표현의 계통 발생적 연구

정서 상태의 음성적 표현이 가지는 계통 발생적 연속성에 대한 증거는 많다. 사회적 의사소통의 중요 채널로서 음성-청각적 양상은 그 중요성에도 불구하고 객관적으로 음성을 측정하기 어렵기 때문에 타당한 연구가 별로 이루어지지 못했다.

정서 표현에서 소리의 사용은 인간의 표현적 행동에 대한 체계적인 과학적 관심이 경주되어 온 이래 빈번히 언급되었다. 예컨대 셰러(1989)에 의하면, 아리스토텔레스(Aristoteles), 키케로(Cicero), 벨(Bell)과 같은 사람은 음성 표현에 대해서 일찍부터 공헌했던 사람들이다.

흥미 있는 사실은 인간의 표현적 음성은 동물의 발성과 계통 발생적인 연속성을 갖는다는 것이다. 이는 다윈의 인간과 동물의 정서 표현에 관한 선구자적인 그의 논저에 잘 나타나 있다. 다윈이 음성의 정서 표현을 언급했음에도 불구하고 그는 주로 그의 저서에서 신체와 얼굴 표정에 많은 페이지를 할애했고 음성에 대해서는 언급이 적었다고 한다.

동물의 의사소통을 다룬 문헌들에서도 스펙토그래프(spectograph: 종이 위에 소리의 청각적 특징이 나타나게 한 전기 청각 장치)를 사용해서 동물의 정서표현에 관한 연구를 한 것을 드물다.

동물의 음성 표현에 대한 체계적 이론 접근을 시사한 템브록(Tembrock, 1975)은 동물의 체계 상태(system state)가 음성화(vocalization)의 강도, 빈도 및 시각적 유형에 영향을 미친다고 주장했다. 템브록은 체계 상태와 음소의 특징 사이의 관계를 다음과 같이 시사하고 있다(Scherer, 1989, p. 234 참조). (1) 접촉 범위에서 편안하고 놀이를 하려고 하는 때와 같은 이완되고 만족한 상태를 반영하는 소리(call)에서는 비교적 낮은 빈도를 가진 짧은 소리가 반복된다. (2) 낮은 빈도 역시 무서운 적을 만났을 때의 위협하는 소리와, (3) 위험의 소리로부터 변화되는 것으로 보이는 방어 소리는 짧고 높은 진폭과, 넓은 빈도 스펙트럼을 보인다. (4) 위협이나 방어 소리로부터 점차 변화하는 복종의 소리는 높은 빈도와, 반복되는 빈도의 변화, 시간적 연장 경향이 특징이다. (5) 멀리서 유혹하는 소리는 높은 빈도와 시간적 연장성이 특징이다(Tembrock, 1975. pp. 66-68 재인용; Scherer, 1989, p. 235).

이와 비슷하게 모톤(Morton, 1977)은 새와 포유동물을 대상으로 정서 상태와 음성의 청각적 특징 사이의 관계를 밝혔다. 템브록과 모톤은 모두 동물을 대상으로 했으며, 동물의 외현적 행동과 맥락에서 정서적 또는 동기적 상태를 추론한 것이다.

유르겐(Jürgen, 1979)은 원숭이를 대상으로 하여 전기적 뇌 자극을 사용해서 정서 상태를 조작하였다. 유르겐은 어떤 소리가 가지는 혐오, 높은 빈도와 빈도 윤곽의 비규칙성, 그리고 전체 빈도 범위와 정적으로 상관이 있다고 보고하고 있다. 문헌 연구를 통해서 유르겐은 그의 연구에서 발견된 소리의 청각적 구조와 기능적 의미 사이의 관계는 다른 영장류에도 유의하다고 가정하여 모톤의 주장을 지지하고 있다.

음성 감정 표현에 관한 계통 발생적 연속성의 가설에 기초하여 템브록, 모톤, 그리고 유르겐이 기술한 유형은 인간의 음성도 비슷한 특징을 가질 것이라는 것을 강하게 시사하고 있다. 이에 자극되어 최근에는 인간을 대상으로 한 음성적 표현에 관한 몇몇 연구가 진행되고 있다.

2. 연구의 주요 경향

이 연구 분야의 선구자이며 거의 유일한 연구자인 셰러는 정서의 음성 연구 분야에서 두 가지 방향, 즉 입력(encoding) 연구와 출력(decoding) 연구로 분리하여 연구될 것을 주장했다. 입력 연구란 셰러(1982)에 의하면 현장에서 기록되거나 또는 실험실에서 유도된 정서 상태에 수반되는 음성 발화(vocal utterance)의 청각적 특징을 확인하는 것을 목적으로 하는 연구이다. 이와 반대로 출력 연구는 청각적 특징 그 자체에 관한 것이 아니라, 사용된 음성 특징 전체를 통해서 표현된 정서를 확인하는 판단자의 능력에 관한 것이다. 그런데 이러한 연구들에서는 대부분 정서 상태는 실제적인 것이 아니라 배우에 의해서 역할을 하게 한 것이다.

지금까지 수행된 입력 연구는 여러 번 반복해 보았으나 지식은 만족스럽지 못하고, 밝혀지지 않은 것이 많다고 한다(Scherer, 1979, 1981, 1986). 전반적으로 높은 흥분과 활동적 상태와 조용하고 수동적 상태가 특징으로 되어 있는 정서 상태 사이에는 일반적 차이가 발견되었다.

문제점들을 보면 우선 입력 연구에서는 대부분 연구자들이 음성 특징을 가장 잘 나타내는 것으로 여겨지는 음성의 질은 생략하고 주로 몇 개의 청각적 변인에만 초점을 맞추고 있는 점을 들 수 있다. 두 번째 문제점은 이 연구는 정서 표출에 대한 생태학적 타당도가 부족하다는 점이다. 왜냐하면 이들 연구에서는 배우들이 고용되어서 이 연구의 특별한 문제를 고려하지 않고 음성 표현만을 만들어내기 때문이다(Ekman et al., 1983; Wallbott & Scherer, 1986). 끝으로 이 연구가 갖는 문제점은 본질적으로 비이론적이라는 것이다.

출력 연구 결과를 개관하면, 확인 정도가 평균보다 높은 60% 정도로 나왔다. 이 분야의 연구가 너무 적기 때문에 문제도 많이 발견될 수 없다. 일반적으로 연구자들은 음성 표현을 객관적으로 측정하도록 하는 문제에 직면해 있다. 무엇보다도 음성 표현에 관한 연구자들은 음성학과 청각적 공학의 분야의 발전에만 의존해 왔기 때문이다.

3. 음성 정서 측정에 대한 이론적 접근 시도

위에서 언급했듯이, 이 연구에서 가장 중요한 문제 가운데 하나는 본질적으로 이론이 없다는 데 있다. 셰러는 정서의 성소 과정 모델(component process model)을 만들어서 이론적으로 예언하려고 시도했는데(Scherer, 1984, 1986), 이를 간단히 소개하기로 한다.

성소 과정 이론은 심리학적 구인(construct)으로서, 정서는 한 유기체의 다섯 개의 주 구성요소 또는 하위 체계의 상태에서 생기는 변화로 구성되어 있다고 가정한다.

이 다섯 개 구성요소는 정보 처리 하위 체계(예: 인지적 평가), 호르몬과 자율 체계의 생리학적 변화(유기체 행동의지 체계), 집행 체계(기본적으로 목표와 욕구 및 적절한 행동 경향성), 그리고 주관적 감정 상태(여러 가지

하위 체계에서 진행되는 과정에 대한 일종의 모니터 체계)들이다. 유기체의 하위 체계에서 생기는 계속적인 변화의 개념을 성소 유형 모델이라 부른다. 이 모델은 정서 상태의 여러 성소들 사이의 관계를 분화할 수 있다는 것을 가정하고 있다.

　　이 모델은 강한 심리생리학적 경향을 갖는다. 그리고 정서와 관련된 생리학적 변화에 의해서 영향을 받는 것으로 알려진 음성의 산출은 정서 측정의 기초가 된다. 최근 연구들은 주로 셰러에 의해서 계속 수행되고 있을 뿐이므로 자세한 연구 동향을 소개할 수 없는 실정이다.

제 2부 정서의 생물학적 기초

제 3 장
정서와 신체

3.1 정서와 신체 반응

정서 심리학의 역사에서 신체적 과정에 관한 이론들은 정서 영역에서 중요한 역할을 한다. 정서 상태에서 신체적 변화를 연구하는 동기는 여러 가지 정보를 제공한다. 자율적, 내장적인 표현 반응에 대한 연구를 수행케 한 역사적인 동기는 제임스(1884), 랑게(1885), 그리고 케논(Cannon, 1927)간의 논쟁이었는데 이 학자들은 정서는 신체적 반응을 수반한다는 것에서 출발하였다. 제임스와 랑게는 신체 변화를 먼저 정서 상태로서 지각하고 후에 정서 반응이 체험된다고 하였다. 신체적 변화로 여러 가지 정서를 체험할 수 있기 때문에 정서는 신체적 반응의 양상에 따라 구별될 수 있다는 것이다. 케논(1927)은 이 관점에 반대했으며 신체의 자율적, 내장적 반응이 정서자극의 원인이 아니라 결과로 나타난다고 주장했다.

정서 특유의 생리학적 유형은 진화생물학적 이론의 가정을 뒷받침하고 있다. 정서가 유기체로 하여금 특별한 정서와 관련된 행위를 준비하게 한다고 가정한다면 그에 속하는 신체적 활동 유형이 증명되어야 한다. 정서 특유의 말초생리적 양상은 기본 정서를 위한 논쟁이며 기본 정서를 증명하는데 요구되는 준거이다.

생리학적 반응을 이해하는 것은 다면적 진단 영역에서 의미있는데,

왜냐하면 생리학적 반응들은 정서의 이론적 구성 요소이기 때문이다. 이러한 이론적 고려 이외에 말초생리적 과정에 관심을 갖게 되는 신체적 응용의 문제가 있다. 말초적 과정은 대부분 불수의적으로 나타나며 통제하기 어렵기 때문에 이 과정은 불수의적인 정서적 반응을 허용하는 특별한 자극에 의해서만 진행된다. 어떤 진술이 진실인지 거짓인지를 알아내기 위해서 정서의 말초 생리적인 관계를 다룬 거짓말 탐지기(lie detector)를 예로 들 수 있다.

정서 특유의 생리학적 반응은 다면적으로 의미가 있기 때문에 정서를 통해서 조건화되고 오래 계속되는 생리학적 반응은 신체적 과정의 기능적이고 조직학적(histological) 장애를 유발한다. 이러한 장애는 정신신체의학에서, 그리고 트라우어(Traue, 1998)의 생물-심리적-사회적 질병모델(Bio-Psycho-Soziales Krankheitsmodell)에서 자세하게 논의되고 있다.

3.1.1 정서의 말초 이론과 중추 이론

"우니까 슬프다," "도망가니까 무섭다," 이런 종류의 진술은 제임스-랑게 이론이라고 명명된 것이다. 제임스-랑게 이론에서는 신체적 현상이 정서 체험의 실제적 발생에 핵심적 역할을 한다. 이 이론에 의하면 유기체는 처음에 사건이나 사태 등의 자극을 지각하면 신체적 반응을 가져오게 되는데 이러한 신체적 반응에 대한 느낌이 정서라는 것이다. 이를 도식화하면 아래와 같다.

사건(사태)의 지각 → 신체적 반응 → 신체적 반응에 대한 느낌(정서)

신체적 반응은 표현 행동, 의도적 행동 양식(예: 우는 것, 도망가는 것), 그리고 내장 과정에서의 변화이다. 이 견해의 결론은 특정한 행동, 표정 또는 정서와 연상되는 행동을 나타내고 이러한 정서를 체험하는 것으로 충분하다는 것이다. 이 견해는 얼굴 표정에 관해서 안면 피드백 가설(Facial-Feedback-Hypothesis)로 명명되는데 이 가설의 변인과 경험적 결과는 다음에서 자세하게 다루겠다.

제임스는 그의 이론을, 반응을 나타내는 사태 지각만으로 되는 것이 아니라 전체 사태에 대한 관념(idea)이라고 명확하게 규정하고 있다. 이 외에 산만한 내장반응을 단순한 표현 행동이 아니라 정서 체험의 근본적 출발점이라고 강조했다. 이를 도식화하면 다음과 같다.

전체 사태의 지각 → 내장적 반응 → 산만한 내장적 반응의 느낌(정서)

이와 같이 말초 기관에서 생기는 변화에 대한 느낌은 구심성 신경에 기인하기 때문에 이 이론은 말초 감각 기원설이라고 불리우기도 한다. 제임스의 후반기 이론에서 내장 기관의 변화와 그에 대한 감각을 강조한 주장은 많은 비판 특히, 케논에 의해서 받았다.

케논은 제임스의 "말초적 이론"에 반대해서 정서적 체험과 행동에 뇌가 일차적 역할을 한다고 강조하는 "중추적 이론"을 발달시켰다.

랑게의 제자였던 케논은 제임스-랑게 이론에 대해서 여러 가지 논쟁점을 들어 비판했다. 예컨대, 말초적 기관을 중추신경계로부터 완전히 분리하는 것은 정서 행동의 변화, 특히 체험의 변화를 가져올 수 없다는 것이다. 또한 케논은 말초 생리적 내장 기관의 변화는 서로 다른 정서적 체험이나 무정서 상태를 일으킨다는 것이다. 이외에 내장 기관의 반응은 정서적 체험의 근원으로서 간주되기에는 속도가 너무 느리다는 것이다. 끝으로 케논은 말초 생리적 변화를 인위적으로 유도하더라도 그와 같은 정서는 발생하지 않는다고 주장했다. 그러나 케논은 그의 주장을 뒷받침할 만한 연구 결과를 내놓지는 못했다.

최근 케논의 이론을 증명하기 위한 스템러(Stemmler, 1992, 1998, 2001)의 상위 분석(metanalysis)에 의하면 불안정서는 심장박동을 증가시키고 손가락 체온은 아드레날린의 작용으로 떨어진다. 분노는 불안과는 달리 노르아드레날린의 작용으로 심장 이완의 혈압을 상승시킨다. 스템러는 이러한 비교를 통해서 소위 아드레날린-노르아드레날린 가설이 부분적으로 맞는 것이라고 결론지었다. 그러나 이 가설은 모든 정서 결과를 설명하지는 못하고 있다.

3.1.2 얼굴-피드백-가설(The Facial-Feedback-Hypothesis)

일찍이 올포트(Allport, 1924)는 뇌에 전달되는 얼굴 움직임의 피드백은 정서적 체험을 구별하는 데 결정적 역할을 한다고 주장한 바 있다.

톰킨스(Tomkins, 1962), 아이쟈드(Izard, 1979, 1990), 그리고 에크만 (Ekman, 1984)은 이러한 견해를 그들 이론에서 "Facial Feedback-Hypothesis (FFH)"로 발전시켰다.

정서적 체험과 얼굴 움직임의 피드백과의 관계는 대단히 밀접한 것으로 가정되고 있으며 세 가지 형태로 구별된다. FFH는 정서 체험과 그에 속하는 생리학적 유형에 충분한 조건이라는 것이며(Tomkins), 둘째, 안면 피드백에 대한 의도적 행동은 개인의 정서적 상태를 어느 정도까지는 변화시킬 수 있다는 것이다. 즉, 안면 피드백은 정서적 체험의 종류가 아니라 차원적 영향을 미친다는 것이다(Winton, 1986). 세 번째 변인은 얼굴 피드백의 영향은 나타낸 정서가 현재 사태의 평가 및 정서의 자기 조절에 대한 발달사와 결합할 때 가장 크다는 것이다(Izard, 1990).

스트랙과 그의 동료들(Strack, Martin, & Stepper, 1988)은 피험자에게 미소를 억지로 짓게 하거나 미소를 쉽게 지을 수 있는 행동을 유도하는 등 특정한 정서적 얼굴 표정을 만드는 연구 방법에 대해서 비판했다.

수시냥(Soussignan, 2002)은 뒤센느-미소와 비 뒤센느 미소를 구별할 수 있었다고 주장하고 스트랙과 그의 동료들의 비판을 보완했다. 이런 차이가 있는 근육 형태는 정서적 체험과 생리학적 변화에 상이한 효과를 미친다는 것이 밝혀졌다. 피험자에게 뒤센느-미소의 신경 분포를 유도해낼 때 가장 큰 효과가 있다.

제이종크와 그의 동료들(Zajonc, Murphy, & Inglehart, 1989)은 타당한 얼굴 근육에 맞는 방법을 사용했다. 이 연구자들은 피험자에게 "위"(ü)철자가 많이 들어 있는 두 가지 스토리와 "위"(ü)가 하나도 들어 있지 않은 두 가지 스토리를 읽게 하였다. 이 네 가지 이야기의 내용은 같은 것이었다. "위"의 발성은 입 주위의 근육이 미소의 움직임과 같은 것으로서,

"위"가 많이 들어 있는 스토리는 부정적으로 분류되었다. 또 다른 실험에서 피험자에게 모든 모음들을 발음하게 했는데 "위"(ü) 발음이 다른 모음에 비해서 더 부정적인 것으로 분류되었다. 이러한 경험적 연구 결과들은 FFH의 차원적 변인을 지지하는 것이다.

3.1.3 얼굴-피드백과 생리학적 변화

레벤슨과 그의 동료들(Levenson, Ekman, & Heider, 1990)은 기본 정서 중 몇 개의 정서 특유의 유형을 발견했다. 생리학적 변화는 싸움-도망-체계(fight-flight-system)의 활동을 위한 지시자(indicator)로 간주될 수 있다. 분노와 성남은 싸움 체계로 분류된다. 분노 정서에서 심장 박동수 증가는 유기체에게 싸우게끔 준비시키고, 불안은 도망을 준비시킨다. 불안할 때 손가락 체온과 심장 이완으로 생기는 혈압의 하강은 도망갈 때보다 큰 근육의 참여가 필요하기 때문이다.

그레이(Gray, 1982)는 정서 특유의 양상의 준거로서 3가지 1차적 생리학적 체계를 구별했다. 즉 행동접근 체계(behavior approach system, BAS), 행동억제 체계(behavior inhibition system, BIS), 그리고 싸움-도망 체계(fight flight system, FFS)가 그들이다.

그레이는 또한 자율적, 내분비적 체계에서 정서 특유의 유형을 얻어냈다. 흔히 위험에 처한 동물은 3가지 종류의 행동 곧, 도망, 싸움 또는 행동의 위축 중에 한 가지를 택하게 된다. 그레이는 정서 특유의 신체 활동은 뇌 구조의 체계를 기초로 하여 이해될 수 있다고 주장했다. 그레이는 다음과 같이 정서를 행동 체계로 분류했다. 즉 불안은 BIS로, 공황(panic)이나 분노는 FFS로, 그리고 희망 또는 환희는 BAS에 부응한다고 했다.

3.2 정서의 신경심리학: 정서와 뇌

정서 심리학의 신경 생리학적 연구는 정서의 장소를 뇌에서 발견하려고 시도한다. 일찍이 라자러스(1991)는 "냉정한 인지"(cold cognition)와 "정열적 인지"(hot cognition)를 구별했다. 정열적 인지의 발생의 기초는 뇌의 변연계(limbic system)이며, 여기서 편도(amygdala)가 핵심적 역할을 한다고 알려졌다. 이러한 변연계와 편도의 활성화로 객관적 표상이 정서적으로 풍부하게 되고 사적으로 관련된 심상으로 되어서 냉정한 인지는 정열적 인지로 되는 것이다(그림 3-1 참조).

사태 지각과 실제의 지각은 피질하 영역의 활성화를 통해서 결정된다. 한 사태에 대한 첫번째 평가 단계는 대단히 빨라서 눈에 띄지 않게 진행된다. 특히 한 사태에 대한 내현적, 외현적 평가는 전의식적으로 진행되는 정서적 과정에 함께 참여한다(Musch & Klauer, 2003).

정서에 관한 뇌의 영역과 뇌의 역할에 대한 연구에 여러 가지 방법이 사용되고 있다. 과거에는 뇌 영역과 정서적 과정 간의 관계를 알아내기 위해서 부상이나 질병으로 생긴 장애를 다루었다. 선택된 뇌 영역에 주어지는 자극의 영향을 알아보기 위해서 신경 전달물질을 주사하거나 전극(electrode)을 삽입(implentation)하거나 전기 자극을 주는 방법이 있다. 이 외에 뇌 활동의 수반 현상을 파악하고 이를 사진으로 나타내고자 하는 사진을 찍는 방법이 있다. 뇌파 검사기(Electroencephalograph, EEG)는 뉴런(신경원)의 활성화를 수반하는 전위 변화를 파악하게 된다. 양전자-방출-단층 촬영술(Positron-Emission-Tomography, PET)은 방사능 붕괴 과정으로서 양전자 방출을 파악한다. 이때 양전자 자체를 측정하는 것이 아니라 양전자가 전자(Electron)와 충돌하여 붕괴될 때 생기는 감마선이 측정되는 것이다. 양전자가 나아가는 거리는 분해 능력의 이론적 상한선을 설명하는 2mm에 달하지만, 실제 분해 능력은 순간 6mm가 된다고 한다.

자기공명영상(Magnetic-Resonance-Imaging, MRI)은 뇌의 기능적 속성을

파악할 수 있다고 하여 역시 정서와 관련한 뇌 연구에 사용되고 있다.

3.2.1 정서의 국소화(localization)에 대한 뇌반구 가설

개개의 구획된 뇌 영역이 정서적 과정에 어떠한 의미를 갖는가를 언급하기 전에, 정서의 국소화에 대한 뇌반구 가설을 먼저 고찰하기로 한다.

정서는 뇌의 우반구 또는 좌반구 중에 국소화될 것이라는 주장에서 시작된다. 뇌의 어떤 반구가 정서의 장소로 간주되는가에 대한 해답은 여러 국소화 가설로 공식화되어 연구되었다. 이러한 가설들은 세 가지 형태로 되어 있다(Davidson, 1993).

① 정서는 뇌의 우반구에 국소화되어 있을 것이다.
② 정서적 유인가(Valence)에 따라 좌반구는 긍정적 정서로, 우반구는 부정적 정서로 되어 있을 것이다.
③ 접근 행동과 함께 나타나는 정서들은 좌반구에, 회피 행동과 함께 나타나는 정서들은 우반구에 국소화되어 있을 것이다.

에트코프와 그의 동료들(Etcoff, Ekman, Frank, Magee, & Torreano, 1992)은 좌반구 손상 환자들 가운데서 거짓말을 하거나 정서를 속이는 사람을 더 잘 알아낼 수 있다는 것을 증명할 수 있었다. 터커와 프레데릭(Tucker & Frederick, 1989)은 우반구가 좌반구보다 편도와 더 많이 관련된다고 가정했다. 아돌프스와 그의 동료들(Adolphs, Damasio, Travel, Cooper, & Damasio, 1994, 2000)은 좌반구에 장애를 가진 환자들은 얼굴 표정을 표현하는 과정에서 아무런 제약을 나타내지 않는다는 것을 증명했다. 그러나 우반구 장애를 가진 환자들은 불안과 같은 특정한 부정적인 정서를 인식하는 데 제약을 보였다. 우반구 내에서 커다란 제약을 나타내는 영역은 하두정 피질 (inferiore parietale cortex)과 중전중간 거형피질(mesiale anteriore intercalcarine cortex)이다.

영과 그의 동료들(Young, Hellawell, van de Wal, & Johnson, 1996)은 정서 표정 얼굴의 인식도에 결함이 있는 4명의 환자를 대상으로 좌반구 한 측면에 장애가 있음을 보고했다. 또한 이 결과로부터 우반구는 일반적으로 정서 표현에 특별한 역할을 한다고 주장했다. 이보다 앞서서 정서는 무엇보다 왼쪽 안면의 반(Hemiface, 반측 얼굴)에 나타난다는 결과도 보고된 바 있다(Sackheim, Greenberg, Weiman, Gur, Hunerbuhler, & Geschwind, 1982).

이상의 결과들은 우반구의 정서 국소화에 관한 것이다. 그러나, 이 주제에 대한 대부분의 연구들은 부정적 정서만을 연구한 것이다. 따라서 긍정적 정서의 경우는 어떤지의 의문이 제기된다. 데비드손(1993)은 효과적인 결과를 얻기 위해서 실험 계획을 체계화했다. 즉 그는 피험자에게 5개의 필름을 보여 주었다. 첫번째 필름은 실험 사태에 적응하기 위한 중립적인 것이었고, 2개의 긍정적 정서에 관한 필름을 먼저 보여 주고, 그 다음 두 개의 부정적인 필름을 보여 주었다. 사전연구에서는 EEG를 사용해서 부정적인 필름의 효과가 긍정적인 경우보다 더 오래 지속된다는 것을 알았다. 데비드손은 정서 반응의 실제적 지표가 나타날 때, 예컨대 피험자가 기쁨 또는 혐오 반응을 나타낼 때 EEG로 측정했으며 얼굴 표정을 부호화했다. 다섯 가지 에피소드에 대한 EEG 분석 결과 앞선 연구에서와 같이 우반구의 일관성 있는 활성화 증가를 보였으며, 특히 전측두 영역에서 그러했다. 기쁨 에피소드에 대해서는 좌반구 영역의 활성화가 나타났다.

이 결과에 근거해서 데비드손은 위에서 언급한 국소화 가설을 수정하였는데, 즉, 두 번째와 세 번째 가설을 결합했다. 데비드손은 접근에 관계되는 긍정적 감정은 좌내측 영역에, 그리고 후퇴와 연결된 부정적 감정은 우내측 영역에 국소화할 것을 제안했다. 긍정적 감정은 좌측 영역의 활성화의 증가와, 우울과 같은 부정적 감정은 활성화의 감소를 나타낸다. 불안과 위축(withdrawal)과 같은 부정적 감정은 우측 영역의 활성화를 나타낸다. 분노는 위축 또는 접근이 나타나는 데 따라서 우측 또는 좌측의 활성화를 나타낸다. 벅(Buck, 1985)은 좌반구를 친사회적 정서와, 우반구를 이기적 정서와 연결시킬 것을 제안했다.

3.2.2   특정 영역에서의 정서의 국소화

케논(Cannon, 1931)과 바드(Bard, 1928)는 처음으로 정서의 신경생리학적 기초를 다루었다. 이들의 이론은 정서의 중추신경이론으로 알려졌다. 케논과 바드는 신피질이 제거된 고양이에게서 "거짓 분노"(sham rage)로 인한 공격을 관찰했다. 이 정서를 "거짓"(또는 가짜)이라고 명명했는데, 왜냐하면 케논과 바드는 신피질(neocortex) 없이 정서는 체험될 수 없다고 가정했기 때문이다. 브로카(Broca, 1878)는 변연계와의 관계를 설정해서 신피질과 뇌간 간을 통합했다. 변연계는 대상회(gyrus cinguli), 편도와 해마(hippocampus)와 같은 영역을 포함한다. 파페즈(1937)는 변연계의 구조와 감정을 연결시켜서 "파페즈-회로"(Papez-circuit)라고 했다. 파페즈는 신체적 반응을 나타내게 하는 감각적 정보를 시상하부(hypothalamus)로 전달하는 "감정의 흐름"(Gefühlstrom)과 감각적 피질에 대한 "사고의 흐름"(Gedankenstrom)을 구별했다. 연상적 피질에서 시상하부로 연결될 때 정서의 표현과 변화가 영향을 받는다. 파페즈에 의하면 정서적 체험은 대상

그림 3-1   뇌의 구조

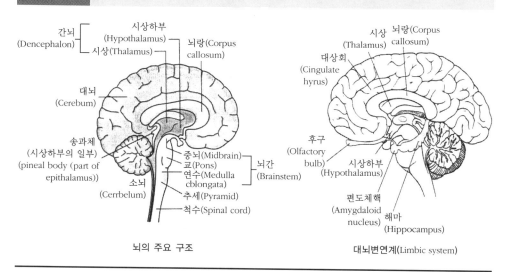

뇌의 주요 구조   대뇌변연계(Limbic system)

회에서 감각적 피질과, 시상하부에서 오는 신호가 통합될 때 발생한다 (그림 3-1 참조).

파페즈의 이론에서 주목할 만한 것은 그가 가정했던 연결이 해부학적 연구에서 발견되었다는 점이다. 멕클린(MacLean, 1957)은 브로카와 변연계의 관계를 이용했다. 브로카와 반대로 멕클린은 구조적인 통합뿐 아니라 기능적 통합을 주장했다. 파페즈-회로 이외에 멕클린은 편도, 중격 (septum), 전전두피질(prefrontal cortex)을 변연계에 추가시켰다. 변연계는 여러 가지 기능을 갖는다. 즉 개인과 종(species)의 생존에 관계하는 계통 발생적으로 초기 체계로서, 내장적 기능, 포육(양육), 방어, 싸움 및 생식을 포함하는 정서적 행동을 통합된 체계로 조직화했다. 멕클린은 그의 이론을 "삼위일체 뇌"(triune brain)로 발전시켰는데, 이는 진화의 3단계(파충류, 고생 포유류, 신생 포유류)에서 나온 뇌의 부분을 포함한다.

멕클린은 변연계라는 용어를 처음 사용한 학자로서(1970), 삼위일체 뇌를 주장했다. 삼위일체 뇌는 뇌를 진화 과정에 따라서 3단계로 구분한 것이다. 첫단계인 원파충류 뇌(protoreptilan brain)는 파충류에서부터 존재했던 뇌로서 생명 유지에 직접 작용한다. 구체적으로 이 뇌는 자기가 속해 있는 종(species)의 선조로부터 물려받은 학습과 기억을 사용하여 상동적 행동(stereotyped behavior)만을 할 수 있고, 자기들의 구역을 정하고, 음식을 찾고, 종족을 유지하며 종족의 구성원으로서 사회적 역할을 맡는 기능을 한다.

그 다음 단계인 구포유류 뇌(paleomammalian brain)는 하등 포유류에 추가된 뇌의 부분으로 대부분 변연계의 구조가 이에 속한다고 한다. 이 부분은 자신을 인식하며, 내부 환경의 변화를 알아서 이를 조절해 주는 역할을 하며 원파충류 뇌를 지배한다. 구포유류 뇌는 학습을 통해서 행동 양식을 변화시킬 수 있으며 학습에 필수적인 기억과 기억을 강화시키는 공포나 슬픔, 기쁨과 같은 정서적인 부분을 담당한다.

가장 진화된 단계의 뇌인 신포유류 뇌(neomammalian brain)는 신피질 (neocortex)에 해당되며, 환경을 인식하고 이를 분석하는 기능을 한다. 이 뇌는 처음에는 단순히 감각 정보를 수집하고 분석하는 데 그쳤으나, 진화함에 따라 많은 정보가 모아지고 이에 대한 분석이 가능해지고 정교하게

표 3-1	멕클린의 3개 뇌 영역의 기능	
피　질	변 연 계	뇌간과 간뇌
인지적 기능	정서적 기능	유기체적 기능, 충동

되어, 결국에는 추상적 사고와 필요한 도구의 발명을 할 수 있는 단계인 인간의 뇌에까지 이르게 된 부분이라고 한다. 따라서 인간의 뇌에는 이 세 가지 뇌가 공존하고 있으며, 서로 협동작용을 하여 모든 기능을 수행하므로, 멕클린은 이를 가리켜 "삼위일체 뇌"라는 이론을 제안했다.

멕클린은 3개 뇌 영역의 기능을 [표 3-1]과 같이 표시하고 있다.

멕클린이 계통 발생적으로 구뇌 중추와 신뇌 중추를 하위 구분한 것은 정서의 통제 곤란을 설명하는 데 도움이 된다. 멕클린이 가정했던 세 개의 영역은 모든 척추 동물에게서 똑같이 발달했다(Roth, 1997). 변연계에는 "쾌락 중추"(pleasure center)가 있다고 알려졌으나(Olds & Milner, 1954), 변연계의 자세한 기능에 대해서는 아직까지 밝혀지지 않고 있다. 최근에 변연계 내의 어떤 구조와 신경적 연결을 포함할 수 있는 분명한 준거들을 찾아내는 것은 불가능하다는 것이 확실하게 되었기 때문이다. 변연계는 행동 양식과 본능의 유출 정도의 기초로서 정서와 학습 능력을 설명할 수 있을 것이다(Merten, 2003).

3.2.3　편도(amygdala) : 정서의 중추적 구성요소

최근 편도와 편도핵은 정서 연구의 초점이 되고 있다. 이들의 중요한 기능은 정서 자극을 처리하는 것이다. 구체적으로 정서적 자극들과 기억 내용들은 편도에서의 처리를 통해서 정서적으로 풍부하게 된다. 변연계에서 특히 편도의 활성화의 결과는 자극의 감정적 유인가를 지각하지 못하고 기억 내용을 인출해낼 수 없는 무능력을 초래한다. 여러 가지 두드러진 특징을 갖는 증후군은 "클루버-부시-증후군"(Kluver-Bucy-Syndrom)으로, 시각적 실인증(인지불능증)이 이에 속한다. 원숭이에게서 편도를 제거하면 시각에 해당하는 감각기관의 기능장애가 없음에도 불구하고 인식의 장애인 시각적 실인증을 초래하는데, 이는 정신적 실명이라고도 불리운다. 시각적 지각은 기억으로 연상될 수 없게 된다. 또한 환경에서 움직이는 모든 물체를 탐색하지 않고 아무거나 마구 먹어대는 탐식과 같은 구강적 경향도 보인다. 이 원숭이에게서는 과잉 성욕과 정서의 빈곤도 관찰된다. 편도의 장애는 공포의 조건화를 방해하는데 공포의 조건화를 위한 편도의 기능은 개체발생적인 발달에서 확실하게 나타난다. 붉은털 원숭이(Rhesus monkey)들은 생후 9~12개월이 되면 공포 반응이 획득되고, 동시에 편도에서 특히 강한 시냅스 형성이 관찰된다. 인간에게서는 편도의 외상적 손상 후에 옛기억을 포함한 모든 기억이 상실된다.

클루버-부시-증후군은 편도와 양상(modality) 특유의 장(field)과의 연결이 방해받을 때 나타난다. 동물들 역시 이전에 두려워했던 자극에 대한 공포가 없어진다. 이는 시각적 장과의 연결이 방해될 때 그에 해당하는 감각 영역에 방해를 받아서 시각적 자극이 있을 때 불안 반응은 중단된다. 그러나 청각적 자극이 제시될 때도 불안 반응은 나타나지 않는다. 이러한 결과는 편도는 양상 특유의 피질 주위의 입력에 의존해서 감각적 자극에 대한 정서적 의미를 평가하는 기능을 갖는다는 것을 시사한다.

따라서 편도는 한 정서적 네트워크의 중추적 구성 요소인 것 같다. 편도는 감각적 체계에서 운동적 체계와 자율적, 내분비적 체계로 가는 입구이며 출구가 되는 해부학적 통로를 갖는다. 편도는 시각적, 청각적, 신체적, 그리고, 미각적 체계가 서로 연합되는 신피질(기저핵 위에 있는) 영역으로 연결된다. 이를 도식화하면 [그림 3-2]와 같다.

예컨대 망막에 도착한 시각적 정보는 시신경을 거쳐서 시상하부에 보내지며 이는 계속 감각적 시상에서부터 일차적 감각 피질과 감각적 연상 피질로 연결된다. 여러 대상 정보들은 편도에서 전달되며 여러 감각지각에서 얻어진 정보를 통합한 다형태적 연상 중추에 이르게 되고 다형태적 영역은 편도와 내후각 뇌피질(entorhinale cortex)로 연결된다.

내후각 뇌피질은 기억과 공간적 사고와 같은 일련의 인지 과정에서 본질적 역할을 하는 영역인 해마 형성을 위한 주 입력 체계(main input system)이다. 구상회(subiculum)는 해마의 의미 있는 출발 구조이다. 이는

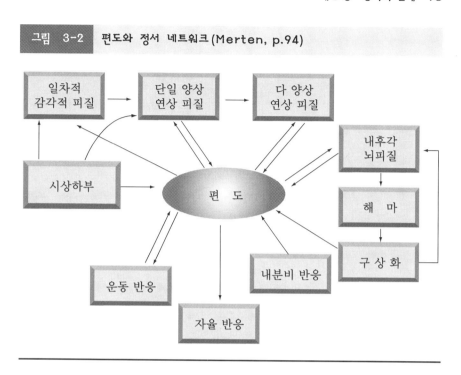

그림 3-2 편도와 정서 네트워크(Merten, p.94)

내후각 뇌피질에서 편도와 기타 많은 영역으로 연결된다.

　　최근 편도에 이르는 감각적 통로에 대한 또다른 연결이 발견되었다(Le Doux, 1996). 이 연결은 신피질을 거치지 않고 감각적 시상에서 편도로 직접 지나가는데 이 연결은 청각적 체계에서 가장 잘 이해될 수 있다. 이러한 직접적인 시상-편도 투사는 아무런 정확한 자극 표상을 허용하지 않고, 전기 충격과 짝지워지는 단순한 청각적 자극에 대한 정서적 반응을 조건화하는 데 중요한 역할을 한다.

　　편도에서 이러한 피질 하의 감각적 입력 통로들은 신피질 영역에 관여 없이 환경 자극에 대해서 현저히 구별되는 진화적으로 초기의 체계를 나타낸다. 이 체계는 정서의 시초로서 기능을 하는 단순한 자극 특징에 의해서 편도가 활성화할 수 있는 초기의 경고 체계이다.

　　직접적인 시상 편도 체계는 여러 개의 스냅스를 짧게 해서 처리 정확성을 더 빠르게 한다. 편도가 활성화되면 정서적 자극에 맞는 일련의 운동 체계들도 활성화하게 되는데 이러한 종류의 자극 처리와 수의적 반응의 고전적인 예는 다윈에서 유래한다. 이 예는 평가 과정의 직접적이고 자동적인 유출을 나타내며 인간이 특정 자극에 대해서 생물학적으로 기초한 준비를 할 수 있는 것을 설명하고 있다(Öhmen, 1993). 다윈은 아프리카산 독사(puffotter)가 공격하더라도 물러서지 않겠다는 확고한 의도를 가지고, 독사 우리의 창유리에 얼굴을 압착시켰다. 그러나 이 시도는 실패했다. 즉 "의지와 이성"은 무기력해져서 독사가 다가왔을 때 불수의적이고 자동적으로 물러서게 될 수밖에 없었다.

르 두(1996)에 따르면 편도 체계에서는 정서적 사태의 내현적(implicit) 부분이, 시상하부 체계에서는 외현적(explicit) 부분이 저장된다. 한 사태의 외현적 부분들은 예컨대 "누가 있었는지," 또 어떤 행동을 했는지, 그리고 그것이 대단히 놀라운 사태인지를 아는 "냉정한"(cold) 정보들이다. 편도 체계의 정서적이고, 내현적인 기억 내용이 활성화됨으로써 이에 속하는 정서적인 신체적 반응이 나타난다. 즉, 근육은 긴장되고, 혈압과 심장 박동이 변화하고 호르몬이 분비된다. 이렇게 해서 "냉정한" 인지에서 정서적으로 체험된 표상물이 생긴다. 편도에 이르는 이상의 연결은 정서를 표출시키는 자극을 알지 못하고도 정서 자극에 의한 행동에 영향을 미치는데 기초가 된다. 외만(1993)은 화난 얼굴과 즐거운 얼굴을 사용해서, 피부 전도를 알아본 결과, 화난 얼굴이 즐거운 얼굴보다 피부 전도의 강한 변화를 보인다는 결과를 얻었다.

3.2.4 전전두 피질(prefrontal cortex)의 정서적 기능

전전두 피질은 [표 3-2]에서와 같은 영역과 그에 속하는 기능으로 나눌 수 있다(Davidson et al., 2000).

최근 의미 있는 정서 정보를 처리하는 뇌의 구조와 기능을 해부학적으로 다룬 연구들은 그림, 필름 및 피험자의 기억을 사용해서 기쁨, 슬픔 그리고 혐오 등의 정서를 유도하는데는 피질 영역의 활성화 때문이라는 것을 기술했다. 이 세 가지 감정은 시상하부와 내전전두피질(medial prefrontal cortex)의 활성화와 관련이 있다. 기쁨과 슬픔은 복내측 전두피질(ventro

표 3-2	전전두 피질 영역과 그 기능	
복내측(ventro-medial)	측배(dorsolateral)	안와전두(orbito-frontal)
직접적으로 유리한 자극이 없을 때 기본적으로 긍정적인 또는 부정적인 정서 상태의 표상	긍정적이고 부정적인 정서의 목표 상태를 표상	우연한 변화시에 빠른 강화학습과 연상의 변화

medial frontal cortex)의 활성화에 따라 구별된다.

3.2.5 측배 전전두 피질(dorsolateral prefrontal cortex)의 정서적 기능

측배 전전두 피질은 수많은 연구의 결과에 의하면 의미 있는 정서적 자극에 대한 반응으로서 행위 준비도와 행동계획을 결정한다고 한다. 이 영역의 장애 또는 기능적 침해의 결과는 정서지각에서 자극에 대한 반응과 활력이 상실되는 결과를 가져온다. 흔히 사고 후에 목표 지향적 행위와 계획을 세우는 데 문제가 있는 것은 바로 전두엽의 이 측배 부위가 손상되었기 때문이다.

3.2.6 안와 전두 피질(orbito-frontal cortex)의 정서적 기능

폭행을 당한 후 과도한 정서 상태를 보이는 환자를 전두엽 뇌엽절리술(frontal lobotomy(leucotomy))로 처치한 결과, 안와 전두 피질이 정서처리에서 중추적 역할을 한다는 것이 알려졌다(Kolb & Whishaw, 1996).

3.3 뇌와 정서적 얼굴의 지각

서전트와 그의 동료들(Sergent, Otha, MacDonald, & Zuck, 1994)은 얼굴과 정서 표정을 인식하는 과정에 여러 뇌 영역이 참여하는지 여부를 연구하기 위해서 양전자-방출 단층 촬영술(PET)을 시행하였다. 우측 방추상회 (right gyrus fusiformis, 방추상회는 후두엽과 측두엽에 속한다)는 얼굴의 본인임을 인식하는 데 활성화하지만, 정서를 인식하는 것에는 관계가 없다. 우측내 후두회(right medial occipital gyrus)는 정서를 처리하는데, 이는 오른쪽 후두의 우세는 긍정적인 정서뿐 아니라 부정적 정서를 처리한다는 다른 학자의 결과를 지지하는 것이다.

3.3.1 편도와 정서 표정

원숭이와 인간을 대상으로 편도와 관련된 연구들에 의하면 편도는 얼굴을 인식하는 데 활성화된다는 것이 증명되었다. 불안한 얼굴 표정을 짓는데는 편도의 양쪽 측면과 좌측이 관여한다. 모리스와 그의 동료들 (Morris, Frith, Perret, Rowland, Young, Calder, & Dolan, 1996, 1998)은 2번의 PET를 사용한 연구에서 좌측 편도의 활성화는 즐거운 표정의 얼굴보다 불안한 표정을 한 얼굴에 더 강한 활성화를 보인다는 것을 알아냈다. 좌측 편도와 삼각부 피질(insular cortex)은 불안 표정의 강도가 증가할 때 활성화가 더욱 증가한다. 모리스와 그의 동료들은 즐거운 얼굴 표정의 강도가 감소할 때 좌측 편도의 활성화가 증가한다는 것을 증명할 수 있었다.

3.3.2 혐오와 삼각부 피질

필립스와 그의 동료들(Phillips, Young, Scott, Calder, Andrew, Giampetro, Williams, Bullmore, Brammer, & Gray, 1998)은 MRI 연구에서 불안과 혐오의 2개 정서 표정을 통제조건으로 즐거운 얼굴 표정과 비교했다. 강한 불안감을 나타내는 얼굴의 강도(intensity)는 좌측 편도와 좌측 삼각부(피질)의 활성화를 야기했다.

이에 비해서 혐오는 편도를 활성화시키지 않는다. 즉 현저한 활성화는 혐오 표정의 강도가 증가될 때 우측 전 삼각부(right-anterior insula)의 활성화로 나타난다. 이 결과를 근거로 혐오의 표정은 독성의 미각 자극이 활성화하는 영역과 연관이 있다고 결론 지을 수 있다.

3.3.3 역행 가장(backward masking)의 결과

왈렌과 그의 동료들(Whalen, Rauch, Etcoff, McInerney, Lee, & Jenike, 1998)은 MRI 연구에서, 피험자에게 불안에 찬 얼굴과 행복한 얼굴을 보여 준 데 이어 중립적인 표정의 얼굴로 가장했더니 피험자들은 중립적인 얼굴만을 보았다고 보고했다. 의식적인 기억이 없었음에도 불구하고 피험자에게 가리워진 불안한 얼굴에 대해서는 편도의 높은 활성화를 보였으며 가장된 기쁜 얼굴에 대해서는 편도의 낮은 활성화를 나타냈다. 활성화는 편도에만 제한된 것이다. 모리스와 그의 동료들(1998)은 계속해서 편도와 활성화의 편기성(Laterality)에 미치는 편도의 영향을 통해서 얼굴 표정의 의식적·무의식적 처리의 역할을 연구했다. 화가 난 얼굴은 중립적 얼굴로 가리워지고 피험자가 분노한 얼굴에 대한 의식적 기억이 없을 때 우측 편도의 활성화를 자극했다. 그러나 화난 얼굴을 가리지 않고 그대로 제시하고 화난 얼굴을 지각하도록 했을 때는 좌측 편도의 활성화가 나타났다.

요약하면 편도는 불안한 얼굴 표정을 처리할 때 중추적 역할을 한다. 그러나 혐오 표정에서와 같이 삼각부(insula)의 선택적 반응을 유도하는 또다른 뇌의 영역이 활성화한다는 것을 유의해야 할 것이다. 더 나아가서 편도 내의 국편기(lateralization)의 활성화 효과는 정서의 유인가에 의해서뿐 아니라, 정서의 제시 종류(실험 연구시)에 의존한다는 것도 주목해야 할 것이다.

3.4 신경화학적 정서 체계

신경생물학은 신경해부학적 접근 이외에 신경화학적 과정에 관심을 경주하고 있다. 신경화학적 접근은 특정한 정서를 형성하는 뇌의 특별 수용체 체계와 그에 속하는 신경전달물질(transmitter system)을 밝히려고 시도한다.

신경해부학적인 접근과 달리 신경화학적인 접근에서는 일차적으로 공간적인 것이 아니라 기능적으로 특수 수용체에 미치는 생화학적 전달물질의 영향을 파악하려는 것이 특징이다. 이 수용체는 뇌의 여러 영역에서 나타날 수 있다.

특별한 정서가 발생될 때 많은 신경전달물질 체계들이 합동으로 작용한다. 다수의 중추 신경계의 전달물질과 수용체 체계는 정서와 기분에 특징적 영향을 미친다.

3.4.1 아편제(Opioid)

아편제(Opioid)는 신경펩신(긴 아미노산 사슬)류에 속하는 신체 고유의 아편제(마취제)이다. 신경펩신은 변연계, 시상하부 및 다른 뇌 영역에서 중요한 전달자이다(Panksepp, 1998). 정서와 관련하여 아편제는 다행감(쾌락 체계)을 위한 신경화학적 체계를 표상한다. 이는 감정 반응을 전달하는 데 중요한 역할을 한다. 아편제의 주요한 대표 물질은 베타-엔돌핀(β-

Endorphin), 엔케팔린(Enkephalin), 다이노르핀(Dynorphin)이다.

베타-엔돌핀과 다이노르핀을 합성하는 뉴런은 주로 시상하부의 여러 핵에서, 그리고 뇌간의 영역과 변연계의 여러 구조에서 발견된다. 중격과 편도 및 뇌간의 영역과 같은 변연계는 엔케팔린을 자유롭게 하는 뉴런의 근원지이다. 엔케팔린은 이외에 뇌하수체 전엽에서도 자유롭다. 이러한 마취 세포의 축색 투사는 시상하부, 변연계, 뇌간을 연결하며 또한 신피질 영역에 도달한다. 아편제는 시냅스의 자유롭고 뉴런의 활성화에 영향을 미치는 수용체를 갖는다. 아편제의 수용체 유형에는 델타, 카파, 뮤, 그리고 씨그마 수용체의 4가지가 있다. 이들은 아편제의 여러 하위 유형에 다르게 반응한다. 이러한 수용체 유형은 중추신경계뿐 아니라 말초신경계에도 국소화되어 있다.

아편제는 진통성(analgesic)이 있고 병적 다행감(euphoria)을 느끼는 구성요소로 되어 있다. 이러한 구성 요소는 고통, 식욕, 갈증 또는 성적 쾌감과 같은 과정에서 중요한 역할을 한다. 진정적 작용은 이미 오래 전부터 연구되어 왔다.

1) 아편제-작용물질(Agonist): 모르핀(Morphin)과 메타돈(Methadon)

모르핀은 진통제로 지정되어 있다. 아편과 헤로인(Heroin)과 같은 진통제는 흥분제로 사용된다. 극단적인 정신적 부하와 같이 오래 계속되는 신체적 긴장 상태에서는 체계적인 아편제 농축물이 증가되어 도피 및 싸움 사태, 오랜 스포츠 활동, 성적 활동 등에서와 같이 혈액 속에 엔돌핀이 증가된다.

2) 아편제-길항물질(Antagonist)

아편제 중 길항물질의 대표물질로 마약(naloxone)과 경구용 아편(naltrexone)이 있다. 이 두 가지 아편제-길항물질은 아편 수용체(opiate receptor)를 차단한다. 이때 병적 다행감뿐 아니라 진통성의 작용이 없어진다. 그 외에 여러 연구에서 운동시에 마약 투여를 하면 기분이 악화된다는 것이 증명되었다.

3.4.2 테스토스테론(Testosteron, 남성호르몬)

테스토스테론은 주로 남성의 성호르몬과 근육을 만드는 데 작용하는 스테로이드 호르몬(Steroid Hormone)이다. 가장 중요한 남성 성호르몬의 대표는 안드로겐(Androgen)이다. 테스토스테론은 주로 남성의 생식선에서 생산되며, 여성에게서는 소량만 나타나며, 주로 부신피질에서 생산된다.

테스토스테론은 신체의 말초뿐 아니라 중추신경계에서도 작용한다. 테스토스테론은 지방에 녹는 호르몬으로서 모든 세포의 원형질막(cell membrane or plasma membrane)뿐만 아니라 형질세포(plasma cell)의 세포 안에서도 발견된다. 중추신경계에서 테스토스테론은 주로 시상하부핵과 편도의 변연계 영역에서 나타난다.

몇몇 연구에서 범죄자 가운데서 의미 있게 높은 수준의 테스토스테론 양이 증명되었다(Ehrenkranz, Bliss, & Sheard, 1974). 또한 공격성의 정도와 안드로겐 양과의 정적(positive) 상관이 청소년에게서 증명되었다(Olwens, 1980; Sussman, Inhoff-Germain, Nottelmann, Loriaux, Cutler, & Chrousos, 1987).

공격성에 관한 테스토스테론 연구의 결과들은 개인 간에 반응 차이를 나타내고 있으며, 공격성은 다요인적인 것으로 간주되고 있다. 사회문화적 사실과 개인적 학습 역사가 호르몬의 작용을 결정한다.

사회적으로 순응적인 공격성의 형태는 사회적 구조 내에서 또는 다른 사람에 대해서 나타내는 우월감뿐만 아니라 특히 운동시합에서 나타나는 긍정적 자기 가치감이다. 혈액 속의 안드로겐 양과 관련해서 동물에서도 이에 상응되는 사실이 알려졌다. 즉 어떤 동물의 테스토스테론은 지도자 반열에 올랐을 때 증가한다는 것이 증명되었기 때문이다(Boissy, 2002).

또 운동 시합에서 승자와 테스토스테론가(value), 그리고 성공했다는 것을 체험하는 주관적 기분 간에는 관련이 있다는 것이 증명되었다. 테스토스테론 양은 운동 시합의 승자에서뿐 아니라 일반적으로 시합 사태에서도 나타난다. 이 때 자신이 주관적인 성공감을 가지는 승자의 행위가 중요하다. 기분 상승은 테스토스테론 증가에 선행한다는 것이 가정되고 있다. 따라서 테스토스테론은 승자감을 유지하는 데 도움이 된다.

제 4 장
정서의 내분비학

4.1 신경-내분비학적 기초

동물과 인간을 대상으로 한 해부학적, 생리학적 연구 결과, 인지뿐 아니라 뇌의 신경내분비선적 반응과 정서가 관련이 있다는 것이 밝혀졌다. 특히 정서 가운데 공포, 분노, 우울, 이완 상태에서 그러하다는 것이다.

4.1.1 분노, 공포, 우울 정서

정서 반응의 본질은 무엇이며, 또 각 정서 반응 때 부응되어 나타나는 신경내분비적 각성의 특징은 다른지 여부에 관한 문제가 계속 제기되어 왔다. 펜크셒(Panksepp, 1982)은 정서에 관한 심리생물학적 이론에서 내장-변연 뇌(visceral-limbic brain)에 있는 신경조직회로가 정서 반응에 기본적 촉진자라는 것을 논의하였다. 특히 이 조직망은 정서 가운데 기대, 분노, 공포, 공황(panic) 상태와 관계되어 있다는 것이다.

인간을 대상으로 한 일련의 실험적 연구는 분노와 공포를 심장 맥관 반응에 의해서 구별된다는 어려운 문제를 해결했다. 즉 슈워츠와 그의 동료들(Schwarz, Weinberger, & Singer, 1981)은 희극적 소질이 있는 대학생들에게 어떤 장면을 상상하게 한 결과로 유도된 정서상태에서 이들이 나타낸 분노는 공포보다 혈압과 맥박에서 큰 증가를 보였다. 이러한 결과는 월츠와 로버츠(Weertz & Roberts, 1976)가 대학생들을 대상으로 하여 시각화된 공포에서보다 시각화된 분노에서 혈압이 더 높았다는 결과와 일치하는 것이다.

이와 유사하게 에크만과 그의 동료들(Ekman, Levenson, & Friesen, 1983)은 직업 배우를 대상으로 분노와 공포를 유발케 한 연구에서 이들은 공포에서보다는 분노에서 체온이 더 높은 결과를 증명하였다. 또 공포보다는 분노나 원한에서 교감신경계의 반응이 높았으며 에피네프린(epinephrine) 분비도 더 많았다고 한다.

대중 앞에서 연설해야 할 때, 거의 공포증적 공포를 가진 사람들의 자율신경계 반응에 관한 연구에서 딤버그와 그의 동료들(Dimberg, Fredrikson, & Lundquist 1985)은 심장 박동이 느려지는, 즉 위협적인 사회적 자극의 노출에 대한 부교감 신경계 반응을 관찰했다. 이 일종의 공포에 대한 연구 결과는 분노 연구에서 나타난 심장 혈관의 반응(교감신경계 반응)과 반대되는 것이다.

동물 실험(고양이)으로 유사한 결과를 얻은 스톡과 그의 동료들(Stock, Schlor, Heidt, & Buss, 1978)은 공포와 분노는 편도(amygdala)의 신체적 위치가 다르고, 뇌간과 척추에서 나오는 유출도 다르고 행동도 달라서, 교감계의 부신수질계의 심장 혈관 반응이 투쟁과 도피로 다르게 된다고 결론짓고 있다.

헨리(Henry, 1982) 등의 연구를 통해 제시된 도식을 [그림 4-1]에 제시하면 다음과 같다(Henry, 1986, p. 40; 김경희, 1995, p. 77).

지금까지 확실하게 알려진 것은 인지적 수준은 좌우측 측두엽과 전두엽의 연상 영역과 신피질의 작용이라는 것이다.

롤스(Rolls, 1975)같은 학자는 편도는 어떤 상황에서 유기체가 긍정적 접근가 또는 부정적 도피가를 갖도록 결정하는 데 중요한 역할을 한다고 개관했다. 새킴과 그의 동료들(Sackeim, Greenberg, Weiman, Gur, Hungerbuhler & Geschwing, 1982) 및 레이(Ley, 1984)는 적극적인 조정은 좌반구에서 하고, 우울한 꿈이나 심상은 우반구에서 담당한다고 시사했는

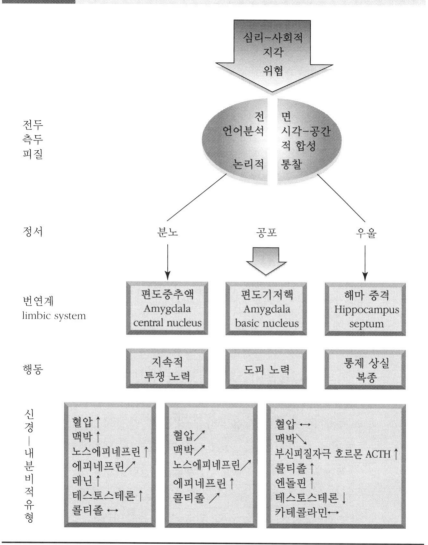

그림 4-1	분노·공포·우울의 교감·부교감신경계 반응

주 : 부정적 정서인 분노, 공포, 우울증에 관한 교과서에서 표현된 견해를 합성한 것. 분
노와 공포는 교감신경계의 부신수질축의 투쟁-도피와 관련되어 있다. 통제의 상실과
관련된 심장박동의 느림은 부교감 신경의 활동을 나타낸다.

데, 이는 최근 데비드손(1993), 영과 그의 동료들(Young, Hellawell, van de
Wal, & Johnson, 1996)에 의해 증명되었다. 정서는 변연계안의 청반(locus

cerulens) 근처인 세로토닌 봉선이 관계하고 있는 것으로 알려지고 있다 (Walletschek & Raab, 1982).

뇌간의 뇌교 깊은 곳에 공포, 분노, 우울을 관장하는 변연계의 근원으로 증명된 부위가 있다. 청반은 유기체가 내부 또는 외부로 향하는 행위를 선택하는 것과 관계되고, 봉선(raphe)은 통제나 통제 상실과 관계되어 있다. 청반은 교감신경을 통해서 편도와 연결되고 봉선은 세로토닌을 통해서 해마와 연결된다.

도전을 해야 할 경우에 싸우거나 계속 투쟁하려는 시도가 진행될 때, 주관적 느낌은 분노이다. 이렇게 계속되는 행동은 좌우 편도 중추핵 체계와 또 자율신경계의 좌우 시상하부의 통제로 인해서 노르에피네프린이 방출된다. 혈압과 맥박이 증가하며, 오줌 속에 노르에프린의 분비가 에피네프린 분비보다 훨씬 많아진다. 또 신장 속의 레닌을 생산하는 세포뿐만 아니라 부신 수질로 베타 교감의 유출이 증가하며, 노르에피네프린을 합성하는 효소인 티로신, 히토린, 히드록시라제의 양이 증가한다. 부신 피질인 콜티졸 수준은 순수한 투쟁 반응 유형에서는 증가하지 않는다. 공포, 불안감이 지배적일 때, 이때 나타나는 반응은 편도 활성화로 에피네프린이 많아지지만 맥박과 혈압은 많이 증가하지 않는다. 공포-불안 반응은 도피와 관련되어 있으며 강한 신체적·정신적·목표 지향적 도피 행동을 나타낸다.

불안은 무력감을 유발하게 되는데 걱정의 호르몬인 아드레노 콜티코트로핀을 증가시킨다. 이 호르몬의 효과는 유기체로 하여금 새로운 유형의 행동을 더 쉽게 배울 수 있도록 한다. 따라서 공포-불안은 "다음날 싸우기 위해서 살고 보자"는 식으로 도피함으로써 통제를 시도하는 적극적 도피 반응과 보류-철회 반응과의 혼합이라고 볼 수 있다. 보류-철회 반응은 우울과 무력감, 그리고 부신 피질 호르몬을 방출하는 뇌하수체 부신 피질 축과 관련되어 있다(Henry & Stephens, 1977).

윌슨(Wilson, 1985)의 최근 개관에 따르면, 스트레스에 대한 뇌하수체 부신 피질 반응은 해마(hippocampus)에 의해서 통제된다고 한다. 윌슨은 급성과 만성적 스트레스 유형에서 나타나는 반응에 대한 해마절제술 (Hippocampectomy)을 한 결과, 해마는 부신 피질의 스트레스 반응을 조절하는 데 금지적 역할을 한다는 것을 관찰했다. 이러한 결과들은 해마가 과도한 활동에서 보호하려는 뇌하수체에 대해서 브레이크 역할을 한다고 월슨을 주장하고 있다.

에피네프린의 생산을 유도하는 데 필요한 부신 피질 자극 호르몬은 투쟁 또는 도피 기제와는 독립된 반응을 나타낸다. 부신 피질 자극 호르 몬이 우울, 노력 상실, 이전 행동 유형의 금지와 관련되었다는 것은 잘 알려져 있다(De Wied, Van Delft, Gispen, Weijnen, Wimersma, &, Greidanus, 1972). 경쟁적 사태에서 부신 피질 자극 호르몬 활동의 결과는 복종이다.

그림 4-2 쾌활과 이완의 신경내분비적 반응

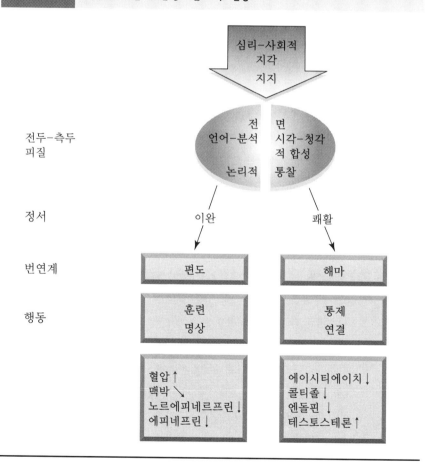

표 4-1	통제 지각에 따라 다르게 나타나는 신경내분비적 반응		
	통제에 대한 도전 (긍정적)	통제에 대한 위협 (양가적)	통제상실 (부정적)
행동적 반응 (대처양식)	과시 성취 공격	위축 도피 도망	항복 복종 무기력
결 과	상황 통제	상황의 이동	상황의 희생
정서적 상태	공격적 낮은 불안	염려 긴장, 두려움	우울 높은 불안
호르몬 수준	높은 아드레날린과 테스토스테론	높은 아드레날린	높은 콜티졸 낮은 테스토스테론

자료 : Henry & Berkenborsch, 1983, p. 47.

부신 피질 자극 호르몬은 또한 부신 피질 분비 수준과 관계하는 데, 이 분비 수준은 다행감(euphoria)을 유도하는 데 놀랄 만한 효과를 가지고 있으며 역기능으로 우울은 부신 피질 자극 호르몬에 의해서 유도된다.

헨리(1982)는 [그림 4-1]의 분노, 공포(투쟁-도피)의 반대극의 반응으로 [그림 4-2]와 같이 쾌활-이완(elation-relaxation)의 도표를 발달시켰다.

4.1.2 정서의 신경내분비적 유형과 본능적인 태고형

매클린(MacLean, 1976) 같은 학자들에 의해서 인간 뇌의 광범위한 연상 피질의 아래쪽 부위는 정서 및 자기와 종의 보존에 결정적인 행동을 중재하는 호르몬과 관계되는 신경 콤플렉스가 있다는 것이 주장되어 왔다.

이와 관련해서 행동의 생물문법(biogrammer), 또는 행동의 유전된 유형의 주관적 또는 정서적 측면으로서 융(Jung)의 태고형(archetypes)개념을 도입할 수 있는데, 이 개념은 동물 연구에서는 어느 정도 확인되고 있으나 인간의 경우에는 아직 연구가 진행중이다.

예컨대 공포증(Phobia)은 타고난 태고형의 한 예로 볼 수 있다는 것이다. 프레드릭슨과 그의 동료들(Fredrikson, Sundin, & Frankenhaeuser, 1985)은 공포증 환자들을 대상으로 뱀, 거미, 피, 상처 등의 슬라이드를 보였을 때 부신 피질 호르몬의 분비가 대단히 증가함을 밝혀냈다. 연구자들은 이 결과를 이러한 대상물에 대한 특수한 신경내분비적 절망(distress) 반응에 기인한다고 해석하고 있다.

쌍생아에 관한 한 연구에서, 토거슨(Torgerson, 1979)은 공포 반응에는 유전적 요인이 중요한 역할을 한다는 것을 발견했다. 토거슨은 사냥꾼-채집가였던 인간의 원시 조상들이 역시 두려워했을 대상이나 사건에 대해서 공포증이 공통적으로 나타난다는 사실은 유전적 유형이 있을 것이라는 것을 가능케 한다고 해석했다. 이러한 대상들에는 높은 곳, 거미, 뱀, 낯선 사람과 식사하기, 관찰당하는 것, 사람들에게 둘러싸이는 것 등이 포함된다.

촘스키(Chomsky, 1972)는 오래 전부터 유전된 뇌의 구조가 문장을 결정짓기 때문에 어린 유아는 영장류 가운데 독자적으로 다른 영장류와는 다른 속도와 빈도를 가진 언어를 발달시킨다는 것을 주장한다. 이러한 주장도 융(Jung)의 태고형 개념을 뒷받침하는 것으로 볼 수 있다. 촘스키의 견해는 에마스(Eimas, 1985) 등에 의해서 지지되고 있다.

에크만과 그의 동료들(1983)은 문화(서양문화이든, 동양이든, 또는 산업화 되었던, 미개된 사회든)와 상관없이, 또 언어와 상관없이 행복, 슬픔, 분노, 공포, 혐오 및 놀람의 정서에서 얼굴 표정이 공통된다는 것을 발견했다. 이러한 연구 결과를 뒷받침할 수 있는 것으로 아이블-아이베스펠트(Eibl-Eibesfeldt, 1973)의 연구를 들 수 있다. 즉 그는 청각과 시각장애자로 태어난 아동들이 보고 학습하지 않았음에도 불구하고 행복, 슬픔, 분노, 공포 등에서 정상 성인들과 같은 얼굴 표정과 몸짓을 발달시킨다는 것을 관찰했다.

리보위츠(Liebowitz, 1983)는 "사랑의 화학"(The chemistry of Love)이란 저서에서 사랑에 빠진 사람의 정서 변화는 뇌의 변연계의 엔돌핀과 카테콜라민과 같은 호르몬의 활성화 때문이라고 지적하고 있다. 즉 이 호르몬의 효과는 사랑하는 사람에게 편집적으로 매달리게 되고 장기 기억이 변화되고 지속적인 애착을 나타내게 된다는 것이다. 다시 말해서 사랑하는 사람의 꿈에 나타난 강한 정서성과 관여, 사랑하는 사람에 대한 은유와 상징 및 시적 사고의 표현은 모두 뇌의 우반구와 변연계의 활성화의 결과이다.

다비츠(Davitz, 1984)는 모든 여성이 발달의 어느 시기에서라도 아기를 갖고 싶어하는 욕망은 생물학적 기초를 가진 내적 충동이라고 시사했다. 이러한 감정들과 행동은 융의 입장에서 보면 집단 무의식의 태고형의 활동 표현이라고 볼 수 있다.

다음은 윌리엄(William, 1950)의 연구와 어빈과 마틴(Ervin & Martin, 1986)의 임상적 경험 보고를 근거한 것이다.

1) 분   노

내적 발작적(interictal) 공격성을 나타내는 환자들에게서 화난 것 같은 행동을 보이는 것은 면접을 해 보면 분노 감정이 아니라고 한다. 해마에 근접되어 있는 장소는 급발적 공격적 행동을 나타내는 곳으로 직접적인 행동을 나타내며, 그와 관련된 정서감은 곧 망각하게 만든다. 진화론적 조망에서 보면, 분노의 소질(Anlage)은 아무런 경고 기능을 하지 못하는 것으로 보인다(김경희, 1995).

2) 공   포

공포는 여러 가지 피질 자극에 의해서 유발되는 유일한 정서적 상태 이다(Penfield & Jasper, 1954). 윌리엄스는 공포는 측두엽의 전반부에서 생기는 것으로 보고 있다.

3) 기   쁨

강한 기쁨의 상태는 환희로 기술되기도 하는데 공포와 우울보다 덜 나타난다. 기쁨, 환희를 나타내게 하기 위해서는 극단적으로 약물을 사용한 뒤에, 예컨대 아편 복용 후에는 변연계를 통해서 수용체가 가장 집중된다. 특히 편도의 중추핵과 핵분계조 및 측좌핵(nucleus accumbens)의 근처에 있는 뉴로펩티드 체계(neuropeptide system)의 끝 부분에 기쁨을 느끼게 하는 중추가 있다.

4) 슬   픔

슬픔은 상실감과 계속적인 불행한 우울감에 뒤따라 나타나는 것으로 편도의 부위가 이에 동원되는 것으로 알려졌다.

5) 혐   오

혐오감과 거부감은 후각적·미각적인 것과 관계되어 나타나는 정서인데 이것이 지각적 변화인지 뉴런 확산의 결과인지는 아직 확실하지 않다고 한다.

6) 수   용

수용은 사회적 결합 활동에서 나타나는 편안함으로 이는 편도 부위나 안와 전두 피질(orbital frontal cortex)에서 주관하는데 뇌 세로토닌의 감소와 뇌 카테콜라민의 증가로 나타난다. 이 정서 상태는 합리적으로 안정된 환경에 있는 정상인에게 가장 빈번하게 경험되며 아마도 기대에 대한 필요한 전제 상태인 것으로 여겨진다.

7) 예   상

한마디로 이 예상 현상에 대한 해부학적 기제는 아직 과제로 남아 있다. 확실한 증거가 동일시되지 못하기 때문이다.

8) 놀   람

놀람 정서에 관계하는 뉴런 집합은 변연계의 발작 체계와 밀접히 관련되어 있다.

이상에서 논의된 해부학적 기초에 관한 분석은 플라칙(1981)이 개관한 정서의 유형에 따른 특수한 신경 기초와 특수한 신경계에 관한 것들이다. 아직까지 해부학적 기초가 정확하지 않지만, 정서 반응이 보통 외적 사건에 의존한다는 사실은 이 사건과 정서 사이를 중재하는 어떤 요인이 있을 것이라는 것을 시사하는 것이라 하겠다. 따라서 지각적 정보의 평가가 사건-자극과 정서적 반응 사이에 결정적인 중재자(mediator)일 것으로 여겨진다. 그러므로 정서를 이해하기 위해서는 해부학적 기초뿐 아니라 정서를 일으키게 하는 외적 사건과 이를 지각·평가하는 과정 모두가 고려되어야 할 것이다.

4.2 신경생리학적 기초

정서반응은 생리학적 반응으로 나타나는데, 이러한 반응은 크게 세 가지로 구분된다. 즉 자율신경적 반응과, 홀몬 분비의 변화, 그리고 뇌파(Electroencephalogram, EEG)의 변화로 반영되는 신경학적 반응들이 그것이다.

본 저에서는 생리학적 변인들에 관한 측정 기술 등은 생략하였으며 자세한 것은 Greenfield와 Sternbach(1972), Martin과 Venables(1980), Obrist(1981)를 참조하기 바란다.

4.2.1 정서와 관련된 자율신경계 변인들

1. 심장박동 (heart rate)

일반적으로 심장박동은 매분 박동의 수로, 또는 연속적 박동간의 시간간격으로 표현된다. 감각적으로 심장속도는 강하거나 신기한 자극, 정신적 및 신체적 활동, 정서적 긴장에 대한 반응이다. 심장속도는 근육활동을 하는 동안뿐 아니라(Obrist, 1981) 이러한 활동을 준비할 때도(Black & de Toledo, 1972) 증가한다. 근육활동을 할 때는 산소가 부족되기 전에 심장속도가 증가한다(Cannon, 1929). 예컨대 폭격이 있을 때 비행사의 심장속도는 폭탄을 투하하는 동안보다는 폭탄투하 전 곧 공습하려는 활동이 시작될 때 증가한다(Roman, Older, & Johnes, 1967. Frijda, 1986 재인용).

정서적 긴장하에 놓였을 때 심장속도는 불쾌한 사건 중이나 또는 그 러한 사건을 예상할 동안에 증가한다(Blatz, 1925; Epstein, 1973).

엡슈타인과 펜츠(Epstein & Fenz, 1965)는 숙련된 낙하산병의 경우 심장속도는 비행기에 타기 전에 급속히 증가하다가 낙하할 때 절정에 이른다는 것을 보고했다. 이와는 달리 울신, 바드, 르바인 (Ursin, Baade, & Levine, 1978)의 보고에 의하면 숙련된 낙하자들의 심장속도는 낙하하기 전과, 낙하하는 동안, 그리고 낙하한 후에 140~180 박동수를 나타낸다고 한다.

또 심장속도는 정서적으로 유쾌할 때나 흥분될 때(예: 성적인 영상을 보는 것(Bernick, Kling, & Borowitz, 1971), 성교시(Boas & Goldschmidt, 1932; Masters & Johnson, 1966), 불쾌할 때나 지루할 때(London, Schubert, & Washburn, 1972)도 심장박동수가 증가한다.

이에 반해서 주의를 해야 하는 시각적, 청각적 관찰을 할 때(Lacey & Lacey, 1970)와 혐오적 자극을 예상할 때와 같은 정서적 긴장상태(Obrist, 1981)에서는 심장속도는 감소된다. 이 외에, 화가 났을 때나(Ax, 1950), 쉴 때와 같은 평화로운 이완상태(예: 즐거운 감각적 자극을 받을 때, Lehmann, 1914)에서도 심장속도는 감소한다.

일반적으로 심장속도는 교감신경과 부교감신경을 포함하는 자율신경계에 의해서 통제를 받으며, 심장속도의 뚜렷한 기능은 근육과 뇌에 산소 공급이 증가할 때이다. 정서적으로 교감신경감응(innervation)은 긴급 상태로 나타나기 때문에 실제로 활발한 활동을 필요로 한다(Cannon, 1929).

2. 혈압과 혈액유통

혈압은 운동할 때뿐 아니라(Obrist, 1981), 큰 소음이나(Steinman, Jaggi & Widner, 1955), 시험보기 전의 스트레스(Tigerstedt, 1926; Brown & Van Gelder, 1938) 상태에서 또는 증인 심판대에 서서 잘못된 목격에 대해 몰아붙이는 심문을 당할 때 증가한다(Marston, 1917).

슈나이더(Schneider, 1968)는 주식 중개인은 증권시장의 개장 동안 혈압이 증가한다는 것을 보고했다. 소설을 쓰는 것과 같은 순수한 지적 과제에서는 혈압은 상승되지 않는다. 혈압은 주가를 평가하거나 시세를 읽는 지적 활동자체보다는 특별한 정신적 노력을 할 때 증가한다(Obrist, 1981).

반면에 혈압은 하루일과가 끝나고 쉴 때나(Schwartz, Weinberger, & Singer, 1981), 감미로운 음악(Steinman, Jaggi, & Widner, 1955)을 들을 때는 감소한다. 그러나 혈압이 증가하는 것은 불쾌한 자극의 결과는 아니다. 특정한 상상을 하거나(Schwartz, Weinberger, & Singer, 1981), 재즈나 록음악을 들을 때도 그러하다(Steinman et al., 1955).

매력적인 이성과의 첫만남에서는 혈압은 가파른 상승을 보였다(Marston, 1923). 남성의 경우, 여자 누드사진을 볼 때(Davis & Buchwald,1957), 성적 자극물(Wenger, Averill, & Smith, 1968)에 접했을 때 혈압이 증가했다. 혈압은 실제적인 성적 자극이나 성교시에 대단히 많이 올라간다(Kinsey, Pomeroy & Martin, 1953; Masters & Johnson, 1966). 화가 나면 심장이완의 압력이 매우 증가된다(Ax, 1953; Schachter, 1957; Schwartz et al., 1981). 즉, 심장이완 압력은 분노가 외적으로 표현되거나 또는 분노를 억압했을 때 상승된다.

Obrist(1981)에 의하면 혈압의 증가는 적극적인 대처(active coping)에 의존한다. 대부분의 조건에서, 혈압은 정서적 사건이 종결된 후에 기본수준으로 급속히 환원된다. 반복되는 스트레스가 혈압을 증가시킨다는 보고도 있다(Forsyth,1969; Herd, Morse, Kellher, & Johnes, 1969).

성격 특질 중에서 억압된 적개심은 본질적으로 과잉감정의 원인론적 요인이라는 결과도 보고되었다(Diamond, 1982). 경우에 따라서 어떤 정서적 사건들은 혈압의 상승보다는 혈압을 급속도로 하강시키기도 한다(Brady, 1970). 대단히 비극적인 뉴스를 들었을 때와 같은, 정서적 충격이 있는 경우 얼굴색이 몹시 창백하게 되는 것은 혈압이 말초 및 중추 혈관 압박과 함께 감소한 결과이다(Cannon, 1942). 이러한 혈압의 하강에 대한 정확한 조건은 아직까지 밝혀지지 않고 있다(Merten, 2003).

고통이나 배고픔, 공포 및 분노 상태에서 말초 및 내장의 혈관 유통은 일반적으로 감소하고 근육으로의 유통은 증가한다. 이러한 상황에서는 필요한 에너지 공급을 극대화해야 되기 때문이다(Cannon, 1929). 따라서 놀랄 때와 불안할 때는 창백해진다(Neumann, Lhamon, & Cohn, 1944).

에크만, 레벤슨과 프리젠(Ekman, Levenson, & Friesen, 1983)은 다른 정서에 비해서 화날 때 손가락의 체온이 증가하는 것을 발견했는데, 이 결과는 슈바르츠와 그의 동료들(Schwartz et al., 1981)의 결과와는 상반되는 것이다.

3. 호흡(respiration)

호흡은 여러 가지 차원에 따라 달라지는데, 가장 중요한 것으로는 호흡률(초당 흡입-호기 주기의 수), 심도(주기당 공기량), 규칙성(심도 또는 주기 시간의 변량), 그리고 호흡 주기에서의 초기의 상대적 지속기간(I-분수)들이다(Woodworth, 1938). 이 외에 호흡과 관련된 중요한 변인은 CO_2(탄산가스)의 수준이다. I-분수는 정신적 산술과 같은 정신적 활동(Suter, 1912), 그리고 긴장감(Drozynski, 1911)이 있는 동안이나 웃을 때 낮아진다. 호흡률은 놀랐을 때나 균형을 잃을 때 대단히 높다.

호흡유형과 기제는 정서적 반응과 관계되면 예컨대 한숨 쉴 때와 같이 보다 많은 변화차원을 갖게 된다.

4. 전기피부 활동과 발한(sweating)

피부는 활동이나 자극에 의해서 촉발되는 위상적(phasic) 변화뿐 아니라 강직성 변화(tonic change)라고 불리우는 점진적이고 비교적 오래 지속되는 변화를 나타내는 전기적(electrical) 전도를 갖는다. 강직성 변화와 위상적 변화는 본질적으로 다른 현상은 아니다. 이 두 변화는 모두 땀샘의 비슷한 활동 변화에 의해서 달라진다(Edelberg, 1972). 강직성 수준은 흔히 피부전도 수준(skin conductance level, SC)이라고 불리운다. 위상적 반응들은 보통 전기피부반응(electrodermal response, EDR), 전기피부반응(galvanic skin response, GS), 심리전기반응(psychogalvanic response, PGR), 또는 피부저항반응(skin resistance response, SRR)이라고 언급되기도 한다. EDR은 손바닥이나 또는 발바닥에서 가장 잘 측정되는데 이는 땀샘에서 가장 높은 밀도를 가진 곳이기 때문이다(Venables & Martin, 1967).

EDR은 갑작스런 소음이나 번쩍임(Laudis & Hunt, 1939; Sternbach, 1960), 새롭고(Furedy, 1968), 예기치 않은(Epstein, 1973) 또는 흥미 있는(Berlyne, 1960) 자극들에 의해서 유발된다. EDR은 이름이 호명되는 것과 같은 불안을 유발하는, 즉 정서적으로 의미 있는 사건들에 대한 반응에서도 나타난다. 예컨대 공포증 환자는 공포를 유발시키는 대상의 그림을 보여 주었을 때 EDR을 나타낸다(Wilson, 1967). 따라서 EDR은 쾌·불쾌 감정보다는 흥미나 흥분에 따라서 나타난다고 볼 수 있다.

SC는 흥분하거나 갑작스런 스트레스하에서 증가한다(Lazarus & Opton, 1966). 또한 SC는 신체적 운동시에, 또는 어려운 정신적 과제를 실행할 때(Stennett, 1957) 증가한다. 간혹 우울증 환자에게서 SC와 EDR의 급격한 감소가 발견되기도 한다.

공포 상황에서는 피부저항과 EDS는 상관이 있다(Edelberg, 1972). 얼굴과, 겨드랑이, 손바닥에 땀이 많이 나는 것은 사회적인 공포, 당황, 수치심, 또는 실패, 공포시에 그러하다.

듀마(Dumas, 1933)의 견해에 따르면, 외현적 신체 활동이 억제된 상태에서 정서가 앙양되면 땀이 나며, 사회적 공포나 분노를 억제할 때 특히 그러하다. 뒤마스는 땀이 많이 나는 것은 운동 충동 억제의 직접적인 결과로 해석했다.

전기적 피부 활동은 교감 활동에 의해서 결정된다. 이 활동은 피질하의 각성(arousal)의 간단한 지표가 아니라 복잡한 피질조절에 기인한다(Edelberg, 1972). 땀은 체온조절을 한다는 의미에서 방어적 대처 목적을 가질 뿐 아니라, 땀은 냄새를 내기 때문에 의사소통적 냄새 신호로도 기능을 한다.

5. 위장 및 비뇨 활동

위장의 활동은 고통과 스트레스가 클 때 억제되는 경향이 있다. 이러한 상황에서 위와 장의 수축과 위액의 분비는 감소되거나 중단된다.

캐논(Cannon, 1929)은 고양이가 몹시 짖어대는 개의 면전에서 공포에 찬 위축 또는 방어적 분노가 나타날 때의 위의 반응을 기술했다. 그리고 위궤양과 결장부(colonic fistulae)를 가진 환자를 대상으로 관찰한 것도 있다. 정서적 혼란에 빠졌을 때 십이지장과 담낭(gall bladder)의 경련성 운동장애와 심장 괄약근의 수축이 생긴다. 위 활동의 계속적인 감소는 우울증과 슬플 때, 식욕상실의 결과 체중감소로 이어진다. 우울증 환자들에게서는 낮은 수준의 위산분비가 관찰된다(Farr & Lueders, 1923).

위의 수축은 배고플 때 증가되며, 또 안절부절한 상태(nervousness)에서도 위수축이 증가한다. 일상적인 위와 식도 수축방향이 역류되면 욕지기나 구토가 일어난다. 욕지기와 구토는 혐오(disgust)의 반응으로 생기지만, 신경증적 동요와 불안에 의해서도 일어난다.

결장의 수송운동은 변을 촉진시키는데, 이 수송운동(transport movement)은 갑자기 놀라거나 성마른 적개심(petulant hostility)을 가질 때 증가되며, 이러한 운동이 증가하고 과장되면 이는 설사로 나타난다(Wolf & Welsh, 1972). 결장궤양은 심한 분노와 분개 경향을 억제할 때 뚜렷하게 생긴다.

변비는 외적으로 심한 고집을 효과적으로 은폐하고, 내적으로는 슬픔, 실망, 비관주의, 그리고 약간의 우울증을 가진 사람에게서 발견된다. 오줌 분비는 공포와 스트레스하에서 억제된다. 그러나 흥분 상태에 있을 때는 오줌 분비가 증가한다.

6. 분비기능

정서는 분비기능의 변화를 야기한다. 가장 현저한 예로서 누선(lachrymal gland)의 활동인 우는 것이다. 흥분, 안절부절함, 분노, 공포 및 심한 슬픔은 침 분비를 감소시켜서 입이 마르게 된다. 모든 흥분된 정서 상태에서 이러한 변화가 나타난다. 음식냄새를 맡거나, 음식을 보거나, 맛있는 음식을 생각할 때, 성적 각성시에 침 분비가 증가한다. 불안과 긴장 상태에서는 이러한 분비는 억제되지만(Masters & Johnson, 1966), 분노 상태에서는 코, 질 및 장 분비를 증가시킨다(Wolff, 1950).

7. 동공반응

눈의 동공은 빛의 변화뿐 아니라 주의를 요하는, 동기적 변인에 대해서 반응한다. 동공의 확대 정도는 흥미 정도에 부응하는 것으로, 헤스와 폴트(Hess & Polt, 1960)는 아기의 사진을 볼 때 여성의 동공은 확대되지만 남성의 경우에 그렇지 않았으며, 여성 나체사진을 볼 때 남성들의 동공은 커졌으나 여성들은 그렇지 않았다는 것을 발견했다.

동공은 또한 고통, 공포 및 방어적 불안 상태에서 커진다(Cannon, 1929). 반면에 동공의 수축은 흔히 불쾌한 자극에 대한 반응으로 보고되고 있다. 예컨대 헤스(Hess, 1972)는 불쾌하거나 혐오적 자극(예: 피부병 사진)을 볼 때는 동공이 수축되고, 즐거운 자극(예: 아기 사진이나 여성 나체사진 등)을 볼 때는 확대된다고 가정했다. 따라서 동공의 크기는 자극을 배척하거나 수용하는 경향에 따르는 정서적 태도의 지표라고 가정되고 있다(Goldwater, 1972; Janisse, 1977).

8. 기타반응

정서상태에서 떨리는 현상은 아직 밝혀지지 않고 있다. 다윈은 분노와 공포시에 머리가 쭈뼛 서고 소름이 끼치는 것을 관찰 보고 했다(1872). 공포나 분노시에 소름이 돋는 것은 지배나 위협 반응의 진화적 자취일지 모른다.

9. 교감의 각성: 위급반응(emergency reaction)

교감신경계의 활동에 의한 변화 유형을 캐논(Cannon, 1921)은 '위급반응'이라고 명명했는데, 이는 신체적 활동을 위한 에너지 이동이라고 간주되기 때문이다.

교감적 각성유형은 모든 형태의 흥분으로 나타난다. 즉 고통, 기아, 공포 및 분노뿐 아니라 성적 흥분과 유쾌할 때도 나타난다. 교감적 각성 반응 체계는 개별적 속성을 갖고 있다.

자율적 변인들은 규칙적인 생리적 기능을 갖고 있어서 정서적 조건에 반응하며, 실제적 근육 활동, 체온 조절, 신진대사로 나타난다. 이들 반응은 각각 다른 활동들, 곧 심장속도, 혈압 등으로 반응한다. 교감적 각성 반응에는 개인적 반응 상동형, 또는 개인적 반응 독특성을 갖는다 (Lacey & Lacey, 1958). 교감적 각성은 심리적으로 관련된 반응 양식에 의해서 수정된다.

10. 자율적 균형과 부교감 신경계 반응

어떤 순간에 나타나는 자율신경계의 반응 유형은 동시적인 교감 신경과 부교감 신경의 활동의 결과이다(Wenger & Cullen, 1972).

교감 신경계는 에너지 이동을 알맞게 조절하고 환경과 효과적으로 대처하는 특징을 갖는 데 비해서, 부교감 신경계는 에너지를 보존하도록 조절하는 특징을 갖는다. 부교감 신경은 휴식을 취하거나 이완되고, 조용한 즐거움과 행복한 조건에서 우세하게 작용한다.

백치와 웬져(Bagchi & Wenger, 1957)는 명상과 요가 수행시에 피부전도 수준이 낮아짐을 발견했다. 월리스(Wallace, 1970)는 초월 명상시에 심장속도와 호흡비(rate)는 낮아지며 SC(피부전도)는 증가한다는 것을 알았으며, 이러한 현상은 요가 수행에서도 발견된다는 것이 보고되었다(Ellson, Henri, & Cunis, 1977).

부교감 반응 유형은 부분적인 수동성에 부응한다. 즉 근육 활동의 부재, 이러한 활동의 준비를 하지 않는 것, 집중력을 포기하거나 단념할 때이다. 그러나 격렬한 정서 상태, 예컨대 공포나 놀랐을 때 기절하는 것, 정서적 혼란 상태에서 구토하는 것, 공포나 불안 상태에서 내장 활동이 증가할 때 부교감계의 우세성에 관해서는 거의 알려진 바가 없다.

11. 기타 반응

자율 측정간에 상관이 낮은 것은 다른 정서들이 다른 자율적, 또는 생리학적 반응 유형에 따른다는 사실에 근거한다.

예컨대 분노는 자율 각성유형을 나타내지만 공포와 비교해서 구별되는 특징으로 분노할 때 혈압이 증가된다. 공포는 분노와 비교해서 피부전도가 평균이상이고 근육 긴장도가 높고, 심장속도가 빠르며 호흡이 빨라지는데 공포는 '예견된' 공포를 의미한다고 보겠다.

슬픈 영화를 보여 주어 유도된 슬픔과 비탄(grief)은 교감적 반응을 수반하며(Avrill, 1969; Schwartz et al., 1981; Ekman et al, 1983), 혐오는 심장속도가 낮은 것으로 나타났다(Ekman et al, 1983). 절망(distress)은 고통(pain)에 대한 반응과 동일하다. 고통은 분노와 마찬가지로 혈압이 이완되어 나타난다. 권태(boredom)시에는 HR, EDR, SC가 증가한다(London et al., 1972).

(1) 얼굴이 붉어지는 것(blushing)

얼굴이 붉어지는 것은 너무 대담한 행동을 했거나 또는 어떤 예상을 할 때 나타난다. 얼굴이 붉어지는 것은 행위를 하는 경향을 갑자기 금지하는 데 대한 반응일 수 있으며, 붉어지는 이유는 아직 알려지지 않고 있다.

(2) 일반 순응 증후군(general adaptation syndrome)

정서와 생리적 파라미터간의 관계는 각성(arousal)과 자율신경계의 반응, 호흡, 홀몬 반응 등의 교감적 각성 유형으로 나타나는 것이 특징이다.

정서적 반응의 생리학적 측면은 행동의 결말을 갖는다. 예컨대 심한 스트레스의 생리학적 결과는 세일(Selye, 1956)에 의해서 '일반적 순응 증후군'(general adaptation syndrome)이라고 기술되었다. 이러한 증후군 발달에는 세 가지 단계가 있다. 즉 경보단계(alarm phase), 저항단계(resistance phase), 그리고 피로단계(exhaustion phase) 이다.

① **경보단계**   세일은 교감적 각성에 해당되면 부신피질자극 호르몬(ACTH)과 코르틴 스테로이드(부신피질호르몬)의 방출이 있다는 것을 강조하고 있다. 예컨대 지속적인 스트레스는 생리학적 조절을 방해하고 쇼크 상태를 유발하며, 혈압 및 심장속도도 급강하시킨다. 지속적인 자율신경계 각성과, 호르몬 활동, 조절 장애(dysregulation)의 결과는 체중감소와 저항력 감소 및 전염병과 기타 질병, 쇠약의 조건이 되는 식욕감퇴, 위궤양의 발달(Brady et al., 1958), 아드레날린 분비과다, 송과선과 임파선, 비장(spleen)의 퇴행성을 초래한다(Seyle, 1956).

② **저항단계**　　　　생리학적 수준이 높아질 때 안정되어 있다. 고혈압은 과긴장(Harrel, 1980)으로 심장계의 장애를 일으킬 수 있다. 콜티졸의 생산은 높은 수준이며 식욕과 체중은 정상으로 돌아올 수 있다.

③ **피로단계**　　　　심리적으로 짧고 강한 외상(trauma)과 지속되는 스트레스는 '신경증적 피로'(nervous exhausion) 증후군을 산출할 수 있다. 이 증후군은 전에는 '신경 쇠약 증후군'(neurasthenic syndrome)이라고 불리웠으며, 호로위츠(Horowitz, 1976)는 '침입상태'(intrusion state)라고 기술했다. 현저한 특징으로는 수면장애, 안절부절함, 주의 집중력 상실, 운동협응의 장애를 갖는 떨림, 불안 발작, 우울한 기분, 울음 등이다.

제 5 장
정서의 해부학

5.1 이론적 기초

5.1.1 정서의 신경해부학

　　헤릭(Herrick, 1926)과 에리언스-카펠스(Ariens-Kappers, 1920)의 주장을 기초로 하여 파페즈(Papez, 1937)가 뇌의 변연계(limbic system)를 정서의 해부학적 기초로 본 것은 큰 공헌이다.

　　신경해부학에서는 [그림 5-1]과 같이 정서 순환에 관한 단순한 개념적 도식을 제시하고 있다(Panksepp, 1986, p. 98).

　　정서 체계는 뇌의 여러 기능을 자동적으로 생활 상황에 대한 반응으로 나타내게 하는 교환의 쌍방 진로이다. 이 체계는 여러 가지 감각 체계로부터 중요한 정보를 수집하고 이 정보를 뇌간(brain-stem)과 기초 신경절(basic ganglia)의 행동 유형 하위 통로로 전달할 뿐 아니라, 상호적으로 교묘한 의사 결정 과정과 상호 작용하는 높은 부위에까지 정서에 미치는 방출 자극의 영향을 통과시킨다. 높은 수준에서 이러한 정서적 순환은 여러 가지 지각과 신념에 의해 생길 수도 있다.

　　정서회로(circuit)는 상호적으로 체신경계의 인지적 구조에 침투하며

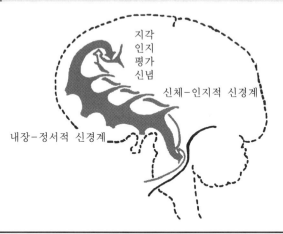

그림 5-1   뇌의 개념적 도식

주 : 지금까지 알려진 지식으로는 기본 정서회로는 내장 신경계의 부분이다. 상호적으로 정서회로는 인지 활동의 형식과 내용에 강하게 영향을 주고 받는다.

색채를 지각하고, 여러 가지 행동 가운데 선택을 하며, 가치와 기억을 하기도 한다. 이들 체계의 보다 높은 변연 표상은 감각-지각적 사건에 대한 최종 정보 처리 장소인 신피질(neocortex)의 다양한 연상 영역으로부터 압력을 받는다. 이러한 회로는 신경축을 통해서 뇌의 위쪽부위에서 정서적 지각과 정서적 의식을 하게 하고 또 낮은 수준(뇌의 아래쪽)에서 기초적인 신체적 적응을 하게 하는 영향권이다.

현재로는 이러한 변화가 뇌의 어디에서 바뀌는지는 추측 단계에 있을 뿐이다. 펜크셒(Penksepp, 1986, p. 99)이 요약했듯이, 신경외과와 신경심리학의 자료에 의한 네 가지 기본 정서의 표상은 다음과 같다(Penksepp, 1986, p. 99).

① 긍정적 기대 과정은 기초 신경절, 안와-전두-기초-전뇌 기제를 통해서 1차적으로 정교화될 수 있다.
② 분노의 지각적인 측면은 피질내부 편도와 그 주변의 측두엽을 통해서 주통로로 통과하는 것일 것이다.
③ 공포지각은 기저 측두, 중앙편도와 그 주변의 측두-이상(梨狀)을

통해서 정교화된다.

④ 분계조(stria terminalis)의 기저핵(bed-nucleus)과 대회(cingulate gyrus)는 분리 슬픔과 관계되는 사회적 정서에 대한 관련 부위일 것이다.

5.1.2 편도 정서의 해부학

동물실험과 인간의 임상적 연구에서 나온 증거들은 정서적 행동은 뇌의 편도에 달려 있다는 것을 지적하고 있다. 따라서 편도의 해부학을 다루는 것은 의미 있을 것이다. 이곳에서는 동물실험 결과 및 인간을 대상으로 한 연구 모두를 다루기로 한다. 이는 인간을 연구한 결과가 동물실험에서 나타난 결과를 인간에게 그대로 적응시킬 수 있다는 주장에 근거한 것이다.

1. 감각 입력

원숭이를 피험 동물로 한 신경생물학과 신경행동학의 연구들은 시각, 청각, 미각 및 촉각에는 독립된 감각 정보 과정이 있으며 이를 관장하는 피질 영역이 분리되어 있다는 것을 증명했다. 이들 각 영역은 일련의 양상 특유의 피질 연합 영역(modality-specific cortical association area)을 통해서 단계적으로 투사되는 1차적 감각 수용 영역을 갖고 있다. 또 몇몇 영역들은 후두엽과 측두엽 및 두정엽의 피질을 통과하는 감각 과정 체계의 복잡한 진행을 형성하고 있다(그림 5-2 참조).

편도는 여러 양상-특유의 피질 통로로부터 풍부한 감각 자극을 수용한다(Aggleton, Burton, & Passinghamm, 1980; Turner, Mishkin, & Knapp, 1980). 감각 입력은 격자형 상위 하위 측두 철면(temporal convexity, 시각), 상위 측두회(superial temporal gyrus, 청각), 그리고 미각과 촉각 삼각부(insula)로부터 생긴다. 이러한 감각 자극들은 1차적으로 각 감각 체계의 최종 피질 체류 부위에서 나온다는 공통적인 특징을 갖는다. 이는 편도가 각 양상에서 가장 충분하게 자극을 받는 감각 정보에 의해서 주로 활성화된다는 것

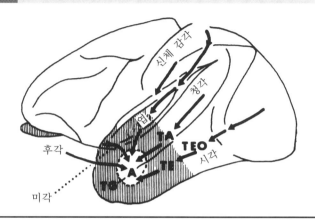

| 그림　5-2 | 편도에 이르는 감각 통로의 도식 |

주 : 약자 A＝편도, TA＝상위측두엽, TE＝하위측두엽의 안쪽 부위(내부위), TEO＝하위
측두엽의 뒤쪽 부위(후부위), 피질 영역의 글자 명칭은 부로닌과 베일리(Bonin &
Baily, 1947)에 의한 세포구조 양식의 명칭임(Henry, 1980, p. 236).

을 뜻한다. 각 감각 자극들은 편도의 특수 하위 영역에서 끝나게 되며,
이러한 종점 영역들은 중복되지 않는다(그림 5-2 참조, 김경희, 1995, p. 99).

　　[그림 5-3]에서 보는 바와 같이 여러 편도의 하위 영역들은 서로 다
른 감각 양상에서 영향을 받는다. 이 영역에는 두 개의 범주가 있다. 첫
번째 범주는 양상-특유의 피질 영역이다. 양상-특유의 피질 영역들은 편
도에 투사되며 무명질(substantia innominata) 또는 시상하부에 직접 투사되
지 않는다는 연구 결과는 편도가 이러한 피질의 감각 체계들과 감각 자극
의 과정에 관여되어 있는 깊은 하위 피질의 구조에서 결정적으로 교체된
다는 것을 시사한다(Mesulam & Mufson, 1984; Turner et al., 1980).

　　후구(olfactory bulb)에서 편도의 피질핵과 중앙 핵에 이르는 직접적 투
사는 일반 유형과는 다르다. 여기서는 다만 간접적인 감각 자극들이 피질
연합 영역을 거쳐서 편도에 도달한다. 양상-특유의 투사는 편도로 가는
감각 입력의 유일한 범주는 아니다.

　　두 번째 범주는 한 개 이상의 감각 정보를 수용하는 피질 영역에서
생긴다. 이러한 피질 영역들은 존스와 파웰(Jones & Powell, 1970)에 의해서

그림 5-3 편도로 가는 감각 입력의 종점

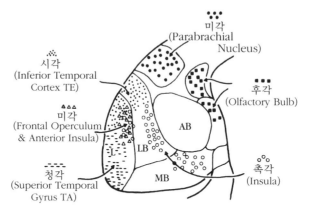

(A) 감각 특수 입력

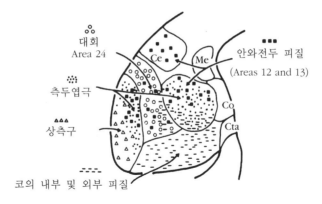

(B) 다감각 입력

주 : (A) 그림: 양상 특유의 감각 영역에서 들어오는 편도의 입력. 〈?〉표는 부상완
  (parabrachial) 영역이 표시된 영역에 미각 자극을 공급하는지 여부가 확실하지
  않음을 나타낸다.

(B) 그림: 한 개 이상의 감각 양상으로부터 감각 자극을 받는 영역에서 들어오는 편
  도 입력.

편도핵의 약자 AB＝부 기저핵(accesory basal nucleus), Ce＝중추핵(central
nucleus), Co＝피질핵(cortical nucleus), Cta＝피질전이영역(cortical transition
area), L＝외측핵(lateral nucleus), LB＝외측 기저핵(lateral basal nucleus), MB＝
내측 기저핵(medial basal nucleus), Me＝내측(medial nucleus).

처음 발견되었다. 붉은털 원숭이(rhesus monkey)를 대상으로 하여, 존스와 파웰은 수렴적 다감각적 정보를 수용하는 첫번째 피질 영역 중에 어떤 것은 상측구(superior temporal sulcus), 측두엽극(temporal pole), 궁상구(arcuate sulcus), 안와 전두 피질(orbital fronral cortex) 및 전두극(frontal pole)이라는 것을 발견했다.

이들의 연구 결과는 체비스와 판댜(Chavis & Pandya, 1976), 젤처와 판댜(Seltzer & Pandya, 1978), 터너와 그의 동료들(1980), 베일리디어와 모기르(Baleydier & Mauguiere, 1980) 등에 의해서 검증되었다. 양상 특유의 피질 영역에서 들어오는 입력과 마찬가지로, 이러한 다감각적 입력은 특수한 편도 부위에 종착된다. 그러나 양상-특유의 감각 자극들과 달리, 다감각적 입력에는 여러 가지 다감각적 투사들이 의미있게 중복이 되어 있다. 예컨대 측두엽극와 안와전두 피질에서 들어오는 감각 입력들은 외측 및 부 기저핵 내에 비슷한 지점에 종착한다(Turner, Mishkin, & Knapp, 1980; Van Haesen, 1981).

이러한 해부학적 증거는 편도에 이르는 두 가지 다른 유형의 감각 투사가 있음을 보여 주고 있다. 이는 편도 내에 있는 감각 수렴의 엄청난 잠재력을 나타내는 것이다. 이러한 잠재력을 충분하게 이해하기 위해서 여러 양상-특유의 입력의 종착 지점을 연결하는 고유 연결망이 있어야 한다고 가정되었으며 이는 검증되었다(Aggleton, 1988).

5.2 공격성과 유친성

5.2.1 공격성의 원인

인간의 정서 가운데 가장 많이 연구되는 것은 분노, 불안에 대한 공격성-유친성이다. 이들 정서의 표현은 객관적으로 관찰될 수 있으나, 해

부학적·생리학적 구조나 체계를 연구하기는 어렵다. 따라서 실험적으로
는 동물을 대상으로 하여 뇌에 전기 자극을 주어서 연구되었고, 또 인간
을 대상으로 하여서는 실험보다는 환자들의 치료를 목적으로 하여 뇌에
전극을 심어서 적당히 자극을 주었을 때 나타내는 분노를 관찰한다.

1. 뇌 손상

　인간의 뇌의 다양한 이상기능은 불안 수준과 적개심의 표현을 증가시
킨다. 특히 측두엽에 생긴 뇌의 종양은 언어적 공격으로부터 살인적 분노
에 이르는 공격성의 수준을 증가시킨다는 것이 밝혀졌다. 뇌종양이 성공
적으로 제거되면 환자는 다시 정상적인 성격을 갖게 된다. 이와 비슷한
결과를 가져오는 또 다른 뇌의 이상기능은 낙상이나 자동차 사고 등에 의
한 심한 머리 손상, 그리고 광견병이나 기면성 뇌염(encephalitis lethargica)
및 간질에 의한 뇌 손상을 들 수 있다.

　공격성과 관계되는 신경계의 금지 작용은 몇 가지가 있다. 불안 상태
에서 금지될 때 공격성 대신 흔히 다른 사람들과 함께 있으려는 유친성이
관찰된다(이에 관한 포괄적인 연구는 샤치텔(Schachtel)의 「유친성 심리학」
(Psychology of affiliation)에 잘 나타난 있다). 공격적 행동을 감소시키기 위해
서는 공격적 신경계의 부분을 절단하는 것이다.

2. 혈액의 화학적 변화

　호르몬의 변화나 여러 가지 약물 사용에 의한 혈액의 화학적 변화는
적절한 신경계의 역치를 변화시켜서 공격성을 야기시킨다. 이러한 사실
은 공격적 행동을 성적 행동과 직접 관계시켜서, 혈액 속에 있는 안드로
겐(androgen)을 감소시키거나 차단시켜서 통제할 수 있다는 데 근거한다.
많은 여성들 가운데 월경 전주일에 불안하고, 적대적이고, 쉽게 화를 낸
다는 것이 밝혀졌다(Bardwick, 1976; Hopson & Rosenfeld, 1984). 흥미 있는
연구로 혈당량이 갑자기 떨어지는 저혈당증(hypoglycemia) 상태에서 많은
범죄가 발생했다는 것이다(Podolsky, 1984; Wilder, 1947).

사회생활에서 예외적으로 높은 수준의 사회적 갈등과 적개심을 갖는 사람 가운데 저혈당증 상태에 있는 사람이 많다(Bolton, 1973).

3. 알레르기에 의한 공격성

특별한 음식물(예: 우유, 계란, 초콜릿, 콜라 등)이나 약 등은 알레르기적 긴장, 피로 증후군을 나타내는데, 이러한 알레르기 인자(allergen)는 신경계를 예민화시키거나 활성화시켜서 적개심이나 공격적 행동을 야기시킨다고 한다(Fredrichs & Goodman, 1969). 그러나 알레르기 반응에 관한 기초적 생리학적 원인은 아직 분명하지 않다.

4. 학   습

위에서 언급한 생리학적 원인 이외에, 학습은 인간의 행동에 중요한 영향을 미친다. 물론 공격성 행동도 예외는 아니다. 인간의 경우에 공격성은 밴두라(Bandura, 1969)의 관찰에 의해서 알려졌듯이, 보상을 받았거나, 아동이나 개인이 모델의 행동을 모방함으로써 공격적 행동이 얻어진다. 또 어떤 사회에서 공격성을 가장 대표적인 남성성으로 사회화시키는 문화적 규범에 의해서도 공격성은 조장된다.

5.2.2 공격성과 유친성의 해부학

공격성과 유친성을 야기하거나 조절하는 데는 해부학적·생리학적 구조와 체계가 관련된다. 또 이러한 행동들의 표현에 대해서 사회적·환경적 요인의 영향도 중요하다.

정서적 행동을 조절하는 데 유편도핵이 중요하다는 것은 1930년대 후반기, 곧 클루버와 버시(Kluver & Bucy, 1939)의 원숭이의 양 측두엽 절단수술의 효과에 대한 논문과, 슈라이너와 킹(Schreiner & King, 1953)의 논문이 발표되면서 알려졌다.

앞서 언급했듯이, 연합피질의 광범위한 영역에서 받는 다감각적 투사는 특히 중요하다. 생화학적 연구들은 유편도핵이 가장 높은 정도의 신경전달자(Fallon & Ben-Ari, 1981)와 상당한 양의 뉴로펩티드(Roberts, Wookhams, Polack, & Crow, 1982)를 가진다는 것을 증명했다.

어떤 연구들은 비인간 영장류에서 편도로부터 얻은 방사선 원격측정 기록을 통해서 자극의 정신적 의미와 사회적 상호 작용에서뿐 아니라 시각적·청각적 자극에 대한 반응의 전기량 수준 사이에 양적인 관계가 있음을 시사하고 있다(Kling, 1981; Kling, 1979).

해부학적 연구 자료는 적어도 세 개 집단의 핵(윗부분 참조)들과 그에 관련된 중추 연결들이 쥐와 인간에게서 방어와 공포, 공격, 그리고 이와 관련된 복종과 도피의 표현을 주관한다는 것을 시사하고 있다. 이들은 중뇌의 중앙 피질, 복측 피개, 시상하부 및 편도에 위치하고 있다. 가장 정교화된 피질의 조절은 시상하부와 중뇌 구조와의 상호연결을 이룬다. 영장류에 있어서 편도는 결정적 구조이며, 정서의 의미가 지각과 기억 및 인지 과정들과 접근되고 있다는 것을 가정하게 한다.

다람쥐 원숭이(squirrel monkey)를 대상으로 한 연구(Raleigh & Steklis, 1981)는 편도에 강한 투사가 있음에도 불구하고, 하위 측두피질 손상에 따르는 유친적 행동(affiliative behavior)에 손상이 없다는 것은 중앙의 편도가 절제 전보다 절제 후에도 똑같이 또는 그 이상으로 전기적으로 활동적이라는 것을 증명했다. 측두부의 손상 후에 보여지는 유친적 행동의 결함은 중앙 편도의 전기 활동의 감소와 관계가 있다. 공격적 행동에 대한 자극이나 절제(손상)의 효과는 더 수정되고 사회적·환경적 요인에 더 영향을 받는다.

영장류(예: 붉은 털 원숭이나 아프리카 녹색 원숭이 african green monkey)의 자극이나 손상의 결과로 나타나는 공격적 행동의 표현에 크게 영향을 주는 주요 요인들은 ① 한 사회조직 안에서의 종-전체적 반응, ② 행동이 나타나는 장면, ③ 공격자나 희생자의 연령, ④ 자극을 받은 뇌가 기억과 학습을 포함하는 고등인지 과정과 피질 기능에 영향을 줄 수 있는 정도이다.

측두엽 간질을 나타내는 인간 연구에서 측두 질병을 가진 피험자의 이상적 공격 행동은 뇌 손상 자체보다는 IQ와 사회·경제적 지위와 더 관련이 있음이 보고되었다(Stevens, 1981).

인간을 대상으로 한 연구에서 나타나는 가설적 변인은 수술 전과 후에 나타나는 반응의 한계와 특수성을 결정하는 사회·환경적 도전이 없다는 것이다. 어떤 학자들은 인간의 공격 행동의 표현에 영향을 주는 변인을 알아내기 위해서는 통제된 실험만이 해결책이라고 제안한다. 그러나 인간을 대상으로 실험할 경우 생기는 윤리적 문제점 때문에 반대하는 학자들도 많아서, 아마도 상당 기간 종래의 연구 관찰에서와 같이 환자나 동물을 대상으로 연구를 계속할 수밖에 없는 전망이다.

5.3 우 울 증

우울증은 현대인의 가장 빈번한 병리적 특징 가운데 하나일 것이다. 그럼에도 불구하고 노이로제의 우울증과 내인성 우울증 증후군의 기초가 되는 기제들에 대해서는 충분하게 이해하기에는 요원하다. 우울증에 관한 흥미 있는 이론 가운데 하나는 슈타인(stein, 1969)의 무쾌감(anhedonia) 가설일 것이다. 슈타인은 우울 증세를 긍정적 보상 체계의 손상으로 보았다. 이러한 장애의 효과는 외적 보상이 내적 만족 상태를 산출하는 것을 중단한다는 것이다. 이는 여러 활동 종류를 중단시키는데, 왜냐하면 이러한 활동들이 더 이상 보상받지 않고, 만성적인 공포·위협·혐오 상태를 끊임없이 나타내는 부정적이고 혐오적인 뇌 상태를 만들기 때문이다.

슈타인은 보상-벌 체계의 변화된 균형을 노르아드레날린 체계의 이상 기능으로 연결짓고 있다. 이러한 그의 가정은 쥐를 대상으로 시상하부의 보상 체계를 자극한 결과, 노르에피네프린이 방출된다는 자료에 근거한 것이다(Stein, 1969; Stein & Wise, 1964). 슈타인의 견해는 사이타와(1979) 등이 입증했다. 또 다른 연구들은 일아민(monoamines) 특히 도파민(dopomine, Wise, 1982)과 세로토닌(Serotonin, Ellison, 1975)뿐 아니라 노르에피네프린의 결함이 우울증의 기제에 기초가 된다는 것을 가정하고 있다.

흔히 동물을 대상으로 하여 우울증을 연구하는 데 중요한 문제 가운데 하나는 인간의 우울증과 비교할 수 있는 좋은 실험적 모델을 찾아내는 것이다. 우울증에 관해서 가장 확신이 가는 행동 모델의 하나는 모성 실조 원숭이에 관한 할로우와 그의 동료들(Horlow, Suomi, & Mckinney, 1970)에 의해서 기술된 것이다.

잘 알려진 신경화학적 모델은 레세르핀(reserpine)과 테트라벤제드린(tetrabenzedrine)이 저장되는 것을 막음으로써 일아민의 수준을 감소시킨다는 사실에 근거한다. 이 약물들은 인간에서도 우울증을 유도한다. 원숭이와 쥐에게서 레세르핀은 무감동 상태, 노이로제와 유사한 반응, 떼를 짓는 것, 사회적 철회, 그리고 무감각 상태를 산출한다(Bunney & Davis, 1965; Ellison, 1975; McKinney et al., 1971).

우울증의 모델을 산출하는 또 다른 방법은 보상을 주고 활성화하는 기제와 관계된다고 생각되는 구조를 손상하는 것이다. 많은 연구자들은 보상 기제로 시상하부의 역할을 강조하지만, 편도는 보상-벌 동기를 위한 시상하부보다 같거나 더 중요하다고 가정되고 있다. 시상하부와 비슷하게 편도는 신경섬유와 연결되어 있고 우울증에 중요한 역할을 하는 것으로 가정되는 일 아민성, 콜린성, 그리고 펩티드성 전달자(전달 물질)를 갖고 있는 세포체를 포함한다.

편도를 포함한 측두엽이나 또는 제3뇌실을 포함하는 뇌종양은 종종 정신 분열증이나 또는 신경증적 우울증으로 잘못 진단되었다(Malamud, 1967; Martinius, 1983). 이러한 사례에서 편도나 또는 시상하부의 손상은 신경증적 우울증이나 또는 내인성 우울증의 기초가 되는 비슷한 신경생리학적, 신경화학적 장애를 가져온다.

편도와 시상하부는 밀접하게 활동하지만 기능은 같지 않다. 시상하부는 생물학적 욕구와 쾌락적 결과의 조절에 더 많이 관여하고 있으며, 편도는 감각 자극의 쾌락적 평가에 더 많이 관여하고 있다. 시상하부와 편도는 하나의 단위로서 작용하는 강한 상호 협동하에 있으며 각각은 둘 중 하나가 손상을 받아서 결함이 있을 때 보상작용도 한다는 것이 알려지고 있다.

만일 무쾌감이 우울증의 중요 원인이라고 가정한다면, 이전의 즐겁고 바람직한 목표에 대한 긍정적 쾌락적 가치 부족은 여러 가지 행동을 소거하고 또 무감동, 고뇌, 슬픔 등을 산출한다고 보겠다. 이미 언급된 바와 같이, 정서 행동과 사회적 행동의 정상적 회복에는 편도−시상하부 체계의 활동이 중요하다. 정서적 우울증의 기제에서 편도와 시상하부의 양 중추(positive center)에서 나타나는 활동의 장애와 이들의 상호 협동의 장애가 본질적 역할을 한다. 이 두 구조 간의 손상되지 않고 균형이 잘 잡한 상호 작용은 정서적−동기적 기제의 정상 수준을 유지하는 데 매우 중요한 것으로 여겨진다.

우울 증상의 편도의 기제에서 외측 편도로부터 나오는 금지적 충동의 역할 이외에 독립적으로 작용하는 다른 기제, 즉 전체적인 신경화학적 장애가 변연 구조뿐 아니라 근처의 편도 영역의 기능에 2차적으로 영향을 줄 수도 있다는 것을 고려할 필요가 있다. 중앙 편도와 기저−외측 편도는 생화학적으로 다르기 때문이다(Ben-Ari, 1981; Fallon, 1981 & Geneser-Jensen, 1971).

신경화학적, 신경해부학적 자료에 의하면, 중앙 편도는 아드레날린성이고 기저−외측 편도는 콜린성이라고 가정된다(Ben-Ari, 1981; Emson et al., 1978; Roberts et al., 1982). 또 중앙 편도는 생물발생적 아민(biogenic amines)을 생산하는 데 관여한다. 중앙 편도가 손상되면 생물발생적 아민의 방출이 감소되거나, 아니면 적절한 신진대사가 장애를 받는다. 일아민의 감소는 일반적으로 우울증의 중요 기초라고 간주된다. 우울증세는 또한 외측 편도의 콜린성이 지나친 경우에도 원인이 될 수 있다. 연구자들도 중앙 편도의 손상 후에 따르는 외측 편도의 제거는 효과적인데, 이를 제거함으로써 신경 중재자뿐 아니라 콜린성과 아드레날린성 사이의 균형을 찾고 균형 상태(homeostasis)를 다시 수립할 수 있기 때문이라고 제안하고 있다.

이상의 연구 결과나 가정은 인간 행동과 정서 치료 및 정서를 변화시키는 비언어적·생리학적 방법의 중요성을 시사하는 것이다.

제3부 정서의 이론

제 6 장
정신진화론적 차원

6.1 정신진화 이론의 중요 개념들

1872년에 출판되었던 찰스 다윈의 '인간과 동물의 정서 표현'(The Expression of the Man and Animals)에서 그는 하등 동물과, 유아 및 비문명인(preliterate)집단에서 나타나는 정서 표현에 관한 많은 일화들과 관찰을 기록하고 있다. 이미 다윈은 진화 개념을 골격과 감각 수용기와 같은 신체적 구조의 진화뿐 아니라 동물의 행동과 '정신생활'에 적용할 수 있다는 것을 알았던 것 같다. 즉 지능, 추리 노력 및 인간과 하등 동물이 표현하는 정서의 진화론적 역사를 인식했다.

다윈은 정서가 1차적으로 생존 기회를 증가시키는 확실한 기능을 가지고 출발한다고 결론지었다. 이러한 다윈의 견해에 따르면 정서는 근본적으로 순응적이고 환경의 요구에 적합한 방법으로 행동을 조직하는 데 도움이 된다. 정신진화 이론은 몇 가지 중요한 특성을 갖는데 이를 요약하면 다음과 같다.

진화 이론은 동물과 인간에게서 볼 수 있는 정서 영역을 개념화하는 데 폭넓은 진화적 기초와 정서 사이의 상호 관계를 기술하는 구조적 모델을 제공해 주고 있다. 또 진화 이론은 성격 특질, 진단 및 자아방어를 포함하는 여러 파생적 영역들 내의 주 차원들을 측정하는 검사와 척도를 구축하는 이론적 법칙을 제공했다. 무엇보다 중요한 것은 진화 이론은 정서와 순응, 그리고 진화 사이의 관계에 관해 유용한 통찰을 갖게 했다는 점이다.

정서에 관한 지식에는 외현적(explicit)인 것과 내현적(implicit)인 것이 존재한다. 외현적 지식은 예컨대 얼굴 표정을 보고서 정서를 판단할 수 있는지, 정서는 생리적 변화로 나타나는지, 유아는 어떤 정서들을 표현하는지, 그리고 공격적 행동은 뇌 자극으로 산출되는지 등에 관한 것들이다. 이러한 지식은 연구 결과들 사이에 일치되지 않고 있다.

정서에 관한 내현적 지식은 보편적인 것으로 많은 사람들은 정서에 대해서 상당히 많이 알고 있는 것으로 믿고 있다. 예컨대 정서는 우리 행동에 영향을 주는 강력한 내적 힘이라고 생각한다. 또 어떤 정서는 좋고, 어떤 정서는 나쁘다는 것과 어떤 사람은 다른 사람보다 더 정서적이라는 것도 알고 있다. 얼굴에 나타난 정서 표현의 의미를 학교에서는 가르치지 않지만, 대부분의 사람들은 다른 사람의 얼굴에 나타난 정서를 읽을 수 있다. 또 개나 고양이를 키워본 사람들은 동물도 사람과 같이 분명하고 생생한 정서를 나타낸다고 주장한다.

이러한 지식에도 불구하고 정서의 기능이나, 보편성, 동물의 정서 여부, 정서가 유전되는지 또는 학습되는 것인지에 관해서는 거의 연구되어 있지 않다. 정서진화 이론이 일반화되기 위해서는 몇 가지 문제점을 고찰해야 할 것이다. 동물의 정서는 부분적으로만 밝혀지고 있으므로 본고에서는 다루지 않겠다.

6.1.1   정서의 개념: 가설적 구인

정서에 관한 외현적·내현적 관점에서 공통되는 중요한 요소는 정서는 주관적 감정이라는 것이다. 그런데 이러한 견해는 정서를 정의하는 데는 너무 협소한 것이고, 보다 광범위한 개념화를 위한 필요성이 대두되고 있다. 달리 표현해서 정서란 주관적 경험 자체가 아니라, 여러 가지 종류의 사실에 근거하는 가설(구인), 즉 추론이어야 한다는 주장이 제기되고 있다(Plutchik, 1980, 4쪽). 이러한 사실은 내적 감정에 관한 언어적 보고를 포함한다.

언어적 보고가 정서를 측정하는 데 적합하지 않다는 사실은 다음과 같은 세 가지 연구, 즉 ① 대학생들을 대상으로 그들의 정서적 경험들을 기술하게 한 다비츠(Davitz, 1970)의 연구, ② 마셀라(Marsella, 1976)가 수행했던 우울증에 관한 비교 문화적 연구, ③ 정서 상태를 보고하는 데 있어서 속임의 역할에 관한 샤치텔과 싱어(1972)의 연구 등의 예에서 볼 수 있다.

구체적인 예로서 다비츠의 연구에서는 정서를 기술하는 것은 전체 '정서' 상태의 부분적 심상(image)만이 서술되고 있다는 것이 밝혀졌고, 비교 문화적 연구에서는 어떤 문화권에서는 특정 정서를 지칭하는 단어가 없다는 것이 알려졌다. 물론 이는 '단어'나 용어가 없다는 것이지 정서 자체가 존재하지 않는다는 것은 아니다. 그리고 샤치텔과 싱어의 연구에서 피험자인 대학생들은 해가 될 것을 두려워하여 진실대로 말하지 않는다는 것이 밝혀졌다.

정서에 관한 언어적 보고는 예상되는 내적 정서 상태의 직접적 지표로서 간주될 수 없다는 사실은 비언어적 의사소통에 관한 문헌(Speer, 1972)과 정신분석학 문헌(Brenner, 1975; Rado, 1969)에서도 시사되고 있다. 결론적으로 '정서'라는 용어는 언어적 보고에 의해 나타나는 주관적 감정을 서술하는 것으로 볼 수 없다.

6.1.2 정서와 진화

정서는 인간과 동물 모두에 존재한다고 가정되기 때문에 광범위한 진화론적 관점에서 고려되어야 한다. 다윈의 자연도태 개념은 모든 존재하는 종(species)의 특징은 생존 가치를 가지는 것을 의미하며, 이는 정서적 행동을 포함하는 동물의 행동이나 형태학에서도 마찬가지일 것이다. 이러한 진화론적 입장에서 볼 때, 정서가 각 유기체의 생활에서 순응적으로 기능하는 방법을 알아내야 할 것이다.

스콧(Scott, 1958)은 각 종에서 인식되는 여러 가지 순응적 행동을 다음과 같이 열거하고 있다. 즉 이들은 섭식 행동, 피난처 추구 행동, 도망칠 때나 싸울 때 나타나는 괴로운 행동, 성적 행동, 보호하고 보호받는 행동, 배설 행동, 모방 행동 및 조사(investigative) 행동 등이다. 윌슨(Wilson, 1975)도 이와 유사하게 몇 가지 순응 행동의 존재를 제시했다.

플라칙(Plutchik)은 그의 저서 "The Emotion: Facts, theories and a new model(1972)"에서 계통 발생적 수준에서 발현되는 기본 순응 반응의 몇 가지 종류를 제시하였다. 그는 기능적 관점에서 도망, 회피, 숨는 것, 죽은 척하는 것 등의 '보호' 반응과 할퀴고 물고 때리는 등의 '파괴' 반응, 그리고 구애하고 짝짓고 알을 낳는 등의 '생산' 반응으로 분류했다. 이러한 분류는 후에 정서의 일반이론의 기초를 구축케 하였다. 플라칙(1990, p. 9)은 그의 이론의 가정을 다음과 같이 열 가지로 명명했다.

① 정서 개념은 모든 진화 수준에 응용될 수 있고 인간뿐 아니라 동물에게도 적용된다.
② 정서는 진화의 역사를 가지며 다른 종에서 여러 가지 형태의 표현을 발전시켰다.
③ 정서는 유기체가 환경에 의해서 부여된 중요 생존 문제를 다루도록 하는 데 순응적 역할을 한다.
④ 다른 종에서 정서 표현이 다른 형태를 갖는 데도 불구하고 알아볼 수 있는 확실한 공통적 요소, 곧 원형 유형(prototype pattern)이 있다.
⑤ 정서에는 소수의 기본적이고 1차적인 원형 정서가 있다.
⑥ 기타 다른 정서들은 혼합된, 또는 파생적 상태이다. 즉 이들 정서는 1차적 정서들의 결합, 혼합 또는 복합이다.
⑦ 1차적 정서는 그의 속성이나 특징이 여러 종류의 증거에서만 유추될 수 있는 가설적 구인 또는 이상화된 상태이다.
⑧ 1차적 정서는 짝지어진 양극으로 개념화될 수 있다.
⑨ 모든 정서는 유사성의 정도에 따라 다르다.
⑩ 각 정서는 각성 수준, 즉 강도의 정도가 다르게 존재한다.

이상의 가정들의 일반화와 적용의 다양성 등에 대해서는 연구가 진행되고 있다. 플라칙은 이 이론이 공통된 구조를 가지고 심리학적, 임상적, 그리고 생물학적 관찰 능력에 의해서 전체 개념으로 평가되어야 할 것을 강조하고 있다.

6.1.3 정서와 인지

정서에 관한 정신진화 이론을 기능적으로 접근하는 것은 어떤 유기체가 그의 환경이 유익한지, 아니면 해가 되는지를 인지함을 의미한다. 이는 달리 표현해서 유기체가 어떤 방법으로든 그의 환경을 평가해야 함을 뜻한다. 이러한 평가 과정은 정서의 인지적 측면을 표상하는 것이고, 관찰될 수 있는 반응 유형을 결정짓는다.

이러한 맥락에서 볼 때, 인지는 지각 · 개념화 · 기억과 같은 기능을 포괄하는 사고 과정으로 고려될 수 있을 것이다. 따라서 이러한 인지적 기능과 정서와의 관계가 어떤 것인가에 대한 기본적 의문이 제기될 수 있다. 이러한 문제를 해결하기 위해서 인지적 활동과 이 인지적 활동의 물질적 기초가 되는 뇌가 긴 진화적 역사를 갖는다는 점과, 인지적 능력은 뇌의 진화와 함께 진화했다는 것, 그리고 인지는 정서와 밀접하게 관계되었을 것이라는 점에서 출발해야 할 것이다(Plutchik, 1977).

플라칙(1980, p. 12)이 지적했듯이 정서에 관하여 많은 인지적 접근이 이루어지고 있으나(Lazarus, 1968; Mandler, 1975; Schachter & Singer, 1962), 인지를 넓은 의미의 진화적 구조에서 다룬 것은 없었다. 중요한 것은 인지적 능력은 뇌의 진화와 더불어 진화해 왔다는 것과 인지는 정서의 봉사 속에서 진화해 왔다는 것이다. 이는 화석 기록을 통해서 추론된 것으로, 약 250,000년 전에 시작된 호모 사피엔스 (Homo Sapiens)의 시기에 인간의 뇌 무게는 약 1200ml이었는데, 오늘날 인간 성인의 뇌 무게는 약 1400ml에 이른다는 것이 그 증거이다.

위기상황에 처해서 우리 원시 조상들의 정서적 반응의 적합성 여부는 죽느냐 사느냐를 결정하는 것이었다. 이러한 정서 반응의 적절성은 물론 환경을 평가하는 인지적 능력에 달려 있었던 것이다. 자극 사건들의 평가를 보다 분명하게 하고, 또 예언을 보다 정확하게 하기 위해서, 수백 년에 걸쳐 진화해 온 전체 인지적 과정은 결과로 나타난 정서적 행동을 자극 사태에 순응적으로 관련시켰다. 바로 이러한 점에서 인지는 플라칙이 지적한 대로 정서의 봉사 속에 존재한다고 볼 수 있을지 모른다.

6.1.4　정서와 성격

플라칙(1962)은 정서를 표현하는 단어들은 성격 특질을 포함한다는 것을 검증했다. 즉 피험자에게 기본 정서가 혼합되었을 때의 결과를 상상하도록 했을 때 대부분이 정서적 상태, 즉 성격 특질로 고려되는 것을 보고하였다.

정서의 진화 이론에서 성격 특질을 정서의 파생물로 해석하는 것을 뒷받침하는 연구로 콩트(Conte, 1975)의 것을 들 수 있다. 진화론자인 콩트는 군집을 분석한 결과 각 특질 차원에서 나타나는 용어들은 정서적임을 알아내었다. 예컨대 보호 차원에서는 '온화한', '겁 많은'이라든가, 재통합 차원으로 분류된 특질에서는 '우울한', '비관적'인 정서적 표현들이 포함되었다.

이러한 성격 특질에 관한 연구뿐 아니라 성격 특질의 극단적인 예가 정신병 집단의 단서가 된다는 연구들(Plutchik & Kellerman, 1974; Plutchik & Platman, 1977)은 모두 성격 특질이 기본 정서의 파생물이라는 것을 지지하는 것이다.

일찍이 프로이드(1905)도 정신병을 '정서의 병'이라는 한마디로 정의한 바 있다.

6.1.5 정서의 파생물로서 자아 방어

자아 방어는, 정신분석 입장에서 보면 추동 · 정서 및 외적 현실에서 생기는 갈등을 해결하려는 정신과정이다. 정신분석학자들은 자아 방어를 유아나 아동과 관련지어 기술해 왔는데, 생태학자들(Goodall, 1967; Lorenz, 1966)은 하등 동물에서 몇몇 방어 기제들, 예컨대 대치와 퇴행의 작용을 증명했다. 이러한 관찰들은 방어 기제 개념을 넓은 의미의 진화적 구조에 놓을 필요를 시사하는 것이다.

임상심리학자들도 오래 전부터 자아 방어와 정서, 또는 성격 특질 사이의 관계를 인식해 왔다. 예컨대 대치는 직접 표현할 수 없는 분노를 다룰 때 사용되는 방어이고, 투사는 자신의 결점(잘못)을 감추기 위해서 주

표 6-1 정서와 그의 파생물

주관적 언어	행동적 언어	기능적 언어
보호	도피	보호
파괴	공격	파괴
재생산	짝짓기	재생산
재통합	울음	재통합
합병	몸치장	합병
거부	구토	거부
탐색	지도(상상)	탐색
정향	멈춤	정향
특질 언어	집단적 언어	자아 방어 언어
겁 많은	수동적 유형	억압
공격적	공격적 유형	대치
사교적	조(躁) 상태	반동 형성
우울한	우울	부인
경멸적	히스테리	투사
호기심 많은	편집상태	지식화
충동적	강박관념–강박행동	퇴행
	정신병질	

위의 다른 사람이나 집단을 탓하는 데 사용되는 방어이며, 부인은 불쾌한 사실은 피하는 데 사용된다.

이러한 예들은 방어가 정서를 다루는 데 사용된다는 것을 뜻한다. 플라칙과 그의 동료들(1979)은 정서와 성격, 그리고 정신병리학에서 사용되는 개념과 용어를 모델로 제시했는데 이를 [표 6-1]에 소개한다(Plutchik & Kellerman, 1980, p. 26).

6.1.6 순응의 보편적 문제들

정서와 순응의 보편적 문제들과의 관계는 광범위하고 추론적인 것으로, 플라칙(1979)은 이를 네 가지로 명명하고 있다. 즉 위계의 문제, 영역성의 문제, 정체의 문제, 그리고 시간성의 문제가 그것이다.

1. 위   계

위계는 사회 생활의 수직적 차원의 개념으로 하등 동물과 인간에게서 지배적 위계로서 나타난다. 인간의 경우에 사회 생활의 수직적 조직은 연령, 성별, 사회의 경제적·사회적 계급에서 나타나며, 군대 생활에서 가장 극명하게 나타난다. 위계적 조직은 어떤 사람은 다른 사람보다 지식이 많다거나, 어떤 사람은 더 권력이 있고, 능력이 있다는 것과 모든 사람들은 정서적 성향에서 다르다는 것을 반영한다. 모든 유기체는 이러한 현실에 직면해야 하고, 이에 따라 대처해야 한다.

지배 위계는 기본 정서 가운데 분노와 공포에 주로 관계되어 있다는 사실은 중요하다. 이러한 정서들은 성격의 파생물인 지배와 복종과 연관되어 있다. 위계가 높은 유기체는 거만하고 잘난 체하며, 낮은 위계에 있는 유기체는 불안해하는 경향이 있다. 이는 동물을 대상으로 한 뷔스키와 그의 동료들(Buirski, Kellerman, plutchik, weininger, & Buirski, 1973)의 연구와 인간을 대상으로 한 켈러만(Kellerman, Buirski, & Plutchik, 1974)의 연구에서 증명되었다.

2. 영 역 성

동물 세계에서 각 유기체는 환경의 어떤 부분에 속해야 하는 것을 배워야 한다. 진화론적 관점에서 영역성은 생존에 필요한 잠정적 영양분을 가진 영역이나 공간 또는 공격에서 안전한 영역이라고 정의할 수 있다. 영역 사이의 경계는 환경의 탐색을 통해서 발달한다.

예컨대 어떤 사람이 어떤 환경을 알고자 할 때, 그는 통제를 갖게 된다. 이 통제는 어떤 한계점 또는 경계선 안에서 가능한 것이다. 경계선이 다른 유기체에 의해서 침범당하면 이는 생존에 대한 잠정적 위협을 의미하며, 또한 잠정적인 통제 상실을 나타낸다. 플라칙(1980)은 영역성과 관계된 기본 정서는 탐색, 그리고 그 반대는 놀람이라는 가설을 세우고 있다. 달리 표현하면 영역성 문제에 중추적인 기본 감정 상태는 통제와 통제 곤란이다.

3. 정   체

주지하는 바와 같이 정체란 우리는 누구인가, 우리는 어디에 속해 있는가 하는 기본적 의문이다. 이 의문은 모든 유기체에게 기본적인 문제인데, 왜냐하면 사회에서 고립된 개인은 보통 생존할 수 없기 때문이다. 따라서 집단 구성원이 되는 것은 생존에 있어서 기본이다.

문화의 진화에서 보면 우리는 여러 가지 다른 종류의 집단이 정체와 관련하여 씨족, 부족, 국가 등으로 발달해 온 흔적을 더듬을 수 있다. 이러한 정체 문제와 관련해서 기본 정서의 관계를 고려해야 할 것이다. 정체와 연관된 기본 정서에는 수용과 배척이 있다. 이 두 가지 정서는 누구를 집단의 일원으로 허용하고, 또 집단 안에 있게 하고 집단 밖으로 내몰 것인지를 결정하는 데 기본적 논점이다. 모든 동물과 인간은 생활의 과정에서 이 기본적 문제와 투쟁해야 한다.

4. 시 간 성

모든 유기체가 직면하는 또 다른 보편적 문제는 시간성이다. 시간성은 개인 생활의 지속이 제한되어 있음을 나타낸다. 모든 유기체는 제한된 생활공간을 갖는다. 인간에 있어서 존재의 제한된 공간 문제는 이 문제를 해결하도록 고안된 일련의 사회적 제도를 진화시키는 데 영향을 미쳤다. 이러한 제도 가운데는 탄생, 죽음, 장례의식 및 재결합 신화들, 사후 생활에 대한 준비 및 종교의 어떤 측면들을 포함한다.

상실과 분리, 즉 시간성의 문제를 해결하기 위해서 어떤 정서들이 진화 과정에서 진화되어 왔다. 상실을 다루는 정서는 슬픔 또는 비탄이다. 도움의 요청으로서 직접·간접적으로 표현될 때의 이 정서의 기능은 상실된 사람이나 그 대치물과의 재통합을 시도하는 것이다. 만일 이러한 요구가 부분적인 또는 제한된 재통합을 산출해내는 기능을 할 때, 이는 우울이라고 불리우는 지속적이고 장기적인 비탄의 신호를 초래한다. 만일 이 신호가 완전하게 잘 작용한다면, 이는 반대 정서인 기쁨을 산출한다. 기쁨은 재결합과 소유의 경험이며 그 반대는 슬픔인 것이다.

정서에 대한 진화론적 논점은 정서적 행동 양식을 통해서 획득되는 재생의 장점에 관한 문제를 제기한다. 진화론적 논점은 정서적 행동에 관한 최종적인 설명을 추구한다. 즉 어떤 행동이 개인의 생존과 관련하여 어떠한 목적을 가지며 재생의 장점을 제공하는가와 같은 문제이다. 진화론적 관점을 통해서 정서의 발생과 분화 과정을 다룰 뿐 아니라 개체 발생적 발달을 체계화하는 다른 관점들과도 차별화된다.

본 장에서는 다윈과 맥두갈(McDougal)의 진화론적 입장과 이에 대비되는 문화적 보편성에 관한 논쟁을 제기한 에크만과 프리젠(Ekman & Friesen)의 연구들을 개관하기로 한다.

6.2 다윈의 정서 이론

다윈의 정서적 표현에 관한 저서(1872/1965)는 정서에 관한 사회생물학적 견해를 표명한 것으로 해석되고 있다. 오늘날 다윈의 견해는 얼굴근육의 해부학과 표현에 있어서 유전적 요인에 대한 증거, 모든 종에 있어서 다른 얼굴 표정과 자세의 표현이 나타난다는 것, 동물의 생활에서 특정 표정이 갖는 유용성, 그리고 특정 표현이 어떤 종에 있어서 도태 압력의 역사에서 어떻게 진화되어 왔는지를 논의했다는 점에서 사회 생물학적이며 동물행태학적이라 불린다.

어떤 표현의 순응적 가치를 연역하기 위해서 자아 관찰을 사용한 다윈의 방법은 비서양 문화로부터 표현의 보편성과, 종 사이의 비교 해부학적 근거, 정신병자의 관찰, 그리고 표현의 유전적 기초를 수립하기 위해서 아동에게서 표현의 발달적 연속을 관찰한 것들을 보고하고 있다. 동물생태학의 탄생은 다윈의 방법과 결과를 증명하기 위해서 고안된 새로운 연구를 초래했다. 예컨대 에크만(Ekman, 1973)은 그의 동료들과 함께 인간의 얼굴 표정과 인간이 아닌 영장류의 얼굴 표정 사이의 유사성 및 차이점, 아동의 얼굴 표정의 발달, 인간의 특정 얼굴 표정에 관한 비교 문화적 보편성에 대한 증거들을 개관했다. 그 결과 연구자들은 다윈의 관찰과 잘 들어맞는다는 결론을 얻었다.

다윈의 목적은 표현 행동 특히 영혼(soul)의 상태를 표현하는 안면근육의 분화된 구조를 나타내기 위한 것이다. 다윈은 왜 그러한 얼굴 표정이 생기고 또 그것은 어떤 의미를 가지는 것인가를 설명하고자 하였다. 1872년에 출판되었던 "인간과 동물의 정서 표현"(The expression of the man and animals)에서 다윈은 그 당시의 다른 학자들과 달리 진화개념을 골격과 감각수용기와 같은 신체적 구조의 진화뿐 아니라 인간의 정신생활 및 동물의 행동에도 적용할 수 있다는 것을 알았다. 즉 지능, 추리, 노력 및 인간과 하등동물이 표현하는 정서의 진화론적 역사를 인식했다.

다윈시대의 학자들, 예컨대 벨(Bell, 1806)은 인간의 표현능력은 신이 준 것이며 아무런 기능을 갖지 않는다고 생각했다. 중요한 것은 다윈이 자신의 이론을 그 당시 유명했던 라바터(Lavater)의 관상학(physiognomy)과 구별한 것이다. 라바터의 관상학의 영향 때문에 하마터면 다윈은 그의 진화론을 가능케 한 갈라파고스 섬(Galapagos Islands)으로 가는 비글(Beagle)호를 타지 못할 뻔 했다고 한다. 왜냐하면 비글호의 선장인 로이(Roy, F.)의 눈에 다윈에게서는 오랜 항해에 필요한 충분한 에너지나 의지력이 통 보이지 않았기 때문이다.

벨과는 달리 다윈은 동물과 인간의 정서표현에 관한 계속적인 발달을 다루었다. 다윈은 원숭이도 즐거움, 걱정, 분노, 질투 등과 같은 정서를 느낄 수 있을 것이라고 주장했다. 독자들의 이해를 돕기 위해서 다윈은 수사학적인 이유에서뿐만 아니라 그렇게 믿었기 때문이다. 다윈은 정서를 기술하는 데 금지된 의인관(anthropomorphism)을 옹호했다는 이유에서 비난을 받았다. 그 당시 사회적 가치관 때문에 인간과 동물의 정서 표현에 관한 연구는 더 발전할 수 없었다.

동물의 정서에 관한 문제는 동물이 정서를 체험할 수 있는지의 여부와, 또 정서가 행동 이외에도 나타날 수 있는지를 정확하게 하지 않으면 안 될 것이다. 동물의 정서가 인간의 정서가 갖는 폭넓은 의미와는 거리가 멀 것이라는 문제는 동물 역시 의식적으로 체험할 수 있는지의 여부로서 이는 아직까지도 확실하지 않다.

다윈의 표현행동에 관한 분석은 3가지 원리로 요약될 수 있다. 이 세 가지 원리는 목적과 연합된 습관의 원리, 대립의 원리, 그리고 체질적 흥분의 원리이다.

6.2.1 정신진화의 연구

1. 다윈의 미션 연구

전통적으로, 방법론적으로 잘 계획된 연구들은 다윈에 의해서 시도되었다. 인간의 표정 표현에 관한 문화를 초월하는 보편성 문제를 해결하기 위해서 다윈은 표현 행동에 대한 16개의 질문을 작성해서 유럽 사람과 접촉이 적고 자기부족끼리만 접촉을 가졌던 사람에게 사용했다.

예를 들어 질문 중의 하나는 '놀랐을 때 표현은 눈을 크게 뜨고 입을 크게 벌리며 눈썹을 치켜 올리는가?' 또는 '한 사람이 다른 사람을 조롱하거나 비웃을 때 윗입술의 모서리가 송곳니의 옆으로 올라가는가?' 등이다.

대부분 전도사(missionary)에 의해서 송부된 질문지들을 통해서 다윈은 영혼의 상태는 전 세계가 현저하게 동일한 형태로 표현된다고 결론짓고 있다. 다윈의 이러한 결과는 얼굴 표정 표현의 보편성 가정을 증명하는 데 도움이 된다.

2. '포레'(Fore)족 연구

보편성 가설을 검증하기 위한 중요한 연구 중 하나는 에크만과 프리젠(1971)의 '포레'족 연구이다. 보편성 가설을 검증하기 위해 에크만과 프리젠은 서양문화와 전혀 접촉이 없는 피험자를 선택하는 것이 우선 과제였다. 에크만은 뉴기니아의 언어집단인 포레족을 선택하여 이 집단을 대상으로 보편성 가설 검증 연구를 수행했다. 이러한 사실은 아이블 아이베스펠트(1993)의 '결합하는 유산: 인간 행동의 원류에 대한 탐험'이란 여행 보고서에 잘 나타나 있다.

에크만은 1970년대 여러 종족을 방문하고 이들의 공동생활과 행동이 오늘날 얼마나 많이 변화했는지를 보고했다. 이 종족들은 경제적, 또는 정치적 관심에서 새로운 문화를 추구하고 그 새로운 문화를 축복이라 생각했다. 포레족 연구에서 성인과 아동에게 정서적인 얼굴 표정 사진을 보여 주고 감정의 사태를 짧게 기술해 보도록 요구했다. 사태 설명은 포레족 언어로 통역되었으며 내용을 확실하게 하기 위해서 같은 정서적 의미를 물어서 역번역했다.

결과는 다음과 같다 : 공포를 제외하고 모든 기본 정서는 64~84%의 비율로 인식되었다. 공포는 놀람과 혼란되는 경향을 보였다. 에크만과

〈포레족 연구에서 사용된 정서적 상황의 기술 내용〉

행복: 그(그 여자)의 친구들이 집에 놀러왔다. 그래서 그(그 여자)는 행복
　　　하다.

슬픔: 그(그 여자)의 아이(어머니)가 죽었다. 그래서 그(그 여자)는 대단히
　　　슬프다.

분노: 그(그 여자)는 화가 났다. 또는 그(그 여자)는 싸우고 나서 화가 났다.

놀람: 그(그 여자)는 새롭고 예기치 못했던 것을 막 보고 있다.

혐오: 그(그 여자)는 그(그 여자)가 싫어하는 것을 보고 있다. 또는 그(그
　　　여자)는 냄새가 지독한 것을 보고 있다.

공포: 그(그 여자)는 집에 홀로 앉아 있다. 동네에는 아무도 없다. 집에는
　　　칼, 도끼, 활과 화살은 없다. 멧돼지가 집문 앞에 서있어서 그(그 여
　　　자)는 멧돼지를 보고 대단히 무서웠다. 멧돼지는 문 앞에 몇 분 동안
　　　서있었는데 그 사람은 멧돼지를 보고 대단히 무서웠다. 그런데 멧돼
　　　지는 문에서 물러나려고 하지 않아서 그(그 여자)는 돼지가 자기들을
　　　물까봐 무섭다.

프리젠은 포레족에게 사용했던 정서 얼굴을 미국 대학생을 대상으로 하
여 성공적으로 연구를 수행했다.

　그 외에 10개의 문화에서 수행된 연구들은 정서의 얼굴 표정 표현에
대한 보편성 가설을 지지했다. 모든 문화권에서 기쁨은 90~98%를 인식
했다. 수마트라(Sumatra)는 예외였는데, 이곳에서는 인식률이 69%에 불과
했다. 가장 낮은 인식률은 60%를 가진 일본에서의 혐오정서였다. 대부분
의 인식률을 80% 이상이었다. 이 연구에서 미국 백인은 자극 제시자로
서, 대학생은 수용자로 사용되었다.

6.3 다윈의 연구 영향

다윈의 표현 행동에 관한 진화 이론은 톰킨스(Tomkins, 1962), 에크만(Ekman, 1973), 그리고 아이자드(Izard, 1977) 등의 연구에 영향을 미쳤다. 이 학자들은 다윈의 이론적 과정뿐 아니라 연구 책략을 확실하게 하였다. 이들은 정서의 발생과 분화에는 선천적 운동프로그램이 있다는 가정에서 출발되었다.

첫째 가정은 한정된 수의 구별되는 정서, 곧 일차적 감정이 존재한다는 주장이다. 톰킨스에 의해서 기본 정서의 얼굴 표정에 관한 연구가 수행되었다. 아이자드는 정서의 개체 발생적 발달에 주의하고 얼굴 표정의 생물학적 가정에도 불구하고 부정할 수 없는 문화간 차이가 있다는 것을 주장하고 있다.

다윈은 일련의 기본 정서를 일일이 열거한 데에 비해서(표 6-2 참조), 오늘날 진화론적 이론가들은 6~8개 정도의 기본 정서만을 기본적인 것으로 간주하고 있다. 예컨대, 에크만은 불안, 분노, 혐오, 기쁨, 슬픔, 놀람, 경멸을 기본 정서로 들고 있다. 이는 선천적 행동이 환경조건에서 완

표 6-2	다윈의 정서목록
고뇌와 울음	
의기소침, 걱정, 근심, 풀 죽음, 절망	
기쁨, 희열, 사랑, 애정 어린 감정, 기도	
심사숙고, 불쾌한 기분, 뿌루퉁함, 결심	
증오와 분노	
경시, 경멸, 거부, 죄책감, 자만, 무기력, 인내, 긍정과 부정	
놀람, 깜짝 놀람, 공포, 경악	
자기집중, 수치심, 수줍음, 겸손, 얼굴붉힘	

전히 독립하여 발전할 수 없다는 것을 시사하고 있다.

6.3.1   진화생물학의 관점에서 본 정서의 발달과 기능

진화론적 학자들은 정서의 발달과 기능은 생물의 계통발생학적 발달의 새로운 해석하에서만 이해될 수 있다는 데서 시작하고 있다. 정서의 표현은 다윈에 의하면 자연의 순수한 기분이 아니라 특별한 기능을 가지는 것, 곧 이익을 얻는 것이다. 생존 경쟁에서 정서는 개체로 하여금 환경의 사건에 융통성 있고 신속하게 반응하도록 하는 데 도움이 된다(유기체의 기능, Scherer & Wallbott, 1990).

전체 동종(homogeneous)집단에서 정서는 이득과 의미를 가지는 데 왜냐하면, 정서적인 표현은 개개의 집단 구성원의 정신상태를 전달하기 때문이다(의사소통기능). 이러한 정보전달의 이익은 전체집단의 행동이 개개 집단 구성원의 정서적 표현행동을 통해서 서로 일치된다는 것이다. 나머지 집단 구성원들은 정서적으로 전염되어서 동종집단 내에서 행동이나 행동경향을 동시적으로 나타내게 된다.

예를 들어, 어떤 동물이 먹이 천적을 발견하고 정서적으로 반응하면 그 집단은 곧 도망가거나 도망갈 준비를 할 수 있는 것이다. 정서 표현의 또 다른 이득은 행위의 의도를 신호로 할 수 있다는 점이다. 유기체가 어떤 행위를 전달할 수 있다면 어떤 행위의 전달과 수행은 서로 연속되어 나타날 수 있다. 이것은 공격적 행위의 맥락에서는 이익이 된다. 분노를 예로 들면, 격분의 신호와 같은 정서 표현은 동종에게 자제를 요구하는데 충분하다. 또 다른 이익은 정서 표현이 신호를 하는 개체에 의해서 지각되는 정보를 시험행위로 제시한다는 것이다.

6.3.2   계통발생적 전망

다음은 정서의 발달과 기능에 대한 진화론적 가정이 경험적으로 증명될 수 있는지의 문제를 다루고자 한다. 특히 기본 정서의 경우 그것이 선천적 행동의 문제인지, 얼굴 표현에 대한 운동적 프로그램이 유전적으로 결정되는지를 다루기 위해서 몇 가지 방법이 고려되고 있다. 이러한 문제를 연구하기 위해서 다윈은 5가지 가능성을 들었다. 첫번째는 아동을 관찰하는 것이고, 두 번째는 정신병자를 관찰하는 것이다. 왜냐하면 아동들은 정서 표현이 아직도 광범위하게 자유롭고, 정신병자들은 대단히 강한 열정을 폭발하기 때문이다. 세 번째는 정서를 얼굴 표정으로 해석하는 방법이다. 다윈은 듀세느 드 볼로뉴(Duchenne de Bologne)가 전극을 사용해서 정서 표현이 나타나는 얼굴근육을 찍은 사진을 방법으로 사용해서 피험자에게 사진에 나타난 얼굴의 정서를 인식하도록 했다. 네 번째는 서로 모르는 문화권의 구성원들을 연구하는 것이다. 이는 발달되지 않은 문화 곧 미개한 문화에 적합한 것이다. 이를 위해 다윈은 그의 유명한 "미션연구"(mission study)를 수행했다. 다섯 번째는 영장류를 인간의 진화적 선구자로서 연구하는 것이다. 이 연구의 목적은 정서적 행동의 계통발생적이고 개체발생적인 기원을 추구하는 것이다. 예컨대 계통발생적 발달은 영장류로부터 인간에 이르는 특정한 표현유형의 발달 리스트를 결정하는 것이다. 그러나 영아의 연구도 선천적 행동유형에 대한 시사를 줄 수 있다. 선천적 행동 개념을 잘못 이해하면 오류를 범할 수 있는 위험이 크다 (Eibl-Eibesfeldt, 1995).

얼굴 표정의 유형이 자연스럽게 나타나는 것을 개체발생적 발달로 연구하고 특히 모방이나 관찰학습을 통한 영향을 배제시키려면 장님으로 태어난 아동의 표현 행동을 연구하면 될 것이다(Galti, Miceli, & Sini, 2001). 또한 정서행동의 선천적 소질에 대한 지시(index)는 신경학적 정서적 영역 또는 말초생리학적으로 정서특유적 과정의 준거로 이해될 수 있다.

6.3.3   영장류의 기본 정서

영장류에 관한 연구는 오늘날 인간에게서 관찰할 수 있는 행동형이 계통발생적으로 어느 정도로 선조에게서도 언급될 수 있는지를 설명해야만 하는 것을 목적으로 한다. 많은 연구자들은 인간과 영장류의 정서적 얼굴 표정을 비교하려고 시도했다. 그러나 오늘날까지 계통발생적 발달 과정을 경험적으로 증명하는 데 필요한 특수한 사태에서의 정서의 행동 복합을 세세하게 기술하지 못하고 있다.

　　이러한 종류의 연구들로는 호프(Hooff, 1976), 슈발리에-스크놀리코프 (Shevalier-Sknolikoff, 1973), 에크만(Ekman, 1972), 레디칸(Redican, 1975), 그 리고 굿올(Goodall, 1986) 등을 들 수 있다. 슈발리에-스크놀리코프는 인 간과 침팬지의 분노, 미소, 욕구좌절, 슬픔 및 웃음에 있어서 일치를 발 견했다. 슈발리에-스크놀리코프가 분노유형 I (type I)로 명명한 인간의 표 현 형태는 원숭이가 입술을 꽉 다물고 화가 나서 노려보는 것으로 소급된 다. 분노유형 II는 공포와 분노의 혼합표현 형태로서 원숭이에게는 입이 벌어지고 불안하고 화난 소리를 내는 것으로 나타난다. 유의할 점은 슈발 리에-스크놀리코프는 미소와 웃음을 침팬지의 여러 다른 선조에게로 분 류시켰다. 웃음은 거울 얼굴(입벌림-얼굴, Hooff, 1972)에서 생기고 이는 다 시 친절한 공격의도를 나타난다. 웃음의 표현은 친절하고 공격적인 반면 에, 미소의 표현은 친절하고 수용적이다. 이 경우의 예로서 다른 침팬지 를 진정시키기 위해서 동원되는 사회적 미소를 들 수 있다.

　　호프에 의하면 인간이 아닌 영장류의 주범주는 인간에게서 기저형태 로서 다시 나타난다. 그의 비교에는 일차적 정서인 호기심, 놀람, 분노, 공포, 혐오, 슬픔 및 기쁨을 포함하고 있다. 호프의 결과는 특별한 가치 를 갖는다. 왜냐하면 이 결과들은 소모적인 방법으로 얻어지기 때문이다. 호프는 연속되어 일어나는 행동양식을 연구했으며 사태적 맥락에서 생기 는 특수한 의미를 갖는 유형을 발견했다. 또한 굿올은 침팬지의 관찰을 기초로 하여 우월성 싸움에서 분노와 같이 어떤 특정한 사태에서 나타나 는 일련의 정서와 그에 속하는 얼굴 표정의 표현 유형을 연구했다.

　　슈나이더와 디트리히(Schneider & Dittrich, 1989)에 따르면 정서는 영장 류의 표현 행동, 특히 얼굴 표정에서 나타난다. 특정한 얼굴 표정들은 입 맞춤, 거울얼굴 및 위협 표정들이다. 입맞춤은 긍정적인 사회적 교제가 서로에게 원할 때 표현된다. 이는 행동복합이 나타나는 구조적 성소 (component)들을 포함한다. 치열을 접촉하지 않고 아래턱을 움직이는 것,

입술을 위로 젖히고 입술을 열고 닫는 것, 혀를 내밀고 들이 미는 것, 귀를 세우고 눈썹을 치켜 올리는 것, 머리를 끄덕이고 가볍게 옆으로 돌리면서 머리를 드는 것, 상대방과의 눈 맞춤 등이 여기에 속한다. 아이블-아이베스펠트는 필름을 사용해서 여러 다른 전통적 문화권에서 눈썹을 올리는 것을 관찰하였다. 즉 베네수엘라, 서뉴기니아, 서아프리카 등지에서는 인사로 눈썹을 올린다. 이미 약속되어 접근해 오는 방문자에게는 멀리서도 눈인사로 환영의 뜻을 표한다고 한다.

6.3.4 영아 연구

다윈은 벨의 영향을 받아 아동을 관찰하는 것이 중요하다는 것을 알았다. 왜냐하면 영아는 특별한 힘을 가진 영혼의 자극을 나타내기 때문이다. 영아에 대한 관찰은 대단히 중요한데, 영아는 관계있는 사람과의 정서적 교환과 교육의 영향을 적게 받았기 때문이다.

영아가 유전적 원인에 근거해서 이미 기본정서를 표현할 수 있는지의 여부의 문제는 다음과 같은 몇 가지 구체적 문제로 나눌 수 있다.

① 영아의 얼굴 움직임은 정서적 정보를 전달하는 데 충분히 변별될 수 있는가?
② 영아는 성인의 기본 정서의 표현에 해당되는 얼굴 표정형태를 보이는가?
③ 영아는 얼굴 표정을 모방할 수 있을까?
④ 영아의 기본 정서 표현은 맥락관계적인가 아니면 우연인가?

영아는 일차적 기본 정서의 표현에 구성요소로서 필요한 얼굴 부분을 움직일 수 있다는 것이 밝혀졌다(Oster & Ronsenstein, 1993). 이 결과는 영아의 얼굴 움직임은 정서적인 정보를 전달하는 데 충분하다는 것을 시사하는 것이다.

영아기의 정서적 얼굴 표정이 자동적으로 생기는지에 대한 의견은 일치되지 않고 있다. 슈타이머-크라우제(Steimer-Krause, 1996)는 기쁨, 놀람, 혐오 등의 표현 등은 생후 며칠 또는 몇 주 안에(Malatesta, 1985), 그리고 분노(Camras, 1987)는 생후 6주째에 관찰된다는 결과에 일치를 보였다. 그러나 슬픔, 불안, 분노 등의 정서들은 생후 3개월 이후에나 인식될 수 있다는 데에는 의견이 일치되지 않고 있다. 기쁨, 혐오, 호기심, 놀람, 분노는 이미 생후 6개월에 관찰되는 데 비해서(Scherer, 1979), 불안과 슬픔은 6개월과 12개월 사이에 나타난다.

6.3.5 얼굴 표정의 지각과 모방

자발적인 표정이 나타나는 것은 우연한 것인지 아니면 일정한 맥락에서 규칙적으로 나타나는지에 관한 문제가 제기되었었다. 이러한 문제를 해결하기 위해서 영아의 표정해독 능력과 모방 능력에 관한 연구가 이루어졌다. 정서를 지각하고 모방 할수 있는 것은 몇 살 때부터일까?

지각의 개념은 근본적으로 시각적인 선호와 습관화에 관한 실험적 패러다임에 관계된다. 모방성취에 대한 연구는 얼굴 표정에 관한 지각연구로 함께 해결될 수 있다. 그러나 영아가 이미 다른 사람의 정서적 상태를 지각하는 능력을 소유하고 있다고 오해해서는 안 된다.

영아가 출생부터 얼굴 움직임에 인식과 모방 능력을 가진다는 것은 쿠쥬우무챠키스(Kugiumutzakis, 1999)의 연구에서 증명되었다. 이미 출생 후 40분에는 영아는 입을 벌리고 혀를 내미는 것과 같은 얼굴 움직임을 모방한다. 그리고 2~3주 된 영아들은 얼굴 표정과 몸짓을 모방할 수 있다(Meltzoff, 1985).

방법론적으로 잘된 연구로 인정받는 드 올리베라(Endres de Olivera, 1989)의 연구는 영아의 표정을 파악하기 위해서 분화된 부호 시스템을 도입했다. 드 올리베라는 영아를 두 집단으로 나누어 조사했다.

집단 I 은 11~16주 된 영아로, 집단 II 는 18~24주 된 영아로 구성되었다. 영아들에게는 편안한 6개의 기본 정서를 나타내는 성인 기본사진을 제시하였다. 사진은 45분간 35cm간격으로 제시되었으며 영아의 얼굴 반응은 비디오로 촬영되었다. 이는 에크만과 프리젠(1978)의 FACS(Facial Action Cording System)로 부호화되었다.

집단 I 에서는 제시된 정서의 표정 모방에 대한 뚜렷한 시사가 있음이 발견되었다. 집단 II 는 집단 I 보다 7~8주 더 많은 영아들이었지만 완전히 다른 반응 유형을 나타내었다. 사진에 대한 표정 반응은 집단 II 에서 뚜렷하게 감소되었고, 불규칙한 오류를 보였다. 첫번째 집단에서는 모방을 통해서 많은 표정 반응이 관찰되는 데 비해서, 집단 II 에서는 이러한 반응이 드물었으며, 모방 반응시간도 짧았다. 이 연구에서 집단 I 과 집단 II 간에 차이가 있었으나 영아들은 이미 여러 종류의 정서를 사용할 수 있다는 것이 증명되었다.

영아의 정서적 표현(얼굴 표정)이 사태의존적인 것인지에 관한 문제를 연구하기 위해서 성인의 관점에서, 곧 성인이 일정한 정서를 해결하는 사태에서의 영아의 표현을 관찰하는 것이다. 예를 들면, 여러 다른 맛에 대한 반응을 들 수 있다.

오스터와 로젠슈타인(Oster & Rosenstein, 1993)에 의하면 맛의 시험에 대한 표정 반응은 타고난 것이다. 따라서 정서를 나타내는 사건과 그에 속하는 표정 반응간에 관계가 있을 것이라는 것을 알 수 있을 것이다. 영아의 미소는 출생 후 첫 주에 나타난다. 이 때 이 미소가 특정한 자극에 대한 반응인지 아니면 다만 우연히 나타나는 반응 유형인지에 대한 의문이 생긴다.

미소는 생후 첫 주에 REM(rapid eye movement) 수면 시에 나타나는데 이는, 우연한 것이라 가정할 수 있다. 즉, 외적으로 나타나는 자극과 관계가 없다는 것이다. 왜냐하면 REM시에 미소를 짓는 것은 내적이고 정신적 과정에 대한 반응(예: 꿈의 내용)으로 나타나는 영아의 정서적 상태의 표현이라 볼 수 있기 때문이다.

영아는 3개월부터 최초의 관계인에 대한 애정을 미소로 반응한다. 미소는 영아가 성공적으로 그의 환경에 영향을 줄 때 나타난다. 루이스와 그의 동료들(Lewis, Alessandri, & Sullivan, 1990)은 영아에게 밧줄을 잡아 당기면 음악을 듣도록 하였다. 밧줄을 잡아 당겨서 음악을 들은 영아들은 아무것도 하지 않고 음악을 듣게 한 영아들에 비해서 더 많은 미소를 나타내었다.

영아의 부정적 정서를 동일시하고 변별하는 것은 어렵다. 지금까지 수행된 부정적 정서에 관한 일치된 결과가 없는 것은 연구 방법과 이론적 가정의 문제로 설명될 수 있을 것이다. 정서를 목적에 맞게 유도해 내기 힘들기 때문이다. 즉 어떤 특정한 사태에서 어떤 정서가 나타날지를 예측하기 어렵기 때문이다. 또한 정서가 나타나는 과정은 생후 첫주의 환경의 소여성(giveness) 영향 때문에 변할 수 있기 때문이다.

대부분의 연구에서는 이차원적이고 정적(static)인 사진을 사용한다. 그런데 영아들은 삼차원적이고 움직이는 대상을 더 잘 지각하고 그에 대해 더 잘 반응하는 경향이 있기 때문에 사진을 사용하는 방법은 적절하지 않다(Field, 1985; Stern, 1992).

표정에 대한 생물학적 소질에 관한 논쟁은 시각장애자로 태어난 아동을 피험자로 한 갈라티와 그의 동료들(Galati, Miceli, & Sini, 2001)의 연구에서 시작되었다. 갈라티와 그의 동료들은 6개월부터 4살까지의 10명의 선천적 시각장애아와 10명의 정상아를 대상으로 7가지의 정서사태에서 나타나는 표정 행동을 비교연구했다. 분노 사태에서 영아에게 비스켓을 주고 막 먹으려고 할 때 비스켓을 다시 뺐었다. 이런 행위 방해를 통해서 분노 정서는 신뢰롭게 유도될 수 있었다. 이외에 혐오, 슬픔, 호기심, 놀람, 불안 및 기쁨을 나타내는 상황을 연구했다.

영아의 반응은 비디오로 촬영되었고 아이자드(Izard, 1979)의 MDFMCS (Maximally Discriminative Facial Movement Coding System)로 부호화했다. 부가적으로 이 비디오를 280명의 평정자에게 제시했다. 결과 선천적인 시각장애자의 표정은 정상아의 표정과 차이가 없었으며 빈번하게 나타나는 표정 유형도 이론적 기대와 부응했다.

6.3.6 얼굴 표정의 보편성 가설

정서에 관한 진화 생물학적인 관심은 기본 정서의 얼굴 표정에 보편성이 있는가 하는 문제이다. 모든 인간의 얼굴 움직임에 특정한 유형이 존재 한다는 가정은 얼굴 표정의 "보편성 가설"이라고 명명되고 있다. 이 가설에 따르면 특정한 정서의 표현으로 간주될 뿐 아니라, 모든 사람에 의해서 그에 해당하는 정서들이 인식될 수 있는 일련의 얼굴의 움직임이 존재한다는 것이다. 에크만(1994)은 보편성 가설이 얼굴 유형의 100% 인식률을 말하는 것으로 오해해서는 안 된다는 것과, 정서의 표현과 인식은 문화적 학습과정에 의해서 변할 수 있다고 주장했다.

보편성 가설이 가정하고 있는 바와 같이 문화간에 공통성을 찾으려 하면 문화간의 차이는 간과하게 된다(Russell, 1994). 빌과 그의 동료들 (Biehl, Matsumoto, Ekman, Hearn, Heider, Tsutomu, & Ton, 1997)은 러셀의 비판을 고려하여 문화적 차이를 파악하고자 연구를 수행했다. 즉 피험자에게 제시된 자극 자료는 정서를 나타내는 얼굴 사진이었다. 각 사진의 주인공은 인상적 특성에 의한 편견을 최소화하기 위해서 정서에 따라 다른 사람 얼굴이었다. 특히 중요한 것은 여러 문화권 또는 종족의 얼굴들을 자극자료로 썼다는 사실이다.

빌과 그의 동료들이 사용한 방법은 일본인과 미국인의 얼굴 표정을 찍은 56개의 사진이었다(JACFEE; Japanese and Caucasian Facial Expression of Emotion). 이 연구는 문화간에 큰 공통점이 있다는 가설에 근거를 두었으나 일치된 수준에 근거해서 차이가 있다는 것도 가정했다. 가설 검증을 위해 대상으로 했던 피험자는 미국인 271명, 폴란드인 75명, 헝가리인 45명, 일본인 44명, 베트남인 34명 그리고 수마트라인 32명이었다. 피험자에게 각 사진은 10초간 제시되었고 어떤 정서인지를 질문지에 체크하게 한 다음, 사진에 나타난 정서의 강도(intesity)가 어떠했는지를 역시 체크하게 했다.

이 연구 결과, 일치도는 의미 있게 크고 문화적 차이는 적었다. 즉 정서 인식도의 일치도는 행복 95%, 놀람 90%, 슬픔 80%, 혐오, 멸시 및 분노는 각각 75%, 공포는 60%였다. 몇 나라간의 문화적 차이가 있었으나 이는 통계적 의미는 없었다.

6.4   다윈의 후계 이론가들

6.4.1   맥두갈(Mcdougall)

맥두갈(1908)은 다윈과 더불어 진화 생물학적으로 지향된 이론의 창시자로 간주된다. 맥두갈의 유명한 저서인 '사회 심리학 개론'에서 그는 진화론적 인식과 방법이 사회과학의 원리어야 한다는 것을 주장했다. 그는 정서의 기원을 본능적 행동 양식으로 보았다. 맥두갈에 의하면 정서는 지각적이고 인지적인 부분과정으로 이해되는 발생과정과 본능에 속해 있는 행위의 유연성 때문에 본능에서 분리된다.

맥두갈은 여러 개의 본능을 명명하고 그것을 주본능과 부본능으로 구별하고 정서를 부본능에 귀속시켰다. 예컨대, 도주 본능에서 도망가는 과정은 공포로 체험되며 이는 그로부터 도망가거나 숨는 조건이 된다. 맥두갈의 이론은 본능을 순서로 목록을 작성했는데, 이러한 작성의 임의성은 경험적 연구부족 때문에 비판을 받았다.

6.4.2   순응적 생물학적 과정과 정서: 플라칙(Plutchik)

플라칙(1962, 1983)은 정서의 구조적, 진화 심리학적 이론을 발달시켰다. 이 이론의 특징은 플라칙이 사용한 차원과 정서개념이 모든 생물, 곧 아메바에서부터 인간에 이르기까지 적용될 수 있다는 가정이다.

플라칙의 차원들은 강도(intensity), 유사성(similarity), 양극성(polarity), 일차적 대 이차적(primary versus sencondary) 정서로서 각 생물체가 달성해야 할 기능적 요구에 따라서 변화한다. 기능적 요구는 예컨대 종족 보존, 먹이 추구, 영양분 섭취 또는 고유한 생존을 확실하게 할 수 있는 목표이다.

스콧(Scott, 1958)의 이론에 기초하여 플라칙은 모든 유기체에서 발견되는 8개의 기본 또는 원형적(prototypy) 행동 유형을 발표했다. 이 원형적 행동 유형은 구조적으로 정서와 유사하며 따라서 정서로 표현될 수 있다. 불안/놀람, 보호와, 그리고 분노/격분은 파괴와 결합되어 있다. 또 다른 행동 유형으로 재통합은 기본 정서인 슬픔과 결합되어 있고 재생산은 기쁨으로 나타난다.

플라칙은 이 정서들을 그가 제안한 차원에 따라 정서 입방체(emotion cuve)로 배열했다. 정서서클의 차원들은 양극성과 유사성이다. 유사성 차원은 플라칙이 고려하지 못했던 다른 차원들을 통해서 설명될 수 있다는 것을 가정하고 있다. 유사성 부분들은 차원획득에 기초가 되는데, 차원들은 정서 용어에만 해당된다. 플라칙이 정서를 차원으로 배열하는 것에 대해서 오일러(Euler, 2000)는 역사적인 진화원리에 위배되는 공리공론적 표상으로의 퇴행이라고 비판하고 있다.

6.4.3 정서 용어로 본 6개 기본 정서: 쉐이버(Shaver)

쉐이버(1992; Melten, 2003 재인용)는 플라칙과 유사한 이론을 제안했다. 모든 인간은 환경의 특질에 대해서 여러 가지 원형적 반응을 발달시켰다. 프리자(Frijda,1986)와 같이 쉐이버는 정서를 환경평가에서 추론된 준비도인 활동 경향(action tendencies)으로 간주하고 이는 6개로 되어 있다고 보았다. 환경조건에서 유사성에 근거하여 본질적 문화를 포괄하는 유사성을 평가 유형과 행동 유형으로 나타냈다.

에크만과 아이자드와는 달리 쉐이버는 언어에서의 정서 표상을 연구 출발점으로 선택했다. 쉐이버는 미국 대학생, 이탈리아인, 중국인을 대상으로 문화 비교연구를 수행했다. 수집된 자료는 위계적 군집분석으로 처리했다. 결과 쉐이버는 6개의 기본 정서인 사랑, 기쁨, 놀람, 분노, 슬픔, 불안을 추출해냈다.

쉐이버 연구의 단점은 정서가 언어로만 존재한다는 것이다. 따라서 어휘적 관점의 차원들은 정서의 다른 차원들과 중복될 위험이 있다. [표

6-3]에 행위 경향과 그에 속하는 정서의 예들을 제시했는데 여기서는 기본 정서의 표정 행동들과 확실한 중첩을 보이고 있음을 알고 있다.

6.4.4 동기 유발과 정서: 벅(Buck)

벅(1985)은 정서를 일차적 동기 유발 체계(primary motivational emotional systems : PRIMES)라고 정의하고 있다. 즉 정서는 유기체의 실제적 동기적 상태를 끊임없이 보고한다는 것이다.

해석된 정서는 세 가지로 분류된다. 첫째는 '정서Ⅰ'이라고 명명되는데 이는 자율신경계와 내분비체계, 그리고 면역체계의 활동으로 되어 있다. 정서 표현과 준비도, 그리고 다른 사람의 정서를 지각하는 것은 동기 유발적 잠재력의 해석으로서 이는 '정서Ⅱ'로 명명된다. 세 번째 해석인 '정서Ⅲ'은 감정과 원망(wish)에 대한 주관적 체험이다.

일차적 동기 유발적 요구에 근거하는 정서는 특수-목적 과정 체계(special-purpose processing systems)로 지칭되는데, 이는 계통 발생적 발달 과정에서 특정한 목적을 위해서 생기며 변화하지 않는 것이다. 이 체계는 개인과 종(species)의 발달 과정에서 정점에서 통합되며 인간의 학습, 고차원적 인지, 및 언어와 같은 일반-목적 과정체계와 통합된다. 통합된 체계에서 특수화된 동기 유발적-정서적 과정은 특정한 과제를 가지는 위계가 생긴다. 위계 내에서 위로 이동하면 학습 과정과 인지, 언어의 영향과 근본적인 행동양식은 변화되고 융통성 있게 된다.

벅은 동기 유발과 정서, 인지, 위계적 체계 내에서 행동에 미치는 이들의 영향을 배열하고 통합할 수 있는 이론을 구축하고자 하였다. 결과로 생기는 관찰 가능한 행동은 자발적으로 되고 또 동기 유발적 욕구를 만족시키기 위해서 필요한 행동양식과 유사하게 될 수 있다. 그렇지 않으면 학습 과정과 인지 또는 사회적 문화적 욕구에 의해서 실현되거나 변경될 수 있다. 벅은 첫번째 변인을 감정(affect)으로 명명했다. 감정은 선천적이며 신경화학적이고 특별한 목적을 지향하고 있는 해석으로서 직접 체험된다.

6.4.5 행위 준비도와 정서: 프리자(Frijda)

프리자는 정서를 행위 준비도의 변화이며 세계와의 관계를 성장시키거나 변화시키며 실제적 세계의 대상, 전체 세계와의 관계로서 정의했다. 즉 정서는 관계유지와 관계변화에 대한 노력으로 간주되며 개인 내에서 진행되는 체험양식을 나타내는 것이다. 따라서 대부분의 얼굴 표정과 몸짓 등의 행동 양식은 관계조절에 사용되며 정서적 체험은 행위 준비도를 결정한다. 프리자는 또한 행위 준비도인 '행위 경향'을 진화적 과정으로 종으로 간주되는 사건에 대한 순응적 발달로 보고 있다. 더 나아가서 프리자는 사태에 대해서 주관적으로 지각된 의미를 강조하고 인지적 평가 과정의 측면을 표현했다. 그의 이론은 정서에 관한 진화생물적 이론과 인지적 이론간의 연쇄라고 볼 수 있다. 프리자가 가정한 행위 준비도는 그에 해당하는 정도와 기능, 목표와 함께 [표 6-3]에 제시되었다.

프리자(1996)는 정서와 관련된 몇 가지 현상을 법칙의 형태로 다음과 같이 요약하고 있다.

• 주관적으로 지각된 의미의 법칙: 모든 사태들은 평가 과정에 따라 특수하게 지각되며 특수한 정서를 산출한다. 이 법칙은 인지적 평가

표 6-3 행위경향과 그에 해당하는 예(Frijda, 1986, p. 88)

행위 경향	목 표	기 능	정 서
접근	접근	소모적 활동이 허용되는 생산적 사태	욕망
회피	도달하기 어려움	보호	공포
함께 하기	교제, 상호작용	소모적 활동 허용	향유, 신뢰
거부	대상의 제거	보호	혐오
고뇌	방해물 제거	통제회복	분노
자유활동		일반화된 준비도	기쁨

과정과 연결된다.

- 관심의 법칙: 욕구, 원망, 또는 목표와 같은 고유한 관심에 상응하는 사건들만이 정서적으로 중요하다. 이 법칙은 다른 인지 이론의 고유 목표와 일치된다.
- 확실한 사실의 법칙: 정서는 현실로서 평가되는 사건에 의해서 발생되며 그 강도는 사실 정도에 비례한다.
- 변화와 습관 및 비교감정의 법칙: 기대되고 얻어질 만족과 위협간의 모순은 정서적 반응의 결정자이다.
- 쾌락적 비대칭의 법칙: 변화의 결과로서 쾌락이 사라지면 고통이 남는다.
- 정서적 이동의 보호 법칙: 예컨대 외상화(traumatization), 자기가 저지른 수치스러운 어리석음에 대한 기억을 들 수 있다.
- 행위, 판단, 발생 평가와 관련된 정서의 우세 법칙
- 결과 참고의 법칙
- 최소 손실과 최대 이익의 법칙: 어떤 사태에서의 가장 적은 손실로 이익이 되는 것이 가장 유리한 평가이다.

6.4.6   정서의 신경-문화적 이론: 에크만과 프리젠

에크만과 프리젠은 1970년대 전후하여 기본 정서에 관한 신경-문화적 이론을 설계했다. 그들은 정서적 표현 행동에 미치는 문화적 영향을 논의하여 종래의 진화 생물학적 이론을 확장했다.

에크만과 프리젠은 인간정서를 완전한 생물학적인 것으로 전제하는 대신에 문화적 영향에 큰 비중을 두었다. 진화 생물학적 요인과 문화 상대적 요인을 연결지으려는 초기의 시도는 오늘날 관심의 대상이 되었으며 마스키타와 그의 동료들(Mesquita, Frijda, & Scherer, 1977)에 의해서 세련되었다. 정서적 체험과 행동에 관한 포괄적 이해는 생물학적 측면뿐 아니라 문화적 측면이 고려되었을 때만이 가능할 것이다.

에크만과 프리젠의 이론은 문화를 포괄하는 차이를 고려하지 않은 진

화적 관점에 만족하지 않았다. 따라서 에크만과 프리젠은 영장류 가운데
원숭이 표정과 또는 기본 정서에 미치는 사회적 학습 과정에 영향을 연구
했다. 다른 문화권에서 나타나는 정서 행동에 대한 경험적 관찰을 에크만
과 프리젠은 '표현 규칙'(display rules)이라고 명명했다. 표현 규칙은 직면
하고 있는 상황에서 결정되는 정서의 표현에 관한 규칙이다. 이러한 규칙
들은 한 문화와 다른 문화를 구별할 수 있고 초기의 어머니-아동 상호관
계에서 시작되는 사회적 학습 과정에 따른 것이다.

에크만과 프리젠(1969)은 4가지의 표현 규칙을 제안하고 있다. 즉 탈
강화, 과장, 무감정, 및 감정을 통한 가면 등이다. 적용되는 규칙은 해당
개인의 지위, 역할, 속성 및 성별뿐 아니라 사회적 맥락에 의존한다. 정
서의 보편적인 표정 유형에 관한 연구에서 표현 규칙은 항상 고려되어야
하는데, 왜냐하면 두 문화권에서 한 사건이 동일한 정서를 나타내더라도
정서의 표정 행동에 따라 정서가 인식되기 때문이다. 다시 말해서 정서는
행동 표현에 의해서 결정되기 때문이다.

6.5 진화 심리학적 이론

진화 심리학적 이론은 앞에서 언급되었던 진화 생물학적 이론이 확대
발달된 것이다. 토비와 코스마이즈(Tooby & Cosmides, 1992)는 진화 심리학
을 원시 조상에 대한 경험적 연구를 기초로 한 사회 생물학이라고 기술하
고 있다. 진화 심리학과 고전적인 진화 생물학적 이론과의 근본적인 차이
는 적자생존에서 고전적으로 기술된 바와 같이, 개인의 생존 곧, 유능성
에 관한 것이 아니라 유전자의 재생에 관한 것이다(Dawkins, 1996).

오일러(2000)에 의하면, 진화 심리학을 정서 대상에 적용하는 것은 다
음과 같은 다섯 가지 이론적 관점으로 특징지을 수 있다.

① 단호한 설명의 이용

② 순응으로서 정신적 기제

③ 특수 목적 기제의 영역 특수성

④ 순응 창조자로서의 사회적 환경

⑤ 부정적 정서의 목적

인간의 행동양식은 진화적 환경의 순응성으로 이해되는데, 중요한 것은 영역 특수적인 특수목적기제이다(Cosmides & Tooby, 1994). 행동양식으로 명명되는 '진화적 정신기제'(evolutionary psychic mechanism, Buss, 1995)는 이러한 목적을 위해서 만족할 만한 해결이다.

이 기제는 맥두갈의 본능 개념과 근사하다. 진화적 정신기제의 적용 영역은 환경변화에 따라서 본래의 적용 영역으로부터 실제 영역으로까지 확대될 수 있다. 오일러는 아름다운 나체 여성에 대한 남성의 반응을 예로 들고 있다. 아름다운 여성의 그림에 대한 반응은 근본적인 생식기제가 실제적으로 되는 것이라고 볼 수 있다.

인간의 사회적 환경은 진화적 순응의 중요한 원천이다. 정서는 특히 사회적 환경에서 발전되었고 진화 심리학적 관점에서 재생의 장점을 극대화하며, 이는 바로 진화적 정신기제의 전형적 예이다. 이러한 관계에서 제기되는 문제는 슬픔, 질투, 및 우울과 같은 부정적 정서의 목적에 따른 문제이다.

그 다음으로 고려해야 할 점은 이러한 부정적 정서들은 재생의 장점을 가질 수 있다는 것이다. 중요한 점은 속성의 전체성과를 고려하는 것이다. 부정적 정서는 맥락에 의존해서 부정적일 수 있으나 특정한 맥락에서는 개선된 생존과 재생 기회가 되기 때문이다. 재생산될 때 부정적으로 간주되는 속성도 중요한 기능을 한다. 예컨대, 진화 심리학적 관점에서 남성의 경우에 질투는 성적 부정(unloyalty)을 통해서, 또 여자의 경우는 정서적 부정을 통해서 발생된다(Buss, 1999; Buunk, Angleitner, Oubaid, & Buss, 1996).

해리스(Harris, 2003)의 상위분석에 의하면, 버스(1999)가 제안한 주장은 지지되지 못하고 있다. 프리드런트(Friedlund, 1994)는 진화 심리학의 이론을 정서, 특히 얼굴 표정 행동에 적용했는데, 이에 대한 논쟁은 아직도 진행되고 있다.

6.6 사회 생물학적 이론

6.6.1 사회 생물학 이론의 역사적 배경

사회 생물학은 인간과 동물에 있어서 사회적 행동의 생물학적 기초에 관한 체계적 연구이다. 또 이 용어는 진화적 행동 생물학(evolutionary behavioral biology)과 비슷한 용어로 광범위하게 사용되기도 한다.

사회 생물학은 다윈에서 그 근원을 찾아볼 수 있는데, 이는 1975년에야 비로소 월슨(Wilson)과 같은 사회 생물학자에 의해서 알려지게 되었다. 그러나 몇몇 사회 생물학자들은 정서에 관해서 언급했으나 일반 이론을 시도한 사람은 없었다. 왜냐하면 사회 생물학자들은 행동을 설명하는 기제에만 관심이 있었을 뿐 아니라, 무엇보다도 정서는 경험하는 과정을 관찰하기가 어렵기 때문이다.

그러나 최근 몇몇 사회 생물학자들은 정서가 그들의 주요 연구대상인 행동을 유발하는 데 중추 역할을 한다는 것에 주의하게 되었다. 예를 들면 트라이버스(Trivers, 1971)는 씨족 사회에서 상호적 이타주의는 진화 과정에 중요한 영향을 미쳤다는 것을 주장한다. 그는 도덕적 공격성, 감사, 동정(sympathy), 죄의식, 신뢰 및 의심 같은 정서들은 상호적 이타주의를 위한 자연 도태의 결과라고 가정하였다.

트라이버스는 '인간의 구애'(1972)와 '부모 자식 사이의 갈등에 관한 진화론적 고찰'(1974)을 통해서 정서가 상호성의 사회적 체계 안에서 계통 발생적으로 중요한 부분을 차지한다는 것을 피력하고 있다.

트라이버스 이후 월슨(1975)이 재생산적 이타주의가 사회생물학에서 중요한 부분을 차지하며 이는 정서 이론과 관계된다는 새로운 합성론을 주장하였다. 사회 생물학 이론은 앞서 언급했던 다윈의 이론에 근거하고 있다.

6.6.2 정서의 정의

사회 생물학에서는 정서를, 행동을 동기화시키거나 촉진시키는 기제로 간주한다. 정서를 정의하기 위한 책략으로써 사회 생물 학자들은 정서의 생리학적 지시자(indicator)를 찾아내고, 인간의 내성이 이러한 지시자들과 상관을 나타내는지에 대한 타당성을 연구하고, 이러한 지시자들이 신뢰롭게 정서의 감정을 나타내는지를 규명하고, 그리고 이러한 생리적 지시자들을 미래 연구에서 정서 표현의 정의로서 규정짓는 것이다.

플라칙(1980)은 사회 생물학 이론의 입장에서 정서를 다음과 같이 정의하고 있다. '정서는 의식적 무의식적인 의사결정 과정의 결과이다. 정서는 인간 감정을 순응적으로 변화시키는 외적 사건(event)에서 유래한다. 즉 정서는 잘 순응하도록 인간의 행동 변화를 준비시키는 내적 동기자이다'(p. 133).

6.6.3 정서에 관한 사회생물학의 가정들

정서에 관한 사회생물학 이론은 연구 역사가 비교적 짧기 때문에 예언적이라기보다는 기술적이며 다음과 같은 몇 가지 가정을 설정하고 있다.

① 모든 정서는 순응과 관련된 진화적 역사를 갖는다. 이상 순응성 (maladaptiveness)은 최후의 수단이다. 따라서 불행하고 비자연적 상황에 의한 공격성의 해로운 효과를 설명하는 것은 부당하다. 소수 집단이 아닌 보통 집단의 성 행동에 관해서 이상 순응적 설명보다는 정서를 정의하는 데 순응을 우세하게 다루어야 한다.

② 순응은 모든 동물에게서 거의 동등한 정도로 산출되어야 한다. 따

라서 종(species) 사이의 위계는 삼가야 하며 다른 동물에 비해서 인간의 독자성과 유사성을 주장하는 것은 한계가 있다는 점이 강조되어야 한다. 이와 유사하게 '기본' 추동(drives)과 '고등'(higher) 정서의 개념 속에 내포된 위계성은 의문시되어야 하며, 만일 이를 부정한다면 이 두 가지 개념이 진화적으로 다르게 진행될 수 있다는 것을 변별하는 원리를 제시해야 한다.

③ 기제들은 무엇보다도 진화적으로 실제적 환경에서 나타나는 행동의 효과에 따라 평가되어야 한다. 따라서 정서의 정의는 행동을 강조해야 하며, 인간에 있어서 행동 효과에 대한 설명은 수렵자-수집자에 초점이 맞추어져야 하며, 행동 관찰은 자연 장면에서 이루어져야 한다.

④ 무엇보다도 서양에서는 정신-신체의 이원론은 부정되어야 한다. 너무 오랫동안 정신이 육체를 조정한다는 생각은 관찰자로 하여금 인간에게서 자연 도태는 정신적인 것에가 아니라 육체적 구조에만 작용한다고 가정하게끔 하였다. 정서는 대단히 미묘한 정신 과정이어서 만일 정서가 행동을 동기화한다고 하더라도 정서와 자연 도태와의 상호 작용이 무시된다고 가정할 수는 없는 것이다.

6.6.4 병리적 정서에 대한 입장

사회생물학에서는 병리학을 이상순응성과 동일시하고 있다. 특정한 예외적 상황에서 나타나는 행동은 병리적이라고 할 수 있는데 이들 상황은 다음과 같은 것들이다(Plutchik, p. 126).

① 돌연변이
② 신체적 손상
③ 병든 유기체
④ 자연 도태에 대한 단기적 유전 반응(예: 풍토병)
⑤ 환경 변화(예: 정신병 증가, 미성년 미혼모 등, Konner, 1977)

6.7 기타 소이론

다음에 소개할 가정은 인지—정서의 상호 작용에 대한 것이다.

6.7.1   샤치텔과 싱어 이론

샤치텔과 싱어(1962)는 피험자에게 행복감과 분노를 유발시키기 위해서 에피네프린(Epinephrine) 주사를 주어서 환경 조건을 실험적으로 조작하였다. 이 연구자들은 어떤 조건에서 행복하거나 화난 행동을 얻기 위해서 피험자에게 주사한 약의 효과에 대해서 잘못된 정보를 주어야 한다는 결론을 얻었다. 만일 피험자들이 이 약의 효과에 대해서 정확하게 안다면 그들의 인지는 그들이 느낀 생리적 변화를 상쇄시킨 것처럼 행동했을 것이다. 피험자들이 정확한 정보를 얻지 못한다면 그들은 행복하거나 화를 내게 될 것이다. 즉 피험자들은 그들의 인지가 생리적 변화를 관찰한 것처럼 행동하고, 그리고 행복감과 분노가 실제로 생겼다고 추론할 것이다.

6.7.2   플라칙과 엑스 이론

플라칙과 엑스(Ax) 이론은 '정체의 가정'(assumption of identity)은 틀리다는 샤치텔의 결론에 반대하고 있다. 정체 가설은 한 가지 유형의 생리학적 변인과 정서 사이의 일대일 관계를 말한다.

샤치텔은 그의 연구 결과가 두 가지 다른 정서들이 동일한 생리학적 변인과 관계가 있다는 것을 보여 주었다고 논의하였다. 플라칙과 엑스는 인지적 요인과 정서적 요인이 상호 작용한다는 샤치텔과 싱어의 결론에는 동의하지만, 모든 정서 상태는 생리적으로 동일하며 다만 인지적 요인에 의해서만 변별된다는 생각에는 반대한다는 입장이다.

인지와 정서 사이의 상호 작용에 관한 샤치텔과 싱어, 플라칙과 엑스의 가정이 갖고 있는 논쟁점에 대해서는 더 많은 연구가 진행되어야 할 것이다.

제 7 장
심리생리학적 차원

7.1 후성적 이론(epigenetic theory)

후성적 정서 이론의 기본 가정은 정서 과정과 인간 성격의 하위체계와의 상관관계를 연구하는 틀이다(Izard, 1971, 1972, 1977).

후성적 정서 이론은 성격 발달과 기능에서 정서의 역할에 초점을 맞추고 있기 때문에, 이 이론은 정서 개입을 인지 이론들과 신경생리학적 연구와 관련시키려고 시도한다.

7.1.1 기본 가정

(1) 정서는 성격의 하위체계이다.

후성적 정서 이론은 인간 성격의 여섯 개 하위체계, 즉 평형성(homeostasis) 추동 · 정서 · 지각 · 인지 · 운동 가운데 하나로 본다.

(2) 기본 정서는 동기 유발적 상태이다.

이 가정은 기본 정서를 특징적으로 신경생리적, 표현적, 그리고 경험적 요소를 가진 복잡한 동기 유발 현상이라고 정의하고 있다. 기본 정서는 타고난 것이며, 문화 초월적 현상이다. 문화에 따라 표현 양식과 정서 경험에 대한 태도는 다르더라도 정서 과정은 인간 경험의 부분으로서 인식되며, 또 동일시될 수 있다. 후성적 정서 이론은 정서는 인간의 중요한 동기 유발체계를 구성한다고 가정하고 있다.

(3) 정서는 활동성을 갖는다.

정서가 일단 생기면 자율-내장-선 계통 등의 활동성, 즉 신경생리적 변화를 나타낸다. 중요한 예로 얼굴 표정을 들 수 있다.

후성적 정서 이론에서는 기본 정서 표현 및 경험의 개체 발생(ontogenisis)은 1차적으로는 성숙 과정이고, 2차적으로는 학습과 경험의 기능이라고 보고 있다. 이 이론은 논쟁점이 있다. 예컨대 아이자드(Izard, 1971, 1978)는 기본 정서는 태어날 때 여덟 개 가운데 다섯 개만이 나타나고, 그 나머지는 연령에 따른 성숙 과정에서 나타난다고 주장하고 있는 반면에, 브리지스(Bridges, 1932)는 정서는 타고난 것이라기보다는 한 개의 정서와 각성 상태에서 여러 가지 정서가 분리된다는 분화 가설(differentiation hypothesis)을 주장하고 있다.

다윈(1832), 이론적 저술을 한 톰킨(Tomkin, 1962, 1963) 및 경험적 연구를 한 엠드와 그의 동료들(Emde, Gaensbauer, & Harmon, 1976)은 분화 가설과 대비되는 후성적 정서 이론에 공헌했는데, 이 입장은 다음과 같이 요약된다(Plutchik, 1980, p.173).

① 각 기본 정서는 분리되고, 태어날 때부터 프로그램된 신경 기제를 갖는다.

② 기본 정서는 질적으로 최초의 발달과는 다른 경험이다. 각 정서의 현상적 경험(얼굴 표정)은 발생부터 일생을 통해서 특징이 계속된다.

③ 정서 과정은 자율신경계의 기능이다. 자율적 각성은 얼굴에 나타나는 감각적 피드백에 의해서 신경 활동이 나타난 후에 정서를 유지시키는 보조적 과정이다. 이는 정서의 기초로서 일반화된 각성을 강조하는 분화 가설과는 본질적으로 다른 것이다.

④ 정서는 타고난 성숙 유형에 따라 나타난다. 그러나 브리지스는 분노, 혐오 및 기쁨은 계속적인 학습 과정의 결과로 간주하고 있다.

후성적 정서 이론은 정서체계 발달을 유아-보호자와의 상호 작용과 관련시켜 보는 입장이다. 따라서 이 이론은 애착에 관한 정서 의사소통이론, 정서 '전염', 즉 유도의 개념 및 정서 표현의 사회화에 관한 연구를 자극시켰다.

1. 애착에 관한 정서 의사 소통 이론

이 이론은 유아의 의사 소통체계는 형태학이 생물학적으로 결정되는 얼굴 표정에 근거하고 있다는 것을 가정한다. 의미 있는 정서 신호에 대한 유아의 표현은 보호자의 반응을 야기시키는데 이는 유아-보호자의 상호 반응성의 최초 경험의 기초가 된다(Klaus, Trause, & Kennell, 1975; Emde, Kligman, Reich, & Wade, 1978).

2. 정서 유도

정서를 유도하는 정서, 즉 정서 전염의 개념은 정서 표현은 어떤 상호 작용 상황에서 비슷한 정서 경험 및 표현을 하게끔 하는 선천적 방출, 또는 환경적으로 안정된 활동자라는 것을 시사하고 있다(Simmer, 1971; Sagi & Hoffman, 1976). 구체적으로 유아의 미소는 양육자로부터 기쁨의 미소를 유발시키는데, 이는 유아가 다른 사람에게 영향을 주는 경험의 기초가 된다. 아이자드(1977)는 정서를 유도하는 정서의 예는 많을 것이라고 시사한 바 있으나, 이를 뒷받침할 연구가 진행되어야 할 것이다.

3. 정서 표현의 사회화

정서의 표현이 선천적이고 정서 표현의 발생이 성숙의 기능이기는 하지만, 유아와 다른 사람들과의 만남은 생활 경험에서 정서의 영향을 결정하는 데 중요한 역할을 한다.

후성적 정서 이론은 각 기본 정서는 의식의 질, 감각적·지각적·인지적·운동적 행위의 동기자로서 역사를 갖는다는 것을 시사하고 있다.

후성적 정서 이론의 입장에서, 정서의 사회화를 연구한 것 가운데 대표적인 것으로 아이자드(1977)를 들 수 있다. 아이자드는 공포의 사회화에 관한 연구에서 공포 정서 사회화와 부모의 유형이 아동의 성격 및 인지적 정향(orientation)의 발달에 크게 영향을 미친다는 결과를 얻었다. 그러므로 각 정서가 사회화되는 방법은 개인의 성격 발달에 영향을 줄 수 있다는 것을 기대할 수 있다.

7.1.2 정서의 조절

후성적 정서 이론은 정서 과정을 1차적으로 신체적 체계의 기능으로 보고 정서를 신경, 표현적, 경험적 요소 사이의 상호 작용에 기초한다고 가정한다. 피질적으로 얼굴에서 얻는 통합된 감각의 피드백은 특정 기본 정서의 주관적 경험을 산출한다. 구체적으로, 표현을 나타내는 데 관여하는 얼굴 근육은 수의적 통제 아래에 있기 때문에, 피드백 요소는 개인의 얼굴의 움직임을 의도적으로, 통제할 때와 같이 정서 경험을 조절하는 데 사용될 수 있다.

클레크와 그의 동료들(Kleck, Vaughan, Colby, Cartwright, Smith, Vaughan, & Lanzetta, 1976)과 란제타와 그의 동료들(Lanzetta, Cartwright, Smith, & Kleck, 1976)의 연구가 이를 뒷받침하고 있다. 즉 어떤 정서에 대한 의식적 경험은 얼굴 표정의 피질적 통합에 뒤따르기 때문에, 표정의 변화와 그에 따르는 정서 경험은 운동 체계, 인지 및 다른 정서 등 하위체계 가운데 하나에 의해서 생길 수 있다.

강하게 예상되거나 산출된 정서를 의식적으로 억누르는 것이 만성적으로 사용되면, 이는 정상적인 정서 과정을 반복적으로 막는 것이기 때문에, 심리학적 문제를 야기시킨다(Plutchik, 1980, p.182).

아이자드(1971)와 싱어(1974)가 시사했듯이, 상상놀이, 모방, 역할가정 등을 통해서 수의적 정서 표현과 정서 억압을 초기에 학습하는 것 등은 중요한 연구 영역이 될 것이다.

이러한 영역에서 정상적 발달을 이해하는 것은 중요한 심리 치료적 의미를 갖는다. 이는 정서의 자기 조절이 자기 통제를 획득하는 데 중요한 역할을 한다고 생각되기 때문이다.

더구나 후성적 정서 이론이 기본 정서 및 정서 유형에 관한 연구와 정상적 성격 발달과 병리학적 과정에 관한 연구를 통합하는 체계라는 점에서 그러하다고 볼 수 있다.

7.2 심리학적 이론

7.2.1 기본 가정

정서와 많이 관련되어 있는 인지심리학이 전통적으로 불리웠던 인지심리학과 구별되는 점은 두 가지로 지적된다.

첫째는 게슈탈트(gestalt) 이론과, 신경 생리학 체계이론 및 컴퓨터 공학에 이르는 넓은 범위를 다룬다는 것과, 둘째는 이러한 분야의 개념들과 방법들을 빌려왔다는 점이다.

기억 · 지각 · 사고 심리학이 정의에 대해서보다는 과정에 초점을 두고 있는 것과 같이, 정서 심리학도 우리가 정서라고 지칭할 수 있는 조건의 사건들의 기초가 되는 심리학적 과정과 기제들을 강조해야 한다.

따라서 정서 이론은 '정서'라는 용어의 개념 안에 포함될 수 있는 현상들을 산출하는 기제와 과정들을 규명하려고 시도한다. 정서는 인지와 마찬가지로 인간의 정신 활동의 심층 구조를 규명해야 하므로, 특히, 정서의 경험과 주관성은 직접 또는 경험적으로 다루어져야 한다. 이는 정서를 다만 기술하거나 설명하기보다는 궁극적으로 예언하고 통제할 수 있어야 하기 때문이다.

정서에서 인지 요인이 강조되고 있는 것은 맨들러와 사라손(Mandler & Sarason, 1952) 등의 연구 이후이다. 즉 그들은 과제 수행 과정에서 피험자들이 느끼는 '불안' 이 과제 수행을 방해한다는 결과를 얻었다. 이러한 연구 결과는 오늘날 만연되어 있는 인지적·지각적 경쟁 상황에 놓인 현대인들의 정서를 예언할 수 있고, 또 병적으로 발전될 수 있는 가능성과 그를 진단하는 의미를 내포하고 있다.

제임스(James, 1890)는 자기의 이론이 정서적 경험에 관한 이론이라고 주장한 바 있다. 그러나 그동안 제임스의 이론은 객관적으로 관찰되는 골격 및 내장 반응만을 다루었기 때문에 부정되거나 무시되어 왔다. 새로운 인지심리학의 출현은 정서적 경험을 낳게 하는 과정과 기제들을 규명할 수 있게 하였다. 앞서 언급했듯이 정서심리학은 인간의 정서 경험을 설명하는 것이다.

따라서 정서 경험에 관한 심리학은 연구 대상으로 추론된 개인적(사적) 경험을 가정해야 하며, 또 이러한 경험에 1차적으로 영향을 주는 어떤 과정들을 가정해야 한다. 구체적으로 개인적 경험을 표현하는 용어를 만들고, 또 이러한 용어들을 기록할 수 있는 몸짓, 얼굴 표정 및 기타 다른 지시자에 대한 진술도 과제가 된다.

요약하면, 정서의 심리학적 이론은 정서를 다루는 심리학자들이 인지심리학의 개념과 이론을 받아들여서 정서의 결정자로서 나타나는 사회적 행동을 내성적 방법으로 다루는 것이다.

7.2.2 성격과 정신병리

앞에서 언급했듯이, 정서는 성격의 한 특질로 볼 수 있는데, 이러한 특질이 어떤 특정한 상황에서 순응적 기능을 상실할 때 병리적으로 된다. 그 가운데 가장 빈번히 나타나는 것은 불안이다. 불안 경험은 진행되고 있는 행동을 방해하며 적절한 상황 관계적 과제나 문제해결을 할 수 없게 한다. 이러한 방해는 자율 신경계(ANS) 활동을 일으키게 되고 이는 불안 반응의 내장적 요소를 포함하게 된다. 따라서 불안한 사람은 문제 해결을 해야할 때 어떻게 할지를 모르게 되는, 즉 과제 부적절한 행동을 나타낸다(Mandler & Sarason, 1952).

정서 분야에서 가장 빈번하게 사용되는 측정 도구는 불안 척도로서 이 도구는 실패 지각, 낮은 자아 개념, 내장적 반응 및 대인 관계 불능 등에 기초하는 개인의 반응을 잘 예언할 수 있다는 것이 증명되고 있다 (Mandler, 1964; Mandler & Watson, 1966; Mandler, 1972). 불안 반응을 극단적으로 나타내는 사람은 정신병질자(psychopath) 또는 사회병질자(sociopath)로 분류된다.

사회병질자는 내장 반응을 무시하는 경향이 있으며, 자율신경계에 무감각하고 따라서 자율신경계 반응을 통제할 수 없다. 일상적 연구 보고에 의하면 정신병질자는 불안, 죄의식, 양심을 경험할 수 없는 사람이다. 즉 이러한 정신병질자는 자율신경 반응이 비정상적으로 높게 활동할 때만 정서를 경험할 수 있다. 정신병질자나 정신병질자 집단에서 감각 추구적, 스릴 추구적 행동이 많이 나타난다는 연구가 이를 뒷받침하고 있다(김경희, 1988).

7.3 인지 현상적 이론

7.3.1 이론의 배경

라자러스(Lazarus,1968)가 지적했듯이 심리학에서 정서에 관한 접근은 인지적이라기보다는 추동-지향적이었다. 그러나 인지심리학의 출현으로 정서와 동기를 조절하는 인지 기능에 대한 관심이 높아졌다(Arnold, 1970; Mandler, 1975; Horowitz, 1976; Schachter, 1966; Zimbard, 1969).

정서에 미치는 인지 과정의 원인적 영향을 강조하는 것은 정서가 인지에 대해서 원인적으로 영향을 미치지 않는다는 것을 의미하는 것은 아니다. 인지와 정서의 관계는 복잡한 2차노선(two-way streets: Lazarus, 1980)과 같아서 정서는 인지적 활동을 새롭게 정향짓기도 하고 방해하기도 하며, 역으로 인지가 정서 활동에 이와 같이 영향을 준다. 이러한 견해는 종래의 행동주의의 S-R이론에서 나타나는 전통적인 사고의 인과관계를 비판했던 알트만(Altman, 1976)의 견해와도 일치된다.

정서에 관한 인지 이론의 성립은 정서에 대한 두 가지 유사한 노선을 산출했다. 하나는 학문적 심리학과 실험적 연구에서 나온 것이고(Lazarus, 1966, 1968; Lazarus & Launier, 1978), 또 하나는 엘리스(Ellis, 1962), 버크 (Berk, 1971), 골드프리드(Goldfried, 1979), 마이헨바움(Meichenbaum, 1977) 등과 같은 인지 행동 치료자들의 치료적 작업과 생각이다. 이 두 가지 견해는 개인이 생각하고 믿는 것이 변화되면, 일반적인 사회적 상호 작용에 대한 정서적 반응 유형이 변화될 수 있다는 점에서 유사하다.

인지와 정서는 어떤 관계가 있는가 하는 문제는 인지 연구가 활발하게 진행되면서부터 논의된 문제 중 하나가 되었다. 몇몇 학자들이 인지적이라고 명명했던 인지과정(cognitive process)은 정서의 발생과 분화를 이해하는 데 중요한 역할을 한다.

아놀드(Anold, 1960)는 정서심리학의 인지적 평가 이론의 창시자로서 발생된 정서에 대해서 인지적 평가 과정이 어떻게 변화하는지에 대한 예를 들고 있다. 예컨대 어떤 사람이 곰의 사진이나 또는 곰을 동물원에서 보았을 때는, 곰을 산 속에서 만났을 때와는 다르게 반응할 것이다. 아놀드에 의하면 이때 개인적 당황 여부가 중요하며 어떤 상황에서 이익이나 손실을 보는 정도에 따라서 다른 정서가 생기게 된다(표 7-1 참조).

아놀드에 의하면 정서적 과정은 처음에는 지각이 되고 평가가 뒤따르며, 그 다음에 어떤 정서가 발생되는지 결정된다. 아놀드는 인지적 평가를 직접적, 비반성적, 비지능적, 자동적 과정에 국한했다. 이러한 인지에

표 7-1 곰의 예에서 이익과 손실의 평가

상 황	평 가	정 서
숲에서 곰을 만나는 것	잠정적 해	불안, 도피
동물원에서 곰을 보는 것	잠정적 이익	흥미, 기쁨, 접근

대한 특별한 시각은 종종 간과되기도 하고 또 지나친 지적 과정을 강조한 것이라고 비난받기도 하였다.

인지된 정서의 우위에 관한 라자러스(Lazarus)와 제이종크(Zajonc)의 논쟁에서 인지를 어떻게 정의하는지에 대한 문제가 제기되었다. 아놀드가 평가(appraisal)를 정서의 가장 중요한 요소라고 간주했지만 이는 생리학적, 동기유발적 요소뿐 아니라 표현요소의 관점에서 다윈과 제임스의 전통적 표상과 일치되는 견해이다.

아놀드 이전에 평가과정을 통한 정서적 반응의 중재에 대한 생각이 존재했었다. 라자러스(1999)는 아리스토텔레스 이외에 로버트손(Robertson, 1887)을 거명했다. 로버트손은 한 사태를 이해함으로써 정서적 반응이 생긴다는 것과 이해 종류에 따라 아주 다른 결과가 생긴다는 견해를 주장했다.

1. 인지적 평가

정서의 인지 이론의 중추적인 평가 과정에서 사용되는 개념이 인지적 평가이다(Folkman, Schafer, & Lazarus, 1979; Lazarus & Launier, 1978).

인지 이론에서 각 정서의 질과 강도는 고유의 특별한 평가 유형을 나타낸다. 학습, 기억, 지각 및 사고와 같은 인지 활동들은 정서 반응 유형의 중요한 인과적 측면들이다.

라자러스와 그의 동료들이 제시한 이론적 분석에 의하면 인지적 평가는 1차적, 2차적 그리고 재평가 등 세 가지 형태를 갖는다.

① **1차적 평가**   직면자(encounter)가 안녕에 의미가 있는지 여부를 평가하는 것이다. 즉 직면자가 불합리한 것인지, 어느 정도 긍정적인 것인지, 아니면 스트레스를 주는 것인지를 평가한다.

② **2차적 평가**   주로 스트레스를 주는 직면자가 나타났을 때 적합한 것으로 직면자를 다루는 자원(resources)과 선택을 평가하는 과정이다. 이때 중요한 것은 스트레스를 주는 사상 그 자체가 아니라 그것을 평가하는 사람이 갖는 자원의 적합성이다. 이것은 주로 직면자에게 위협을 받는지, 도전할 것인지 아니면 희망적인 것인지를 결정하는 것이기 때문이다.

③ **재평가**   1차적, 2차적 평가에서 생긴 변화가 순응적 평가로 변화될 수 있는지를 평가하는 피드백 과정이다. 즉 개인이 반응하고 환경이 이에 반응함에 따라 이러한 반응들은 다시 개인에 의해서 지각되고 평가되어 인간-환경 관계의 평가를 변경하고, 또 정서적 반응을 변화시킨다. 알려진 바와 같이 인간은 주변에서 일어나고 있는 것에 대해서 평가적 판단을 중단하는 적은 없다는 것이다. 재평가에는 두 가지 형태가 있다. 하나는 개인이 환경과의 변화하는 관계에 관한 지식을 얻어서 그 의미를 평가하는 것이고, 또 하나는 평가적 판단이 스트레스를 다루는 내적 심리적 효과를 나타내는 것이다. 따라서 위험을 부정하고 또 그러한 생각을 피하는 것은 정서를 조절하는 방법인데 라자러스(1966)는 이를 가리켜 '방어적 재평가' 라고 명명한 바 있다.

2. 대   처

인지적 평가와 같이 대처(coping)는 환경적 사건과 정서 반응 사이의 중재자로서 기능을 한다. 이 기능에는 두 가지가 있다. 하나는 잠재적으로 해가 되는 과정에서 정보를 추구하거나 순응적 행동을 하기 위해서 회피나 부정, 지적화된 분리 등으로 정서적 반응을 조정하려는, '내적 심리적 양식'이다. 이는 '정서 중심적 대처'(emotion focused coping)라고 불리우기도 한다. 또 다른 대처의 양식은 '직접행위' 로서 이는 문제가 있는 개인-환경 관계를 계획된 간섭 또는 자신의 행동을 바꾸거나 아니면 환경 자체를 변경시킴으로써 변화되도록 고안된 것이다. 이 대처 양식은 '문제 중심적 대처' (problem focused coping)라고 명명되기도 한다(Folkman & Lazarus, 1985; Power & Dagleish, 1997). 이 때 경험되는 정서는 경우에 따라서 연장되거나 종식되거나 변경된다.

3. 처   리

정서는 라자러스와 로니어(Lazarus & Launier, 1978)가 지적한 바와 같이 개인이 환경에게 영향을 주고 또 환경, 특히 사회적 환경에 의해서 영향을 받아 진행되는 관계, 즉 처리(transaction)에서 생긴다.

잠정적으로 개인-환경의 어떠한 관계에서도 정서적 의미를 갖는다. 어떠한 관계가 해로운 것이거나 위협적인 것으로 간주되면, 부정적인 정서가 생기며, 이와 유사하게 관계가 잠재적으로나 실제적으로 온건하거나 이익이 되는 것으로 보이면, 긍정적인 정서가 생길 것이다.

개인의 가치, 신념 체계 등의 유형을 결정하는 사회·문화적 요인, 개인의 생활사는 대단히 달라서 심지어 공통된 인간 경험에 대한 정서적 반응의 종류나 강도도 대단히 범위가 넓다.

4. 유연성과 안정성

복잡한 상황에서 각 정서는 개인-환경 관계의 여러 가지 면을 나타내거나 변화하는 다른 관계의 과정에서 나타나기도 한다. 어떤 정서는 다른 정서들로 편입되거나, 관계 과정이나 일련의 관계에서 강화되기도 하고 약화되기도 하지만, 동시에 나타날 수도 있다. 이러한 유연성은 개인의 안녕이 변화하는 데 적합한 사건들에 대한 인지적 평가나 재평가에 기초하고 있다.

정서 유형의 안정성은 두 가지 유형으로 나타날 수 있다. 첫째는 어떤 개인이 근본적으로 동일한 환경에 반복해서 재편입되어서 재생되는 환경 조건에 노출되는 것이다(예: 가족의 일상생활). 일반적으로 환경의 안정성은 안정된 재생적 정서 유형을 창조한다.

둘째는 성격 요인들이 정서적 반응과 유형을 조성한다는 것이다. 달리 표현해서, 어떤 사건에 대한 개인의 정서 반응을 이해하려면 그 사건을 평가하는 동기적·인지적 배경 요인에 대한 지식이 필요하다.

정서에 있어서 안정성과 유연성은 경험적 문제로서 이는 해당 개인의 정서 유형을 환경 체험과 시간의 흐름에 따라서 조사하는 것이다. 정서의 유동성과 안정성의 정도는 개인과 환경 특징의 기능으로서 개인에 따라 대단히 다른 것이라고 기대할 수 있을 것이다.

7.3.2   제이종크와 라자러스의 논쟁

라자러스에 반대되는 관점으로 제이종크(Zajonc, 1980)를 들 수 있다. 정서와 인지는 독립적인 체계이며 인지적 과정의 관여 없이도 정서가 발생할 수 있다는 것이다. 제이종크의 관점은 "호오(preference)는 추리가 필요 없다"(Preferences need no inferences)로 대변될 수 있다. 제이종크는 정서와 인지가 별개의 체계라는 구별의 논쟁을 정서의 8개 속성을 들어 제시하고 있다(표 7-2 참조).

라자러스는 제이종크의 논문에 응답했다. 그들의 논쟁점은 인지가 무엇을 의미하는가의 문제에 초점이 맞춰지고 있다. 플라칙(1980)은 라자러스와 제이종크 모두 인지와 정서개념을 정의하지 못했다고 주장했다. 레벤탈과 쉐러(Leventhal & Scherer, 1987)는 이들 논쟁을 전반적으로 어의적(semantic) 문제로 보았다. 라자러스는 아놀드의 관점으로 되돌아가서 인지적 평가는 비반성적이고 자동적으로 생기는 것이라고 주장하고 있다. 그러나 이 정의는 너무 광범위하다고 비판을 받았다(Kleinginna & Kleinginna, 1981). 이에 대한 반응으로 라자러스(1991)는 인지적 평가 개념을 학습된 평가에만 국한시켰다. 이 논쟁은 라자러스와 제이종크의 승인 하에 평가과정이 학습된 것인지 아니면 선천적인 것인지의 문제로 축소

표 7-2   정서와 인지를 분리체계로 보는 8가지 이유
1. 정서적 반응은 일차적이다(감정이 먼저이고 인지가 뒤따른다).
2. 정서는 기본적이다(계통발생적으로 정서적 반응은 인지 전에 나타난다).
3. 정서적 반응은 피할 수 없다.
4. 정서적 판단은 취소할 수 없는 경향이 있다.
5. 정서적 판단은 그 자체를 함축한다.
6. 정서적 반응은 언어화하기 힘들다.
7. 정서적 반응은 인지에 의존할 필요가 없다.
8. 정서적 반응은 내용과 다를 수 있다.

되었다.

코넬리우스(Cornelius, 1996)는 제이종크와 라자러스가 그들 이론의 적용 범위에 따라 구별된다고 보았다. 제이종크는 주로 긍정적, 부정적으로 분화된 호오에 관심을 가진 데 비해서 라자러스의 관심은 제이종크가 언급하지 않았던 분노, 슬픔, 불안 등과 같은 특수한 정서에 있었다. 최근 라자러스(1999)는 벤두라(Bandura, 1978)에 기초하여 정서적 과정을 사건들의 연쇄로 보는 입장을 나타냈다. 라자러스는 인지적 성소(component)를 어떤 정서를 야기시키는 사건의 의미와 동일시하고 있다. 그는 또한 인지적으로 평가된 사건에 관계되는 동기를 가정했다.

만일 몇 개의 학습되지 않은 정서적 반응들이 선천적인 평가기제에 기초한다고 가정한다면 정서, 인지 및 동기유발을 반응과정의 구성요소로 파악하는 것은 의미있을 것이다. 의식적인 인지적 평가 없이 정서적 반응이 나타나는 경우가 있는데 이때 이러한 과정에 대한 신경생물학적 기초가 존재한다고 한다. 르 두(Le Doux, 1996, Merten, 2003, 재인용)는 대부분의 경우 인지평가에는 정서, 인지 및 동기유발이 공통적으로 나타나며 이 구성요소들은 서로를 제재하기도 한다.

라자러스와 제이종크간의 논쟁은 정서와 인지개념을 구별하는 데 공헌이 되었다. 많은 학자들은 인지를 의식적으로 개입된 사고 과정이 아니라 자동적이고 진행하는 것으로 이해하고 있다.

1. 성소 과정 모델: 쉐러(Scherer)

최근 쉐러(2001)는 정서를 "모든 유기체의 기능체계의 일시적 동시화(synchronization)의 에피소드"라고 정의하고 있다. 이 에피소드는 5가지의 성소 즉, 인지, 생리적 각성, 동기유발, 운동적 표현 그리고 주관적 체험을 통해서 나타난다. 쉐러는 인지적 평가가 복잡하고 다수의 귀환 및 촉진 과정으로 조직되어 있는 이 5가지의 성소에 영향을 미친다고 생각했다.

7.4 자율적-인지 이론

　　자율적 인지 이론(autonomic-cognitive theory)은 정서 반응에서 개인적 파라미터를 이론적으로 두 가지 방향에서 조명하자는 이론이다.

　　첫째는 환경의 자극을 해석하는 개인의 인지적 잠재력은 자신감, 자아 존중감 등의 측면에 근거하는 내장적-인지 변인과 상호 관계가 있다는 것이다. 개인차의 두 번째 측면은 자율신경계 각성에 반응하는 지각적 주의력의 변화(variation)에 따른다고 보는 관점이다. 이 이론에서는 이러한 변화는 정서적 경험의 강도를 변화시킨다고 본다(Mandler & Sarason, 1966; Hohmann, 1966).

　　이 이론은 실제적인 자율적·말초적 활동 수준에서 변화 효과를 예언하는 것은 의미 없다는 것을 주장한다. 예를 들어 자율 신경계 활동을 감소시키는 약물 복용은 경험되는 정서의 수준을 감소시키며, 또 자율적 반응 수준을 갖게 산출하도록 훈련받은 사람은 신경계에 대한 지각의 강도를 감소시키기 때문이다(Sinota, Schwartz, & Shapiro, 1976). 그러나 이 이론에 대한 논란은 계속중이어서 더 연구되어야 할 가설이라고 본다.

제 8 장
역동적 차원

8.1 구성주의 이론

8.1.1 기본 가정

　　정서의 구성주의 이론은 주로 아베릴(Averill, 1980) 등이 주장하는 이론으로서, 정서를 인간 정서에 국한시키는 것을 전제로 한다. 이들 이론가들은 동물에게 정서 개념을 적용하는 것을 엄밀하게 말해서 은유적이거나 파생적이라고 주장한다. 구성주의 이론에서는 정서를 인간이 일상생활에서 경험하는 것을 개념화하려고 시도한다. 또 정서는 여러 가지 현상으로 분류될 수 있다고 보고 정서와 다른 행동 증후군과, 변화하는 사회적 역할 사이의 공통성을 고려한다.

1. 증후군으로서의 정서

　　증후군은 체계적 방식으로 공변량된 일련의 반응이라고 정의될 수 있다. 달리 표현하면 증후군은 특수 반응에 반대되는 것으로 행동의 체계다. 예컨대 정서 반응의 증후적 본질을 '분노'의 경우를 들어 고찰해 보

자. 분노를 나타내는 전형적인 행동이 있으나, 어떤 것은 분노의 속성이라고 말할 수는 없다. 구체적으로 어떤 사람은 화가 났을 때 상대방에게 대들 수도 있고, 또 그 상황에서 물러날 수도 있다. 또 어떤 사람은 상당한 각성을 경험할 수 있거나 침착할 수도 있다. 어떤 경우에는 심지어 자기가 화가 났는지 깨닫지 못할 수도 있다.

따라서 어떤 이론가는 가정될 수 있는 사건은 신경학적 회로(circuit)이고, 주관적인 경험(화가난 것)은 아마도 중재 추동 변인(intervening drive variable)일 것이라고 보고 있다.

서칼과 스니스(Sokal & Sneath, 1963)에 따르면, 정서의 증후군은 '다주제적'(polythetic)이라고 표현될 수 있는 특징을 가진 것으로 처음에는 생물학적 종(species)을 기술하는 데 사용되었으나 젠슨(Jension, 1970)이 이를 행동적 종으로 확대시켜 사용하고 있다. 정서 증후군은 제한된 수를 가진 공통적 특징, 즉 '본질'(essences)로는 볼 수 없다는 것이다. 정서 증후군은 생물학적이고 사회적인 기원 등의 다양한 요소를 가진 것이기 때문이다. 여기서 확실하게 규명하고 싶은 것은 '증후군'을 병으로 지칭한 것이 아니라, 정서가 의학과도 관계가 있다는 것과, 특히 생물학적이고 생리학적인 함축적 의미를 강하게 담고 있음을 시사한다는 점이다.

정서는 증후군으로서 생물학적·생리학적 특성을 가지고 있을 뿐 아니라 사회 구조적 성격을 가지기도 한다. 따라서 정서와 여러 가지 사회 현상의 종류, 즉 사회적 역할과의 공통성을 지적하는 것은 유용할 것이다.

역할은 일정한 상황에서 개인이 따라야 할 사회적으로 주어진 일련의 행동이다. 병리학에서는 병든 사람이 병든 역할(sick role, Segall, 1976)을 하는 것과 같이, 증후군은 환자가 나타내는 병든 역할이다. 비슷한 맥락에서 정서 증후군은 변화하는 사회적 역할을 나타내는 것이다. 이러한 주장은 정서가 계통발생적 과거의 유산일 뿐 아니라, 사회의 구성물이기도 하다는 것을 뜻한다. 이는 에브릴(1980, p.313)이 강조했듯이 정서 증후군을 변화하는 사회적 역할로 고려할 수 있음을 의미한다.

2. 수동성으로서의 정서

구성중의에서는 정서는 우리가 행하는 행위가 아니라 어떤 것이 우리에게 일어나는 수난이라고 본다(예: 사랑에 빠지는 것 등).

이렇게 볼 때, 정서의 수동성(passivity)의 예는 일상생활에서 많이 볼 수 있다. 예컨대 "사랑에 빠진다," "죄책감에 사로잡힌다"거나, "겁에 질려서 꼼짝 못한다" 등이다(서론 참조).

대부분의 심리학자들은 행위 또는 수난으로 반응을 분류하는 것은 해석의 차이라고 본다. 예를 들면 행위는 자가 솔선하는 것으로 해석되고 수난은 자기 통제를 벗어난 것으로서 해석된다.

정서 경험이 자기의 행동에 대한 해석이라고 보는 생각은 귀인이론 (attribution theory, Nisbett & Valins, 1971)으로부터 상당한 영향을 받았다고 본다. 정서 경험에 대해서 이론가마다 조금씩 의견을 달리 하고 있다. 예컨대 현상론자인 슈츠(Schutz, 1968)는 미묘하거나 또는 정서적인 정서 경험은 반응에 대한 것이 아니라, 자발적 활동에 부여된 의미라고 보고 있다.

이와 유사하게 행동주의론자인 뱀(Bem, 1972)은 다른 반응들과 마찬가지로 정서 반응은 자발적으로 또는 자기도 의식하지 못하게 방출되는 것이며, 선행되거나 후속되는 사건에 비추어서 해석되는 것이라고 시사한 바 있다. 한편 정신분석학자인 샤퍼(Schafer, 1976)는 정서를 "포기된 행위"로, 곧 개인이 행한 책임을 지지 않거나 책임을 질 수 없는 반응으로 전제하고 있다.

요약하면 수동성의 경험은 대부분 생물학적으로 지향된 이론들이 의미하듯이, 반응에 고유한 것이 아니라 행동에 대한 해석이다. 정서에 관한 구성주의 견해가 갖고 있는 가장 큰 장점은 이러한 해석이 갖는 자원과 기능적 의미를 밝힌 것이다.

8.1.2 구성주의 이론의 네 가지 관점

정서의 역할 개념을 이해하기 위해서 정서 역할의 의미를 이해하고,

수행을 점검하고, 정서 역할의 관여를 파악하고, 정서 역할 관여와 수행에 영향을 미치는 요인들을 규명하는 것이다.

1. 정서적 역할의 의미를 이해하기

정서적 역할의 의미를 이해하는 데 가장 중요한 것은 개인이 자기 자신의 행동을 타인의 조망에서 볼 수 있어야 하는 것이다. 전통적으로(예, Hewett, 1976) 이는 "역할 만들기 또는 역할 창출"의 반대로서 "역할 맡기 또는 역할 수행"으로 명명되었다. 다른 사람의 역할에서 개인은 자신의 행동이 사회적 기대에 어떻게 반응하는지(역할 만들기)를 배우는 것이다. 개인이 일반화된 기대에 동조하는 방식으로 반응한다면, 즉 개인이 자신의 행동을 다른 사람도 그렇게 할 것이라고 생각할 때 그는 그가 만들고 있는 역할의 의미를 이해하게 되는 것이다.

그런데 역할을 적절하게 수행하는 것은 쉬운 일이 아니다. 일반적으로 인간은 지적 수준에서보다는 언어학적 법칙, 곧 직관적으로 대부분의 사회적 역할을 이해한다고 보겠다. 따라서 정서 이론가의 과제는 이러한 직관적 이해를 배제해서는 안 된다는 것이다(Averill, 1980).

2. 수행을 감시하기

인간의 행동은 수많은 피드백 채널에 의해서 통제되고 수정되는데, 이를 흔히 "1차적 감시"라고 부른다. 동물과는 달리 인간의 경우에 의식적인 1차적 감시에 대한 측면은 현상학적 심리학자들이 "전반성적"(prereflecctive) 또는 "생생한" 경험이라고 지칭하는 것에 해당된다. 그런데 인간은 언어로 표현되는 인지적 능력의 결과로 이러한 생생한 경험을 반성하거나 개념화할 수 있다. 이 "반성적 경험"은 "2차적 감시" 결과이다.

정서는 흔히 전반성적 또는 생생한 경험의 초록(epitome)이라고 간주되기도 하지만, 꼭 그렇지는 않다. 정서적 경험은 반성적이며 2차적 감시의 산물이라고 보는 것이 옳다. 왜냐하면 정서적 경험에 의미를 부여하는 반성적 사고 범주는 정서적 역할에 대한 개인의 이해에 기초하기 때문이다.

3. 정서 역할의 관여

정서는 실무율적으로 (all-or-none) 일어나지 않고, 비교적 온화한 정도로부터 대단히 높은 강도에 이르는 연속체 선상에 나타난다. 이러한 연속체는 관여의 정도에 따라 분석될 수 있다.

1) 낮은 정도의 관여

관여의 정도가 낮은 수준에서 정서 역할은 대개 형식적이다. 정서 관여 수준이 낮으면 개인은 통제를 잃지 않으므로 반응은 수난이라기보다는 행위의 범주에 속하는 것 같아 보인다. 그러나 정서의 관여 정도가 낮을 때, 반응이 행위가 아니라, 앞서 정의했듯이, 수난으로 해석될 수 있는 데는 이유가 있다. 우선 관여 정도가 낮은 정서 반응은 여러 다른 상황에 따라서 역할의 관여는 더 커질 것이라는 지식에 의해서 결정되기 때문이다. 즉 어떤 상황에서 정서가 관여되지 않는 때는 이성적 판단으로 타인이나 외부로부터 부여되는 책임감에 더 잘 따르기 때문이다.

2) 중간 정도의 관여

정서 역할의 관여가 증가할수록 생리적 각성, 표현, 반응 등이 나타나게 된다. 이러한 기관의 반응으로부터 받는 피드백은 경험의 감정 톤을 더 크게 좌우한다. 제임스(1890)가 일찍이 주장했듯이, 많은 이론가들은 기관적 피드백은 정서 경험에 필요 조건이라고 간주하고 있다. 따라서 이러한 기관적 피드백은 2차적 감시자가 되며, 경험의 질을 결정하는 것은 기관의 피드백 자체가 아니라 바로 이 감시자이다. 실제로 생리적으로 각성된 사람은 정서적 역할의 관여를 더욱 촉진시킨다는 통념이 있지 않은가(Nisbett & Valins, 1971). 따라서 기관적 관여가 갖는 중요성은 직접적인 생리학적 피드백뿐 아니라 상징적 의미를 갖는다. 달리 표현하면, 기관의 관여 없이는 정서적 반응은 해당 개인 자신이나 또는 타인에 의해서 경험될 수 없다.

3) 높은 정도의 관여

관여의 정도가 최고일 때, 그 개인의 정서적 역할은 증대되어서 더이상 자신의 행동을 통제할 수 없게 된다. 따라서 시간이 지남에 따라 해당 개인은 자신이 무엇을 했는지 알지 못한다고 주장하거나 그게 자신이 아니었다고 말하기도 한다(예: "내가 제 정신이 아니었어").

4) 정서 역할 수행에 영향을 미치는 요인들

(1) 동   기

전통적으로 정서는 다른 행동의 동기로서 취급되었으나, 구성주의자의 입장에서 정서는 그 자체가 동기화되었다고 본다. 이때 정서 개념은 정서적 증후군의 동기화 및 동기화된 속성에 적용된다. 에브릴(1980)은 동기의 근원을 아리스토텔레스의 행동의 위계 개념에서 찾고 있다.

아리스토텔레스는 물질(matter)과 형태를 구별하는 가운데 행동 위계 개념을 기술했다. 즉 아리스토텔레스는 행동을 어떤 목표나 대상과 관련지어 정의했다. 예컨대 다리 근육의 단순한 수축은 아무런 반응을 구성하지 못하지만 문으로 걸어가는 것은 반응이다. 이런 식의 반응은 위계를 형성하는데 낮은 수준의 반응은 높은 수준의 반응(문으로 걸어가는 것)인 형태를 갖는데 필요한 '물질'(다리-leg)을 제공하는 것이다.

어떤 사람이 정서적 역할을 하도록 동기화되었다는 것은 그 역할이 요구하는 행동은 그 개인의 여러 가지 소소한 행위와 광범위한 관심으로 보충된다는 것을 뜻한다.

정서 행동의 역할 측면은 어떤 반응을 위한 동기가 사회적으로 인정된 법칙이나 기대에 부응하지 못할 때 확실해진다. 예컨대 이런 경우에 반응, 또는 행위를 하고자 하는 동기는 좌절되고 정서 경험은 부정적으로 되는 것이다. 그러므로 대부분의 경우에 개개인의 광범위한 관심과 동기는 사회적 역할의 요구에 일치되는 것이다.

(2) 이전 경험

복잡한 형태의 사회적 행동과 마찬가지로 정서도 경험을 통해서 획득된다. 경험은 역할의 의미를 이해하게 하고, 또 그 역할에 알맞는 특별한 행동을 배울 수 있게 한다. 정서 발달은 자아 발달과 인지 능력의 발달과 함께 진행된다. 예컨대 유아는 화가 나는 것이 무엇인지도 모르고, 또 타인이 의도적으로 나쁘게 하여서 화를 나게 한다는 것을 이해하지 못한다. 그러나 나이가 들어감에 따라서 또래들과 여러 가지 놀이를 통해서, 또 놀이를 하는 동안에 자신뿐 아니라 또래의 정서적 행동을 관찰함으로써 정서 역할의 의미를 이해하게 된다. 따라서 성인이 되면 정서적 반응은 이전 경험을 토대로 언어적 중재 없이도 자동적으로 진행되는 것이다.

(3) 능 력

정서 반응에도 커다란 개인차가 있다는 것은 잘 알려진 바로, 전통적으로 이러한 개인차는 성격 특질로 논의되었다. 구성주의적 입장에서는 정서 반응에서의 개인차를 능력으로 개념화하고 있다. 달리 기술하면, 성격 특질은 정서적 역할을 할 수 있도록 하는 능력이라고 정의할 수도 있다는 말이다.

구성주의에서 성격 특질을 능력으로 해석하는 것은 정서적 행동을 지적 행동으로 유추할 수 있는 장점을 갖게 되는 것이다. 예컨대 어떤 사람이 지적 노력을 하고 있는 것은 적절한 반응을 수행할 수 있는 능력을 가졌다고 볼 수 있다.

성격 특질에 관한 요인 분석을 보면 "정서성"(emotionality), "신경성"(neuroticism), 또는 "불안"(anxiety)이란 차원이 전체적으로 나타나고 있다(김경희, 1988). 이러한 결과는 지적 영역에서 일반 지능으로 유추할 수 있는 정서적 능력이 있음을 시사하는 것이다. 일정한 정서적 역할을 수행하는 능력은 물론 이전 경험과 유전적 소질의 공통적 산물이라는 것을 배제해서는 안 된다.

(4) 물리적 · 사회적 장면

정서 역할에 관여하거나 정서 역할을 수행하는 것을 결정짓는 것은 동기, 이전 경험, 능력 이외에 물리적, 사회적 장면도 중요하다. 물리적 사회적 장면의 영향은 환경 심리학의 연구에 의해서 강조되는 요인이다. 환경 심리학의 현장 연구 방법은 물리적 장면이 정서에 미치는 영향을 분명히 했다. 예를 들면 교회에서보다는 술집에서 화를 내는 경우가 더 많고, 교실에서보다는 야외에서 사랑에 빠지는 경우가 더 많으며, 낮보다는 밤에 놀라게 되는 경우가 더 많다. 같은 정서 역할인 화내는 것이나, 사랑에 빠지게 되는 것은 물리적 장면(physical setting)뿐 아니라, 타인의 참여에 대한 반응이라는 점에서 사회적 장면의 중요성이 시사된다.

구성주의적 입장은 정서에 관한 구성주의 이론가들이 언급하고 있듯이 아직은 유추적인 단계라 더 많은 연구가 요청된다. 구체적으로 변화하는 사회적 역할로서 정서를 간주한다던가, 역할 분석에 대한 것이 그러하다(김경희, 1995, p. 63).

8.1.3   정서의 패러다임

구성주의 이론은 다음과 같은 정서의 이상화된 모델인 패러다임을 제시하여 문제점과 입장을 표현하고 있다.

정서는 사회적 결정자와 심리학적 결정자에 의해서 영향을 받는다. 사회적 평가 수준에서 사회적 규범은 사회가 개인에게 부여한 기대 또는 요구이다. 만일 사회적 기대가 개인의 행동과 일치하지 못하여 갈등을 일으키면 개인은 규범적 구조와 다르게 해결하게 되는데 이는 심리적 방어와 유사한 '사회적 방어'를 나타내게 된다.

심리적 분석 수준에서, 인간은 조건화와 학습의 역사를 통해서 자신이나 자신의 행동에 대해서 일련의 기대 즉 개인의 규범을 발달시키게 된다. 이러한 기대 가운데 어떤 것들은 대단히 강해서 특별한 상황에서만 반응하게 된다. 그러나 두 개 이상의 기대가 상치되어 나타날 때 내적 심리적 갈등이 생기는데 이러한 갈등을 해결하기 위해서 심리적 방어 기제가 생기게 된다.

사회화가 잘된 사람의 경우, 그의 개인적 규범은 사회적 규범을 반영하고, 개인적 방어는 사회적 방어와 일치하게 된다. 개인적 수준과 사회적 수준이 일치하지 않을 때에 결과로 나타나는 행동은 "히스테리컬"한 것으로 명명될 수 있다. 이 행동은 개인에게 특질적(idiosyncratic)으로 나타나서 사회 집단 안의 규범과는 다른 것을 뜻한다.

최근 정서의 패러다임은 다음과 같이 네 가지 종류로 구분되고 있다.

1. 충동적 정서

충동적 정서 패러다임은 종래의 정서의 본능 이론과 유사하다. 예컨 대 에브릴은 맥두갈(McDougall, 1948)의 '본능이란 개인의 독특한 경험의 질에 따라 나타나는 것'이라고 한 말을 인용해서 이를 '충동적 정서'라고 보고 있다.

충동적 이어서 패러다임은 본능이론과 별도로 오랜 역사를 가진 것으 로 간주되고 있다. 예컨대 아놀드(Arnold, 1960)는 '좋다' 또는 '나쁘다'로 평가한 대상에 대해서 가까이 가거나 도피하는 방해받지 않는 경향을 '충 동적 정서'라 정의하고, 직접적인 접근이나 처리를 방해하는 장애물 때문 에 이러한 경향이 어려워질 때를 '경쟁적 정서'라 정의했다.

그런데 아놀드의 충동적 정서와 경쟁적 정서와의 구별은 중세의 아퀴 나스(Aquinas)가 구별했던 '욕정적'(concupiscible) 정서와 '성마른'(irascible) 정서와 대단히 유사하며 또 아퀴나스의 이러한 구별은 영혼의 '식욕적' 요소와 '영적' 요소를 구별했던 플라톤의 주장에 그 근거를 두고 있다 (Averill, 1980, p.332).

2. 갈등적 정서

갈등적 정서는 위에서 언급된 아놀드의 경쟁적 정서보다는 프로이드 의 이론에서의 전환반응(conversion reaction)과 비슷하다. 구체적으로 전환 반응에서, 개인은 개인적 규범이나 표준과 갈등을 일으키는 어떤 행동에 귀속되기를 원한다. 따라서 자아와 분리된 의미를 가진 상징적으로 변형 된 반응, 즉 타협이란 결과를 갖게 된다.

표준적인 갈등적 정서는 개인적 수준의 분석에 반대되는 사회문화적 수준에 맞추어 생기는 전환과 유사한 현상이라고 간주된다(Avrill, 1980). 즉, 갈등의 근원은 개인에게 독자적인 내적 심리적 갈등에 기인하는 것이 아니고 사회·문화적 체제 안에서 발견된다.

우리 문화권 안에서 발견되는 대표적인 갈등 정서는 분노와 사랑이다. 분노의 경우는 그 대상을 폭력적으로 대하여 비난을 살 수 있다는 것과, 반대로 불공정성을 모른 척함으로써 비난을 살 수 있다는 데에서 갈등이 생긴다. 이러한 경우에 사회적으로 허용되는 방법인 다른 사람을 교묘하게 해침으로써 공격성을 나타내고 있다.

사랑의 경우에는 한편으로는 독립적이고, 경제적 자기 흥미 본위로 하고 싶은 내적 욕구와, 다른 한편으로는 배우자나 아이들에 대해서 헌신적으로 잘 해야 된다는 사회적 기대와의 사이에 갈등을 일으키게 되는데, 결혼과 가족을 갖게 되는 전통적인 제도를 가짐으로써 갈등을 해결하게 된다.

3. 초월적 정서

충동적 정서와 갈등적 정서는 잘 정돈된 인지 구조와 조직된 행동 유형을 전제로 하는 데 비해서 에브릴(Avrill, 1980)에 의하면 초월적 정서(transcendental emotion)는 인지적 구조가 자아로 하여금 더 이상 어떤 결정을 내리지 못하게 하는 사고의 붕괴를 의미한다. 인지적 구조는 자극의 과부하, 감각 박탈, 약물, 명상, 뇌 손상, 내적 심리적 갈등 등과 같은 이유로 인하여 붕괴되거나 비조직화된다. 이러한 상태는 자아를 초월하고 또 산만하게 만드는 경향이 있기 때문에 '초월적' 정서라고 명명되고 있다.

어떤 사람은 신비한 경험과 불안 반응을 초월적 정서 상태의 본질로 기술했다. 예컨대 신비한 경험에서 나타나는 공통적 특징은 자아 정체가 없어지고 현실과의 일체감 같은 것이다. 이 현실은 '신'이라고 불리기도 하고 '영적인 것', '우주적 의식' 등으로 불리기도 한다(Greely, 1974). 일체적 경험(예컨대 사랑에 빠진 상태, 어려운 지적 과제 해결)에서와 같이 신비한 상태는 만족과 평화로움, 조용한 기쁨을 수반한다. 이는 불교에서의 열반과 동일시되는 상태이다.

그런데 인지적 조직의 붕괴는 열반에서보다는 불안에서 나타나는 것과 더 유사하다. 불안이 심한 경우에 그 개인은 심리적 혼란 상태에 빠진다. 이러한 상태에서는 사회적 역할을 해낼 수 없다. 인지적 구조는 부분적으로 사회화의 산물이기도 하므로, 인지적 붕괴가 생길 때 나타나는 불안을 문화적으로 특수한 형태라는 것이 언급되어야 할 것이다.

어떤 경우에 어떤 사람은 인지적 구조의 붕괴로 위협받을 때 오는 여러 가지 형식적이거나 비공식적인 사회적 역할을 매개로 할 것이다. 예컨대 종교 의식은 이러한 방법으로 간주될 수 있다(Spiro, 1965).

4. 도덕적 정서

도덕적 정서(moral affect or moral emotion)는 김경희(2002)가 아베릴의 3가지 정서 패러다임에 추가해서 새롭게 범주에 넣은 것이다. 도덕적 정서는 타인과의 관계에서 나타나는 사건 및 그와 관련되어 생기는 인지적 정서에 근거한 고등수준의 정서라고 정의된다(Buck, 1999; Hoffman, 1998; Walker & Pitts, 1998).

오래 전부터 철학자들은 정서가 도덕적 일 수 있는지의 여부와 정서가 고등 수준의 도덕적 판단과 도덕적 수준에 어떻게 기여하는지를 논의하여 왔다. 최근 정서는 특수한 상황에서 도덕적 특징을 가지며 도덕적 행동을 유발시키고, 부도덕한 행동을 제거하는 데 도움이 될 수 있을 뿐 아니라 도덕적 가치와 의사 소통역할을 할 수 있다고 논의되고 있다(Ben-Ze'ev, 1997; Blum, 1980). 죄책감, 수치심, 감정이입 등의 정서는 도덕성에서 기본적 역할을 하는 것이며, 특히 죄책감은 본질적인 도덕적 정서로 알려지고 있다(김경희, 2002).

죄책감과 수치심은 비기본정서로서 기본정서와 구별되고 있는데, 죄책감은 본질적으로 개인이 표준을 위반했을 때 개인적인 반성에서 유래하는 데 비하여, 수치심은 일반적 위반행위와 실패에 대한 타인의 객관적, 공적인 관찰결과에서 나오는 것이라고 가정되고 있다(Hogan & Cheek, 1983). 즉 죄책감은 개인의 도덕적 수준에 맞추어 자아와 내재화된 양심 간에 생기는 사적인 사건에 대한 반응이며 수치심은 개인적 결점이 공적으로 노출되었을 때, 공적인 비난에 대한 반응으로 간주된다. 다윈(1872)은 수치심, 수줍음, 죄책감을 동의어로 사용하였다.

　　타인과의 관계에서 나타나는 사건과 관련된 도덕적 정서로서의 죄책
감은 규범위배, 약속 불이행 그리고 타인에 대한 배려에 기인한다는 것
과, 죄책감은 연령이 증가함에 따라 외적-벌 지향에서 내면화된 도덕 표
준에 입각해서 느껴지는 정서라는 것, 그리고 여자가 남자보다 확실하게
내면화된 도덕적 자기 표준을 갖는다는 연구 결과는 이상의 주장을 뒷받
침하고 있다(김경희, 2002). 최근 존경과 신뢰 등이 긍정적인 도덕적 정서
에 포함될 수 있다는 주장이 나오고 있다.

8.2　정신분석적 이론

8.2.1　기본 가정

　　정신분석에서는 정서를 복잡한 정신 현상으로 보고 있으며, 쾌·불쾌
의 감각 및 이 두 가지 정서의 혼합 및 사고, 기억과 원망(wish)들을 혼합
하는 것으로 간주하고 있다. 즉 이러한 생각과 감각이 정서를 구성한다고
보는 것이다.

　　정신분석학자들은 일반적으로 자아 발달이 정서 발달과 함께 발달하
는데, 이러한 발달은 사고, 원망과 같은 생각들이 쾌·불쾌의 감각과 연
관되어서 삶의 초기부터 시작된다고 생각한다. 물론 이러한 감각들은 아
주 빈번하게 본능적 추동과 상관이 있다. 이러한 감각들은 본능적 원망의
만족이나 불만족과 연결된 추동 긴장이나 추동 방출과 관련되어 생긴다.
정서적 생활의 발달은 정신적 발달의 한 측면으로 획득된 기능의 수준을
측정하는 데 대단히 중요하다. 다시 말해서 쾌·불쾌 감정은 관념들과 물
리적 자극과 관련되고, 또 그 강도에 따라 분화될 수 있다. 쾌·불쾌는
유아의 심리적 발달의 생물학적 소여물이기 때문이다.

　　최근 정신분석 입장에서 정서를 연구하는 이론가들은 정서를 방어 등

과 같은 성격의 한 차원으로 보고 있다.

8.2.2 기본 정서 체계의 문제점

정서를 본능 또는 행동의 유형과 관련지은 견해는 맥두갈(MacDougall, 1921)을 위시하여 많이 있어 왔다.

구체적으로 1950년대 이후에 이르러서 플라칙(Plutchik, 1958, 1962, 1970)은 기본 정서를 진화적 척도를 통해서 나타나는 원형(prototype)이 기본 행동 유형에 반영되는 것으로 보려고 시도했다. 예컨대 분노는 공격적, 고통스럽거나 또는 파괴적인 행동 등으로 불리는 기본 원형에 반영되는 기본 정서로 볼 수 있다. 모든 기본 정서의 결정은 진화적-순응적 맥락에서 파생된 것이다.

맥두갈(MacDougall, 1921)은 그의 본능 이론에서 일곱 가지 본능을 그에 해당하는 정서 유형으로 보았고, 이와 유사하게 플라칙(Plutchik, 1974)은 여덟 개의 기본적 원형 행동 유형을 그에 부응하는 여덟 개의 기본적 정서와 관련짓고 있다.

앞에서 언급했듯이 정서를 방어 기제와 관련시켜 보는 경향이 팽배해서 정서를 구체적인 방어 기제와 연결짓는 모델이 등장하게 되었다.

레이도(Rado, 1956)가 정서를 '위급 반응'으로 기술한 것은 정서가 대처(coping)행동과 관련되고 이는 또한 조절적 특징을 갖는 것임을 시사하는 것이다. 브래너(Brenner, 1975)는 방어가 불쾌 감정을 감소시키는 것은 조절적 역할을 하는 것으로 주장했으며, 만일 방어가 방해를 받거나 조절이 잘 되지 않으면 증후로 발전된다고 하였다. 정서를 방어와 관련시켜 볼 때 방어가 특수하게 일정한 기본 정서에서 파생된 것인지, 또 방어 사이에는 질적인 차이가 있는지 등의 문제가 제기된다. 이러한 문제들을 해결하기 위한 몇 가지 가정들이 제안되었다.

8.2.3 정서와 방어 기제

켈러만(Kellerman, 1979)은 방어 기제의 구조적 본질에 기초하여 방어 기제와 정서와의 관계를 여섯 가지로 가정하고 있는데, 이를 소개하면 다음과 같다.

① 특수한 방어는 특수한 정서를 관리하도록 고안되어 있다.
② 여덟 개의 기본 정서를 다루도록 발달된 여덟 개의 기본 방어 기제가 있다.
③ 여덟 개의 기본 방어 기제는 양극성(polarity)과 유사성의 특성을 갖는다.
④ 주로 성격 특질 형성에 사용되는 방어 기제들이 있다.
⑤ 중요한 진단적 성격 유형은 특별한 방어 양식에서 유래한다.
⑥ 개인은 혼합된 방어 기제를 사용한다.

이상의 가정에 기초하여 여덟 개 기본정서와 그에 상응하는 방어 기제를 연결시키려는 시도가 있는데, 이는 아직까지 체계적이지 못하여 논란의 여지가 있다.

1) 분노 대 대치(displacement)

흔히 분노는 직접 표현될 수 없는 경우가 많기 때문에 대리 목표 대상에게 간접적으로 표현된다.

2) 공포 대 억압(repression)

임상가들의 경험에 의하면 일반적으로 공포에 찬 환자들은 가장 강한 억압을 나타낸다고 한다. 공포의 본질은 무의식적 분노와 관계되어 있거나 고통스러운 기억을 회피하려는 욕망일 수도 있다.

3) 기쁨 대 반동 형성(reaction formation)

정신분석에서 반동 형성이란 방어 기제는 자신의 정서를 반대로 표현하는 것으로 보고 있다. 원래 사회적인 기대 때문에 성적 매력이나 성적 기쁨을 그대로 표현하지 못하고 혐오감 등으로 반대로 표현하게 된 것이 시작이다.

히스테리에서 많이 나타나는 전환(conversion)은 근원적으로 쾌와 매력에 근거하고 있다. 따라서 반동 형성 기제는 쾌 정서나 기쁨을 관리하는 데 관계되는 것으로 이해될 수 있다.

4) 슬픔 대 보상(compensation)

슬픔은 대상 상실 경험이나 자기 존중감의 상실에서 온다. 이러한 자기 존중감 상실 또는 대상 상실과 관계된 문제를 다루는 데 사용되는 방어가 보상이다. 대상 상실을 경험하는 동안에 대상을 내재화된 상징으로 동일시하는 것은 내적인 어떤 것이 상실되었다는 느낌을 산출한다. 보상 기제는 과대 공상이나 과장된 행동으로 목표를 성취하는 기제이다. 즉 이 기제는 실제의 상실이거나 지각된 상실감을 극복하려는 시도인 것이다.

5) 수용 대 부정(denial)

수용 정서는 암시성, 비판적 태도의 부재, 이상화하는 경향 등이 특징으로 나타난다. 부정 기제는 이상화하려는 욕구와 관련된 것이며, 완전한 수용 경험을 하도록 고안된 것이다.

6) 혐오 대 투사(projection)

프로이드(Freud, 1911, 1922)에 의하면 거절, 혐오, 심한 비판의 정서는 편집성(paranoia)과 관련되며 투사방어 기제가 중심적으로 되어 있다. 투사 기제는 비판받거나 증오를 받지 않도록 약점을 밖으로 돌리는 것이다. 혐오 정서는 투사함으로써 혐오 대상은 밖에 있게 되고 자신을 편안하게 만든다. 자기 비하와 투사의 관계는 편집적 성격 역동 면에서 주요 요소로 나타난다.

7) 기대 대 지적화(intellectualization)

기대 정서는 통제하려는 욕구의 표현이다. 예상이나 마음가짐은 강도 수준은 다르지만 기대와 비슷한 것이다. 지적화 기제는 이러한 기대에 내재되어 있는 통제 욕구를 도와 주도록 고안된 기제이다.

8) 놀람 대 퇴행(regression)

놀람 정서는 통제되지 않고, 통제할 수 없거나 예기치 못한 경험을 나타낸다. 퇴행 기제는 행동 지향된 기능을 하고자 하는 사람의 통제를 최소화하는 데 사용된다. 놀람 정서는 충동적인 표현 행동을 하려는 경향이다. 퇴행은 이러한 운동적 경향을 허용해서 제한받지 않고 행동할 수 있도록 하는 기제로서 유치한 행동으로 나타나게 된다.

정신분석에서는 정서를 방어 기제뿐 아니라 임상적 진단과 관련시켜서 성격이나 정신병의 종류를 진단한다. 이 책에서는 진단적 체계인 정신병에 관해서는 상론하지 않기로 한다.

제 4 부 정서 발달

제 9 장
유아의 정서 발달

9.1 유아기의 정서 발달

여러 가지 내용이 다른 정서가 어떻게 형성되며 또 언제부터 분화되는가?

정서 발달에 관한 연구는 영아 때부터 다루어져야 할 것이다. 따라서 영아는 출생시부터 어떤 표현들(얼굴표정, 몸짓 등의 행동)을 나타내는데 이러한 표현들을 정서라고 부를 수 있을지에 대한 문제에서 출발해야 할 것이다.

정서 발달에 관한 이해는 영아를 대상으로 한 구조화된 실험연구를 통해서 최근 급속하게 발전되었다. 뿐만 아니라, 생리학에 근거한 의학적인 기구의 발달로 출생 전 태내에서의 얼굴 표정을 비롯한 여러 행동들도 관찰할 수 있게 되었다. 일찍이 제임스(James, 1890)는 영아기를 혼란상태 (blooming, buzzing, confusion)로 명명하였다. 정서에 관한 최초 연구는 왓슨과 레이너(Watson & Rayner, 1920) 등의 심리학자에 의해서 이루어졌다. 이들은 3개월 된 영아를 관찰하여 공포(fear), 분노(anger), 애정(love)의 세 가지 정서반응은 출생부터 가지고 있는 기본 정서라고 결론지었다. 브릿지스(Bridges, 1932) 같은 학자는 출생시에 영아에게는 산만한 흥분 상태만이 존재한다고 하였다. 그러나 3개월쯤 되면 쾌 · 불쾌의 정서가 생기며, 5개월이 되면 분노와 혐오가, 그리고 7개월에는 불쾌에서 공포가 분화된다고 하였다. 애정과 기쁨은 10-12개월 사이에 나타나며 2세경에는 질투심이 생겨서 성인에게서 볼 수 있는 감정이 거의 모두 분화된다는 것을 주장한 바 있다.

영아는 출생 후에 나타나는 일반적 흥분 상태에서 분노, 공포, 혐오, 절망, 의기양양함(elation)이 점차 발달한다(Banham, 1951; Spitz, 1949). 영아가 나타내는 정서의 종류는 성인에게서 볼 수 있는 종류와 비슷하며 또한, 여러 가지 정서의 표현방식은 연령에 따라 다르게 나타난다(Bousfield, 1952; Jersild, 1954). 이러한 연구 결과는 브릿짓스 주장을 뒷받침하는 것이다.

웃고 소리 내는 것은 출생 후 몇 분 후부터 나타난다. 48개월에는 울음 이외에 외침이 나타나며 12-16개월에는 놀라면 도망가고, 16-20개월에는 얼굴을 감추는 현상이 생긴다. 영아기의 정서 특징은 분노를 유발하는 자극에 대해서 비교적 강한 반응을 보이는 것이다(Hurlock, 1959). 정서들이 계속되는 동안에는 대단히 강렬하지만 지속기간은 짧은 것이 또한 특징이다.

최근, 신생아와 영아의 지각능력에 관한 연구에서 2-3개월 된 영아는 여러 가지 형태들이 섞여 있는 인간의 얼굴 표정을 더 선호하는 반응을 나타낸다는 것이 밝혀졌다. 이러한 실험 연구에서 3개월 경에는 영아는 얼굴 표정이 다르다는 것을 구별할 수 있고, 4개월 경에는 화난 표정과 중립적인 얼굴 표정 그리고 즐거운 표정을 구별할 수 있으며, 5개월 경에는 슬프고 무섭고 화난 표정을 구별하기 시작하여, 6개월 경에는 각 정서에 대해서 각각 다른 반응을 보일 수 있다는 결과가 도출되었다.

본 장에서는 유아기부터 청년기에 이르는 정서 발달의 문제점 및 특징, 그리고 이를 근거로 한 연구 등을 고찰하기로 한다.

유아 정서 발달의 문제점

1. 유아-환경 체계로서의 정서

유아 정서의 특징은 분화 과정을 통해서 결정되는데, 특히 환경 내에서 분화되고 진화된다. 구체적으로 유아-환경 체계의 복잡성, 예컨대 유아가 늘 있는 장소와 그렇지 않은 장소, 욕구 충족이나 욕구 불만의 경험 여부와 정도, 자극 경험과 실조(deprivation) 경험을 등을 고려할 수 있다. 머피(Murphy, 1947)의 장이론은 성격을 유기체와 환경의 중복으로 보았다. 이 장이론은 성격뿐 아니라 광범위하게 다양한 환경에서 조성되는 유아의 정서 발달을 이해하는 데 본질적인 것으로 간주된다(Murphy, 1983, p. 3).

이와 같은 맥락에서 브레젤튼(Brazelton, 1961)은 유아-어머니의 상호 작용에는 리듬이 있다는 것을 시사했으며, 엠드(Emde, 1980)는 이를 보완하여, 유아-부모 상호 보상 체계를 구성하는 상호 정서 반응성의 과정을 예시하고 있다. 엠드에 의하면 부모의 사랑 표현으로 보상을 받은 유아는 환경과의 관계에서 중요한 역할을 하는 신뢰를 발달시키고, 부모는 유아의 즐거운 표현으로 보상받아서 유아의 욕구를 충족시키려는 노력을 계속 한다는 것이다.

정상적인 유아의 정서 발달에 관한 자료는 정상적인 가정환경에서 자라는 유아를 관찰해서 얻을 수 있다. 예컨대 미소를 실험실에나 낯선 상황에서 관찰하기보다는 집에서 관찰하는 것이 자연스럽다는 것은 이미 잘 알려져 있다. 하이더(Heider, 1966)는 유아의 정서와 어머니의 특성에 관해서 가장 잘 분화된 분석을 수행하였다. 그러나 유아의 부모가 사용하는 환경의 특성, 즉 생태적 특성에 관한 연구는 거의 없다.

2. 정서 정의 및 명명의 문제

잉글리시와 잉글리시(English & English, 1961)는 정서를 내적 자율 반응과 외현적(overt) 반응, 그리고 얼굴 표정, 몸짓, 자세, 언어 등과 같은 정서적 의사소통 전부를 포함하는 것으로 보고 있다. 플라칙과 캘러만(Plutchik & Kellerman, 1983)은 감정과 정서는 기능의 질적 측면이며, 이는 약한 흥미에서부터 외현적인 환호에 이르는, 그리고 약간의 불쾌에서부터 떼씀(temper tantrum)에 이르는, 또는 프로이드(1912)가 지적한 대로 쾌·불쾌의 정도 등과 같은 감정의 수준을 척도로 나타낼 수 있다고 제안하고 있다.

머피(1983)는 정서를 성숙과 발달의 종합적 결과로 보고 있는데, 이는 프리드맨(Freedman, 1979)의 주장과 맥락을 같이 하는 것이다. 머피는 타고난 유전적 잠재 능력은 환경 조건에 따라서 여러 가지 방법과 여러 가지 속도로 현실화된다고 언급한다.

정서의 방향은 인지적 분화 및 일련의 감정과 관념(ideas)의 본질적 정도에 기초하고 있다고 한 파인(Pine, 1977)의 견해는 아동의 발달에서 혼합되거나 변화되며, 새로운 감정 등이 형성되는 과정에 기초적 단서를 제공하는 것이다.

영·유아를 관찰하면 정서에 관한 복합적 견해가 지지되는 것을 알 수 있다. 예컨대 배고픈 영아는 조심스러운 얼굴로 운다. 즉 자율적 내장(viceral) 변화가 동시에 생기는 것이다. 배고픈 영아는 선택적으로 우유병을 보고 그곳으로 다가간다. 즉 우는 것은 내적 욕구에 대한 반응으로서 음성적으로 또는 얼굴 표정으로 표현되며, 이는 선택적인 시작 및 운동 행동과 병행된다. 물론 이때에 신경 프로그램과 운동 반응이 포함된다.

영아는 배고플 때 우는 것을 배운 적이 없다. 이러한 현상을 예로 들어 머피는 정서란 복잡한 정서적 과정의 일부에 대해서만 사용되는 용어는 아니라고 주장하고 있다. "정서란 태어날 때부터 나타나는 생리적·신경학적·운동적(얼굴 표현과 외적 행동을 포함하는) 반응"이라고 정의될 수 있다.

유아가 울고, 미소짓고, 즐거운 소리를 내는 것을 관찰할 수 있는데, 이러한 현상들은 어떤 메시지일 수는 있으나 감정 표현으로 보기는 어렵다. 더구나 보다 미묘한 반응들은 평가하기가 더더욱 어렵다. 아동이 자라면서 전형적인 표현적 유형과 타인의 표현에 대한 반응에 노출되는데, 이는 중요한 정서를 유사하게, 그리고 알아볼 수 있는 방법으로 표현하도

록 하는 데 영향을 준다. 따라서 유아의 정서적·비언어적 의사소통을 이
해할 수 있게 된다.

　유아는 점차 감정을 언어적으로 보고하는 것을 배우게 된다. 그러나
3세 이전에는 유아가 그의 감정을 언어화하는 능력이 제한되어 있기 때
문에 유아의 얼굴 표정과 행동들을 이해하기가 어려운 경우가 많다.

　신생아의 정서가 명확하게 분화되어 있지 않지만, 혼합된 정서는 6개
월 이후에 나타나는 경향이 있다. 샤퍼(Schaffer, 1963)는 낯선 사람에 대한
반응으로 유아가 미소짓거나 우는 것을 관찰할 수 있다는 것을 보고하고
있다. 그러나 머피(1983)는 이에 대해서 회의적인 입장을 보이고 있다.

3. 정서의 기능

　정서의 기능과 본질에 관해서는 여러 가지 견해들이 있다. 일찍이 정
신분석학자들은 관찰을 통해서 긴장 방출(discharge of tension)기능을 주장
한 데 반해서, 경험적 연구자들은 의사소통, 욕구의 신호 및 타인에 의한
반응의 강화와 정서의 생물학적 생존 및 순응 가치를 강조하고 있다.

　모스(Moss, 1967)에 의하면 울음은 유아에게 생물학적 유용성을 갖는
고통스러운 자극인데, 왜냐하면 어머니가 자신의 편안함과 무관심으로
유아를 자극하기 때문이라는 것이다. 보울비(Bowlby, 1973)는 울음은 모성
적 행동의 방출자로서의 기능을 한다는 행태학적 견해를 수용하고 있다.
또 머피는 정서는 긴장 해소와 의사소통의 두 가지 기능을 갖는다고 보고
있다. 한편 크리스탈(Krystal, 1977)은 모든 정신적 사건(예컨대 흥미, 주의,
선택 등)에는 감정적 요소가 있다는 것을 시사한 바 있다.

4. 영아기의 기본 정서

　다윈의 연구 이후 기본 정서는 발달 심리학자들에 의해서 6개 또는
그 이상으로 나뉘어져 연구되고 있다. 어떤 학자들은 이 정서들을 긍정
적·부정적으로 구분해서 다루고 있는 바, 전자로는 기쁨, 행복, 놀람,
흥미를 들 수 있고, 분노, 슬픔, 고통, 혐오 그리고 공포는 후자인 부정

적 정서에 속해있다(1장 참조).

1) 기쁨과 행복

미소는 영향력이 큰 사회적 신호이다. 최초의 미소는 내생적 (endogenous) 미소로 명명되었다(Spitz, Emde, & Metcalf, 1970; Wolff, 1963). 내생적 미소는 반사적이며 입 주위에 잠깐 스치듯 나타난다. 영아의 각성 시에는 나타나지 않고 잠이 들어 있는 곧 뇌의 피질 상태가 낮은 수준일 때 나타난다. 따라서 내생적 미소는 미숙한 영아에게서 빈번히 나타나며 출생 후 3개월 이후에는 빈도가 감소한다. 내생적 미소는 대뇌피질의 미 발달과 관련된 것으로 간주되고 있다(Emde & Koenig, 1969).

스로우프(Sroufe, 1996)는 내생적 미소는 중추신경계(CNS)의 각성 수준 의 역량을 받는 것으로 영아의 CNS 반사 수준보다 낮은 수준으로 내려간 상태에서 생긴다고 보고 있다. 내생적 미소는 생후 1개월이 되면 외적 자 극에 의한 반응으로 나타나는 외생적(exogenous) 미소로 이동된다. 일찍 이 드 볼로뉴(de Bologne)는 내생적 미소를 성인의 행복감의 표현으로 보 았다.

2) 흥미와 놀람

많은 학자들은 영아에게서 흥미와 놀람의 감정의 차이를 밝히지 못하 고 있다. 흔히 흥미는 생애 첫주의 영아의 행동과 얼굴 표정에서 판별해 낼 수 있다. 흥미는 영아 때부터 전 생애 동안 학습과 인지 발달에 기여 하는 동기라고 보고 있다(Izard, 1991).

놀람은 기대(expectation)라고 간주되는 인지적 능력이 발달되는 5-7 개월 경에야 관찰 가능하다. 흥미와 놀람의 얼굴 표정은 신기한 물체나 사 건에 대해서 주의할 때 나타내는 표현이다.

생리적 반응에서 언급된 바와 같이, 일찍이 다윈은 놀랐을 때의 얼굴 표정을 묘사한 바 있다. 일반적으로 영아의 놀람과 흥미 감정은 불수의적 이고 생리적 변화를 수반하는 자동적 반사 반응의 일종으로 보는 경향이 있다.

3) 분   노

현대 인류가 가장 빈번히 나타내는 정서는 분노이다(Plutchik, 1980).
분노 감정은 인지적 측면과 직접 관계가 있다고 보고 있으며, 또한 분노
는 유기체가 목표달성을 하는 데 방해물이 나타났을 때 이를 극복하려는
기능을 하는 정서의 대응 체계로 간주된다. 분노는 신체적 에너지를 과다
하게 요구하여서 에너지 손실을 가져오며 통제되지 않는 분노는 정서와
인지의 조화를 깨뜨리는 부적응적 결과를 초래하는 대표적인 부정적 정
서이다.

잘 알려진 아이자드(1977)의 2, 4, 6, 18개월 된 영아를 대상으로 한
종단적 연구에서 2개월경에는 분노 감정으로 동일시할 만한 표정은 분명
하지 않고 울음과 고통스러운 표정만이 있었으며, 6개월 이후에는 영아
의 90%가 얼굴전체에 분명한 분노 반응을 보였으며, 18개월 이후에는 신
체적 고통과 더불어 분노 반응이 비교적 오래 지속된다는 결과가 보고되
었다.

4) 슬   픔

슬픔은 영아가 3개월경에 처음으로 나타내는데 원인은 부모의 무관
심이다. 다윈은 영아 때의 얼굴 표정과 신체 표현의 변화는 어머니와 자
녀 사이에 최초의 의사소통 수단의 역할을 한다고 주장한 바 있다. 콘과
트로닉(Cohn & Tronick, 1983)은 영아때 부모의 표현이 갖는 신호가(signal
value)에 대한 경험적 연구를 통해서 다윈의 주장을 입증했다. 즉, 어머니
의 무표정에 대해서 연구대상 영아들은 큰 혼란을 느꼈으며 우울한 부모
의 자녀들은 우울하지 않은 부모의 자녀들보다 감정 표현이 더 부정적이
었다. 동물행동학자들의 주장과 같이 슬픔과 같은 영아의 정서적 반응은
적응적인 행동으로 간주된다.

톰킨스(Tomkins, 1963)와 아이자드(1972)는 부정적 정서로서의 슬픔은
인지능력과 운동 신경계를 억제시키는 면이 있다고 지적한 바 있다. 아베
릴(Averill, 1968)은 슬픔의 기능을 사랑하는 사람을 잃은 데 대한 반응으로
관찰하고 진화 과정에서 인간의 슬픈 감정은 공동체의 사회적 유대를 강

화시켜서 공동체의 생존 가능성을 증진시킨다고 주장했다.

5) 혐　오

혐오는 다윈에 의해서 처음으로 언급된 용어로, 그는 실제로 느끼거나 뚜렷한 상상으로 일차적으로 미각과 관련되어 있고 후각이나 촉각, 시각 등을 통해서 느끼는 불쾌감과 관련된 것이라고 정의했다. 스로우프(1976)는 신생아의 혐오감 표현을 반사적 반응으로 보았으며, 아이자드(1973)는 혐오를 생리적인 것보다는 본질적으로 정서와 관련된 것으로, 그리고 슈타이너(Steiner, 1983)는 쓴 물질에 대한 거부반응을 일으킴으로써 유발되는 감정 상태로 보고 있다.

6) 공　포

공포에 관해서는 일찍부터 그 발생이 선천적이냐 후천적이냐에 관한 논쟁이 이루어져 왔다. 그레이(Gray, 1978)는 그의 초기 연구에서 공포자극을 설명하는 5가지 일반적인 원리 즉, 긴장, 신기성(novelty), 진화적 위험, 사회적 자극, 조건 자극을 제시한 바 있다. 윗슨(Watson)은 앞서 언급한 바와 같이 공포를 영아의 기본 정서 중 하나로 주장했으며, 고통, 지지의 갑작스런 상실, 큰 소리 등이 공포를 유발하는 자극이라고 보았다. 보울비(Bowlby)는 영아의 공포는 생태학적 경험과의 결합의 결과로 보았다. 보울비는 이러한 주장에 근거하여 애착과 분리 불안, 낯선이에 대한 불안에 관한 이론을 구축했다.

9.1.2　정서 양식을 결정하는 요인들

1. 유아의 표현 유형의 개인화

워시번(Washburn, 1929)이 증명했듯이, 정서의 표현에서 영아들 사이에 커다란 개인차가 있다. 머피와 모리알티(Murphy & Moriarty, 1976)는 같은 가족 내의 형제들 사이에도 정서 표현의 차이가 관찰된다는 것을 보고했다. 이러한 차이는 여러 가지 자극에 대한 정서적 반응의 역치 (theshold)의 차이이다. 즉 어떤 영아는 큰 소리에 반응하는 데 비해서, 다른 영아는 모호하고 부드러운 소리에 더 민감하다(Heider, 1966). 기타 정서 반응의 차이를 결정하는 것으로 피부 예민도, 협응, 동화 및 조절의 차이를 들 수 있다(Murphy, 1983).

2. 정서 반응의 다양성

게젤과 일그(Gesell & Ilg, 1943)는 정서 표현에서 나타나는 차이를 소질 적 다양성의 차이라고 주장하였다. 아동의 정서 유형의 변화를 결정하는 요인들로 머피와 모리알티(1976)는 건강 수준의 변화를 들고 있다. 예컨 대 지속적이고 고통스러운 병은 우울로 나타나며, 건강한 상태나 병이 나 은 상태에서는 즐거운 듯한 모습으로 나타난다는 것이다.

영·유아의 정서 반응의 차이는 유전과 환경의 영향으로 알려져 있 다. 환경의 영향으로는 애착형성, 사회화를 통해서 정서 표현과 조절의 양상과 능력이 달라진다.

이러한 정서 표현의 다양성을 주장하는 가운데 게젤은 인생초기에서 관찰되는 정서적 특성들은 연령과 더불어 성숙해 가면서 여러 가지 변화 에도 불구하고 인생 전체를 통해서 지속되어 개인의 성격의 일부가 된다 고 주장했다.

성격의 일부로서 지속되는 정서 경향은 기질(temperament)이란 개념으 로 주로 성격심리학에서 연구되어 왔으나 최근에는 발달심리학과 임상심 리학에서 독립적으로 다루어지고 있다.

성격의 한 요소로서 기질은 일찍이 그리스 사상에서 그 근원을 찾을 수 있다.

즉, 인간의 성격은 신체의 구성물(쓸개, 피, 점액, 담낭)과 동일시되는 네 가지 기본 유형을 가지는데 히포크라테스(Hippocrates, B.C 4~5세기경)는 흑담즙질(melancholic, 우울질), 다혈질(sanguine, 쾌활), 점액질(phlegmatic, 냉담), 담즙질(choleric, 분노)로 분류하였으며 이는 성격 이론의 유형론 (typology)의 원형(prototype)이 되었다.

심리학에서 기질에 대한 체계적 연구는 토마스와 체스(Thomas & Chess, 1956)에 의해서 수행된 뉴욕종단연구(New York Longitudinal Study, NYLS)이다. 이 연구는 141명의 영아를 성인기까지 추적 조사한 것으로 그들 부모가 질문지에 대답하는 부모평가방법을 사용해서 3개의 기질을 범주화하여 추출해냈다. 즉, 순한 기질, 까다로운 기질, 더딘 기질이 그것이다.

순한 기질은 일반적으로 즐겁고 정상적 일상생활에 빨리 적응하고 새로운 환경에도 쉽게 적응하는 기질이다. 까다로운 기질은 부정적으로 강한 반응 경향을 가지며 일상생활이 고르지 않아 예측하기 힘들며, 새로운 환경에 빨리 적응하지 못하는 기질이다. 더딘 기질은 부정적으로 반응하며 반응 정도는 강하지 않고 활동 자체가 적으며 새로운 환경에 적응이 느린 기질이다.

연구 결과 부모의 기질이 영아의 성격에, 그리고 영아의 기질이 부모의 성격에 영향을 준다는 것과 기질은 유전적인 영향이 크다는 결론을 얻게 되었다. 그러나 부모가 평가하거나 기록하는 방법이 가지는 문제점(예컨대 편견, 주관적 평가) 때문에 기질을 평가하는 데 객관적 방법의 필요성이 제기 되었다(Kagan,1994; Rothbart, 1989).

신경생리학, 정신생리학의 발달로 대두된 영아기질 평가 방법으로 정신생리적 방법이 도입되었다(Zuckerman, 1971). 잘 알려진 기질 평가에 대한 대치 방법으로는 표준화된 실험실 상황에서의 체계적 관찰법(Goldsmith & Rothbart, 1991; Matheny, 1989), 미주신경상태 측정(Porges, 1986) 등이 있다. 미주신경 상태는 당황, 절망의 정서가 앙양되었을 때 높은 수준의 콜티존(cortizone)과 관계가 있다는 것이 밝혀졌다. 미주신경은 유전적인 것이어서 기질의 개인차를 설명할 수 있다.

그 후, 기질에 대한 유전적인 측면을 입증하는 연구들이 쌍생아 연구를 통해서 수행되었다(예: 미네소타 연구, Goldsmith & Rothbart, 1992). 이러한 연구들의 결과는 기질이 유전적이며 특히, 부정적인 정서가 더 유전적이라는 것을 밝혀냈다.

영아의 기질 연구는 어렵다. 어떤 기질 연구자들은 영아의 정서 발달을 연구하기 위해서는 보다 광범위한 맥락에서 접근해야 한다는 것과, 영아의 행동에 영향을 미치는 사태(situational) 요인도 고려해야 한다는 것을 주장하고 있다. 무엇보다, 정서 표현과 정서 조절에서의 개인차를 규명하는 데서 그러하다.

영아의 정서를 설명하는 데 유전은 일부분이며 환경의 역할의 중요성이 대두된 것은 애착 연구를 통해서이다.

9.1.3 감정의 발달

자궁 내의 감정 발달에 관해서는 현재로서는 증거를 얻기 어려운 일이지만 두 가지 가정이 있다. 하나는 형태학, 신경 생리적 과정, 운동성, 감각 능력의 분화이고, 다른 하나는 나중에 정서라고 기술될 수 있는 유사 감정은 임신부터 진화되는 과정들이라는 것이다.

1. 미소의 발달

울프(Wolff, 1959)는 신생아들을 주의 깊게 관찰하여, 후에 사회적 미소(social smile)로 되는 초기의 "반사적 미소"(reflex smile) 또는 "일시적 미소"(transient smile)가 있다는 것을 조심스럽게 제안했다. 워시번(1929)도 유아의 미소와 웃음에 대해서 연구한 바가 있으나, 기쁨을 유발하는 자극 범위에 관해서는 비교적 등한시해 왔다. 워시번은 유아에게서 웃는 경향 뿐 아니라 우는 경향에도 개인차가 있음을 발견하여, 정서 반응 경향성을 다음과 같이 네 집단으로 분류하였다.

① 순수 표현성(rigor-expressives): 많이 웃는 경향이 있는 유아.
② 우울적 표현성(depressor-expressives): 잘 우는 유아.
③ 다표현성(multi-expressives): 웃기도 잘 하고 울기도 잘하는 유아.
④ 비표현성(parvi-expressives): 많이 웃지도, 많이 울지도 않는 유아.

2. 개별 정서의 발현 연령

정서의 발현 연령에 관해서는 일찍이 브리지스(Bridges, 1932)가 언급했다. 그는 2세경에는 성인에게서 관찰되는 정서가 모두 분화된다고 했는데, 이는 정서 연구의 고전이다.

유아가 공포나 분노, 기쁨, 사랑과 같은 정서적 반응을 언제 의식하게 되는가 하는 질문에 한마디로 대답하기는 어렵다. 아이자드(1979)는 정서가 발현되는 순서를 목록으로 만들었는데, 이 목록에 따르면 1개월에서 2개월된 유아는 흥미·흥분, 기쁨, 근심, 분노를, 3개월 경에는 고통, 공포, 슬픔(어머니에게서 분리될 때 관찰할 수 있는), 기쁨(돌봐 주는 사람에 대한 반응)을 표현할 수 있다고 한다. 2-3개월에는 불안 반응이 나타난다고 보고되었으나 7-9개월경에야 관찰되는 것이 보통이다.

어머니나 돌봐 주는 사람이 없어진 후에 보이는 우울함은 9개월부터 1세에 걸쳐서 관찰된다. 초기 아동기에 나타나는 아이자드의 정서 목록에는 혐오, 경멸, 수치심, 수줍음 및 죄책감 등이 있다. 정서 발달의 순서에 대해서 알려진 바로는 지각적·인지적·운동 성숙의 기초가 되는 신경의 발달과 생존 욕구가 감정의 발달 시기와 관련되어 있다는 것이다.

9.1.4   정서 연구와 문제점

1. 유아 정서 연구의 문제점

레벤탈과 톰말켄(Leventhal & Tommarken, 1986)이 지적하고 있듯이 정서를 연구하는 데는 몇 가지 문제점이 제기될 수 있다. 정서는 인지-촉발적·이론적 접근, 곧 정서를 유발하는 외적 자극과 내적 운동 프로그램에서 야기되는 정서의 표현적 행동을 다루어야 한다는 것이다. 따라서 정서를 연구하기 위해서는 지각 과정, 자율신경계의 피드백과 신체적 증후, 표현 행동 및 정서 상태를 고려해야 할 것이다.

유아의 정서적 경험과 표현에 관한 학문적 관심은 고통이나 자만 또는 성취에 대한 환희 등에 관해서보다는 미소, 웃음, 불안, 근심, 우울, 공포 등에 관해서 더 많이 경주되고 있다. 분노와 그와 관련된 공격성은 1930년대에 임상가들에 의해서 많은 논의가 되었으나 정서 발달에 관한 포괄적 이해로 연결되지는 못했다. 예컨대 부모들의 골칫거리인 '떼쓰는 것'이 새로운 욕구 충족을 위한 자극으로서 인지적·운동적 능력과의 상호 작용이라는 것과, 또 이를 욕구 좌절에 대한 반응이라는 것도 고려하지 못했다.

감정 이입과 동정은 1930년대에 성격 발달과 관련되어 연구되었는데 최근에는 이 주제가 많은 관심을 끌고 있다. 아동의 정서 발달에 관한 연구는 공포나 미소, 웃음, 욕구 좌절과 공격성에 국한된 연구들이 주류를 이루었다. 1930년대에는 여러 가지 정서에서 반영되는 정서의 강도나 표현성과 같은 질적인 면이 연구되지는 못했다.

일반적으로 정서 표현이 분명할 때는 쉽게 관찰되어 관찰자들 사이에 의견일치를 보이지만, 많은 유아들은 조용하고 억압되거나 표현이 적어서 관찰하기가 어렵다. 역으로 유아가 나타내는 수줍음, 우울, 외로움 같은 감정의 원인도 잘 알 수 없으며, 유아가 나타내는 자발적인 흥분을 실험실 연구에서 체계적으로 재생할 수 있는지 여부도 확실하지 않다. 실험실은 유아에게 낯선 곳이며, 실험자 또한 낯선 사람이기 때문에 유아가 자연스러운 감정이 아닌 다른 감정을 느낄 수 있기 때문이다. 또 이 낯섦이 다른 종류의 인지 유형으로 나타날 수 있는지도 확실하지 않다. 이러한 사실들이 유아의 정서를 연구하는 데 어려운 점이다.

프로이드(1905)가 「성 이론에 관한 세 가지 논문」에서 구순적 경험이 성격 형성과 관련이 있다는 것을 취급한 이래 아동의 정서 발달에 관한 연구는 이러한 가설과 관련시켜 적절하게 수행되지 못했다.

존스와 그의 동료들(Jones, Shirly, & Washburn, 1929)은 미소의 발현과 미소의 양등 정서 표현에 있어서 광범위한 개인차가 있음을 발견했다. 에스칼로나와 하이더(Eskalona & Heider, 1959)는 유아로부터 취학 전 아동을 대상으로, 그들의 74%의 경우에 감정 표현을 정확하게 예측할 수 있다는 것을 보고했다. 더피(Duffy, 1934)는 정서의 생리적 반응을 강조한 바 있으나, 성격 발달과 사회성 발달의 관점에서 특수한 정서와 행동, 그리고 인지 발달과의 상호 작용을 밝히지는 못했다.

감정과 그 감정에 대한 의식, 즉 초기의 상위 정서(metaemotion)는 모두 생후 몇 달 안에 급속하게 발달된다. 영아들은 울거나 미소지을 때 강화를 받게 되면, 어떤 표현이 성인으로부터 그들이 원하는 반응을 얻을 수 있는가를 학습하게 된다. 또 문제가 되는 것은 미묘한 표현 유형을 근거로 해서 어떻게 정서와 동일시할 수 있는가 하는 것이다. 울프(1955)는 이 문제와 관련하여 어머니들은 아기의 울음소리로 고통과 배고파 우는 것을 확실하게 변별한다는 것을 관찰했다.

야로우(Yarrow, 1979)는 기쁨과 공포 활성화 기제는 자극이 다르더라도 유사하다고 평가했다. 샤퍼(Schaffer, 1979)는 유아는 새로운 물체나 사람에게 매력을 느끼며 걱정도 한다고 시사한 바 있다. 유아가 나타내는 여러 가지 정서의 정도는 인지적이고 신경학적 관점에서 고려되어야 하는데, 이는 성격 발달과 순응 및 생존을 위해서 필요하기 때문이다 (Plutchik & Kellerman, 1983).

연구 방법의 문제 때문에 플라칙과 켈러만은 정서 발달의 유형을 알아보기 위해서 어머니-남자 유아, 어머니-여자 유아 사이의 심층적인 정서 관계를 연구할 것을 제안했다. 즉, 유아-환경 체계를 파악하는 것은 학문적 연구 결과를 통합할 수 있는 역동적 방법을 모색하는 데 필요한 것이라는 주장이다.

2. 최근 연구 동향

최근 1980년대에는 아동이 자신의 정서를 어떻게 지각하고, 또 어떻게 지식을 갖는지에 관한 연구들이 많이 수행되고 있다. 이는 상위 인지의 연구와 때를 같이 하는 경향으로 보인다.

해리스와 그의 동료들(Harris, Olthof, & Terwogt, 1981)은 6세, 11세, 15세 된 아동 집단을 대상으로 정서의 개념에 관해서 면접을 하였다. 아동들에게 행복, 분노, 공포에 관한 이야기를 들려주고, (1) 아동이 그러한 정서와 얼마나 정확하게 동일시하며, 또 그 단서는 무엇이고, (2) 아동이 정서를 조절할 수 있는 표현과 경험의 책략들은 무엇이며, (3) 양양된 정서가 다른 심리적 정신 과정에 미치는 영향은 무엇인가에 관한 질문을 하였다. 대답을 분석한 결과 6세와 11세 아동의 정서 개념에는 뚜렷한 차이가 있음이 발견되었다. 즉 6세 아동들은 공적으로 관찰되는 정서의 요인들, 곧 정서 야기 상태와 외현적 행동 반응에 초점을 맞추었으며, 11세와 15세 된 아동들은 정서의 숨겨진 정신적 측면을 고려하였다. 정서에 관한 이러한 개념의 변화와 차이는 정서와의 동일시, 조절 및 정서의 효과에서 모두 나타났다.

정서 효과에 관한 연구에서, 아동의 면전에서 다른 사람들, 특히 부모들이 분노를 표출하는 것은 아동에게 혐오적이라는 결과가 보고된 바 있다. 벤두라(Bandura, 1973)는 모델링의 효과에 관해서, 에머리(Emery, 1982)는 부부의 불화에 관해서 연구한 결과에서 아동들은 다른 사람들의 분노에 민감하다는 것이 밝혀졌다. 커밍스(Commings, 1987)는 타인의 분노를 목격하고 이에 4세, 5세 아동들이 어떻게 대처하는가를 규명하려는 연구에서 피험 아동들의 46%는 염려하는 정서 반응을, 15%는 정서적 무반응을, 35%는 높은 정도의 정서 반응을 보인다는 것을 발견했다.

가족 안에서의 정서 이해 기제를 알아보기 위하여 커벨과 아브라모비치(Covell & Abramovitch, 1987)는 5세에서 15세에 이르는 123명의 아동과 54명의 어머니를 대상으로 정서의 귀인을 밝히고자 했다. 이 연구에서 어머니의 정서 귀인 및 정서를 추론하는 데 있어서 표현적 단서보다 행동 단서를 사용하는 데 연령차가 있음이 발견되었다. 즉 5, 6세 아동은 어머니 분노를 자기들 때문이라고 보았으나, 연령이 증가할수록 아동들은 객관적으로 귀인시켰다. 이와 유사한 결과는 스티펙과 데코티스(Stipek & Decotis, 1988)의 연구에서도 보고되고 있다.

정서와 친숙성 사이의 관계에서 기억의 역할을 파악하기 위한 연구(Stephens, 1988)에서 정서는 친숙감을 유발시킨다는 것이 시사되었다. 긍정적·부정적 정서 모두 이에 관련하여 지각되었던 친숙성을 증가시켰는데, 연구자는 이는 정서가 촉진적 영향을 미치는 것이라고 해석하고 있다.

3세에서 5세 되는 취학 전 아동들은 그들 또래의 슬픔에 주의하고 또 낮은 비율이지만 친사회적(prosocial) 반응도 관찰되고 있음이 보고되고 있다. 케플란과 해이(Caplan & Hay, 1989)의 연구에서 아동은 근심 있는 또래를 어떻게 도와 줘야 하는지에 대해여 비교적 확실한 생각을 가지고 있으나, 어른이 있을 경우에는 도와 주지 않아도 된다고 생각한다는 것이 밝혀졌다.

브로디(Brody, 1985)는 지금까지의 이론과 연구들을 개관하여 정서 발달에서의 성차를 해석하고 있다. 즉 정서를 조절하고 적응 행동을 하는데 있어서 나타나는 성차는 가족의 기능, 사회·문화적, 대인관계 역할에서의 기능에 기인한다고 논의하고 있다.

호프너와 바진스키(Hoffner & Badzinski, 1989)는 4-5세, 6-7세, 8-9세, 그리고 10-12세의 네 집단 아동들에게 얼굴과 사태에 관한 단서 그림을 세 가지 조건으로 제시하였다. 즉 (1) 얼굴 표정과 사태가 일치하는 것, (2) 다른 것, (3) 각각 한 가지만 제시하여 정서를 동일시하도록 하였다. 결과에 따르면, 사태 단서에 의해서 정서를 판단하는 것은 연령과 더불어 증가하는 반면에, 얼굴 표정으로 정서를 판단하는 것은 연령과 더불어 감소하는 경향을 나타냈다. 얼굴 표정과 사태 단서가 다른 경우에 이를 통합하여 판단하는 능력에서 발달 증가를 보였다.

이상의 연구들로 미루어 보아 유아가 일찍부터 자신의 정서를 지각하는 원인과 그에 대한 책략에 관한 연구 과제들을 추출해낼 수 있다. 그러나 정서 앙양의 귀인 경향과, 구체적으로 귀인 현상이 내생적(endogenous) 성숙과 관련된 것인지, 또는 학습에 의한 것인지, 만일 학습에 의한 것이라면 훈련을 통해서 변화와 촉진을 가져 올 수 있을지의 문제가 제기될 수 있다. 이러한 문제들은 인간 일반에 관한 심리학의 전형적인 연구 문제와 무관하지 않은 것이다.

9.2   유아 정서 발달의 전제로서 유아-부모 관계

생후 5개월 이전 유아와 부모 사이의 의사소통 체제는 네 가지 단계로 발달된다(Brazelton, 1983). 미숙한 유기체인 유아에게 필요한 것은 동질 정체적(homeostatic) 통제로서, 이에 결정적 역할을 하는 것은 주의와 비주의(nonattention)이다. 부모와 유아는 이러한 주의-비주의 사이의 규칙적 상호 작용에 기초하여서 행동 면에서 복잡한 메시지로 의사소통하는 것을 배운다. 그런데 이러한 행동은 언어가 필요하지 않은 비언어적 의사소통이다.

이러한 행동은 유아가 세계에 대해서 학습하는 데 기초가 되는 감정적·인지적 정보의 요소가 된다. 이 시기에 부모는 유아에게 감정적·인지적 정보를 제공하여서 유아가 그의 세계에 주의를 기울이는 데 필요한 내적 동질 정체적 체계를 통제하고 조장하는 것을 학습할 기회를 제공하는 제공자이다. 초기 경험을 통해서 부모와 유아는 서로에 대한 것을 배우며, 이것은 유아의 미래 정서 발달의 기초가 되며 미래 자아 형성에 결정적인 것이다. 생후 4개월까지의 조절과 학습의 네 가지 단계는 다음과 같다(Brazelton & Als, 1979; Brazelton, 1983, p. 52).

① 유아는 입력과 출력 체계에 대해서 동질 정체적 통제를 성취한다.
② 이러한 통제 체계 내에서 유아는 주의 상태를 연장시키기 위해서 사회적 단서에 주의하고 이를 사용할 수 있게 되며 보다 복잡한 메시지를 수용할 수 있게 된다.
③ 이러한 상호 교환적 피드백 체계 안에서 유아에게 부모는 유아가 정보를 받아들이고 그에 반응하는 능력과 유아가 균형적 체계 안에서 반응을 철회하는 능력을 제한하기 시작한다. 즉 예민한 어머니는 유아로 하여금 유아의 정보 레퍼토리를 인식하고 통합할 수 있는 기회를 줄 수 있다. 이 어머니-유아 개념은 스턴(Stern, 1974)에 의하면 생후 3, 4개월 후에 발달되는 감정적·인지적 경험을 위한 체계의 기초가 된다.
④ 이원(dyad) 또는 삼원(triad) 체계 안에서 유아는 자신의 자율성을 증명하고 통합할 수 있다. 이 시기는 바로 애착의 실제 검증 시기일 것이다. 예컨대, 4, 5개월 때 유아는 엄마의 젖을 먹을 때, 잠시 멈추었다가 주위를 살피고 환경을 검사하는 경우를 예로 들 수 있다.

요약하면, 초기 경험은 유아의 미래 정서의 기초를 제공하며, 또 유아가 어머니와의 관계에서 나타내는 비언어적 의사소통은 후의 사회적 행동을 결정하는 데 중요한 역할을 한다는 것이 이론적인 면에서 강조되고 있다.

유아의 사회적 참조는 얼굴 표정에 의해서 발달된다고 하여 얼굴 표정 정보를 알아보는 네 가지 수준이 제안되고 있다. 이 제안은 케리와 맥레빗(Carey & McLevitt, 1978)의 "유아기질 질문지"(Infant Temperament Questionnaire)를 사용한 소스와 그의 동료들(Sorce, Emde, & Frank, 1982)의 연구 결과에 기초한 것이다. 소스와 그의 동료들은 낯선 사람이 유아에게 접근할 때 유아는 낯선 이에 대한 정보를 얻기 위하여 어머니를 쳐다보는데 이는 접근-회피 반응을 결정하는 단서를 얻기 위한 것이라고 주장하고 있다. 이 네 가지 수준은 다음과 같다.

수준 1: 얼굴 지각 결여
수준 2: 감정의 인식 없는 얼굴 지각
수준 3: 얼굴 표정에 대한 정서적 반응성
수준 4: 참조 맥락에서 사용되는 얼굴 표정

얼굴 지각을 할 수 없는 수준 1은 하이스와 그의 동료들(1977)이 행한 2개월까지 유아는 얼굴 표정을 알아보지 못한다는 연구 결과에 기초한 수준이다.

감정의 인식 없이 얼굴 지각을 하는 수준 2는 아펠과 켐포스(Appel & Campos, 1977), 라 바르베타와 그의 동료들(La Barbeta, Izard, Vietze, & Parisi, 1976)이 보고한 바와 같이, 5개월 이전의 유아는 기쁨, 분노 등의 얼굴 표정은 알지 못하고 다만 얼굴 형태만 지각하는 수준이다. 켐포스와 스턴버그(Campos & Sternberg, 1981), 영-브라운과 그의 동료들(Young-Browne, Rosenfeld, & Horowitz, 1977)의 연구는 수준 2의 제안을 뒷받침하고 있다.

수준 3에 있는 유아는 얼굴 표정에 따라 나타나는 감정의 질에 따라서 긍정적 또는 부정적 표현으로 반응할 수 있다. 일찍이 뷜러와 헤처(Buhler & Hetzer, 1930)는 3개월 때 거의 모든 유아는 얼굴 표정이 나타내는 감정이 무엇이든 관계없이 긍정적으로만 반응한다는 것을 보고했다.

그 후 크로이처와 찰스워스(Kreutzer & Charlesworth)는 6개월 경에 정서의 반향이 나타난다는 결과를 제시했다. 그러나 6개월 이후에도 유아는 실험자(낯선 사람)가 모델이 되어 제시했던 부정적인 표정에 대해서 더욱 부정적인 반응을 보였다. 이러한 결과를 종합하면 5-7개월 된 유아는 얼굴 표정에 대해서 정서적으로 반응한다고 할 수 있으며(Bertenthal, Campos, & Haith, 1980; Campos, Bertenthal, Benson, & Schmid, 1980; Cohen & Strauss, 1979; Fagan, 1976), 특히 공포(Campos, Hiatt, Ramsay, Henderson, & Svejda 1978; Emde, 1979), 분노(Sroufe, 1979) 및 슬픔(Spitz, 1965) 등과 같은 정서 표현에서 뚜렷한 변화를 보인다.

수준 4는 맥락을 참조해서 얼굴 표정을 알아보는 수준이다. 유아가 다른 사람의 면전에서 정서적 표현을 일단 알아차리면, 이러한 정서 표현은 세 가지 기능을 한다. 즉 행위 결말, 상황 참조, 다른 사람의 정서적 감정 상태의 추론(또는 사회적 참조)이 그것이다(Frijda, 1969). 이러한 기능은 각각 점차적으로 복잡한 인지적 전제 조건을 필요로 한다. 이 기능 가운데 사회적 참조는 정서 발달에 대단히 중요한데 이는 제3의 사건에 관한 두 사람의 의사소통이라고 요약될 수 있다. 사회적 참조의 발현 연령이 언제부터 시작되는가에 관한 연구는 많지 않지만 지금까지 수행된 몇몇 연구에 의하면 10-12개월에 나타난다고 볼 수 있다.

클리너트(Klinnert, 1981)는 어머니의 얼굴 표정에 나타나는 감정의 질이 장난감에 대한 12개월 된 유아의 접근 또는 회피 방향을 결정한다는 결과를 얻었다. 소스와 그의 동료들(1981)도 이와 비슷한 결과를 얻었으며, 파인만과 르위스(Feinman & Lewis, 1981)는 10개월 된 유아의 정서적 의사소통 효과를 관찰했다.

사회적 참조의 연구에 대해서 몇 가지 문제가 제기되어 논의되고 있다. 즉 유아의 정서적 표현 반응이 학습의 결과인지 아니면 내적이고 내생적인 능력인지에 관한 문제와, 유아가 나타내는 행동을 설명하는 데 있어서 감정 상태의 역할은 무엇이며, 또 유아가 어머니 등 타인에 의해서 제공된 정서 정보를 사용하게 될 확률을 증가시키는 요인에 관한 것이다.

이러한 의미에서 고려되어야 할 점은 인지-정서 관계에 관한 것이다. 더욱이 최근에 상반되는 연구들이 많기 때문이다. 즉 인지가 정서의 전제 조건이라는 견해와 정서가 인지에 선행된다는 결과들이 그것이다 (Zajonc, 1980). 특히 정서를 지각하게 하는 사회적 참조가 관찰 학습에 의한 것인지에 관한 문제는 앞으로 더 연구되어야 할 분야로 지적되고 있다. 일반적으로 사회적 참조는 정서가 대인 관계 행동에서 조직자와 조절자(regulator)로서 간주되어야 한다고 시사되고 있다. 윌리엄 제임스 (William James, 1880)가 가정했듯이, 정서는 전도 속성(transmission properties)을 가진 것으로 재고되고 있다고 하겠다(김경희, 1995).

9.3 애착 대 분리

9.3.1 일반적 연구 결과

모성 분리 반응과 애착 행동은 단일한 정신생리학적 체계를 가진 다른 측면일 것이라고 생각되어 왔다. 그러나 최근 동물 연구 결과는 애착과 분리 반응의 기초가 되는 단일한 정서적 체계에 대해서 반대하고 있다. 유아와 어머니와의 상호 작용 뒤에는, 어머니가 유아 행동의 조절자로서 작용하는 것, 자율생리학의 작용과 뇌 성숙에 따른 신경화학적 활동 등의 여러 과정들이 작용한다는 것이 밝혀졌다. 느리게 발달되는 분리 반응은 애착의 단절에 대한 갑작스런 정서적 반응이라기보다는 어머니가 이전에 제공한 조절이 철회된 데에 기인한다(Hofer & Shair, 1978; Grota & Ader, 1969).

초기 어머니-유아 분리는 스트레스가 심한 심리 외상적이라는 직관적 신념과, 장기간의 모성 실조의 결과로 나타나는 행동 발달의 심각한 비정상성(Spitz, 1945), 그리고 어머니도 자기 자녀와 분리됨으로써 역으로 영향을 받는다는 연구 결과들(Leifer, Leiderman, Barnett, & Williams, 1972)은 분리 개념을 스트레스 정신생리학적 구조 속에서 다루게 하는 한 동기가 되었다.

어머니-유아 분리에 대한 행동적·생리적 반응은 일반적으로 애착과 강한 사회적 유대가 이루어짐으로써 유추되는 스트레스와 관계있는 것으로 간주되어 왔다. 정서적 우울 반응은 위협에 대한 고전적 정신 생리적 반응에서와 같이 행동적이고 생리적 요소를 가진 것으로 가정된다.

애착의 조절적 본질은 보울비(1969, 1973)에 의해 기술되었고, 또 애착 대상의 철회에서 오는 우울 반응의 이론적 모델은 호프만과 솔로몬(Hoffman & Solomon, 1974)에 의해 제안되었다(반대과정이론, opponent process theory). 이 모델은 오리새끼의 각인에 대한 호프만의 자료에 의해서 지지된 바 있다.

유아가 정서 상태라고 불릴 수 있는 응집된 유형을 형성하기 위해서는 어떤 유형의 행동과 내적 경험을 함께 조직하는 소질을 타고난 것으로 가정되었다. 그러나 연구 결과들은 이러한 소질은 유아기와 아동기의 결정적인 경험이 없이는 성인이 되어 알아볼 수 있는 형태로 표현되지 못한다는 것을 강조하고 있다. 스피츠와(Spitz, 1945)와 할로우(Harlow, 1958)가 부모-유아 상호 작용이 광범위한 정서적 표현을 조직하는 데 결정적이라는 연구를 발표한 뒤, 이 소질론은 약해졌다.

결론적으로 부모-유아의 상호 작용에서 반복되는 자극이 가지는 조절 효과의 개념은 최근 알려진 신경생물학적 기제에 관한 것과 일치하며, 분리 현상, 사회적 유대, 그리고 초기의 사회적 관계가 가지는 장기적인 발달 효과에 기초가 되는 과정에 대해서 실험적 접근을 가능케 하는 개념이다.

9.3.2 애착의 유형

에인스워스와 그의 동료들(1978)은 생후 6주 된 유아에게서 세 가지 유형의 애착을 발견했다. 첫번째 유형은 독립성과 만족의 의미를 가지는 것처럼 보이는 비교적 안정된 행동으로 반영된다. 두 번째 유형은 돌봐주는 사람을 피하는 것이고(부정적 유형의 애착), 세 번째 유형은 탐색의 빈곤, 불만족을 포함하는 반응의 군집으로 기술될 수 있는 유형이다. 초기 발달에서 정서적 양식을 알아내는데 이와 유사한 세 가지 가능성은 정신병리학의 아동기의 근원 연구에서 나타난다(Schwarz, 1979).

이 연구에서 피험자의 정서적 유형은 아동에 대한 돌봐주는 사람의 전반적인 태도에서 기인한 것으로 이론화되었다. 여기서 나타난 정서의 세 가지 기본 유형을 보면, 협동적 만족 유형, 공포스러운 회피 유형, 적대적 또는 도발적 유형이다.

스턴과 그의 동료들(Stern, Caldwell, Hersher, Lipton, & Richmond, 1969)은 유아와 아동의 정서 반응을 조성하는 것을 돌봐주는 사람과의 특수한 상호 작용에 귀인시켰으며, 환경 조건의 영향이 정서 표현의 분화와 본질을 결정한다고 시사하고 있다. 스턴과 그의 동료들의 연구에서는 몇 가지 기본적인 정서 양식의 유형만을 밝혀낼 수 있었다. 정서성의 기본 양식은 만족 양식, 공격적 양식, 파괴적 양식을 포함한다. 이러한 기본적 정서 반응 유형이 동물 연구(Kellerman, 1966)에서 보고되고 있는 것은 흥미 있다.

에임즈 (Ames, 1963)는 태어날 때 정서의 유형은 조직되어 있지 못하고, 대상 발달과의 반응에서 더 잘 조직화된다는 것은 주장했다. 태어날 때 유아가 충분한 범위의 정서를 표현할 수 없다는 것은 후성적 정서 프로그램의 가능성을 감소시키는 것은 아니다. 이 프로그램이 조직화되기 위해서는 대상 발달이 되어야 한다. 다시 말해서 모든 정서는 대상을 필요로 하며, 대상 없이는 건강하거나 또는 정상적인 정서 조직을 할 수 없다. 본질적으로 대상은 정서를 촉진시키기 때문에 대상 경험은 정서 표현에 의미와 논리를 부여한다는 것이다.

9.3.3 애착 이론

지속적 정서인 기질 발생이 유전적인지 아니면 환경적 요인에 의한 것인지를 규명하고자 시도된 연구가 '애착' 연구이다. 여기서 이에 공헌한 대표적인 학자들에 연구와 이론을 개관할 필요가 있다.

1. 스피츠(Spitz, 1946)

프로이드 밑에서 수련하던 스피츠는 영아의 정서 발달을 연구했다. 스피츠가 영아의 정서 발달을 연구하게 된 동기는 프로이드가 정서를 정신병의 원인으로 가정한 데에서 영향을 받은 것이다. 특히, 프로이드가 영아나 아동에 대한 관찰을 직접적으로 하지 않고 성인환자의 자유연상이나 꿈의 분석을 통해서 수집한 데 비해서, 스피츠는 16mm필름으로 직접 녹화한 스크린 분석방법을 사용했다. 스피츠의 스크린 분석은 예민한 정서 표현을 연구하는 데 훌륭한 방법이 된 최근의 비디오 기술을 증진시키는 방법론적 개혁이라 볼 수 있다. 이러한 스피츠의 자세한 관찰은 후성 이론의 기초가 되었다.

스피츠에 의하면, 정서 발달은 중추신경계 발달의 재조직화로 나타나는데, 일차적 재조직화는 영아가 자신을 타인과 구별하게 하는 것이고, 이차적 재조직화는 낯선 이에 대해 나타내는 반응이다. 이러한 정서 발달은 인지 발달과 함께 생긴다.

2. 보울비(Bowlby, 1969)

보울비는 프로이드의 영향을 받은 심리분석적 임상가로서, 진화 이론, 대상관계 이론 및 체계 이론 등을 통합하여 애착 이론을 구축하였다. 초기 심리학자들은 애착을 충동이나 강화된 특성으로 생각한 데 비해서, 보울비는 애착을 선천적으로 갖고 태어나는 행동체계로서 일차적인 것으로 보았다. 할로우(Harlow, 1959)의 원숭이를 대상으로 했던 실험은 보울비 이론을 지지한 바 있다.

보울비에 의하면 애착은 보호자에 대한 근접성으로 보호자와의 상호작용을 통해서 발달된다. 즉, 개인이 보호자와 정서적으로 형성하는 의미 있는 결합은 기본적인 생존이며 이는 선천적으로 중추신경계에 고정되어 있어서 근접성을 유지할 수 있다. 보울비는 영아기(3세까지)의 애착발달은 4단계를 통해서 발달한다고 보았다. 이 네 단계는 전애착, 애착형성, 분명한 애착, 목표수정 협동 단계이다.

1) 전애착기(period of preattachment)

이 시기는 출생부터 6주로 사회적 능력이 아직 분화되지 않고 보호자에 대한 차별적인 반응이 없는 시기이다. 즉 어머니와 다른 사람을 구별하지 못한다.

2) 애착형성기(period of attachment in the making)

2개월부터 7개월경까지의 사회적 능력이 분화되는 시기로써 스피츠의 일차적 재조직화와 같은 것이다. 이 때는 영아는 어머니와 다른 성인을 구별하게 되어 어머니에게는 미소, 옹알이 등으로 안정된 반응을 하는 반면에 대상영속성이 발달되지 않아서 분리(seperation)에 대한 반응은 없는 시기이다.

3) 분명한 애착기(period of clear-cut attachment)

7개월에서 24개월까지의 시기로써 가까운 사람이 없으면 찾는 반응이 나타나며, 또한 낯선 이에 대해서도 반응이 나타난다. 이시기는 스피츠의 이차적 재조직화와 같다.

4) 목표수정 협동기(period of goal corrected partnership)

이 시기는 출생 후 2년부터 어머니와 영아간의 상호 보완적인 관계를 맺는 시기이다. 이 시기 영아와 어머니는 각기 서로의 목표가 무엇인지를 표현할 수 있어서 타협하고 협력하는 새로운 상호 보완성이 나타나므로 보울비는 이를 목표수정 협동관계라고 명명했다. 이러한 관계는 영아의 자율성과 의존성이 반영되는 것이다.

3. 애인스워스(Ainsworth, 1963)

애인스워스는 보울비의 애착이론을 체계적인 관찰을 통해서 입증하려고 시도했다. 애인스워스는 1963년에 영아-어머니 애착관계에 관한 벌티모어(Baltimore)종단 연구를 관찰을 통해서 수행했다. 26가족을 대상으로 정기적으로 4시간씩 가정 방문을 해서 관찰했고, 3주간 간격을 두고 54주간 동안 관찰했다. 1967년에는 우간다(Uganda)에서 28명의 영아-어머니쌍을 대상으로 그들과 함께 지내면서 관찰하여 애착행동에 관한 문화 비교적, 생태학적 기록을 하여 애착행동 목록을 만들어서 네 가지 애착의 기본 유형을 제시했다. 이 네 가지 유형은 안정애착(영아의 65%), 저항애착(영아의 15~20%), 회피애착(영아의10~15%) 그리고 비조직화된 유형(영아의 10%)이다.

1) 안정애착

어머니와 분리되더라도 분리기간 동안 약간 놀라고 당황하지만 어머니가 다시 돌아오면 반기고 웃으며 자신이 그 동안 했던 것이나 발견한 것을 어머니와 공유하는 관계이다.

2) 저항애착

어머니와 분리되는 것을 싫어하고 낯선 상황에서 걱정과 슬픔을 표현한다. 어머니와 재결합할 때 분노를 나타내고 강하게 반항하기도 하고 머뭇거리기도 하며 소란을 피우고 어머니를 때리기도 한다.

3) 회피애착

영아가 분리를 경험한 후 어머니를 적극적으로 피하고 어머니보다 낯선 이에게 더 친근함을 보인다. 재결합할 때 접근하려고 시도했다가 갑자기 그만두고 두 번째 분리 때는 더 강하게 회피한다.

4) 비조직화된 애착

분리되었다가 재결합할 때 혼란되고 모순되는 행동을 보이는 애착이다. 멍하고 혼란스러운 얼굴 표정으로 어머니를 대하고 안정된 후에도 갑자기 울기도 하고 몸을 움직이지 않기도 한다.

9.3.4   아버지에 대한 애착

영아가 어머니나 아버지에게 보이는 애착 양상이 다른지 여부에 대한 연구는 메인과 웨스턴(Main & Weston, 1981)에 의해서 수행되었다. 양쪽 부모에게 모두 안정애착을 한 영아는 더 사교적으로 반응한다는 결과를 얻었다. 램(Lamb, 1975)의 연구 결과에서 시사된 바와 같이, 아버지에 대한 애착은 어머니에 대한 애착을 더 안정되게 하는 보조적 기능만을 하는 것으로 나타났다. 이는 애착형성에서 중요한 것은 영아와 어머니와의 관계라는 점을 시사하는 것이다.

9.3.5   애착과 문화

애착유형과 애착행동이 문화권에 따라 다른가에 관한 연구에서 낯선이에 대한 공포, 분리불안, 어머니를 안전지대로 사용하는 탐색에서는 문화간 차이가 보고되고 있다(Ainsworth, 1967). 따라서 베리(Berry, 1980)는 문화간의 타당성 구축을 위한 3가지 등가(equivalence)를 제안했다. 즉 ① 비교집단간에 같은 기능을 하는 행동단위나 체계가 존재하는 기능적 등가(functional equivalence), ② 인류학의 연구 방법에서 사용되는 문화권의 사회적 사실들이 연관되어 이해되어야 하는 개념적 등가(conceptual equivalence), 그리고 ③ 측정을 해낼 수 있는 측정적 등가(metric equivalence)이다.

지금까지 많이 사용되는 측정등가를 가진 도구는 Q-sort로 알려져있다. 문화간에 애착연구는 앞으로 많은 연구가 필요한 연구 영역이다.

제10장
사 회 화

10.1 사회적 참조

10.1.1 정 의

발달심리 연구자들(Brazelton., Tronick, Adamson, Als, & Wise, 1975; Emde & Brown, 1978; Fraiberg, 1977)은 정서 변인의 중요성 및 정서 변인이 신뢰롭고 확실하게 유형화될 수 있다는 것을 강조하고 있으며, 정서가 사회적 행동을 결정하는 데 원인 역할을 한다는 가능성을 시사하고 있다.

발달적 관점에서 정서의 사회적 조절 효과를 연구하기 위해서 사회화 참조 개념의 역사를 살펴보는 것은 의미 있을 것이다. 일찍이 쿨리(Cooley)의 잘 알려진 "면경자아"(the looking glass self, Cooley, 1912)의 개념과 미드(Mead, 1934)의 자아생성이론, 그리고 클리너트(Klinnert, 1978), 캠포스와 스타인버그(Campos & Steinberg, 1981) 및 파인만과 르위스(Feinman & Lewis, 1971)는 사회적 참조(social refrencing)로 불리는 한 과정을 기술했다.

사회적 참조는 양육하는 부모의 정서적 표현이 아동의 정서 발달에 대단히 의미 있는 역할을 할 수 있다고 간주되었다. 캠포스와 스타인버그 (1981)에 의하면, 사회적 참조는 어떤 연령에서든지 어떤 사람이 그의 환경에서 의미 있는 타인으로부터 정서적 정보를 추구하고, 또 이 정보가 모호하여 알 수 없거나, 그 개인 자신의 고유한 평가 능력을 넘는 사태를 알아내는 데 사용하는 경향이라고 보고 있다. 따라서 사회적 참조 개념은 참조하는 사람의 행동이 그의 환경의 타인에 의해서 제공되는 정서 정보의 기능이 다르다는 것을 예언할 수 있다는 데 중요한 의미가 있다.

정서적 측면에서 사회적 참조는 평가와 사정의 중요한 인지적 과정의 한 하위조직(subset)이라고 볼 수 있다(예: Arnold, 1960; Bowlby, 1969; Lazarus, 1968). 아놀드와 라자러스는 평가를 1차적인 것과 2차적인 것으로 나누었다.

가장 빈번하고 영향력 있는 사회적 참조의 출현은 1차적 평가 능력이 발달하지 않은 인생 초기이다. 물론 파인만(1984)과, 르위스와 파이어링(Lewise & Feiring, 1981)은 자극 상황에 대한 불확실한 평가는 연령 제한 없이 평생 동안 나타난다고 주장하고 있지만, 다른 개념 발달에서와 마찬가지로 사회적 참조는 영·유아 때 중추적 역할을 한다고 보는 입장이 지배적이다.

10.1.2 유아의 사회적 참조에 관한 경험적 연구

개념과 이론에서 정립된 대로, 유아는 그를 돌봐주는 사람에게서 정서적 정보를 추구하는지, 또 유아가 이렇게 해서 얻은 정보를 불확실한 장면에서 행동하는 데 도움이 되는지에 관한 것이 연구 과제로 대두되었다.

카와 그의 동료들(Carr, Dabbs, & Carr, 1975)의 연구 결과는 아동의 정서적 안정을 제공하는 것은 다만 어머니의 신체적 현존(presence)이라는 지금까지 지배적이었던 신념을 비판하고 있다. 카와 그의 동료들은 24개월 된 유아를 방 한쪽에 흥미 있는 장난감과 함께 두고서, 어머니가 유아와 마주 앉아 있을 때의 행동과 어머니가 유아의 뒤에 앉아 있을 때의 행동을 비교했다. 연구자들은 아동들의 절반(어머니가 뒤에 앉아 있었던)은 장난감을 포기하고 어머니 앞으로 다가간다는 결과를 얻었다. 즉 24개월 된 유아는 방에서 어머니와의 공간적 위치에 대한 표상을 갖고 있다고 볼 수 있다. 유아들이 어머니 앞쪽에 있으려고 한 이유는, 이 연구에서 사용된 실험실과 같은 낯선 상황에서 어머니의 얼굴을 마주하는 것이 필요했고, 또 어머니의 정서적 반응을 읽으려 했기 때문이다.

5개월된 정상 유아와 다운증후군을 가진 정박아 유아를 대상으로 한 종단적 연구에서 낯선 어른을 접근시켰더니 유아들은 모두 근처에 앉아 있던 어머니와 낯선 사람을 번갈아 쳐다본다는 결과를 얻었다(Sorce, Emde, & Frank, 1982). 소스와 그의 동료들은 두 유아 집단 모두 연령과 함께 어머니와 낯선 사람을 구별할 수 있다고 보고했다. 어머니와 낯선 사람을 더 잘 구별할 수 있는 연령은 바레라와 마우러(Barrera & Maurer, 1978)는 3개월에, 카펜터(Carpenter, 1973)는 이보다 더 어려서부터 가능하다고 보고한 바 있다. 파인만(1980)은 이러한 참조는 두 살 때부터 관찰된다는 결과를 얻었다.

이들 연구에서 유아들이 어머니의 얼굴과 낯선 사람의 얼굴을 번갈아본 결과는 낯선 사람으로부터 얻은 절망을 감소시키기 위해서 어머니의 얼굴 표정, 곧 어머니의 정서적 반응을 보고 안정감을 얻기 위해서라고 해석되고 있다(Campos, Emde, Gaensbauer, & Henderson, 1975; Emde, Gaensbauer, & Harmon., 1976).

소스와 엠드(Sorce & Emde, 1981)는 15개월 된 유아를 대상으로 놀이실에 앉게 하고 유아에게 불확실감을 갖도록 고안된 네 개의 상황을 제시했다. 어머니의 얼굴을 보이게 하는 선택만이 유아에게 안정감을 주는지의 확률을 통제하기 위해서, 어머니의 얼굴이 신체적으로 아동에게 보일 수 있게 하였다. 그리고 이렇게 얼굴을 보이게 한 어머니들을 두 집단으로 나누어 한 집단의 어머니에게는 잡지를 읽으면서 유아의 눈길에 반응하지 않도록 지시했고, 또 다른 집단의 어머니에게는 유아를 주시하면서 유아의 눈길에 적절하게 자연스러운 태도로 반응하도록 지시했다.

이 결과 유아의 눈길에 "적절한" 반응을 한 어머니의 유아들은 잡지만 읽고 있던 어머니의 유아들에 비해서 더 많은 탐색과 즐거움을 보였다는 것이 발견되었다. 정서적으로 반응적 어머니의 유아들은 어머니와 조금 멀리 떨어져 있더라도 어머니에게 더 적극적인 관심을 계속해서 보였으며 어머니의 주의를 끌기 위해서 더 많은 눈길을 보냈다. 반응적인 어머니의 유아들은 그렇지 않은 어머니의 유아들보다 어머니를 훨씬 더 많이 참조했다. 소스와 엠드는 어머니를 쳐다보는 유아에 대한 어머니의 반응은 미소를 짓거나 눈썹을 치켜 올리거나 안심하도록 고개를 끄덕이는 등 1차적으로 정서적 신호들이었다. 이 연구는 유아의 탐색 행동에 미치는 어머니의 촉진적 효과는 어머니의 정서적 신호에 의해서 중재되며, 또 어머니의 얼굴은 보이지만 이러한 신호가 없을 때는 유아의 참조는 감소한다는 것을 시사하고 있다.

이러한 연구들은 어머니 감정의 표현을 조작하거나 감정적 표현의 본질(예: 어머니가 행복한지, 화가 나 있는지, 슬픈지 등)이 유아의 행동에 영향을 미치는지에 관한 연구는 아니었다. 다만 이러한 연구결과는 정서 표현의 사회적 조절 기능이 중요하다는 증거는 될 수 있다. 그러므로 이러한 필요에서 어머니의 정서 표현이 유아의 행동에 중요한 조절 역할을 하는 연구들이 수행되었다.

사회적 조절자로서의 얼굴 표정에 관한 연구는 클리너트(1978)의 박사학위 논문에서 비롯된다. 이 연구의 중요한 목적은 어머니의 얼굴 표정이 유아의 대처 행동(coping behavior)에 미치는 영향을 평가하기 위해서 어머니의 얼굴 표정을 조작하는 것이었다.

구체적인 연구 방향을 보면, 우선 유아에게 불확실한 상황을 만들기 위해서 세 가지 자극 장난감을 주었다. 이 장난감은 유아에게 처음 보는 것이고, 움직이는 것이었다. 보기에 무서움을 자아내는 〈거미〉, 〈공룡〉(리모트콘트롤된 것임), 인간 머리의 모델(헐크)을 사용했다. 공간적으로 어머니, 유아, 장난감은 삼각형을 이루게 하였으며, 각각의 자극물이 제시될 때 유아가 어머니의 얼굴 표정을 볼 수 있도록 했다. 어머니의 얼굴 표정은 세 가지 표정 가운데 하나를 짓도록 실험적으로 조작했다. 따라서 세 가지 시행이 각 유아에게 주어졌다. 각 시행에 어머니는 다른 얼굴 표정, 즉 기쁨 · 공포 · 중립적인 표정을 짓도록 하였다. 이 연구에서 유아는 어머니가 미소를 지을 때는 장난감에 접근하고, 공포를 보일 때는 장난감을 피하거나 장난감에서 멀어지려고 하며, 중립적인 표정에서는 혼합된 반응을 보일 것이라는 가정을 세웠다.

세 가지 시행에 대해서 장난감이 제시될 때 어머니의 얼굴을 참조하는 유아들만을 피험자로 선택하였다. 전체 피험자 수는 72명의 유아들로 36명은 12개월, 36명은 18개월 된 유아들이었다. 이 유아들의 어머니들은 에크만과 프리센(Ekman & Friesen, 1975)이 기술한 대로 목소리와 몸짓 없이 얼굴 표정만을 짓도록 훈련받았다.

이 연구 결과에서 두 집단의 유아들은 어머니가 공포를 보였을 때 어머니에게 가장 가까이 근접하고, 어머니가 기쁨을 표현했을 때 어머니에게서 가장 멀리 떨어지고, 어머니가 중립적 표정을 지었을 때 어머니로부터 중간 정도의 거리를 유지했음이 밝혀졌다. 이 자료는 사회적 참조는 모호한 사태에서 생긴다는 것과, 어머니의 얼굴 표정은 유아의 대처 행동을 조절하는 데 작용한다는 분명한 증거를 제시했다.

시각 벼랑을 주제로 하여 어머니의 얼굴 표정이 갖는 사회적인 조절 역할에 관한 연구에서도 시각 벼랑 지각보다는 어머니의 얼굴 표정이 더 중요한 역할을 한다는 결과를 얻었다(Score & Emde, 1981 : Campos, Hiatt, Ramsy, Henderson, 1978; Richard &Rader, 1981). 국내에서는 위영희(1995)가 클리너트 연구의 재생 연구를 통해서 유사한 결과를 얻었다.

10.1.3 얼굴 표정 정보 이용의 발달 수준

유아가 얼굴 표정을 통해서 얻은 정보를 사용하여 같은 상황에 적응하는 행동을 하려면, 기술이 필요할 것이라고 생각된다. 유아에 있어서 이러한 문제를 해결하기 위해서 클리너트와 그의 동료들(1983)은 네 가지 위계 수준을 가진 발달의 순서를 제안하고 있는데 이를 살펴보면 다음과 같다.

1. 수준 1: 얼굴 지각의 결여(신생아)

신생아는 얼굴 표정뿐 아니라 얼굴 전체를 지각할 수 없다는 연구 결과가 많다. 또 신생아는 얼굴 모양(gestalt)을 지각하며 얼굴과 비슷한 모양을 가진 것을 더 즐겨 쳐다본다는 연구 결과도 있다. 그러나 최근 연구에 의하면 신생아는 밝고 어두운 것과 윤곽은 보는 것 같지만 형태 전체를 본다는 증거를 밝혀내지 못했다(Haith, 1981). 셰로드(Sherrod, 1979, 1981)는 신생아가 얼굴과 얼굴이 아닌 것을 변별한다고 한 이전의 연구 결과는 신생아가 얼굴 모습을 지각한다고 보기보다는, 신생아의 주의를 강렬하게 끄는 움직임이 있는 물리적·신체적 모습으로 얼굴을 본다고 설명해야 할 것이라고 주장하고 있다.

신생아가 얼굴을 쳐다볼 때 얼굴 내부보다는 외각적 면(윤곽)만을 지각한다는 연구 결과도 있다(Hainline, 1978 : Haith, Bergman, & Moore, 1977; Maurer & Salapatek, 1976). 하이스와 그의 동료들(Haith, Bergman, Moore, & 1977)에 의하면 유아가 얼굴의 내부를 지각할 수 있는 것은 생후 2개월이 지나서야 가능하다는 관찰 결과를 보고했다.

2. 수준 2: 감정의 인식 없는 얼굴 지각(2-5개월)

2개월에서 5개월까지 유아는 얼굴 표정이 다르게 나타나는 것을 변별할 수 있다. 그러나 이 시기의 유아가 얼굴에서 얻은 정보의 정서적 의미를 안다는 증거는 발견되지 못했다.

많은 연구자들이 유아는 사람의 얼굴에서 정서를 지각한다고 논의해 왔다. 이를 지지하는 대표적인 연구를 들면, 라 바레라와 그의 동료들(La Barrera, Izard, Vietze & Parisi, 1976)은 4개월에서 6개월된 유아에게 즐거움, 분노 및 중립적 표정을 가진 사진을 보여 주었더니, 유아들은 즐거움을 가장 오랫동안 쳐다보고 중립적 표정을 제일 짧게 쳐다본다는 결과를 보고했다. 영-브라운과 그의 동료들(Young-Brown, Rosenfeld, & Horowitz, 1977)은 3개월 된 유아들이 놀란 표정을 한 얼굴을 행복하고 슬픈 얼굴로부터 변별해 낼 수 있다는 것을 증명했다. 그러나 슬픈 얼굴과 행복한 얼굴은 서로 변별되지 못했다. 3개월 된 유아는 미소짓는 얼굴과 찡그린 얼굴을 변별할 수 있다는 연구 결과도 보고되고 있다(Barrera & Maurer, 1978).

5세 이전의 유아들은 지각된 얼굴 표정에 대해서 변별적인 정서적 반응을 보이지 못한다는 연구들이 있다(Tronick, Als, Wise, & Brazelton, 1978;

Cohen & Tronick, 1981). 따라서 이 시기의 유아는 정서의 평가는 할 수 없는 것으로 해석되는데, 이는 유아들이 얼굴 표정에 따르는 행위를 알아차릴 수 있는 충분한 경험을 갖지 못했기 때문이다.

3. 수준 3: 얼굴의 정서적 표정에 대한 정서적 반응(5-7개월)

수준 3 시기에 있는 유아는 얼굴 윤곽에 의해서 나타나는 정서의 질에 따라 긍정적 혹은 부정적 표정으로 반응한다.

여러 얼굴 표정에 대한 적절한 정서적 반응의 발달에 관한 증거는 유아의 반응을 평가하기 위해서 유아의 얼굴 및 음성의 정서적 표현과 정서적 행동을 다룬 연구에서 비롯된다. 뷜러와 헤처(Bühler & Hetzer, 1930)는 3개월 된 유아의 대부분이 성인의 얼굴에 나타난 정서적 표정에 관계 없이 얼굴 자체에 긍정적으로 반응한다고 보고했다. 그에 의하면 4개월부터 7개월까지는 화난 표정에 대해서 점차 부정적으로 반응하기 시작한다. 8개월 이후에는 부정적 얼굴에 대한 반응이 체계적이지 못했다. 뷜러와 헤처는 8개월 이후의 유아가 부정적 표정에 대해서 긍정적으로 반응한 것은 장난이나 게임으로 야단치는 척 하는 것으로 여겨서 그랬을 것이라고 해석했다. 크로이처와 찰스워스(1973)도 역시 6개월 경에 정서적 반향(resonance)이 출현한다는 증거를 보고했다. 이들 연구에서 4개월 된 유아는 행복, 슬픔, 분노 및 중립적 표현을 한 얼굴과 목소리를 변별하지 못했다. 그러나 6개월 이상된 유아들은 부정적 표정에 대해서 더 많은 부정적 반응을 보였다.

따라서 유아들은 5-7개월에 긍정적 또는 부정적인 얼굴 표정에 정서적으로 반응한다고 간주된다. 이 시기에는 공포(Campos et al., 1978; Emde et al., 1976), 분노(Sroufe, 1979) 및 슬픔(Spitz, 1965)과 같은 정서적 표정에 뚜렷한 변화가 나타난다고 보겠다.

4. 수준 4: 참조 맥락에서 사용되는 얼굴 표정(10개월 이후)

일단 유아가 다른 사람의 정서적 표현을 평가하면, 이러한 정서적 표현이 어떻게 세 가지 다른 기능, 곧 행위 예상, 사태적 참조, 그리고 다른 사람의 정서 상태를 추론하는지를 알아낼 필요가 있다. 이러한 기능은 무엇보다도 복잡한 인지적 전제 조건을 필요로 한다. 따라서 수준 3에서 보이는 정서 반향이 나타나는 시기와 환경 사태를 평가한 다른 사람의 정서적 표현을 유아가 사용하기 시작하는 기간에는 시간적 간격이 있을 것으로 가정된다.

행위 예상은 자극 인물의 행동을 예상하는 것을 의미한다. 예컨대 이는 컴러스(Comras, 1977)가 유치원 어린이들의 놀이 친구의 분노 표현에 대한 반응을 연구한 데서 잘 나타나 있다. 놀이 친구의 화난 표정을 관찰한 아동은 화나지 않은 표정을 관찰했을 때보다 장난감을 가지려고 하는 데 주저한다는 것이다. 즉 유아는 환경적 사태(놀이 친구의 정서적 표현)를 자기와 관련시켜서 이해한다는 것이다.

피아제(Piaget) 이론에서 가장 단순한 유기체-환경 이해는 감각운동적 지능 시기의 3단계에 해당되는 준거이다. 따라서 행위 예상의 출현은 정서 반향의 출현과 일치한다.

행위 예상과 반대로 사태 참조는 지각자가 관찰되는 사람의 얼굴 반응을 주시함으로써 환경적 상황에 대한 정보를 얻는 것을 의미한다. 사회적 참조와 그와 관련된 사회적 참조 과정은 행위 예상보다 고차적 인지 기술(skill)을 포함해야만 한다. 이 기술은 아동이 환경적 변인이 그에게 미치는 가능한 효과를 평가한 후에 잘 발달된다. 램과 캠포스(Lamb & Campos, 1982)는 이러한 '객관적 관계'의 구성은 감각운동기의 제5단계의 특징이며 생후 1년이 지나서야 가능하다고 보았다. 따라서 클리너트와 그의 동료들(1983)은 행위 순서의 이해가 나타나는 시기와 사회적 참조가 나타나는 시기 사이에는 2-5개월의 간격이 있다고 추론하고 있다.

사회적 참조는 제3사태에 대한 두 사람의 의사소통이라고 볼 수 있다(Klinnert et al., 1983). 예컨대 사회적 참조에서 아동은 어머니의 정서적 반응을 잘 모르는 모호한 사태와 관련시킨다.

어린 유아를 대상으로 하여 사회적 참조의 출현 연령을 알아낸 연구는 많이 수행되지 않았지만, 지금까지 행해진 연구들은 이 능력이 10-12개월에 나타난다고 보고 있다. 위에서 언급했듯이 클리너트(1981)는 어머니의 얼굴 표정의 정서적 질이 12개월 된 유아가 장난감에 접근 또는 회피하는 것을 결정한다고 보고한 바 있다. 소스와 그의 동료들(1981)은 어머니의 얼굴 표정이 12개월 된 유아가 시각 벼랑을 건너야 할지 여부를 결정할 수 있었다는 결과를 얻었다. 파인만과 르위스(1981)도 역시 10개월 된 유아에게서 정서적 의사 소통의 효과를 얻었다. 충분하지는 않지만 지금까지 보고된 연구 결과를 종합하면, 네 번째 단계의 정서적 정보 과정이 존재한다는 것이다.

5. 수준 4 이후: 인지에 기초한 정서 행동 조절(6세 이후)

정서 표현에 대한 반응의 복잡성은 유아기 이후에도 계속 발달되기 때문에 하터(Harter, 1979)는 수준 4 이후의 수준을 제안했다. 하터는 초등학교 시절에 아동들이 다른 사람의 정서 표현을 이해하는 데 정상적인 발달 순서로 진행한다는 것을 기술하였다. 이에 따르면 처음에 아동들은 한 사람이 동시에 두 가지의 정서를 느낄 수 있다는 것을 이해하지 못한다. 후에 아동들은 한 사람이 두 가지의 정서를 경험할 수 있으나 순서적으로 경험한다고 이해한다. 그런데 아동들이 한 사람이 두 가지의 상반되는 정서를 동시에 느낄 수 있다는 것을 이해하는 것은 9–10세가 되어서야 가능하다고 한다. 강조되어야 할 것은 인지와 같이 정서에 의한 행동 조절은 유아기에 그 기초가 성립된다는 점이다.

10.2 정서 발달과 정서 학습

10.2.1 학습의 역할

다른 사람의 표정에 대한 정서적 반응의 출현 기제(mechanism)에 대해서는 아직까지 분명히 밝혀지지 않고 있다. 아동을 돌봐주는 사람이 비언어적 행동에 대한 이해 발달에서 학습의 역할이 중요하다는 데에는 의심의 여지가 없을 것이다. 캠포스와 스턴버그(1981)가 지적했듯이 지각적 학습은 타인의 얼굴, 목소리, 몸짓에서 표현적 변수를 아동이 감지하는 것을 촉진시키는 데 필요하다. 학습은 아동이 표현의 지각에 따르는 자기의 행동을 조절하는 특별한 방식을 결정하는 데 핵심적일 것이다.

그러나 이에 관한 연구는 별로 많지 않을 뿐 아니라 지금까지 수행된 몇몇 연구들(Sackett, 1966; Kenney, Mason, & Hill, 1979)은 원숭이를 대상으로 실험한 것이다. 이 연구들이 시사하는 바는 정서 표현에 관한 반응의 출현에는 성숙과 경험이 중요하다는 것이다.

10.2.2 사회적 학습과 정서 발달

관찰학습 연구들은 인간의 사회적 학습에서 시각적 채널이 가장 중요한 역할을 한다고 시사한 바 있다.

사회학습 이론은 반응 유형의 발달에서 모방과 사회적 강화의 역할을 강조하는 이론으로(Bandura, 1977; Bandura & Walters, 1963), 상이한 반응 정도는 상이한 사회적 학습 유형과 관계가 있다고 본다.

1. 도구적 행동

목표지향된 도구적 행동은 보통 정서에 대한 반응 중 가장 뚜렷한 유형이다. 이는 모방과 사회적 보상을 통해서 나타난다. 다시 말해서 아동은 부모나 다른 모델의 외현적 정서 행동을 보고 직접 배우게 되며, 또 부모나 다른 모델은 사회적 보상을 통해서 아동의 외현적 행동을 조성한다(shape).

따라서 아동은 적어도 잠정적으로 자기 자신의 도구적 정서 행동을 의식하며 다른 사람이 여러 다른 종류의 정서적 상황에서 어떻게 반응하는가에 대해서 개인적이며, 기타 다른 경험을 통해서 변별하는 것을 배울 수 있다. 예컨대 여자 아동은 화가 났을 때 외현적 공격 행동을 보이기 힘들고, 또 그러한 행동은 남자 아동들이 하는 것이며 여자 아동이 그럴 경우에는 벌을 받을 것이라는 것을 배우게 된다.

2. 주관적 경험

아동은 흔히 다른 사람의 주관적 정서 경험에 직접 접근하지 못하며, 또 다른 사람들도 아동의 이러한 경험에 직접 접근하지 못한다. 이러한 주관적 상황에 대한 학습은 아동이 다른 사람으로부터 얻은 보고와 주관적 경험의 기술을 통해서, 그리고 아동이 다른 사람에게 준 보고를 통해서 간접적으로 일어난다. 스키너(Skinner, 1953)와 샤치텔(Schachter, 1964)을 포함하여 여러 이론가들은 이러한 학습이 성취된 과정을 논의했다.

자신의 개인적 경험을 사회가 제공하는 해석과 연결시키는 과정을 거쳐서 아동은 자기의 주관적 경험을 동일시하고 범주화하는 일련의 명명을 발달시킨다. 그러므로 아동은 주관적 경험을 직접 경험, 또는 대리적 경험으로 반복시키는 신경화학적 체계의 활성화 반응과 연결시키는 것을 정확하게 동일시하는 것을 학습해야 한다. 물론 이러한 과정은 외현적 정서 반응에 의존한다. 만일 외현적 반응이 없다면, 이러한 학습은 생기지 않을 뿐 아니라 명명 과정이 잘못된다. 예컨대 분노와 연결된 주관적 경험을 〈공포〉나 〈죄악〉이라고 잘못 명명할 수 있게 된다.

3. 표현적 행동

표현적 행동은 반응자 자신에게 보다는 타인에게 더 잘 보여진다. 흔히 사람들은 자신의 행동을 타인의 관점에서 볼 때 자신에 대해서 더 많은 것을 학습한다고 보고하고 있다(Storms, 1973).

많은 연구들은 사람들이 자신의 표현적 행동 가운데 어느 한 부분에 좀더 주의한다는 것을 시사하고 있다. 예컨대 에크만과 프리센(1969)은 사람들은 손이나 다리보다는 얼굴 표정에 더 많이 관심을 갖는다는 연구 결과를 보고했다. 표현적 행동은 다른 사람에게 나타내서 사회적 보상을 통해서 조성된다. 즉 다른 사람의 표현적 행동은 아동에게 보여지고, 따라서 아동은 이를 모델링하고 모방을 할 수 있게 된다. 아동에게서 볼 수 있는 예들은 여자 아동은 남을 때려서는 안 되고, 남자 아동들은 울어서는 안 된다는 것이다.

10.3 정서의 발생, 기능 및 정서 표현의 조절

유아의 정서 발달과 기능에 대한 이론적 관점은 정신분석적 입장, 분화 가설, 분리체계 이론에 따라 다르다. 이와 같이 정서 표현의 발생과 기능에 대한 여러 가지 입장의 유사성과 차이는 분노를 예로 들어서 논의하기로 한다. 분노는 일반적으로 유아에게서 자주 관찰되는 정서이기 때문이다.

10.3.1 정신분석적 입장

정신분석적 입장을 가진 이론가들과 실험 심리학자들은 유아의 분노 표현의 발생과 기능의 개념을 다르게 보고 있다.

스토(Storr, 1968)는 잠재적으로 유아는 태어날 때부터 공격적이라고 한 정신분석적 견해를 요약했다. 정신분석적 입장은 출생부터 공격적 주제를 가진다고 가정되는 유아의 공상에 대한 가정을 기초로 하고 있다.

최초로 나타나는 유아기 공격의 발생은 초기 공상에서 재구성됨으로써 알려졌다. 이러한 가정들은 경험적으로 검증하기 어려운 점 이외에, 이 입장은 정신분석 이론가들이 분노와 공격의 용어를 다르게 사용하기 때문에 복잡하다. 어떤 학자는 화난 유아를 파괴적 공격성을 표현하는 것으로 보는 데 비해서, 다른 이론가들은 파괴적 분노와 공격성에서 나온 분노를 구별하고 있다.

스테판(Stephan, 1941)은 유아의 분노와 공격의 차이에 대해서 분석적인 해석을 하고 있다. 그에 따르면 공격성은 유아에게 유용한 기능을 할 수도 있고, 아니면 만일 공격성이 억제되어 공포로 되면 이 공격성은 불안을 야기하는 위협적 분노로 경험될 수 있다는 것이다. 건설적으로 사용되면, 공격성은 외부세계로부터 필요한 공급을 얻는 데 목적을 두게 되며, 또는 공격함으로써 고통의 출처를 파괴시킬 수도 있다. 공격적 시도가 성공하지 못하면 공포 반응이 발달될 수도 있다. 공포는 공격성 표현을 억제하기 때문에 이 두 정서는 서로를 억제시킨다. 따라서 공포와 분노의 악순환은 급성적 불안을 야기하며, 이 때문에 유아는 억압·정서적 위축·투사 및 내투사 등과 같은 방어로 반응하게 된다.

정신분석적 입장을 가진 이론가들 가운데에는 이러한 개념을 실험적 틀에 적용시켜 연구하는 이도 있다. 일련의 종단적 연구에서 엠드와 그의 동료들(1976)과, 엠드(1978)는 유아의 정서 발달을 연구하기 위해서 정신분석 이론에서 나온 개념을 검증했다. 엠드(1978)는 정서란 순응적 기능을 가지고 있으며 분산된 사건들보다는 계속적인 경험의 요소들이라고 보았으며, 분노는 6개월 이후부터 1년 사이에 유아에게서 가장 우세하게 나타나는 행동 특징이라고 보고했다. 엠드는 피아제(1952), 캠포스와 그의 동료들(1975)의 연구 결과를 인용하여 7-9개월이 유아 경험의 체계에서 가장 급속한 변화의 시기라고 결론짓고 있다.

분노의 표현은 돌봐주는 사람에 대해서 의사소통인 사회적 신호를 제공할 뿐 아니라 유아에게는 어떻게 행동해야 하는가에 대한 방법으로서의 신호를 제공한다.

10.3.2 분화 가설

정서의 발달에 관한 분화 이론은 여러 가지 정서가 분화의 한 과정으로서 정서 각성의 유일한 상태에서 파생된다는 것을 시사하고 있다. 정신분석 입장과 반대로, 분화 가설은 분노 정서가 생후 1주일에 존재하는 것이 아니라 점차적으로 발달한다고 주장한다.

분화 입장의 창시자는 브리지스(Bridges, 1932)로서 그는 출생 후 몇 시간 된 유아로부터 두 살에 이르는 유아를 대상으로 정서 표현을 연구해서 이 가설을 지지했다. 브리지스의 연구는 오늘날 방법론에 약점이 있다는 비판을 받고 있다.

스로우프(Sroufe, 1976)는 각 정서가 어떻게 발생하는가를 설명하기 위해서 분화이론을 수정·보완하였다. 분노의 발생에 대한 그의 의견을 보면, 처음에 절망이 화를 나게 하고 그 다음 분노, 화난 기분, 반항 등으로 나타난다는 것이다. 스로우프는 화는 3개월에, 분노는 7개월에 발생한다고 보았다. 스로우프는 맨들러(Mandler, 1975)가 시사한 대로, 행동의 진행을 방해하는 것은 불안보다는 분노를 자아낸다고 지적하면서 브리지스(1932)와 의견을 같이하고 있다.

10.3.3 분리정서 이론

정서 발생에 대한 분리정서 이론(discrete emotion theory: Izard, 1977)은 각 정서는 한 개의 분리 체계에서 발달한다고 주장하고 있다. 이 분리 체계 견해에 따르면, 각 기본 정서가 표현되는 데에는 타고난 신경 프로그램이 존재하기 때문이라는 것이다.

신생아의 흥미, 미소, 놀람, 절망과 혐오는 출생부터 존재하지만, 다른 정서들은 경험되고 표현될 수 있기까지 성숙 시기가 필요하다. 아이자드(1971, 1978)는 분노는 다른 정서와 마찬가지로 유아가 생활에 순응하게 될 때 생기는데 대개 4-6개월 사이에 나타난다.

파리지와 아이자드(Parisi & Izard, 1977)는 5개월, 7개월, 9개월 된 유아의 얼굴 표정에 대한 횡단적 연구에서, 세 연령 수준에서 모두 분노 표정을 확인할 수 있었다. 이 결과는 유아는 5개월부터 분노를 표출할 수 있다는 것을 시사하는 것이다.

분리정서 이론은 정서 표현의 순응적 역할과 적극적이고 조직화된 기능을 강조한다. 이 이론은 분노의 분산적 효과를 강조하는 분화 이론과는 다르지만, 엠드(1978)와 같이 유아 정서의 조직화된 기능을 주장하는 정신분석자들과는 견해를 같이한다. 분화 가설과 달리, 분리정서 이론은 분노를 초기의 화냄 반응이 정교화된 것이라기보다는 4-6개월에 나타나는 새로운 표현이라고 보고 있다. 분노는 장애물을 다루는 절충적인 노력을 동기화함으로써 유아의 자아 발달에 직접 기여한다고 보겠다. 결과적으로 유아는 대상과 사회적 세계에 대한 경험을 갖게 되고, 원인적 대리자로서 자아감을 얻게 된다. 분노에 의해서 생긴 상호 작용은 유아에게 능력 있는 개인으로서 자기를 경험하게 하는 기회를 제공한다.

분노에 대한 이 이론의 개념은 개인주의(individualism) 과정의 역동성에 관한 견해와는 일치하지 않는다. 즉 말러와 그의 동료들(Mahler, Pine, & Bergman, 1975)이 개념화한 것과 같이, 분리−개별화는 6개월 경에 잠정적이고 탐색적 방식으로 시작된다는 것이다. 그러나 분리 체계 견해는, 분노는 4-6개월에 생기며 유아의 적극적 활동을 강조했다. 그러나 분노로 동기화된 행동은 계속적인 열등 경험과 약함을 생기게 한다.

10.3.4 정서 표현의 조절

정서 표현을 조절하는 능력은 실험적으로 조사하기 어려운 과제이다. 그러나 지금까지 유아의 정서 표현의 조절을 연구하는 사람들의 몇 가지 관점을 간략하게 살펴보는 것은 후속연구를 위해서 필요할 것이다.

많은 연구자들은 공포의 출현을 특수 상황에 대한 반응으로 국한 시켜서 연구를 수행해 왔다. 예컨대 낯선 사람과의 상호 작용은 공포의 잠정적 야기자로서 가장 집중을 받아 온 사건이다. 그러나 몇몇 연구자들은 분리, 시각 벼랑 및 유아에게 새로운 시각 자극 등에 대해서 유아가 다르게 반응하는 것에 초점을 맞추어 연구해 오기도 했다.

낯선 사람에 대한 유아의 반응과 관련된 연구들을 보면 다음 세 가지 비교되는 해석들을 발견할 수 있다. 첫째는 낯선 사람에 대한 공포 반응은 8-9개월에는 거의 모든 유아에게서 나타나며, 그 후에는 낯선 사람에 대한 공포 반응을 조절하기 시작한다(Tennes & Lampl, 1964; Gaensbauer, Emde, & Campos, 1976; Bronson, 1972). 둘째는 낯선 사람에 대한 공포 반응은 2세가 될 때까지 한 번 정도의 절정 경험을 하며, 또 이 시기에는 낯선 사람에 대한 공포 반응을 적극적으로 조절하지도 못한다(Scarr & Salapatck, 1970). 셋째는 낯선 사람에 대한 공포 반응은 유아에게는 비교적 흔한 사건이 아니다. 실험적으로 통제된 상황에서 나타나는 낯선 사람은 몇몇 유아에게만 제공되는 것이기 때문에 일반화시킬 수 없다는 것이다(Rheingold & Eckman, 1974).

이상에서 보는 바와 같이 연구 결과들이 일관되지 않기 때문에, 유아의 정서 반응 과정에 관해서는 횡단적인 것보다 종단적인 연구가 되어야 하고, 또 다른 정서들과의 관련 여부도 함께 연구되어야 하며, 어머니와 아동의 특성간의 역동성도 밝혀져야 할 것이다.

10.3.5 정서 조절의 임상적 개념

임상가(심리학자, 정신의학자)에게는 정서 표현의 조절 능력은 성격 발달의 결정적 측면이다. 임상가들은 흥미나 놀람, 혐오 및 경멸 같은 정서보다는 주로 분노, 공포, 수치심 및 죄책감의 조절에 관해서 관심을 가져왔다. 이들의 관심은 병리학에서 보이는 부적절한 조절뿐 아니라 정서 조절에서 나타나는 개인차에 집중되어 있다. 임상적 견해는 정서 통제가 사회화 또는 유아에게 가해지는 사회적 압력에서 초래된다는 것이다. 즉 정서 통제에서 나타나는 개인차는 부분적으로 사회화의 효과성 정도가 다른 데서 기인한다고 보는 것이다. 임상적 접근은 정서 조절의 근본은 적어도 유아의 외부 세계로부터 파생되는 것이라고 간주한다.

이미 1931년에 굿이너프(Goodenough)는 정서 표현은 초기 유아에게서 가장 순수한 형태로 표현된다고 시사했다. 그 후 에스칼로나와 하이더(Escalona & Heider, 1959), 머피(1962), 머피와 모리알티(1976) 등은 정서 표현을 조절하는 데 개인차에 관한 임상적 연구를 수행했다. 이들은 정서를 조절하는 데 있어서 나타나는 개인차는 타고난 자질과 환경 영향의 산물로서 간주했다.

토마스와 그의 동료들(Thomas, Chess, & Birch, 1968), 체스(Chess, 1966)

는 기질 이론이라는 명칭을 사용했다. 이들은 유아의 정서 표현 통제의
정도를 결정하는 것은 개인차 요인과 환경의 힘의 상호 작용이라고 보았
다. 임상적 개념에 속하는 연구로서는 앞서 언급한 엠드와 그의 동료들
(1976), 그리고 엠드(1978) 등의 정서의 순응적 역할을 빼놓을 수 없다.

10.4 정서의 성숙: 청년기

일찍이 아리스토텔레스는 아동은 정서적으로 불안정하고 참을성 없는
혈기를 가지고 있으나 청년이 되면서 21세 경에는 자기 통제와 독립적인
의사결정을 할 수 있게 된다고 하였다.

청년기는 전통적으로 "질풍노도"(Sturm und Drang)의 시기라고 지칭되
는데, 홀(Hall, 1904)이 독일어를 영어로 "Period of storm and stress"로 써
서 잘 알려지게 되었다. 여기서 질풍은 분노를 의미하는 바, 청년기의 정
서가 폭발적이고 스트레스를 받는 요인이 많다는 것을 시사하는 것이다
(김경희, 1999).

따라서 정서적으로 흥분되는 경우가 빈번한데, 이를 뒷받침하는 증거
는 많다. 예컨대 급속한 신체, 생리적 변화가 신체의 균형상태(homeostasis)
를 깨뜨리기 때문이다. 이 과정에서 철분 결핍에서 빈혈이 생기는데, 이
는 무감동, 불안, 불안정을 야기시킨다. 또 급성장에서 오는 칼슘 부족은
정서적 불안정성을 초래하며, 편식 등에서 오는 영양 불균형 또한 정서
장애의 원인이 되나, 이때 느끼는 피로는 청년을 우울하게 만들어서 정서
적 폭발을 통제할 수 없게 하기도 한다.

이 외에 스트레스를 야기하는 원인들이 정서를 앙양시킨다. 예를 들
어, 청년이 되어 직면하는 새로운 환경에 적응하는 일, 성숙된 행동을 원
하는 사회적 기대, 비현실적 야망, 이성에 대한 적응, 학교 문제, 직업
문제, 그리고 불리한 가족관계들이 그 원인이 된다.

에릭슨(Erikson, 1950)은 청년기와 성인기의 발달 과업을 정체감과 친

밀감으로 보았는데, 이는 동시에 일어나는 것으로 간주되고 있다.

에릭슨의 모델과 유사하게 힐(Hill, 1980)은 청소년의 애착과 자율성, 친밀감, 정체감 등을 언급하는 가운데 청소년은 개체화와 정체감을 확립하는 과정에서 부모와 정서적으로 독립되어 간다고 주장했다.

청소년기에는 자율성과 또래 영향력이 증가하면서 부모에게 정서적으로 덜 의존한다고 보았다(Steinberg, 1990). 부모-청소년 관계에 관한 연구에 의하면, 부모가 청소년 자녀에게 성인으로서의 책임감을 기대할수록 평등해진다는 것이다(Paikoff & Brooks-Gunn, 1991).

청소년의 일상적인 정서경험과 변화하는 가족관계의 특성을 이해하기 위한 연구에서 청소년들은 부모보다 극단적인 긍정적·부정적 정서를 보고하였고, 중립적인 정서는 덜 보고되었다(Larson & Richards, 1994).

중·고등학생들은 초등학생보다 부정적인 정서를 더 많이 경험하며, 남학생보다 여학생들이 부정적 정서를 더 오래 지속시킨다는 연구 결과도 보고되었다(Green, 1990). 이러한 결과는 한국 초등학생들도 중·고등학생과 대학생보다 부정적 정서(특히, 슬픔)를 더 많이 경험한다는 연구 결과와는 다른 것이다(김경희, 1996, 1999).

몇몇 연구들은 정체감 혼미를 성공적으로 해결하고 또래와의 정서적 문제를 자신감 있게 대처하는 능력은 지지적인 가족관계에 달려 있다는 것을 밝혀냈다. 예를 들어, 가족과 정서적 친밀감이 높다고 보고한 청소년은 자기 존중감 수준도 높은 것으로 나타났다(Bell, Auery, Jenkins, Feld, & Shoenrock, 1985). 이와 유사하게 대학생을 대상으로 한 연구에서 애착의 질은 정서조절과 부모와 또래에게서 받는 사회적인 지지와 관련되어 있음이 발견되었다(Kobak & Screey, 1988).

청소년에게 미치는 부모와 또래의 정서적 지지 중 어떤 정서적 지지가 더 큰 영향을 주는가에 관한 연구에서, 청소년은 가족 체계 내에서 자신의 역할을 변화시키려고 할 때 또래에게 정서적 지원을 구한다는 연구에서 그 해답을 찾을 수 있다(Savin-Williams & Berndt, 1990). 더 나아가서 이러한 또래관계 특성의 변화는 동성 친구간의 안정성, 신뢰, 공감, 지지를 증가시켜서 우정 및 이성간의 친밀감 발달로 나타난다. 이러한 결과는 청소년 우정에서의 친밀감은 정서조절을 도와주고 안정적인 환경 내에서 자기 표현과 자기 발견을 할 수 있는 정서적 지원을 제공한다는 아셔와 파커(Asher & Parker, 1989)의 연구 결과를 지지하는 것이다.

하이타우어(Hightower, 1990)는 종단적 연구에서 정서 발달 과정에서 우정을 발달시키는 청소년은 성인이 되었을 때 심리적으로 더 건강하다는 결과를 얻었다.

일반적으로 청소년에게 또래의 정서적 지지가 우정과 이성간의 친밀감에 더 큰 영향을 주기는 하나, 부모의 정서적 지지가 더 큰 영향을 주는 영역도 있다. 즉 데이트 상황에서 부모의 지지는 이성간의 갈등보다 친밀감 정도에 결정적인 역할을 한다고 한다.(Guerney & Athur, 1984; Leslie, Huston, & Johnson, 1986). 예컨대 대학생의 데이트에 관한 연구에서 부모와 청년과의 애착의 질은 데이트 상대와의 지지와 지속과 관련된다는 것이다(Simpson, Rholee, & Nelligan, 1992; Feising, 1996).

10.4.1 정서와 정체감(identity)

마샤(Marcia, 1993)와 그로트반트(Grotevant, 1997)에 의하면 정체감의 지위는 심리적·정서적 발달의 개인차에 관련이 있다고 보았다.

마샤(1966)는 에릭슨의 정체감 대 정체감 혼미 단계를 확장시켜서 정체감 지위의 단계를 정체감 혼미(identity diffusion), 정체감 유실(identity foreclosure), 정체감 유예(identity moratorium), 그리고 정체감 획득(identity achievement)의 네 단계로 나누었다. 이들 정체감 지위에 따른 정서 발달을 보면 다음과 같다.

1. 정체감이 획득된 청소년

이러한 청소년들은 여러 영역에서 긍정적 적응을 보이고, 높은 수준의 공감(sympathy)과 도덕적 판단, 감정이입을 보이며, 학문적으로 스스로에게 도전하기를 원하고 창의적이고 자기 동화가 되어 있으며, 인기가 있고 또래의 압력과 사회적 압력의 영향을 덜 받으며, 쉽게 굴하지 않는다. 사회적 맥락에서 적대적이지 않고 긴장을 완화하지 않고 정서를 조절할 줄 안다. 또한 타인과의 친밀감이 높아서 도움이 필요할 때 다른 사람의 의견을 구할 수 있으며, 청소년기에 발생하는 여러 가지 어려움을 내적 통제에 귀인시키고 자신감 있게 대처한다.

2. 정체감 유예 청소년

정체감이 유예된 청소년들은 정체감 지위의 단계 중 가장 높은 수준의 불안을 보이며, 만성적인 높은 스트레스 상황에 놓여 있기 때문에 정서적 경험이 격렬하여 정서 조절이 어려우며, 탐색만을 고집하기 때문에 불안정한 경향이 있다.

3. 정체감 유실 청소년

이러한 청소년은 부모의 가치를 그대로 따르며, 선택해야 할 경우 탐색하지 않고 무조건 동조하며 부모가 자기를 높게 평가한다고 느끼고, 권위주의적이고 고정관념을 가지며, 경직된 사고를 가지고, 불안 수준이 낮다. 남자 청소년은 다른 사람이 원하는 대로 반응하고 권위적 인물의 지시를 따르는 경향이 있으나, 여자 청소년은 자기존중감이 높고, 적응을 잘 하는 편이다.

4. 정체감 혼란의 청소년

정체감이 혼란된 청소년은 여러 면에서 발달적 어려움을 가지며 부모와의 관계가 부정적이고, 부모의 가치에 동조하지 않으며, 학문적 목표가 낮고, 결과에 대해서는 자신보다는 환경을 탓하는 외적 통제에 귀인시킨다. 사회적 관계가 힘들며, 인기도 낮고, 동기수준도 낮아 싫증을 잘 내며, 무표정하고, 성인이 되었을 때 정신병리의 위험이 높다.

10.5 정서 지능

1990년대 초 메이어와 샐로베이(Mayer & Salovey, 1990)는 인간의 정신적 지능이라는 용어대신 정서 지능(emotional intelligence, EQ)이라는 용어를 사용하였다. 이 연구자들에 의하면 정서 지능은 적응적이며, 기능적이어서 인지적 활동과 후속행동을 구성하고 조직하는 역할을 하는 것으로 간주하고 있다. 또, 정서 지능은 자신과 타인의 정서를 정확히 평가하고 표현하며, 정서를 조절하는 능력을 포함한다는 것이다.

이러한 주장은 정서가 특정 상황에서 요구되는 행동을 활성화하고 생존적 가치를 가진 상호 체계를 포함하므로 지능적이라고 본 다윈의 주장에 근거한 것이다. 가드너(Gardner, 1983)의 다중지능 이론과, 샐로베이와 메이어의 주장을 종합하여 골맨(Goleman, 1995)은 개인이 사회구성원으로서의 성공적인 생활을 영위하기 위해서는 이성(rational mind)과 감성(emotional mind)이 조화로운 관계를 이루어야 하며 인간 관계에서 나타나는 정서적 갈등을 긍정적으로 처리하는 정서적 능력이 중요한 역할을 한다고 주장하였다.

골맨은 정서지능을 자신의 정서 인지(knowing one's emotion), 정서조절(managing emotion), 자기 동기화(motivating oneself), 타인 정서의 인지(recognizing emotion in others), 대인관계 조절(handling relationship) 등의 5개의 하위요인을 가진 것으로 설명하고 있다.

10.5.1 정서 지능의 발달

정서를 포함하는 성격이 형성되는 것은 성인기 이전에 발달 과정에서 이루어진다. 따라서 영 · 유아기에 형성되는 정서 지능의 발달 현상을 개관할 필요가 있다. 정서 지능의 발달을 골맨의 하위요인별로 제시하면 다음과 같다.

1. 자기 정서의 인식과 표현 능력

정서를 인식한다는 것은 정서유발의 원인이 되는 내적 상태와 변화 및 외적 사건, 그리고 이러한 요인이 신체에 미치는 영향과, 또 어떤 동기에서 정서가 유발되고 그 기능이 무엇인지 그리고, 정서 유발의 결과로 나타나는 행동과 표현이 무엇인지 아는 것을 의미한다(Schwartz & Trabasso, 1984).

하터와 부딘(Harter & Buddin, 1987)은 4-12세 아동을 대상으로 두 가지 다른 정서를 포함하는 상황을 제시하여 정서 인지의 발달을 파악하고자 하였다. 이 연구에서 하터와 부딘은 아동의 정서는 5개의 수준으로 발달된다고 하였다. 즉 첫번째 단계(수준 0)는 5-6세 경으로 이 시기의 아동은 동시에 두 가지 정서를 통합하지 못하며, 또 두 번째 단계(수준 1)인 7세 아동은 한 대상에 대해서 같은 유형의 정서를 동시에 사용할 수 있다. 세 번째 단계(수준 2)의 8-9세된 아동은 두 가지 정서를 각기 다른 대상에 사용하지만 한 대상에 대해서 긍정적인 정서와 부정적 정서를 동시에 통합할 수 없다. 네 번째 단계(수준 3)의 10세된 아동의 경우, 긍정적 부정적 정서를 각기 다른 대상에 대해서 동시에 나타낼 수 있으며, 다섯 번째 단계(수준 4)인 11세된 아동은 한 대상에 대해서 두 가지 반대되는 정서가 동시에 발생될 수 있다는 것을 아는 단계이다.

그러나 그 후의 다른 연구자들(Wintre, Polivy, & Murray, 1990; Wintre & Vallance, 1994)은 하터와 부딘의 연구에는 아동의 언어적 능력 때문에 한계가 있다는 점을 지적했다. 이를 보완하기 위해서 이들 연구자들은 4-8세에 이르는 아동을 대상으로 이야기로 된 상황과 다섯 가지 정서를 나타내는 사진을 제시하였다. 연구 결과에서 4세 11개월된 유아는 같은 유형의 복합 정서를 구별할 수 있었으나 정서의 강도를 구별하지 못하였으며, 6세 6개월된 유아는 복합 정서와 정서의 강도를 모두 구별할 수 있다는 것이 밝혀졌다. 7세 9개월된 아동은 동시에 느끼는 양가적(ambivalent) 복합정서 및 정서의 강도도 구별할 수 있다는 것이 알려졌다. 윈터와 그의 동료들(Wintre et al., 1990)은 또한 8세 아동, 청소년, 성인을 대상으로 한 복합정서의 연구에서 8세 아동도 성인과 유사한 반응유형을 보인다는 것을 밝혀냈다.

마스터즈와 칼슨(Masters & Carlson, 1984)은 어린 아동에게도 정서를 이해하는 능력이 있다고 주장한 데 비해서, 도날드손과 웨스터맨(Donaldson & Westerman, 1986), 그리고 화이트셀과 하터(Whitesell & Harter, 1989)는 아동중기가 되어서야 동시에 긍정적·부정적 정서를 인식할 수 있다고 하였다. 정서를 나타내는 125개의 형용사를 도구로 사용해서 유아가 이해하는 정서를 표현하는 형용사의 의미가 성인이 사용하는 의미와 같은지를 파악하고자 한 연구에서, 릿지웨이와 그의 동료들(Ridgeway, water, & Kuczai, 1985)은 4-4세 6개월 된 유아는 기쁨, 슬픔, 분노, 공포 등의 형용사에 의미를 알며 90% 정도의 아동이 실생활에서 그러한 형용사를 사용한다는 결과를 보고하였다. 르위스와 그의 동료들(Lewis, Stranger, Sullivan, & Barone, 1989)은 3-4세가 되면 유아는 정서를 유발하는 상황을 이해할 수 있게 된다는 결과를 보고했으며, 부로디와 해리슨(Brody & Harrison, 1987)은 4-8세된 아동을 대상으로 한 연구에서 복잡한 상황과 복합정서 반응간의 정서적 상황을 이해하는 능력은 연령과 더불어 증가한다는 결론을 얻었다.

유아는 타인과 상호 작용할 때 그 사람의 표정, 언어, 행동 등을 단서로 정서상태에 대한 지식을 얻게 되며, 이를 통해서 타인의 행동을 예언하고 자신의 정서반응을 해석하여 정서 표현방식을 결정한다(Burgental, Blue, Cortez, Fleck, & Rodriguez, 1992).

2. 자기 정서의 조절

정서조절 연구자들은 정서를 동기적, 적응적 측면에서 접근하고 있다(Izard & Kobak, 1991; Thompson, 1991).

정서 조절이라는 개념은 이전의 정서 통제(emotional control)와 동일시될 수 있다. 달리 표현하면, 정서 통제는 1980년대 이후 정서 조절이라는 용어로 대치되었다. 정서 통제는 정서적 에너지를 사회적으로 인정된 표현방식으로 나타내는 것으로 성숙된 정서의 준거로 삼기도 했다(Hurlock, 1959).

고트맨과 카츠(Gottman & Katz, 1983)는 정서 조절을 인식된 자기 감정을 적절하게 처리하여 변화시킬 수 있는 능력이라고 정의하고, 분노의 조절, 절제, 인내심, 목표달성을 위해 생각과 감정, 행동을 조화시키는 능력, 사회적·문화적으로 인정되는 방향으로 정서를 표현하는 능력을 포함한다고 하였다. 청소년이 되었을 때 과활동(hyperactivity)과 충동성이 높은 아동은 그렇지 않은 아동에 비해서 두 배의 청소년 범죄기록을 갖는다는 연구 결과가 보고되고 있다(Farrington, Loeber, & Van Kammen, 1990; Weiss & Hechtman, 1986).

정서 조절에 관한 연구들은 정서 조절을 아동중기에 이르러서야 가능한 것으로 보고하고 있는데(Brown, Covell, & Abramovitch, 1991; 김경희, 1997), 또 다른 연구에서는 아동중기 이전 즉 유아기에도 정서 상태를 조절할 수 있다는 결과를 보고 하였다(Cole, 1986; Reissland & Harris, 1991; Kopp, 1989; Meerum-Terwogt, Schene, & Harris, 1986).

3. 자기 정서의 이용

골맨(Goleman, 1995)은 자기 정서를 이용하는 것은 주의 집중, 인내심, 성취동기, 몰입을 필요로 하는 생산적 결과를 가져오는 능력이라고 보았다. 어려움을 극복하고 성취를 위해 노력할 수 있는 능력은 나중에 보다 큰 보상을 얻기 위해서 즉각적인 욕구만족을 자발적으로 지연시키는 만족지연(delay of satisfaction)능력(Mischel, 1974)은 정서적 자기 조절의 핵심이다(Goleman, 1995).

만족지연의 발달은 정신분석학에서는 이드(Id)의 쾌락원리에 따르는 즉각적 만족과 에고(Ego)의 현실원리에 따른 이성적 판단과의 관계에서 발달한다고 보았다. 한편, 사회학습 이론에서는 타인의 행동을 모방하고 관찰함으로써, 또한 사회적 강화를 받음으로써 발달된다고 보고 있으며, 인지 발달 이론에서는 인지가 발달함에 따라 사건을 구조화하고 현실을 이해하는 능력이 발달된 결과라고 만족지연 능력을 설명하고 있다(Nisan

& Koriat, 1984).

만족지연에 관한 대부분의 연구들은 유아가 충동을 억제하고 만족을 유보하는 능력은 후에 청소년과 성인이 되었을 때, 학업성취나 성공에 영향을 미친다는 것을 보고하고 있다(Mischel & Baker, 1975; Shoda, Mischel, & Peake, 1990; Yates & Yates, 1981). 이들 연구에서는 만족을 지연하는 능력이 있던 유아는 충동적이었던 유아에 비해서 나중에 성적이 더 좋았고, 범죄자가 되는 경우가 현저하게 적다는 것이 공통적인 결과였다.

4. 타인 정서의 인지

타인 정서의 인지는 감정이입(empathy)이란 개념으로 다루어져 연구되어 왔다. 감정이입이란 용어는 일찍이, 독일의 형태 심리학자인 비셔르(Vischer)가 형태지각을 논의할 때 처음으로 'Einfühlung'이란 용어를 사용한데서 비롯된 것이다. 이는 '안으로 들어가서 느낀다'는 의미이다. 영국의 티치너(Titchener)가 이 독일어를 'empathy'로 번역했다.

셀만과 데모레스트(Selman & Demorest, 1984)는 감정이입을 타인의 조망능력으로 정의하고 다음과 같이 다섯개의 단계순으로 발달된다고 주장하였다.

① 미분화된 조망단계(3-7세)
② 주관적 조망단계(4-9세)
③ 상호의존적 조망단계(6-12세)
④ 상호관계적 조망단계(9-15세)
⑤ 사회적 조망단계(12세 이후)

호프만(Hoffman, 1984)도 감정이입을 타인의 감정에 대한 추론 또는 타인 감정에 대한 대리적 정서 반응으로 정의하고 돕기, 공유하기, 협동하기와 같은 친사회적 행동을 가능케 하는 동기가 된다고 보고, 다음과 같은 네 단계로 발달된다고 하였다.

① 총체적 감정이입(영아기)

② 자기중심적 감정이입(유아기)

③ 타인의 감정에 대한 감정이입(아동 전기)

④ 타인의 일반적 곤경에 대한 감정이입(아동 후기)

지금까지의 연구 결과에 따르면, 3-4세의 어린 아동도 기쁨, 슬픔, 분노, 공포 등의 정서적 반응을 유발하는 사건들과 이에 대한 타인의 정서반응을 정확히 지각하고 분명한 이유를 제시할 수 있다는 것이다 (Weiner, 1985; Masters & Carlson,1984; Green, 1977). 또 다른 연구에서는 감정이입 능력은 친사회적 행동능력을 유발하여 공격성을 감소시킨다는 것도 밝혀졌다(Roberts & Strayer, 1996).

5. 대인관계 기술

타인과의 상호 작용을 시작하는 능력과 원하는 것을 정확하게 전달할 수 있는 의사소통 능력, 그리고 더 나아가서 친사회적 행동을 할 수 있는 능력은 좋은 대인관계를 형성하는 데 기초가 되며(Parke & Asher, 1987), 이는 정서적 능력을 기초로 한다(Goleman, 1995). 골만은 정서의 인지, 정서의 조절과 통제, 잠재력 개발을 통한 동기화, 타인의 감정 이입 등을 대인관계의 기초로 보았다.

충동적이거나 고립되어 있는, 곧 정서 지능이 부족한 아동은 정상아동보다 대인관계 기술이 부족하고(Richard & Dodge, 1982), 비행청소년들은 대인관계 문제해결 기술과 자기평가 기술이 부족하다는 연구 결과도 보고되었다(Heins & Ryan, 1983). 일찍이 스피백과 슈어(Spivack & Shure, 1974)는 4세부터 대인관계를 인지하고 해결하는 능력이 형성된다는 것을 밝힌 바 있다.

10.5.2   정서 지능의 측정 방법

정서 지능을 표준화된 지능으로 볼 수 있는가에 초점을 맞추어서 정서지능을 측정하고자 하는 시도가 있어 왔다(Mayer, Dipaolo, Salovey, 1990; Mayer & Geher, 1996).

정서 지능에 관한 측정은 만족지연, 낙관성, 충동성, 인내심, 타인의 표정읽기, 정서 조절 능력 등을 다루고 있다. 측정 연구에서는 주로 피험자에게 이야기나 그림 속에 나타난 정서를 지각하는 문제를 제시하여 정서 능력을 측정하거나, 자기보고식 검사를 통해 피험자는 자신의 정서 능력에 대한 생각을 기록하는 방법 등이 사용되었다. 지금까지 사용되고 있는 평가도구들은 다음과 같다.

피험자의 현재 기분 상태에 대한 개인의 생각을 측정하는 상위기분 경험 척도(Meta-Mood Experience Scale, MMES), 기분의 순간마다의 변화를 측정하는 상태 상위기분 척도(State Meta-Mood Scale, SMMS), 지속적인 기분의 특질을 측정하는 특질 상위기분 척도(Trait Meta-Mood Scale, TMMS) 등이 있다(Salovey et al., 1995).

이외에 정서 의식 능력을 측정하는 LEAS(The Levels of Emotional Awareness Scale, Lane, Quinlan, Schwartz, Walker, & Zeitlin, 1990), 그리고 감정이입을 측정하는 도구인 PONS(Profile of Nonverbal Sensibility, Rosenthal, 1979), 아동의 정서 표현을 교사가 평정하는 AERS(Affect Expression Rating Scale, 정서 표현 평정 척도, Buck, 1975) 등이 있다.

살로베이와 그의 동료들(1995)의 다요인 정서 지능 검사(Multifactor Emotional Intelligence Scale, MEIS)는 국내에서도 신재은(1997)에 의해 번안되어 사용되고 있다. 이상의 정서 지능 측정도구는 대부분 성인을 대상으로 한 자기보고식 방법이다. 김경회(1998)는 유아의 정서 지능을 측정하기 위해서 교사의 관찰에 의한 평정방법인 교사용 유아 정서 지능 평정척도를 개발하였다.

최근 학자들은 어머니와 아동의 특성과의 상호 작용, 곧 관계의 역동성을 밝히려고 시도했다. 예컨대 듀마와 라프레니에르(Dumas & Lafreniere,

1993)는 어머니-아동, 친숙하지 않은 성인여자(유치원교사)-아동 관계를 계획하여 어머니와 아동의 상호 작용 역동성을 연구하였다. 이 연구에서 대부분의 아동들은 어머니보다 친숙하지 않은 성인에게 더 친절하고 덜 회피적 행동을 보였다. 또 자기 어머니에게는 부정적인 감정도 나타냈으나 다른 성인에게는 이러한 부정적 감정을 나타내지 않는다는 결과를 얻었다.

회피적인 아동의 어머니는 자기 자녀가 아닌 다른 아동에게는 긍정적이고 호의적인 반면, 자신의 아이에게는 그렇지 않았다. 연구자들은 어머니가 낯선 아이들과 긍정적인 반응을 보인 것은 스트레스가 없는 상황이 긍정적 반응을 촉진시킨다고 해석하였다.

아동과 어머니의 상호 작용은 아동의 정서적 발달에 중요한 영향을 미친다. 즉 아동은 환경을 통제하고 긍정적 감정을 나타내고 환경에 참여하는 것을 학습하게 된다. 어머니와의 상호 작용 이외에 아동의 정서 발달에 영향을 미치는 요인으로 또래와의 관계를 들 수 있다.

동물학자들은 또래관계는 활발한 놀이와 지배성의 위계를 형성하여 공격적 행동을 조정하도록 고무하고, 갈등해결에 규칙을 배우고, 동성간의 놀이를 통해서 성역할을 습득하여 사회적으로 유능한 행동을 형성 하는데 중요한 역할을 한다고 보고 있다.

한편, 인지발달론자들은 또래와의 상호 작용에서 발생되는 사회인지적 갈등을 통해서 또래와의 관계에서의 탈중심화, 조망수용, 사회적 문제해결 기술을 습득하여 사회적 유능감을 증진시킨다고 주장하였다.

사회학습 이론가들은 또래를 사회화의 대행자(agent)로 보고 또래에게 인정받음으로써 강화되며, 또래를 모델링해서 사회적 기술, 정서표현규칙, 성역할을 학습한다고 보았다.

제11장
정서 발달 이론

11.1 피아제 이론의 입장에서 본 정서 발달

피아제(Piaget)는 정서의 발달 이론과 발달의 일반적 이론을 통합한 것과 관련된 모든 것들을 언급하고 있기 때문에, 정서 발달의 가장 선구자적 이론가로 볼 수 있다(Ciccetti & Pogge-Hesse, 1981).

피아제는 정서 발달의 특정적 연속과 단계에 관한 문제뿐 아니라, 인지, 정서, 도덕성(Piaget, 1962, 1972)의 관계를 명백히 하려는 시도도 했다. 피아제는 평행론(parallelism)을 인지와 정서 관계의 특징이라고 가정하고, 도덕성 또는 적어도 도덕성의 한 측면인 의도를 후기 정서 발달 단계라고 간주하고 있다.

피아제는 주로 유아의 인지 발달에 관심이 있었으므로, 정서는 거의 인지적 맥락에서만 언급되고 있다는 점에서 그의 이론은 편파되었다고 볼 수 있다. 예를 들어 2세까지 유아의 정서 발달에 중요한 사랑, 수치심, 죄책감, 당황과 같은 사회적 정서들은 그의 연구에서는 찾아볼 수 없다.

피아제는 관찰된 행동의 심리학적 측면을 전혀 기술하지 않고 있을 뿐 아니라, 케이간(Kagan, 1978) 및 기타 다른 심리학자들이 심리적 사상에 필요한 요소들이라고 보는 차원에 대해서 거의 다루고 있지 않다. 케이간은 심리적 사상들은 적어도 다음과 같은 구성 요소들 가운데 몇몇을 포함해야 한다고 주장했다. 즉 (1) 외현적 행동, (2) 감정 상태의 변화, (3) 과거, 현재 또는 미래 사상에 대한 인지적 표상, (4) 보상적 사상, (5) 역사적·발생적 요소, (6) 생리학적 요소, (7) 사회적·비사회적 맥락 등이다.

피아제는 위에서 지적된 요소의 몇 가지, 곧 외현적 행동, 감정 상태의 변화, 과거·현재·미래의 시간 전망의 표상, 보상적 사상, 유아 반응의 맥락적 결정 인자에 대해서는 약간의 기술을 하고 있다. 그러나 이것만 가지고 우리는 유아가 발달이 다른 시점에서 어떻게 같은 정서를 표현하는지는 알 수 없다(Ciccetti & Hesse, 1983). 피아제는 실험적 연구를 하지 않았기 때문에 유아 반응의 발생을 추적하기 힘들다.

피아제의 이러한 방법론적 제한점은 울고, 미소짓고, 웃는 등의 정서적 행동을 논의할 때는 별 문제가 없을지 모르나 그가 추론한 정서 범주에 적용할 때는 문제가 있다. 피아제의 이론으로 같은 정서 반응이라도 사태와 강도에 따라서 달리 표현되는 것들, 예컨대 뜻밖의 일로 놀라게 되는 놀람(astonishment)과 약한 정도의 놀람(surprise), 여흥(amusement), 환희(delight), 기쁨(joy), 그리고 위험이 있을 때 느끼는 공포(fear)와 갑작스럽고 순간적인 강한 공포(fright), 그리고 불안(anxiety)을 어떻게 구별할 수 있을까 하는 것이다(Ciccetti & Pogge-Hesse, 1983).

피아제가 유아의 정서 행동을 기술한 것과 인지적 능력을 추리한 것과는 거리가 있다. 그럼에도 불구하고 치케티와 헤시(Ciccetti & Hesse, 1983)는 피아제가 정서 표현의 발달 변화를 잘 설명하지는 않았지만, 피아제의 관찰은 생후 2년까지의 인지적 발달의 맥락에서 생길 수 있는 여러 가지 종류의 정서에 대해서 풍부한 지식을 제공하고 있다고 지적하고 있다. 비록 방법론적 제한점을 있으나, 피아제의 종단적 기초 자료들은 유아의 정서 발달을 재구성하는 데 의미 있는 출처를 제공하고 있다.

치케티와 헤스(1993)는 피아제의 감각운동적 정서행동과 추론된 정서를 기초로, 그리고 후기 피아제 연구와 이론에 기초해서 피아제의 정서에서 나타난 관찰 자료를 네 가지 범주로 나누었다. 즉 이들은 피아제의 피험아동들이 정서를 야기시키는 사태를 (1) 고유 수용기적-운동적 반응, (2) 유사성의 인지, (3) 능력의 인지, (4) 차이의 인지에 의해서 체계화시켰다.

능력과 차이의 인지는 대상이 있고 없는 것을 완성할 때의 유아의 정서적 반응능력과 낯선 대상, 행위와 사건에 대한 정서적 반응을 피아제가 빈번하게 기술했기 때문에 대단히 적절한 범주라고 본다. 더구나 이 범주는 능력 동기(competence motivation, Goldberg, 1977; Harter, 1977; Shultz & Zigler, 1970; Watson, 1972; White, 1959), 그리고 차이 가설(Kagan, 1971; McCall & Mcghee, 1977)에 의해서 유아 발달을 접근한 후기 피아제 연구에 의해서 알려진 것이기도 하다.

고유 수용체적(proprioceptive)-운동적 반응은 유아가 뚜렷한 인지과정의 중재 없이 반사적으로 정서를 나타내는 것은 뜻한다(Cicceti & Sroufe, 1976, 1978; Sroufe & Wunsch, 1972). 유아기를 지나 나이를 먹음에 따라서 인지적으로 보다 정교화되면 인지적 요소와 유아, 또는 아동의 정서적 반응에 관여했는지 여부를 결정하기 힘들게 된다.

유사성의 인지는 물리적 대상, 사람, 사상을 이전에 경험했던 것들과 유사하다고 알아채는 것에 대한 유아의 정서적 반응을 의미한다. 이들 네 가지 범주에 관해서 자세한 것은 이곳에서는 생략한다(Ciccetti & Hesse, 1983, pp.122-125 참조).

11.1.1 인지 발달과 정서 발달의 관계

앞에서 언급했듯이 피아제는 정서를 한 영역으로서보다는 인지에 의해서만 논의했다. 그러나 피아제의 기초 자료를 분석한 결과, 인지 발달과 정서 발달은 적어도 유아기에는 독립적으로 결과를 얻었다(Ciccetti & Hesse, 1983). 유아의 인지적 능력은 그의 정서를 자세하게 연구하지 않고는 완전히 이해할 수 없다는 것이다. 따라서 여기서 피아제가 인지와 정서 사이의 관계를 개념화하는 데 있어서 위에서 제안한 두 가지 방법, 즉 병행론(parallelism)과 부대현상론(epiphenominalism)을 관찰하는 것은 도움이 될 것이다.

11.1.2   병 행 론

피아제의 병행론에 따르면, 정서와 인지는 인간의 마음에서 보상적 영역이다. 인지는 행동 구조를 제공하고 정서는 행동의 측면에 관여하기 때문이다. 또 정서는 인지에 대해서 촉진적 효과를 가지지만 인지 구조를 절대 변화시키지 않으므로 이 두 가지 영역은 비인과적 관계라고 간주되고 있다.

병행론은 인지 발달과 정서 발달이 독립적인 발달 통로를 가지는 것으로 전제하고 있다. 피아제는 대상 영속성, 공간, 수단-목적 관계, 인과성, 시간 등과 같은 인지 구조의 발달을 설명하는 데 많은 이론적·경험적 연구를 해왔으나, 감각운동적 시기에 발달되는 정서, 행동 표현, 또는 환경과 자극 특성에 관해서는 거의 언급하지 않았다는 것은 앞서 지적한 바 있다. 피아제는 유아의 지각 과정에서 생기며 행동을 활발하게 하거나 중단시키는 불쾌한 자극의 효과와 그것이 행동에 미치는 영향이 어떠한가를 구별하지 않았다. 그는 고통, 기쁨, 즉 즐겁고 불쾌한 구별이 생기는 확실한 조건을 세분화하지 않았으며, 또 이 정서가 어떻게 표현되는지를 자세하게 다루지도 않았다. 대략 6개월 경에 욕구와 흥미는 지적 영역에서 유아의 일반적 탈 중심화와 함께 분화된다. 흥미는 양적인 면뿐 아니라, 질적·가치적 측면을 갖는다. 피아제는 흥미의 강도는 활기찬 조절이며 흥미의 내용은 가치를 구성한다고 주장했다. 가치는 유아의 판단 능력의 표현으로서 어떤 대상이나 경험을 다른 것들보다 더 선호하도록 할 수 있다. 이러한 능력은 궁극적으로 유아로 하여금 가치의 위계를 내재화 시킨다.

피아제는 유아 정서의 표면적, 곧 현형(phenotype)의 특성뿐 아니라, 정서의 심층적 또는 구조적 측면도 세분화하지 못했다. 이러한 결함 때문에 피아제는 인지적·정서적 발달의 시기 특성의 유형과 구조를 자세하게 다루지 않았다. 따라서 어떤 종류의 발달적 모델에 입각해서 피아제가 감정 영역에 관해서 시도했는지 분명하지 않다.

피아제가 한편으로 인지적 영역은 구조화되는 것이고, 정서 영역은 활성이라고 언급하고, 또 다른 한편으로 흥미를 가치에 의해서, 그리고 가역성과 정조(sentiment)의 논리 개념에 의해서 설명한 것은 인지의 구조적 속성을 나중에 발달하는 정서에 귀인시키려고 한 것 같다(Ciccetti & Hesse, 1983).

11.1.3 부대 현상론

인지와 정서 발달 관계에 관한 피아제의 또 다른 입장은 정서가 인지의 부대 현상이라고 보는 것이다. 피아제(1977)는 세 가지 유형의 불균형과 그에 부응하는 균형 상태를 구별했다. 신생아 초기부터 주체와 객체의 상호 작용 때문에 세마에 대한 객체의 동화와 객체 셰마에 대한 이러한 행동 셰마의 조절(accomodation) 사이에는 불균형이 존재한다. 균형 상태에 부응하는 유형은 그것이 유아의 물리적 · 사회적 환경과의 관계에 관한 한 외적인 것이다. 두 번째의 불균형과 균형의 유형은 유기체의 내적 조직에 관한 것이다. 이 개념의 또 다른 강조점은 상호 동화와 연결되어 있는 정도와 하위 체계(예 : 빨기, 집기 등과 같은 셰마)와의 관계이다. 불균형과 균형의 세 번째 유형은 하위 셰마들과 발달 수준의 구조 또는 전체 조직과의 관계에 관한 것이다. 하위 셰마들의 불균형의 균형과 전체 구조는 균형의 두 번째 유형에서와 같은 병행적 하위 체계뿐 아니라 하위 체계와 전체 조직의 상호적 동화와 조절에 의해서 성취될 수 있다.

피아제는 균형에 있어서 유아의 발달 수준에 따른 세 가지 시도를 하고 있다. 첫번째 시도는 간섭이나 동화하지 않은 대상 또는 하위 셰마들은 완전히 무시되고 한 체계로 통합되지 않는다는 것이다. 두 번째 시도는 간섭은 부분적으로만 체계로 통합될 수 있다는 것이고, 세 번째 시도는 최소한의 간섭은 모든 가능한 간섭이 체계에 의해서 예상되기 때문에 생길 수 있다는 것이다.

피아제의 부대 현상론적 접근은 인지적 불균형의 유형을 분석할 수 있게 했다. 그러나 이 입장에 몇 가지 문제가 있다. 피아제는 어떤 종류의 욕구 상태가 여러 가지 유형의 불균형과 관련되는지, 그리고 욕구 상태는 발달 과정에서 변화되는지에 관해서 세분화하지 못했다. 정서와 인지의 병행론적 접근에서 피아제는 인지 상태와 구조의 분석에 의해서만 정서를 다루고 있고 여러 가지 정서의 절적·양적·구조적 분석과, 발달의 각 단계에서 나타나는 특징적인 정서화를 간과했다.

이상에서 살펴본 바와 같이 피아제의 연구 작업의 구조는 포괄적인 발달 이론의 형식화에 관한 이론적 의문점을 논의하는 데 자극이 되었다. 그러므로 유아 및 아동의 정서에 대한 연구자들과 이론가들은 피아제의 뒤를 이어서 피아제가 인지 발달에 기여한 만큼 정서 발달에 관한 신중한 종단적 연구를 수행해야 할 것이다.

11.2 정신진화론

유아의 정서 출현과 발달을 이해하는 것은 몇 가지 이유에서 대단히 어렵다. 첫째는 정서의 증거로 식별되는 언어가 가능하지 못하다는 것이고, 둘째는 성인에게서는 뚜렷한 정서의 표현 행동이 유아에게서는 제한되고 있으며, 셋째는 성인에게서는 안정된 정서 행동이 유아에게서는 대단히 다양하고 변화하는 행동으로 나타나기 때문이다. 이에 따라 유아 정서의 지시자가 무엇이며, 얼마나 많은 정서의 종류가 있는지, 발달하는 동안의 정서 변화의 특징은 무엇인지 등의 문제가 제기될 수 있다. 이러한 의문을 해결하기 위해서 발달된 것이 플라칙(Plutchiik, 1982. 1970, 1980)의 정서의 정신진화론이다.

11.2.1 정서의 정신진화론의 중심 개념들

정서에 대한 정신진화론적 접근에 기본적인 것으로 다섯 가지 중요한 개념이 있다. 즉 진화, 복잡한 연쇄성, 추론, 구조 및 정서의 파생물이 그들이다.

1. 정서와 진화

정서진화론은 정서는 진화론적 맥락에서 고려되어야 한다는 것이다. 다윈(1872)은 하등 동물로부터 인간에 이르는 정서 표현의 연속성을 처음으로 지적한 사람이다. 다윈에 의하면 모든 동물에서 정서는 개별적 생존 가치를 증가시키는데, 왜냐하면 정서는 환경의 위급 사건에 대한 적절한 반응이기 때문이다. 다윈은 정서를 의도나 미래 행위의 신호로 작용한다고 덧붙이고 있다.

스콧(Scott, 1958)은 대부분 종(species)에서, 그리고 계통발생적 수준에서 발견되는 몇 개의 순응적 행동 유형이 있다고 지적했다. 이러한 유형에는 소화 행동, 피난처 찾기 행동, 보호 행동, 고통스러운 행동(싸움 또는 도피), 성적 행동, 돌보기 행동, 배설 행동, 모방 행동, 탐색 행동들이 포함된다. 윌슨(Wilson, 1975)도 고등 및 하등 동물에서 발견되는 행동적 순응의 유사성을 보고하고 있다.

정신진화론은 어떤 유형의 순응적 반응은 하등 동물과 인간의 정서의 원형적(prototype) 유형이라고 가정한다. 또 이 이론은 모든 유기체의 환경은 공통적 문제들, 예컨대 먹이와 옹호자, 음식과 짝, 돌보는 자와 돌봄을 받는 자 등과 같은 문제들을 갖는다. 정서는 생존과 관계되는 이러한 종류의 사건들을 통제하기 위한 유기체의 시도이다. 정서는 유기체의 생존 기회를 증가시키는 데 성공적인 유전적 입력(예 : 아미노산, DNA, 유전인자)에 기초한 가장 순수한 진화적 행동 순응이다. 따라서 정서는 기능적으로 동등한 행태로 모두 계통 발생적 수준으로 유지된다는 것이다.

2. 복잡한 연쇄로서의 정서

이 개념은 정서는 하나의 언어적 행동 또는 하나의 얼굴 표정 이상이라는 것이다. 정서는 환경의 자극들에 의해서 가장 빈번하게 생기는 복잡한 사건들의 연쇄라고 개념화된다. 자극 사건은 중요한 생존과 관련된 위기로서 인지되고 평가된다. 흔히 정서와 동시에, 신체적·생리적 변화 유형이 생긴다. 스탠리-존스(Stanley-Jones, 1966)는 이러한 생리적 변화는 근본적으로 냉혈동물의 생존에 필요한 온도 적응과 관계되는 것이라고 주장했다. 이러한 적응은 포유동물에게서는 정서 반응의 기초로서 진화된다는 것이다.

감정 상태와 생리학적 반응에는 행동하려는 충동이 뒤따른다. 이러한 충동들은 공격, 탐색, 거부, 짝짓기 등과 같은 것을 포함한다. 감정이 생기고 행동 충동이 생겨서 행동을 하게 되면, 이 효과는 위협이나 스트레스, 위급성을 감소시키고 일종의 행동의 균형 상태를 창조해 내는데 이를 정서라고 명명할 수 있다.

3. 추론으로서의 정서

정서는 여러 가지 유형의 증거에 기초한 가설적 구인(construct) 또는 추론이라고 개념화될 수 있다. 이러한 증거는 내적 감정에 대한 언어적 보고를 포함하지만, 기타 다른 유형의 자료도 포함된다. 헵(Hebb ,1982)과 반 후프(Van Hooff, 1973)는 비언어적 유기체(즉 동물)에서 우리가 정서라고 추론하는 데 사용하는 증거의 종류를 다음과 같이 제시했다. 즉 자극 조건에 대한 지식, 어느 정도 시간이 지나서까지 나타나는 유기체 행동에 대한 지식, 가까운 장래에 유기체 행동을 예언할 수 있는 능력, 종 전형적 행동에 대한 지식, 비교적 자유로운 선택 상황에서 개인이 할 수 있는 선택에 대한 지식, 어떤 유기체의 행동이 다른 것에 미치는 효과에 관한 지식 등이다.

4. 정서의 구조

플라칙(1983)에 의하면 정서는 강도, 유사성 및 양극성의 특징을 갖는 원추형과 같은 3차원적 구조로 되어 있으며, 이를 기하학적으로 나타낼 수 있다고 제안했다. 수직적 차원은 강도를, 원은 유사성의 정도를, 그리고 양극성은 원의 반대 정서로 나타난다.

정서의 구조적 모델을 완성하는 데 필요한 한 가지 중요한 요소가 있는데, 이것은 어떤 정서는 기본적이고 1차적이며, 또 다른 정서들은 파생된 2차적이라는 개념이다.

요인 분석 증거를 기초로 하면, 정서에 관한 유사성 척도 연구들과 진화론적 고찰, 그리고 정신진화론적 이론은 여러 가지 강도 수준에 따라 나타날 수 있는 여덟 개 기본 정서가 있다고 가정되고 있다. 기타 다른 정서들은 이들 여덟 개의 다양한 조합을 통해서 파생된다. 여덟 개 기본 정서는 주관적 언어, 행동적 언어, 또는 기능적 언어에 따라 명명된다. 예컨대 주관적 언어 관점에서 보면 기본 정서는 기쁨 대 슬픔, 분노 대 공포, 수용 대 혐오, 그리고 놀람 대 예상이다.

여덟 가지 1차적 정서들은 다양한 파생물을 갖는다. 이러한 파생물들은 기본 정서의 변형된 측면을 반영하는 파생적 언어를 나타낸다. 이 이론은 대인적 성격 특질의 언어는 실제로 혼합된 정서의 언어라는 것을 보여 준다. 사교적, 적대적 또는 모험적과 같은 성격 특질들은 어떤 혼합된 정서의 지속적 출현을 반영한다. 적개심은 분노와 혐오로 구성되어 있다고 판단되며, 반면에 사회성(사교성)은 기쁨과 수용으로 구성되어 있다고 평정된다.

다른 파생적 언어는 진단적 수준의 언어이다. '히스테릭'이나 '편집적', '정신분열적' 그리고 '강박적'과 같은 용어들은 순환적 순서로 다른 것과 관련되어 있다는 것이 증명되었다(Plutchik & Platman, 1977). 알려진 바와 같이 이러한 용어들은 성격특질의 극단적 표현이다.

또 다른 파생적 언어로는 자아 방어적 언어가 있다. 일찍이 프로이드와 같은 정신분석학자들은 자아 방어가 실제로 감정을 조절하는 방식이라는 것을 이론화했고, 이 개념은 증명되었다(Plutchik et al., 1979).

11.2.2 유아의 에토그램

정서에 대한 유아의 추론은 언어적 보고보다는 다른 증거에 기초하지 않으면 안 된다. 진화론적 입장에서 얼굴에 대해서 많은 주의를 해왔다.

하등 동물 이외에 고등 동물이나 인간에서 표현 행동은 정서적 상태를 반영한다.

생태학적 입장에서는 동물에게서 발견되는 표현 행동은 인간에게서도 발견된다고 기대한다. 만일 유아 정서의 본질을 이해하고 유아가 할 수 있는 많은 여러 가지 표현적 행동을 고려한다면 도움이 될 것이다. 여기에는 생태학자들이 「에토그램」(ethogram)이라고 부르는 것이 포함된다.

유아는 상당히 많은 얼굴 표정을 지을 수 있다. 에크만과 프리젠(Friesen, 1976)은 24개의 특수 얼굴 표정을 정의하는 얼굴 행동코드를 발달시켰다. 오스터와 에크만(1978)은 생후 몇 개월 동안 유아의 얼굴 표정을 비디오로 기록하였다. 이들은 여러 가지 얼굴 표정의 의미를 결정하기 위해서 두 가지 종류의 준거를 사용했다. 즉 (1) 독립적 근육 행동들이 동시에 생기는 데 기초한 유형, (2) 특별한 얼굴 움직임이 나타난 시간이다. 오스터와 에크만은 가장 초기의 미소는 단일한 근육의 행동에 의해서 나타나지만, 미소는 유아가 사회적 상호 작용과 더 많이 관계하면서 훨씬 복잡하게 된다고 보고하고 있다.

유아 행동을 광범하게 다룬 또 다른 연구는 보울비(1977)에 의한 것이다. 그는 어머니-유아 쌍을 관찰해서 유아가 어머니의 행동을 모방하는 빈도를 기록했다. 보울비는 49개의 모방된 행동들을 다음과 같이 일반적인 집단으로 나누었다. (1) 얼굴-머리 움직임을 포함하는 행동, (2) 손-신체 움직임을 포함하는 행동, (3) 말소리를 포함하는 행동, (4) 비언어적 소리를 포함하는 행동, (5) 대상 조작을 포함하는 행동 등 다섯 개의 집단으로 범주화했다.

이러한 행동들은 대부분 정서적 사상 연쇄의 부분이라고 간주된다. 파프섹과 파프섹(Papousek & Papousek, 1977)은 유아의 여러 행동적 상태를 반영하는 다섯 가지 손 위치(hand position)를 알아냈다. 이들은 음성적 행동에 관해서, 유아는 출생부터 이완되어 깨어 있는 상태에서 모음 같은 우는 소리를 내는데, 이는 생후 4주에, 그리고 반복되는 음절 같은 소리는 5-6개월에 나타난다고 보고하고 있다.

또 브레첼튼(Brazelton, 1976)은 신생아가 할 수 있는 행동의 범위를 기술했다. 그의 "신생아 평가 척도"(Neonatal Assessment Scale)는 신생아가 성인과의 관계에서 나타내는 26개의 행동과 20개의 반사 행동으로 되어 있다.

바넷(Bernett, 1973)은 신생아가 감각 정보를 처리하는 능력은 놀랄만하다는 것을 지적했다. 또 텔렌(Thelen, 1979)은 1년 된 유아 20명을 대상으로 다리, 팔, 몸통의 음율적인(rythmical) 상동적 움직임을 관찰해서 이러한 움직임이 유아의 기분 상태와 관계된다는 증거를 얻었다. 그 후의 연구에서 텔렌(1981)은 이러한 음율적 움직임의 질은 성인에게서 목소리 억양이나 손의 움직임이 개인의 기분을 강조하는 것과 같이 유아의 기분을 나타내는 것이라고 시사했다. 이후에 유아의 능력에 관한 유사한 연구들이 많이 수행되었다.

앤드류(Andrew, 1972)는 동물에게서 세 가지 유형의 반사가 정서 표현 뿐 아니라 동물의 의사 교환에서 중요한 역할을 한다는 것을 시사한 바 있다. 즉 호흡, 온도 조절, 그리고 자세를 취하는 반사들이 그것이다.

11.2.3 셰 마

신생아가 나타내는 여러 가지 행동들에 대해서는 중요한 관심이 있어 왔다. 이러한 행동들은 기초 신경학적 프로그램 또는 「셰마」라고 불리기도 하는 프로그램을 나타내는 것이라고 간주되고 있다.

이 셰마 개념은 신경세포의 입력에 대비되는 유형으로서 작용하는 뇌의 구조와 관계된다. 이 구조는 학습될 수도 있고 비학습적일 수도 있다. 셰마는 몇 가지 기능을 갖는다. 즉 특정한 유형의 입력을 발췌하고, 보다 활발하게 지각되는 한 가지 유형의 자극만을 수용하고, 실제 감각적 입력에서 없어지는 부분을 보충하고, 실제로 전혀 없는 유형이나 형태를 창조하며, 유기체가 성숙됨에 따라 생기는 발달 변화의 순서를 계획할 수 있다(Wilson, 1978).

피아제와 인헬더(Inhelder, 1969)는 셰마를 자극이 행동과 관계되는 중추적 이론적 구조로서 기술했다. 그들은 셰마들을 타고난 반사들의 결합으로 구성된다고 가정했으나, 셰마가 어느 정도 선천적인 것인지에 대한 문제는 탐구하지 않았다.

플라칙(1983)에 의하면 셰마는 수동적인 것이 아니다. 셰마는 감각입력을 제한하는 것과 마찬가지로 입력 체계(예 : 눈으로 초점을 맞추는 것)에 적응할 수 있기 때문에, 체계와 환경과의 계속적인 상호 작용이 진행된다는 것이다.

셰마에 대한 또 다른 견해는 정서적 의사소통에 관한 저서를 쓴 클라인스(Clynes, 1980)에 의해 제안된 것이다. 클라인스는 정서적 의사 소통의 연구를 "센틱"(sentic)이라 명명했다. 클라인스에 견해에 따르면 각 정서는 미리 프로그램된 운동 유형을 갖는다. 그는 이 운동 유형을 "에센틱 형"(essentic form)이라고 명명하고 있다.

또 다른 셰마 이론은 렘센과 윌슨(Lumdsen & Wilson, 1981)이 그들의 공진화 과정(coevolutionary process)이론에서 제시한 것이다. 이들은 유전인자는 "마음의 집합"(assembly of the mind)으로 지향되어 있는 후성적 규칙(epigenetic rule)이라 불리는 일련의 생물학적 과정을 갖고 있다고 논의하고 있다.

렘센과 윌슨(1981)은 후성적 규칙은 유기체가 행하는 선택과 행동에 영향을 미치는 뇌 안에 셰마를 결정한다고 생각한다. 후성적 규칙이 정서에 적용되는 예는 모든 유아에게서 나타나는 낯선 사람에 대한 공포와, 떨어지는 것을 무서워하는 것(예 : 시각 벼랑)에서 볼 수 있는 것과 같이, 특정한 얼굴 표정에서 나타나는 일관성 있는 발달적 연속에서 볼 수 있으며, 또 공격성과 같은 특정한 정서적 표현에 있어서 여성과 남성 사이에서 발견되는 일관성 있는 차이에서 볼 수 있다는 것이다.

요약하면, 태어날 때 유아는 환경에서 선택된 면만을 지각하고, 이렇게 얻어진 정보를 개념적 범주로 조직화하는데, 이들 개념적 범주 가운데는 유전적으로 계획된 셰마에 의해서 결정되는 것들도 있다. 유아 정서의 이러한 셰마들은, 후성적 규칙들의 표현이라고 개념화될 수 있다.

플라칙(1983)은 선천적 셰마들의 존재에 대한 증거를 두 가지 정서적 상태인 미소와 놀이의 기초로 고려하고 있다. 예컨대 이미 언급했던 바와 같이 사회적 미소는 정상아나, 태어날 때부터 시각 장애인 유아에게서 같은 시기에 나타난다. 유아의 미소는 조건화된 것이 아니다. 미소의 선천성에 대한 간접적인 증거로 플라칙(1983)은 모든 문화권에서 보편적으로 나타난다는 것을 들고 있다. 뿐만 아니라 선천적인 장님이나 농아에게서도 나타나며, 이것은 "유대감" 또는 애착행동을 증가시키는 데 큰 역할을 한다는 것이다(Freedman, 1974).

놀이에 관해서는, 대부분 이론가들은 놀이가 내생적으로 동기화된 것이라는 데 의견을 같이 하고 있다(Vandenberg, 1978). 원숭이를 관찰한 연구에서 할로우와 할로우(1966)는 세 가지 단계의 놀이를 발견했다. 즉 거칠게 딩구는 놀이, 추격과 후퇴 놀이, 그리고 공격적 놀이 등이다. 이러한 놀이 유형은 상호 교환적인 방법으로 모성의 발달 유형과 관계가 있다는 것이다. 할로우와 할로우는 이 모성적 유형을 (1) 애착과 보호, (2) 양가(ambivalence)와 비애착(disattachment), (3) 분리와 거부로 명명하고 있다. 이와 같이 유기체에서 발견되는 놀이 동기와 행동 특성은 선천적 셰마들에 의해서 결정된다고 플라칙은 보고 있다.

유아의 정서 표현은 유형화되어 있고, 종 특유의 것이며, 의사 소통의 신호라고 알려졌는데, 이는 역시 셰마의 존재를 반영하는 것이라고 보겠다.

11.3 후성론적 입장에서 본 정서의 발달

어떤 연구자들은 정서와 정서 유형은 출생부터 존재한다고 제안했다. 이들은 정서 구조에 관한 후성론(epigenetic theory)적 입장의 모델을 제공하고 있다. 예컨대 보울비(1969)는 그의 유명한 애착과 상실에 관한 연구에서 모든 신생아는 학습되지 않은 유형을 나타낸다고 진술했다. 이러한 관점은 새로운 것이 아니며, 최초로 프로이드(1905, 1908, 1931)의 정신분석 저서 가운데 리비도 유형과 성격에 관한 분석에서 찾아볼 수 있다. 라파포트와 길(Rapaport & Gill, 1959)은 후성적 공식을 수용하여 다른 심리학적 체계의 기초를 형성하는 선천적 현상들의 중요성을 인식했다. 켄버그(Kernberg, 1976)도 정서의 소질을 1차적 동기 체계를 구성하는 것으로 간주했다. 왓슨(Watson, 1929)은 학습되지 않은 기본적인 보호적·공격적 기제를 가정했으며, 공포·분노·사랑의 정서가 학습되지 않은 정서 유형이라고 동일시하였다. 엠드와 그의 동료들(1976)은 정서의 순응적 역할을 시사했고 정서는 1차적 신호라고 제안했다. 아이자드(1978) 역시 후성론자이다. 후성론에서는 정서가 발달하는 데는 결정기가 있다는 것과 정서를 본능적 소질로 간주하고 있다.

　　정서 유형의 출현뿐만 아니라, 분리 형태로 나타나는 정서의 출현을 제안한 공식들은 대부분은 '결정기'(critical period) 이론에 대한 원리를 참조하고 있다. 예컨대 엠드와 그의 동료들(1976)은 분노 정서는 6개월 이후에 나타난다고 제안했다. 정서들이 정상적으로 나타나는 시기인 결정기 동안에 어떤 정서의 자연스러운 출현은 이 시기에 존재하는 대인 관계 조건에 의해서 촉진될 수도, 어렵게 될 수도 있다는 것을 주장했다. 이러한 정서들은 정상적 형태로 나타날 수도 있고 일탈된 형태로 나타날 수도 있다. 이러한 차이를 결정하는 것이 대인 관계 조건들이라고 주장된 것이다.

　　정상적 발달 기간에 분리 형태로 나타나는 특유한 정서들에 대한 연구로 벨과 에인스워스(Bell & Ainsworth, 1972)의 관찰을 들 수 있다. 이들은 5개월에 낯선 사람에 대한 걱정이, 7-9개월에는 공포가 나타난다는 것을 확인했다. 이외에 엠드와 그의 동료들(1976)은 생후 몇 주 안에 미소 반응을 확인했으며, 텐스와 램플(Tennes & Lampl, 1964)은 4-5개월에 분리 걱정을 확인했다. 아이자드(1980) 역시 신생아에게서 걱정, 기쁨, 놀람, 흥미 및 혐오의 다섯 가지 정서를 확인했다.

　　신생아에게서 돌봐주는 사람의 행동이 결정기 초기에 반응적일 때 이러한 초기 정서 유형은 비교적 그대로 남게 된다. 후성적 프로그램은 대상 관계가 있는 사회적 맥락에 침투되며 이 사회적 맥락은 정서 반응의 정상적 표현을 결정한다. 후성적 공식으로는 프로이드의 본능 이론과 대상 관계 발달 이론 모두 개인의 후성적 요소가 환경의 사회적 반응과 부응될 때 결정기가 뚜렷하게 정의된다는 명제에 기초하고 있다. 플라칙(1980)은 정서의 정상적 출현과 분리된 형태의 정서 출현, 그리고 낯선 사람의 걱정과 웃음에 관한 자료(낯선 사람을 보고 걱정, 근심을 하는 상태,

일종의 공포 긴장감)의 논의에서 결정기의 중요성에 관한 후성적 요소들을 다루고 있다. 플라칙은 낯선 사람에 대한 걱정에 관한 자료는 유전적 변인의 존재를 시사한다는 것과, 이 현상은 성숙의 결정기 동안에 나타나는 것이라고 언급하고 있다.

11.3.1 정서의 기초

정서에 관한 후성적 견해는 맥두갈(Mcdougall, 1921)의 사회심리학 저서에서도 공식화되었다. 맥두갈은 생물학적으로 결정된 본능에 관한 이론적 공식화에 관심을 갖고, 정서를 본능적 행동의 기초에 놓여 있는 소질이라고 지적하였다. 스콧(1958)과 플라칙(1980)도 기본적 정서를 진화론적 참조 안에서 행동의 원형 범주와 관련시켰다.

캐이윈(Kaywin, 1960)은 본능과 감정에 관한 정신분석이론에 후성적 접근을 제안하여, 정신 체계는 부분적으로 생물학적 조직에서 파생된 것이라고 가정했다. 니들스(Needles, 1964)는 쾌와 불쾌의 경험에서 나타나는 생물학적 요인의 역할에 관한 이론적 연구를 하는 가운데 후성적 입장을 논의한 바 있다.

후성적 입장과 발달적 고찰 사이의 관계를 켈러만(Kellerman, 1980)은 다음과 같이 제안하고 있다. 즉 유전적으로 부호화된 소질들은 후성적 또는 생물학적으로 주어진 현상으로 이해될 수 있으며, 반면에 정신분석적 맥락에서 나타나는 발달은 순응적인 것으로 고려된다는 것이다(Kellerman, 1983, p317). 켈러만은 정서와 성격 사이의 관계를 분석하고 정서의 구조가 성격의 핵심이라고 시사한 일련의 연구들을 인용하고 있다.

후성적 공식으로서 정서 체계는 정서가 나타나는 시기 또는 결정기 동안에 분리된 형태로 표현되는 몇몇 기초 정서의 체계라고 볼 수 있다. 대인 관계 경험은 이러한 각 기본 정서 안에서 분화된다.

11.3.2 정서와 대상 관계 발달

야로우(Yarrow, 1979)는 정서 표현과 대상 목적 발달과의 관계를 언급했다. 개인의 전반적 대상 목록에서 일관성 있는 기초 대상은 1차적 대상, 즉 돌봐주는 사람(caregiver)이다. 1차적 대상에 의해서 주어진 일관성 있고 정상적인 보호는 유아에게 정서의 강도에 따라 정서를 구별하고 분리된 형태로 건강한 정서 표현을 발달시키는 확실한 기회를 제공한다.

여기서 후성적 입장은 기본적으로 프로이드 이론이다. 프로이드에게 있어서 인간은 내부로부터 어떤 것, 곧 정서를 방출시켜야 하는 것으로 인간을 주체로 본 데 비해서, 비 프로이디안들은 대상 관계를 인간 대상에서 필요한 것으로 강조한다. 예를 들어 클라인과 트릴리치(Klein & Trilich, 1981)는 프로이드에 반대하면서 인간 대상의 존재는 대상 관계를 다룬 문헌에서 무조건적으로 필요한 것이라고 지적했다. 이 연구자들은 대상 관계 문헌에 나타난 대상 관계를 다음과 같이 분석하고 있다. 우선 보울비(1969)는 대상 관계를 "애착"이란 용어로, 벨린트(Balint, 1952)는 대상의 본질을 "1차적 사랑"이란 용어로, 페어펀(Fairfairn, 1952)은 본질적 대상 관계를 "대상-추구"에 기초하여, 위니코트(Winnicott, 1965)는 대상 관계를 "자아-관계"(ego-relatedness)로, 건트립(Guntrip, 1961)은 "개인적 관계"로, 그리고 서티(Suttie, 1935)는 대상 관계를 "사랑"과 관련해서 논의하고 있다(Kelleman, 1983, 재인용 p. 321).

정서는 인간 대상이 존재하든 존재하지 않든 방출되고 표현되어야 할 것이다. 그러나 정서적 표현은 대상이 존재할 때, 그리고 주체에게 적절하게 반응할 때 정상적으로 발달될 수 있다.

유아의 대상 관계의 1차적 대상은 돌봐주는 사람이다. 따라서 유아는 돌봐주는 사람의 기본 성격 유형, 기분, 그리고 태도를 동일시함으로써 발달하는데, 애착 관계는 돌봐주는 사람의 성격 유형을 동일시한 것에 기초하고 있다. 유아는 대상의 항상성, 일관성, 그리고 불안정성의 정도를 통해서 대상을 동일시하고 이해하기 때문에, 유아의 정서 반응은 대상과의 상호 작용에 대해서 효과 있는 상호적 의미를 제공할 수 있다. 이러한 의미에서, 유아는 대상의 성격, 기분, 태도를 동일시하는 것이다.

"주체," "대상"에 관한 심리학적 연구에서 기술된 애착의 종류는 몇 가지 기본 유형만이 보고되어 있다. 애착의 유형 발달은 주체-대상 정서의 상호성에 달려 있으며, 정서성에 영향을 준다.

11.3.3 정서의 심층 구조

정서에는 후성적 프로그램이 있으며, 이 프로그램은 심층적 구조를 가지고 있다. 정상적이거나 또는 순응적인 대상 발달이 이루어지면, 이 프로그램의 표현은 촉진된다. 후성적 정서 프로그램은 환경의 조건이나 대상 관계의 발달과 밀접하게 연결되어 있다. 정서 프로그램과 특별한 대상 발달의 경험 사이의 상호적 현상은 정서 강도의 분화에 영향을 주는 것으로 생각된다. 그러므로 대상 발달은 개인으로 하여금 걱정과 공포를 쉽게 구별할 수 있도록 해 주지만, 공포와 혐오 사이를 구별하는 데는 도움이 되지 못한다. 공포나 혐오 같은 기본 정서는 정상적 발달 시기 동안에 분리 형태로 나타나기 때문이다.

켈러만(1983)에 의하면 정서의 심층 구조를 조사하기 위해서는 후성적 정서 구조에 내재된 선천적인 내적 심리적(intrapsychic), 그리고 심리성적(psychosexual) 속성을 제안하고 있는 이론을 창조하는 것이 대단히 중요하다고 한다.

1. 정서 구조의 내적 · 심리적 부호화

켈러만(1979, 1980)은 에고(ego)는 본질적으로 대상 발달에만 의존하는 내적 · 심리적 형태인 데 비해서, 이드(id)와 슈퍼에고(superego)는 후성적 정서 프로그램의 부분으로 존재한다는 것을 시사했다. 또 켈러만은 이드와 슈퍼에고의 경향성은 정서의 기초를 이루고 또 기본 정서의 심리적 질을 결정한다고 주장하고 있다. 켈러만에 의하면, 에고는 인간의 내적 힘과 대인적 힘 사이의 교량을 표상한다. 예컨대 유아와 영장류에게서 의미 있는 에고 발달이 부재임에도 불구하고 광범위한 정서를 표현하는 것을 관찰할 수 있기 때문에 정서의 표현은 에고의 존재를 필요로 하지 않는다는 것이다.

따라서 정서는 이드 정서 또는 슈퍼에고 정서일 것이라고 켈러만은 주장한다. 이드와 슈퍼에고의 소질적 힘이 정서 구조 안에 입력되어 있기 때문에, 각 정서는 이드나 슈퍼에고의 영향에서 파생된 기본 요소를 포함한다. 즉 이는 정서의 심리적 질을 말한다.

기본 이드의 표현은 쾌락을 경험하는 것과 관련되어 있으며, 대표적인 예가 분노이다. 이는 켈러만이 전제하고 있듯이 프로이드가 이드는 쾌락원리의 지배를 받는다고 주장한 이론에 근거한다. 또 기본 슈퍼에고 정서의 표현은 고통을 경험하는 가능성과 관계된다. 생물학에 근거하고 있는 정서의 이드-슈퍼에고 측면에 관한 문제는 후성적인 것이다.

정서와 내적 심리적 이드-슈퍼에고 구조와 관련시킨 이 주장은 새로운 이론적 개념이므로 여러 정서-성격 영역과 연결지어 더 많은 연구가 나와야 할 것이다(김경희, 1995).

2. 방어와 내적 · 심리적 표현

켈러만(1979, 1980)은 야경증(nightmare)연구에서 기본 정서와 그의 기본적인 내적 심리적 속성들을 조사했다. 이를 소개하면, 다음 [표 11-1]과 같다(Kellerman, 1983, p.328).

[표 11-1]은 기본 정서와 방어, 방어적 목적 및 내적 심리적 속성을 나타내고 있다.

각 정서 방어는 주요 기능으로서 방출하거나 목표를 차단한다. 이러한 방어 방출 또는 차단 기제는 기본 정서에 부응하는 본질을 다루도록 고안된 것이다. 즉 방어들은 각 정서의 내적 심리적 속성을 조절하도록 되어 있다. 따라서 각 기본 정서의 본질은 고유한 내적 · 심리적 속성 즉, 이드와 슈퍼에고에 따라 달라진다.

정서의 방어 속성은 사회적 요구에서 나온 정서 프로그램 속에 침투되어 있고, 이는 후성적 정서 프로그램과 대상관계 경험 사이의 연결을

| 표 11-1 | 기본정서의 내적·심리적 속성과 방어적 목적 |

기본 정서	정서 방어	내적·심리적 요소	방어적 목적
수용	부정	이드	충동 차단
혐오	투사	슈퍼에고	충동 방출
기쁨	반동형성	이드	충동 차단
슬픔	보상	슈퍼에고	충동 방출
기대	지적화	이드	충동 차단
놀람	퇴행	슈퍼에고	충동 방출
분노	대치	이드	충동 차단
공포	억압	슈퍼에고	충동 방출

촉진시킨다는 것이다.

따라서 정서 방어는 이드-슈퍼에고의 충동을 조절하고 궁극적으로는 협동적(synergistic) 유아-대상 관계에 도움이 된다. 프로이드(1940)는 이드는 목적을 갖는다고 하는 동기설을 발달시켰다. 이드의 목적은 기초가 되는 본능을 촉발하는 것으로 후성론적으로 보면, 이 본능은 기본 정서 안에 포함되어 있다고 설정되어 있다.

3. 심리 성적 단계의 내적 심리적 목적

켈러만(1979, 1980)은 각 기본 정서는 내적 심리적 요소, 방어 및 진단적 소질에 관한 소질적 지침을 갖고 있다고 이론적 입장을 공식화하고 있다. 그는 이러한 연결을 설명하기 위한 모델을 [표 11-2]에 제시했다. [표 11-2]에는 진단적 소질과 정서 프로그램과의 관계가 제시되어 있다 (Kellerman, 1981, p.331).

켈러만은 각 심리 성적 단계에서 수행되는 사회적 요구를 각 단계의 내적 심리적 목적에 비추에 제시했다. 이를 각 심리 성적 발달의 단계별로 살펴보자.

1) 구 강 기

구강기에는 기쁨 정서의 고유한 내적 심리적 목적은 쾌락 욕구의 특징인 충동을 표현하는 것이다. 기쁨 정서는 유아가 만족을 얻으려 노력하고, 또 만족을 주는 대상을 얻으려고 노력하는 사실과 관계가 있다. 만일 만족도 없고 1차적 만족을 충족시켜 주는 대상이 없으면, 유아는 박탈감을 경험하고 슈퍼에고 정서는 슬픔 또는 상실된다. 이 시기에 특별한 애착 유형이 형성되는데, 특별한 애착 유형은 이드-슈퍼에고 형태로 구성되어 있다. 이 시기의 진단적 소질로서 켈러만은 기쁨과 슬픔의 기본 정서 사이의 가능한 이론적 연결을 하여 각각의 소질적 요소를 조적(manic), 그리고 울적(depressive)으로 제시했다. 구강기에는 이드-슈퍼에고 충동의 갈등 또는 갈등-조절의 잔재로 에고가 등장하게 된다. 따라서 정서 프로그램의 후성적 요소로서 이드와 슈퍼에고는 에고 출현의 기본 정서로 가정된다. 이 에고는 후성적 프로그램과 구강기에 출발하는 대상 경험과의 상호 작용에서 형성되기 시작한다.

2) 항 문 기

[표 11-2]에서는 항문기의 발달과 기대와 놀람의 기본 정서 사이에 상관이 제안되었다. 기본 정서로서 기대와 놀람을 선택한 것에 대해서는 플라칙(1980)이 충분한 이론적 원리를 설명했는데, 켈러만은 이를 고유한

표 11-2	심리성적 단계의 정서, 진단적 소질, 내적 심리적 힘			
정 서	진 단 적	소질 방어	내적 심리적 힘	심리 성적 단계
기쁨	조적	반동 형성	이드	구강기
슬픔	울적	보상	슈퍼에고	구강기
기대	강박적	지적화	이드	항문기
놀람	정신병질적	퇴행	슈퍼에고	항문기
분노	공격적	대치	이드	남근기
공포	수동적	억압	슈퍼에고	남근기
수용	히스테리적	부정	이드	오이디푸스기
혐오	편집적	투사	슈퍼에고	오이디푸스기

이드 본질은 기대 정서 안에, 슈퍼에고의 본질은 놀람 정서 안에 있는 것으로 응용 제안했다.

항문기에 이드와 슈퍼에고의 양은 심리 성적 발달 시점에 사회화의 요구의 반응으로 생기며, 타협 형성은 에고 발달의 부재를 반영한다.

3) 남 근 기

남근기에는 기본 정서로서 분노와 공포가 관련되어 있다. 분노 정서의 고유한 내적 심리적 목적은 충동을 표현하거나 방출하는 것이다. 성격 용어로, 공격적 소질 유형의 목적은 분노를 직접 방출하는 것이다. 이 목적은 정서를 조절하고 차단하는 기제인 대치를 통해서 이루어진다. 대치는 분노의 방출을 보다 희석시키고, 간접적이며 사회적으로 수용될 수 있는 형태로 허용하고 있다. 따라서 사회화 요구에 기인해서 공격적 소질 유형의 이드의 목적은 좌절되고 이러한 좌절의 결과로서 슈퍼에고 감정인 공포가 생긴다. 이때 생기는 슈퍼에고 충동은 공격의 공포로 소질적 수동성으로 또는 특수 대상 경험과 일치되는 소위 거세 불안의 형태로 표현된다. 이 시기의 에고는 좀더 확장되지만, 에고의 강도는 세 단계의 심리 성적 발달시기 동안 기본 정서 표현에 고유한 이드−슈퍼에고 힘의 형태적 균형에 의해서 결정된다.

4) 오이디푸스기

오이디푸스기의 수용 정서가 갖는 내적 심리적 목적은 이드 충동을 방출하는 것이다. 즉 모든 것을 사랑하거나 또는 누구에게서도 비판받지 않는 것이다. 일반적으로 오이디푸스기에 이드−슈퍼에고 갈등은 표현의 균형 또는 타협으로 나타난다.

11.3.4 기본 정서와 인지적 차원과의 관계

피아제에 따르면, 인지는 가장 고도로 형태화된 사회적 발달 표상이다. 후성적 창조 안에서 인지의 관계를 제안하려는 어떤 이론이라도 피아제의 명제를 고려해야 할 것이며, 인지와 정서의 관계에 관한 새로운 가정을 고려해야 할 것이다. 인지적 구조가 가장 진보된 발달의 형태이기 때문에, 인지 구조는 정서적 조직을 포함한 전반적인 성격 체계에 관한 정보를 포함할 것이다.

켈러만(1979, 1980)은 각 인지 개념이 기본 정서 차원들(방어, 진단적 소질)과 어떻게 관련되어 있는가에 관해서 범주화하였다. 그는 기본 인지 범주를 후성적 정서 프로그램에서 파생된 것으로 제안했다. 켈러만은 후성적 프로그램의 정서 기본 요소(substrate)를 기본 정서와 특질, 진단적 소질, 조절적 정서 방어, 내적 심리적 요소, 그리고 이들 기본 정서의 인지적 차원과의 연결과 관련하여 표를 만들었다(표 11-3 참조 : Kellerman, 1983, p. 340). 이 곳에서는 기본 정서와 인지적 차원과의 관계만을 다루기로 한다.

표 11-3   정서의 기본 요소의 후성적 구조 체계

정서	내적 심리적 성소	정서 방어	방어적 기능	진단적 소질	특질 요소	인지적 성향	인지적 주제	심리 성적 단계
기쁨	이드	반동 형성	충동 차단	조적	사교적	목적 지향-무목적	상실	구강기
슬픔	슈퍼에고	보상	충동 방출	울적	울적	숙고-포기	상실	구강기
기대	이드	지적화	충동 차단	강박적	통제적	분석-분산	통제	항문기
놀람	슈퍼에고	퇴행	충동 방출	정신 병질적	통제 곤란한	성급함-마비	통제	항문기
분노	이드	대치	충동 차단	공격적	공격적	압축-재구성	초점 (강조)	남근기
공포	슈퍼에고	억압	충동 방출	수동적	겁 많은	회상-망각	초점	남근기
수용	이드	부정	충동 차단	히스테리적	신용있는	주의-분산	자율	오이디푸스기
혐오	슈퍼에고	투사	충동 방출	편집적	불신의	확실-불확실	자율	오이디푸스기

1. 수   용

켈러만은 수용 정서를 나타내는 인지적 차원을 주의-분산 차원으로 제안하고 있다. 수용 정서와 인지적 요소인 주의는 흥미와 대상에 관한 긍정적 초점을 반영한다. 수용의 파생적 형태로서 주의의 인지 요소는 편입 또는 흡수 행동으로 나타나는 행동 연속(sequence)의 한 국면을 나타낸다. 즉 수용의 맥락에서의 주의(attention)는 플라칙(1962, 1980)이 기술한 편입 행동의 원형 차원을 반영하는 것으로 볼 수 있다.

인지적 수준에서 주의 또는 대상에 대한 긍정적 초점은 대상을 수용 또는 흡수하게 하는 사건의 연속에서 나온 파생물이다. 이러한 종류의 대상에 대한 초점은 인지적 용어로는 대상에 대한 긍정적 정보와 동화하는 것으로, 대인관계 용어로는 대상을 사랑하는 것으로 특징지을 수 있다.

수용정서와 인지적 차원인 주의-분산과의 관계는 '받아들이기'에 대한 주체와 대상과의 문제와 관계된다고 보겠다.

2. 혐   오

혐오 정서를 나타내는 인지 차원은 확실-불확실 차원으로 고안되었다. 확실에 대한 인지적 요구는 자아와 대상 사이의 구별을 강화하려는 욕구라고 정의된다(Kellerman, 1983). 혐오 정서와 확실의 인지적 요소는 대상에 대한 부정적 초점을 반영한다. 혐오의 파생물로서 확실의 인지적 요소는 거절하는 행동을 나타내는 행동연속의 한 측면을 나타낸다. 즉 확실과 혐오는 플라칙이 기술한 거절 행동의 원형적 차원을 반영하는 것이다.

인지적 수준에서, 자아와 대상 사이의 구별에서 확실을 성취하는 것은 대상을 거절하게 하는 사건 연속의 파생적 측면이다. 대상에 대한 이러한 종류의 초점은 인지적 용어로는 대상에 대한 부정적 정보를 동일시하는 것으로, 그리고 대인 관계적 용어로는 대상으로부터 의심을 받는 것 또는 대상을 증오하는 것으로 특징지을 수 있다.

혐오 정서와 확실-불확실의 인지적 차원 사이의 관계는 분리하려는 주체와 객체와의 문제와 관계되는 것이라 보겠다.

3. 기   쁨

기쁨 정서를 나타내는 인지 차원은 목적성-무목적성(randomness)으로 명명되고 있다. 기쁨 정서의 파생적 형태로서 목적성의 인지적 요소는 완성의 형태로 대상을 소유하는 행동 연속의 한 면을 나타내는 것이다. 따라서 기쁨 정서의 맥락에서 목적성은 플라칙이 기술한 재생산 행동의 원형 차원을 반영하는 것으로 간주될 수 있다. 목적성의 주 특징은 대상의 소유이다.

4. 슬   픔

슬픔 정서를 나타내는 인지적 차원은 숙고-포기(runination-relinguishment) 차원으로 고안되고 있다. 슬픔 정서와 숙고의 인지적 요소는 잃어버린 대상에 대한 지속적인 초점을 반영한다. 슬픔의 파생적 형태로서 숙고의 인지적 요소는 잃어버린 대상을 재통합하려는 반복적 시도로 나타나는 행동 연속의 한 측면을 나타낸다. 슬픔의 맥락에서 숙고는 플라칙이 기술한 재통합 행동의 원형 차원을 반영하는 것으로 간주될 수 있다.

인지적 수준에서 숙고 또는 대상을 유지하려는 주체에 의한 시도는 대상 상실을 인정하지 않으려는 시도이다. 따라서 대상의 재통합 시도는 기억과 공상 속에서 숙고를 통해서 계속된다. 또한 대상의 소유를 반영하는 기쁨 차원의 목적성-무목적성 요소는 대상 상실과 재소유를 시도하는 것을 반영하는 슬픔 차원의 요소와는 반대되는 것이다.

5. 기   대

기대 정서를 나타내는 인지적 차원은 분석-분산(scatterdness) 차원으로 제안되고 있다. 기대 정서와 분석의 인지적 요소는 주체와 대상이 어떻게 관계될 수 있는지를 이해하기 위해서 대상의 통제를 반영한다. 기대의 파생적 형태로서 분석의 인지적 요소는 플라칙이 기술한 탐색 행동의 원형 차원에 적용될 수 있는 행동 연속의 한 면을 나타낸다. 대인 관계적 용어로 대상의 분석은 대상의 통제로 고려될 수 있다.

기대 정서와 분석-분산의 인지적 차원과의 관계는 통제에 관한 주체와 대상과의 문제이다.

6. 놀   람

놀람 정서에서 나타나는 인지 차원은 성급함-마비(impatience-paralysis) 차원이다. 놀람은 통제 곤란 요소와 충동성, 즉 대상에 대한 성급함과 관계되어 있다. 행동적 차원에서 통제 곤란은 플라칙이 제시한 혼란(disorientation)원형 범주와 상관이 있다. 인지적 수준에서 통제 곤란은 성급함(또는 짧은 주의 시간)으로 표현되나 놀람 정서와 마비(무능력)의 인지적 차원과의 관계는 주체, 즉 통제되지 않은 주체와 대상과의 문제와 관계된 것이다.

7. 분   노

분노 정서를 나타내는 인지 차원은 압축-재구성(condensing-reconstituting) 차원으로 고안되어 있다. 분노 정서와 압축의 인지적 요소는 대상에 대한 대치된 부정적 표현을 반영한다. 분노 정서가 공격적인 진단적 소질과 관계되어 있다는 켈러만의 제안은 플라칙이 정의한 파괴 행동의 원형 범주에 부응되는 것이다.

분노 정서와 압축-재구성의 인지적 차원과의 관계는 주체와 불만의 표현을 하는 대상과의 문제에 관한 것이다.

8. 공   포

공포 정서를 나타내는 인지적 차원은 회상-망각 차원과 관련된 것으로 제안되고 있다. 일반적으로 공포와 회상과의 관계는 위협을 주는 사람을 기억하는 생각에 관한 것이다. 인지적 수준에서, 회상은 전에 갈등을 일으킨 기억을 억압한 것에 대한 주체의 반응이다. 켈러만은 공포 정서와 회상의 인지적 요소는 플라칙이 기술한 보호 범주 행동의 원형 차원과 관계된 것으로 동일시하고 있다.

공포 정서와 회상-망각의 인지적 차원은 일반적으로 기억 또는 초점화에 대한 주체와 대상과의 문제와 관계된 것으로 보인다.

이 장에서 다룬 여러 가지 가설들은 정서가 성격과 인지에 관한 중요한 소질적 정보를 가질 것이라는 것을 지적하는 것들이었다. 이는 유아에게서 후성적 프로그램은 외적 경험에 영향을 주기도 하고 받기도 한다는 것을 표현하고 있다. 초기 발달에서 정서의 본질은 대단히 복잡한 후성적 프로그램이라는 것을 지적하였다. 앞으로 후성적 과정에서 정서 프로그램의 본질에 대한 보다 많은 연구가 이루어져야 할 것이며, 이 정서 프로그램이 개인뿐 아니라 성격에 미치는 영향에 관해서도 연구가 이루어져야 할 것이다.

제 5부 정서의 치료법

제12장
정신진화적 치료

12.1 정신진화적 치료의 이론

　　정신 치료를 받으러 오는 대부분의 환자들이 한결같이 호소하는 것은 정서 문제이다. 이들은 우울, 불안 또는 분노 같은 정서를 너무 빈번하게, 또는 너무 강하게 경험하기 때문에 이들 정서의 강도나 빈도를 감소시켜 주기를 치료자에게 원한다. 이와 반대로 다른 환자들은 정서를 너무 약하게 또는 무감각할 정도로 정서를 경험하지 못해서, 심지어는 울 수도 없고, 성을 낼 수도 없다고 호소한다. 이러한 환자들은 그들이 경험하는 정서의 강도나 빈도를 증가시켜 주기를 원한다.

　　또 다른 환자들은 대인 관계 문제를 호소한다. 이러한 환자들은 그들의 배우자나 부모, 자녀, 친구, 고용인 또는 동료들과의 관계에서 어려움을 경험한다. 개인이 다루기 어려운 이러한 문제들은 대부분이 정서 장애라고 간주된다.

　　이미 프로이드가 정신병을 "정서장애"로 정의한 것처럼 많은 환자들은 "정서적으로 문제가 있다"거나 "너무 혼란되어 있다"라는 표현을 많이 쓴다.

　　따라서 정신 치료는 정서, 즉 정서의 본질, 변화, 통제 등에 관해서 관심을 가져야 한다. 치료의 성공은 대인 관계에서의 변화뿐 아니라 만족스러운 감정 경험과 정서 표현에 있는 것이다.

12.1.1   정서의 정신진화론 개관

1. 가   설

정신 진화론은 다음과 같은 여섯 가지 기본 가정을 갖는다.

① 정서는 진화론적 순응에 기초한 의사소통이며 생존 기제이다.
② 정서는 유전적 기초를 갖는다.
③ 정서는 여러 가지 종류의 증거에 기초한 가설적 구인이다.
④ 정서는 일종의 행동의 균형 상태(homeostasis)를 산출하는 안정된 피드백 체계를 가진 사건들의 복잡한 연결이다.
⑤ 정서 사이의 관계는 3차원적 구조 모델로 나타낼 수 있다.
⑥ 정서는 많은 수의 파생적 개념 영역과 관계되어 있다.

이러한 가설들을 뒷받침하는 많은 생각들은 유전학과 진화론의 측면에 기초한다. 한마디로 정서는 모든 진화론적 수준에서 확인될 수 있는 순응적 기제를 나타내며 정서 상태는 유전에 기초한다.

2. 진화적 타협

진화적 사고의 기본 전제는 각 개인은 고유한 생식과 생활, 흥미를 갖는다는 것이다. 이 생각은 유전적 자료의 혼합에서 나오는 성적 생식과 독자성의 사실에서 직접 나온 것이다. 기본적으로 모든 유기체는 자연 도태의 끊임없는 갈등 방향의 혼합 효과로부터 유래하는 일련의 타협이라고 기술될 수 있다. 다윈이 언급했던 원인적 힘은 오늘날 인간에게는 최소한으로 되었지만, 잠재적으로 그 힘은 집단 대 집단, 종(species) 내의 경쟁이 전쟁의 형태로, 또 집단 대학살(genocide)의 형태로 남아 있다(김경희, 1995).

집단 간의 경쟁과 공격의 진화적 결과 가운데 하나는 한 집단 구성원 사이의 위계 관계이다. 이러한 위계는 집단 내 공격성을 통제하고 집단 방어를 보다 효과적으로 만드는 사회적 우세-복종 위계를 창조한다. 집단 내 경쟁은 충성심이나 애국심과 같은 특질로 반영되는 집단 구성원 간에 고도로 협동적인 관계를 초래한다.

큰 사회적 집단 내의 경쟁과 안정 욕구의 또 다른 결과는 생산적 기회의 점진적인 평등화이다. 이것은 체계적으로 '일부일처제'의 일반적 확산으로 표현되고 있는데, 이 사실은 특별한 가족들의 힘을 제한하고 상호성을 촉진하는 것이다. 큰 사회적 집단은 족벌주의보다는 상호성에 의해서 유지된다(Alexander, 1987). 알렉산더(Alexander)는 도덕체계의 기능은 한 집단이 다른 집단과 성공적으로 경쟁하도록 하는 통합을 제공하는 것이라고 시사하고 있다.

2. 속 임

진화적 사고의 또 다른 측면은 정신병리학과 정신 치료의 의미를 가진 속임의 역할에 관한 것이다. 집단 사이의 경쟁의 결과 가운데 하나는 개인의 능력을 극화하거나 과장하도록 하는 위계 특징의 발달이다. 이러한 특징들은 인간의 턱수염과 눈썹을 포함한다. 여러 가지 표출과 위협의 유형은 속임으로써 이익을 얻게 되는데 동물에게서 많이 관찰된다.

속임의 또 다른 예는 정상적인 성적 성숙과 함께 증가하는 냄새에 관한 것인데, 이 냄새는 연령과 함께 더 강해지는 경향이 있다. 인간을 포함한 포유동물은 갈등 시기에 강한 냄새를 낸다고 한다(Plutchik, 1989). 이러한 정상적 유형에도 불구하고 젊은이들은 얼굴, 겨드랑이, 다리에 난 털을 깎고, 향수를 뿌리고 몸에 파우더를 바르는 등 다른 사람들의 흉내를 낸다. 이러한 행위의 목적은 낯선 사람으로 가득 찬 사회 안에서 갈등을 감소시키기 위한 것으로, 이러한 사실들은 사회가 절대적으로 신뢰로운 조직이 아닐 수 있다는 것을 의미한다(Benton, 1989, p.15).

조직 집단에서 생기는 속임에는 또 다른 면이 있다. 진화론적 관점에서 보면 성적 경쟁 사태에서 자원이 없는 사람은 자원과 지위, 힘을 가진 사람을 흉내내야 한다. 개인 자신의 관심을 위해 노력함으로써 이러한 관심은 비밀로 할 수 있는 장점이 있을 뿐 아니라 경쟁자가 생각하는 것보다 자기가 더 힘이 있다는 것을 암시하려는 때문이다. 만일 두 사람이 배우자나 영토를 차지하기 위해서 경쟁할 때, 이기기 위해서 과장된 행동이 속임수로 사용된다.

알렉산더(1983)는 다른 사람을 속이는 것은 자기를 속이는 것과 관계가 있다고 주장한다. 속임은 속이는 사람이 원하는 대로 다른 사람들에게 보일 것이며 이렇게 보임으로써 속이는 사람의 관심과 욕구를 채울 수 있다. 강조해야 할 것은 자기−속임(자기-기만, self-deception)이 반드시 병리적 특질이 아니라는 점이다. 자기−속임은 다른 사람을 속이기 위한 방법으로 진화되어 왔을지 모르기 때문이다. 자신을 사회적으로 바람직한 모습으로 보이게 하는 것과 이것을 자아상으로 믿는 능력은 대단한 강화 기능을 갖는다. 이는 인기도와 생식적 성공과 모두 관계된 것이다(Benton, 1989).

알렉산더는 경쟁, 공포, 공격에는 진화적 기초가 있을 뿐 아니라 이타주의, 동정, 충성심, 협동에도 진화적 기초가 있다고 주장했다. 알렉산더의 이러한 결론은 정서를 생물학적 측면에서 고찰한 결과이다.

12.1.2   정서에 대한 진화론적 접근의 임상적 의미

진화론적 접근은 대부분의 유기체들은 그들의 생존과 관계되어 있는 기본적 문제들은 다루어야 한다는 것을 시사한다. 사회적 동물들은 위계나 순위로 자기 위치를 확보해야 하고, 얻은 지위에 대한 위협에 대처해야 한다. 그들은 자기가 속해 있는 환경의 일부에서 생기는 영역적 갈등을 다루어야 한다. 그리고 자기 자신의 종의 일부분인 집단 구성원들과 동일시하여 그들과 상호 관계를 가질 수 있어야 하며, 개인 생활의 제한된 기간에 대해서도 알고 있어야 한다. 이러한 네 가지 관심들, 즉 플라칙(1980)의 분류에 의하면, 위계, 영역성, 정체, 시간성은 이들이 모두 적합성과 미래 세대에서의 성적 생식 가능성 및 자신의 유전 인자의 유지와 관계되어 있다는 의미에서 기본적이다.

다음에 이러한 문제들과 정서간의 관계를 고찰하기로 한다.

1. 위   계

위계 개념은 사회생활의 수직적 차원이다. 이는 하등 동물과 인간에게서 모두 지배 위계로서 보편적으로 관찰되는 것이다. 일반적으로 높은 위계 지위의 표현은 개인적 생존과 유전적 생존에 필요한 자원들인 음식, 피난처(집), 안락 및 성에 대한 접근이다.

사회생활의 수직적 조직은 연령 관계에서, 두 성(여성, 남성)의 일상적 관계에서, 경제적·군사 조직에서, 그리고 사회 계급에서 반영되고 있다. 달리 표현하면, 위계적 조직은 어떤 사람들은 다른 사람보다 지식이 더 많고, 어떤 사람은 다른 사람보다 강하고, 기술이 더 좋으며, 또 모든 사람들은 정서적 소질에서 다르다는 사실을 반영한다. 따라서 각 개인은 이러한 사실에 직면해야 하며, 그들이 원하든 원하지 않든, 그리고 그러한 사실에 대해서 알든 말든 이러한 사실들을 다루어야 한다. 이러한 위계적 문제들을 다루려고 하는 개인의 시도에는 경쟁, 지위갈등, 권력분쟁을 포함한다는 사실은 대단히 중요하다. 위계의 위쪽에 있는 사람들은 우세하고, 자신감이 있으며, 주장적인 경향이 있는 데 비해서 위계의 아래쪽에 있는 사람들은 복종적이고 불안을 느낀다(Plutchik, Kellerman, & Conte, 1979). 우울은 특별한 위계 안에서 신분 하락의 지각과 관계되어 있다(Plutchik & Landau., 1973).

헤일리(Haley, 1980)는 가족 치료의 맥락에서 위계적 관계의 중요성을 증명했다. 그는 가족을 포함한 모든 조직은 형태에 있어서 위계적으로 어떤 구성원은 더 많은 권력과 지위를 가지고 있다고 지적하고 있다. 청년을 대상으로 한 임상 경험에 의하면 정신병리학은 기능 장애를 가진 조직의 결과이며, 따라서 치료자의 과제는 자녀가 아니라 책임 있는 부모를 변화시키도록 도와주는 것이라고 밝혔다.

2. 영 역 성

모든 종에서 개체는 그가 속해 있는 환경의 측면들을 배워야 한다. 진화론적 입장에서 영역성(territoriarity)은 생존에 필요한 잠정적 영향의 공간, 또는 공격이나 맹수로부터 안전한 영역이라고 정의된다. 영역성은 냄새로 구획되거나 경계선, 즉 공격하기 전에 다른 종의 접근이 어느 정도 허용되는 거리라고 정의된다. 밀집은 보통 영역적 위치를 확실하게 한다.

영역적 문제를 다룰 때 개인은 소유, 질투, 부러움의 감정을 갖게 된다. 환경의 어떤 면을 소유하고 있는 유기체들은 통제감을 느낀다. 반대로 경계가 침범 당하거나 소유물을 빼앗기는 유기체들은 절망과 통제 본능을 느낀다. 플라칙(1989)은 영역 위기의 기초가 되는 것은 통제-통제 불능감이라고 가정하고 있다.

3. 정   체

정체는 나는 누구이며 무슨 집단에 속해 있는가와 같은 기본적 문제에 관계된다. 정체는 모든 유기체에게 기본적 실존의 위기인데, 왜냐하면 고립된 개체는 번식할 수도 생존할 수도 없기 때문이다. 하등 동물에서는 유전적 기제들이 개체로 하여금 같은 종의 다른 개체들을 인식할 수 있게 한다. 그러나 인간의 경우에는 집단 구성은 대단히 복잡한데 이는 신분을 정의하는 데 사용할 수 있는 범주가 다양하기 때문이다. 일반적으로 집단 구성원임(구성원 자격)의 가장 중요한 준거들은 성별, 종족, 연령, 종교, 직업 및 지리이다. 이러한 준거들이 서로 갈등을 일으킨다는 사실은 정체 위기의 이유 가운데 하나이다. 예컨대 청년들은 성 정체 위기감에 빠지는 경향이 있고, 나이든 사람은 종교나 직업의 위기감에 직면하게 된다. 호건(Hogan, 1982)이 정체와 인기의 생존 가치를 강조했듯이 정체 개념은 위계와 근본적으로 유사한 것일 수도 있다.

정체감, 즉 신분과 관련되어 있는 정서는 여러 가지가 있다. 집단에 소속되어 있는 사람은 소속감과 수용감을 가지며 경우에 따라서 성적 행동도 허용된다. 그러나 정체감이 결여되어 있을 때는 거절과 혐오 정서가 지배적이다. 낯선 사람에 대한 편견은 보편적인데, 이러한 편견은 같은 집단의 구성원이 아닌 개인과 관련하여 생존에 대한 위협감을 반영하는 것이다. 거절하는 것은 편안하게 느끼기 위한 보상으로, 사람들은 다른 집단의 사람과 관계를 맺지 않고, 어떤 언어적 명칭을 붙여서 명예를 훼손하는 경우도 있다. 수용과 사랑 대 거절과 증오는 정체 투쟁과 관계된 정서적 극점이다.

4. 시 간 성

시간성은 사회생활에 대한 기본적 기술을 배우게 되는 유아기, 아동기, 청년기를 지내게 되는 인생의 제한된 시간 거리(span)에 관한 것이다. 진화론적 관점에서 보면, 사회생활에 필요한 기술을 획득하는 목적은 개인으로 하여금 가능한 한 오래 생존하고 한 집단에서 성공적인 생식 능력이 있는 성인 구성원이 되기 위한 것이다.

죽음이란 현실은 상실과 그가 살고 있는 것들로부터 분리를 불가피하게 하는 것이다. 따라서 이 상실의 문제에 대한 사회적 해결의 필요성이 생긴다. 진화 과정에서 상실과 분리의 문제에 대한 몇 가지 해결책이 진화되었다. 그 가운데 하나의 해결책은 도움을 청하는 절망(절규) 신호의 발달이다. 상실 문제에 대한 두 번째 해결책은 사회 집단의 다른 구성원들의 동정적이고 양육적 반응의 진화이다. 즉 도움을 청하는 것과 동정을 하는 것이 두 가지 해결책이다.

인간에 있어서 제한된 존재의 시간문제는 상실과 죽음을 다루는 기능을 하는 일련의 사회적 제도의 진화에 영향을 미쳤다. 이러한 제도로는 출생, 죽음, 장례 의식, 재결합 신화(reunion myths), 사후에 대한 준비, 종교적 측면 등이 포함된다(Plutchik, 1989, p. 23).

이러한 상실과 분리의 기본 경험에는 여러 가지 견해가 관련된다. 슬픔은 상실된 사람(죽은 사람)이나 그 대치물과의 재통합의 시도로서 기능을 하는 도움의 요청이다. 이러한 구원의 요청 신호가 부분적으로만 작용하면 이는 지속적이고 장기간에 걸친 절망 신호인 우울증을 산출한다. 이 구원의 요청에 도움을 받으면 우울과 반대가 되는 기쁨의 정서를 갖게 되는데, 기쁨은 재결합 또는 소유 경험에서 유래된다.

12.2   정신진화론적 치료의 책략

12.2.1   치료 행동의 준거

갈등과 문제를 다루는 두 가지 준거는 태도 변화와 기술 증대이다. 예컨대 행동 치료와 주장(assertiveness) 훈련은 체계적 탈감각화, 이완 및 직면과 같은 기술을 가르치는 것이다. 반대로 정신분석학은 환자 자신의 현재의 행동이 환자의 아동기의 가족 상호 작용과 관련시켜서 환자의 행동의 의미에 대한 태도를 변화시키는 데 지향되어 있다. 합리적-정서 치료(rational-emotion therapy)는 개인의 내적 철학(즉 태도)을 변화시키는 목적을 갖는다.

전기 치료는 태도와 기술 모두를 조작하려는 것이다. 실생활에서 효과적 기능을 하는 데 필요한 기술들— 이는 정신적으로 건강한 생활의 준거도 되는데—을 플라칙(1989)은 다음과 같이 열 가지로 들고 있다. 즉 ① 직업 기술, ② 대처의 기술, ③ 돈 관리, ④ 친구 사귀기, ⑤ 사람들과 어울리기, ⑥ 정서를 다루는 것, ⑦ 구애 기술, ⑧ 성적 기술, ⑨ 타협하는 기술, ⑩ 부모의 기술이 그것이다.

정신 치료는 이러한 실존의 문제들에 관심을 가져야 한다. 정신 치료는 지배와 의존의 문제, 통제감 또는 통제 상실, 대인관계 문제, 친구, 결혼, 절망과 상실, 죽음 등에 관한 문제를 다루어야 한다.

12.2.2 변화 책략

정신 치료는 다음의 다섯 가지 질문 가운데 하나 이상을 내적·원천적으로 다룬다. 이러한 질문은 치료 과정에 포함된다.

① 나는 누구인가?
② 어떻게 내가 지금과 같이 되었을까?
③ 나에서 벗어나는 데 어떤 보상이 있는가?
④ 나는 어떻게 되고자(변화하고자) 하는가?
⑤ 나는 어떻게 이 목표에 도달할까?

첫번째 질문은 평가에 대한 욕구이며, 두 번째 질문은 역사적 재구성이고, 세 번째 질문은 기능적 분석이고, 네 번째 질문은 목표 설정에 관한 것이며, 다섯 번째 질문은 기술 획득에 관한 것이다. 이 질문들을 보다 자세하게 살펴보면 다음과 같다.

전통적인 정신의학에서 평가는 정신 상태를 점검하고, 가족 환경과 병역(medical history) 및 역동적 갈등을 결정하는 진단을 뜻한다. 정신 분석에서 외래 환자의 경우에는 평가는 성격 스타일, 자아 기능, 자아 방어, 아동기의 가능한 고착들에 대한 일련의 판단을 의미한다. 경우에 따라서는 투사법을 사용해서 평가에 첨가한다.

이에 반해서 라자러스(Lazarus, 1976)는 기초 평가 지침을 제안했다. 이 평가 지침은 환자의 행동, 감정, 감각, 상상, 인지, 대인 관계, 약물 복용, 욕구 등을 측정 또는 평가하는 것이다. 이외에 이 평가 영역에는 개인의 사회적 지지, 대인 관계 갈등, 개인적 통제감, 위협을 무릅쓰려는 의지, 기술 및 능력, 그리고 애착 등이 포함된다. 모든 평가는 기본적으로 한 개인이 자아의 생존을 위해서 현재 어떻게 잘 기능하고 있는지를 결정하는 방법들이다.

두 번째 질문인 역사적 재구성의 문제는 초기 경험의 재인, 정서적 충격, 동일시 및 개인의 현재 생활양식에 관계하는 공상들을 말한다. 정신분석학의 치료자들은 특히 환자의 과거에 관심을 갖는다. 이 두 번째 질문은, 환자가 어떤 특별한 문제에 대한 가정된 역사적 근원을 발견할 수 있고, 또 현재의 변화 가정이 확인되면 문제는 사라진다는 가정이다. 그러나 이 가정은 제한점이 있다. 진화론적으로 고찰하면, 개인의 성격과 생활 문제의 발달에서 중요한 역할을 하는 많은 종류의 유전 인자에는 잠재력이 있기 때문이다. 따라서 어떤 역사적 재구성도 완전할 수는 없다.

세 번째 기본 질문은 두 번째 질문과 관계되는 것이다. 경험적으로 보아서 개개인은 그의 특질을 오랫동안 유지하는데, 이는 현재 경험이나 사건들이 그러한 특질은 강화하기 때문이다.

네 번째 기본 질문은 목표에 관한 것이다. 인간의 가장 특수한 속성은 미래에 대해서, 그리고 아직까지 일어나지 않은 사건에 대해서 상상하는 능력이다. 따라서 목표가 분명하고, 적절한 기제들을 사용하면 목표를 달성할 수 있다. 그러나 개인의 목표가 분명하지 못하고, 자기 기만이나 또는 다른 사람들이 바람직하게 생각하는 목표에 대해서 인정을 받기 위한 욕구에서 장님이 되는 것이 문제이다. 따라서 정신치료는 환자의 목표를 자세하게 탐색해야 한다.

다섯 번째 기본 질문은 능력의 문제이다. 지금까지 알려진 바로는 사회적 기술 훈련은 치료적 변화를 가져오는 데 대단히 효과적이라는 것이다(Lieberman, Mueser, & Wallace, 1986). 사회적 기술 훈련은 플라칙이 제안한 기술들(예: 대화, 친구 등)과 같은 기본 기술들에 관한 것이다. 광의의 정신진화론적 입장에서 보면, 이러한 기술의 발달은 적합성(fitness)을 증가시킬 뿐 아니라 대부분의 생활 목표를 완성하는 데 본질적인 것이다.

이상의 다섯 가지 기본 질문은 다음에 좀더 상세하게 다루게 될 정신치료적 상호 작용의 기초 책략이다.

12.2.3 치료적 의사 소통법

정서 치료에서 중요한 문제의 하나가 바로 환자와 치료자 사이의 대화의 본질 문제이다. 즉 치료 대화는 특별해야 하는지, 특별하다면 일상적인 대화와 어떻게 다른지가 문제된다. 이 두 가지 양식의 상호 작용 관계는 명확한 구분은 없지만, 강조점이 다른 것이 차이점이다.

구체적으로 사회적 대화는 사교적이고 재미 있고 또 서로의 경험을 나눈다. 일반적으로 사회적 대화는 협동, 호기심과 즐거움과 같은 긍정적 정서에 초점을 두고 있다. 사회적 대화의 체험은 비공식적이고 개방되었으며 어느 곳에서나 대화를 할 수 있다. 사회적 대화는 자기-노출에 관한 것이 많지 않으며, 내용은 외부 세계(예: 세계적 사조, 뉴스, 가십, 일 등)와 관계된 것이고, 참가자는 보통 그들의 가치를 자유롭게 표현할 수 있다.

반대로 치료의 목적은 환자의 현재와 과거 행동의 의미를 발견하고 감정을 탐색하는 것이다. 강조점은 우울, 원한, 수치, 증오 등과 같은 고통스러운 정서에 두고 있다. 치료 대화의 장면은 공식적·공간적·시간적으로 제한되어 있으며 자기-노출은 환자에게만 유일하게 제한되어 있다. 상호 작용의 방향은 대부분 환자의 내적·주관적 세계이다. 상호 작용을 하는 동안에 치료자는 개인적 가치를 표현하는 것을 피한다. 가장 중요한 것은 사회적 대처의 목적은 계속될 수 있는 관계를 유지하는 것인데 반하여, 치료적 상호 작용의 목적은 바람직한 변화를 산출해서 관계를 끝내야 하는 것이다.

사회적 대화와 치료적 대화 사이의 제시된 차이는 정신 치료 책략의 부분이다.

12.2.4 정신 치료의 책략

정신진화론적 정서 이론은 자극 사태의 인지적 평가가 각성된 정서 상태의 본질을 결정한다고 가정한다. 환자는 자기의 생활에서 일어나고 정서와 얽혀 있는 사건에 대해서 어떻게 해석하는지 알지 못한다. 특수한 치료적 과제는 환자로 하여금 그가 증후로 경험한 불쾌한 정서가 얽혀 있는 자신을 인지하여 확인하게 하는 것이다. 스트레스를 주는 생활을 다루는 방법은 의식적으로 자극을 재정의하거나, 또는 새로운 맥락으로 바꾸는 일이다.

진화론은 모든 정서는 여덟 개 기본 정서 가운데 하나이거나 혼합된 상태라고 가정한다. 또 기본 정서는 순수한 형태로 나타나는 일은 드물다는 것을 가정하고 있다. 그러므로 대부분 정서들은 혼합된 정서이다. 정서가 혼합되거나 섞이면 항상 갈등 수준을 산출한다. 따라서 치료적 원리는, 대부분 정서는 갈등을 내포하는 혼합물이라는 것과 갈등의 본질을 이해하기 위해서는 그 구성 요소들을 확인할 필요가 있다는 것이다.

정서는 감정 상태와 행동하려는 충동 모두를 포함하는 복잡한 사건의 연속이라는 개념은 연속의 각 구성요소가 똑같이 다르거나 또는 의식할 수 있는 것을 의미하지 않는다. 기초 원리는 정서의 주관적 감정 상태는 행동하려는 충동에 비해서 더 모호한 것이므로 행동하려는 충동을 항상 조사해야 한다.

경험되는 대부분의 정서가 혼합되어 있다는 사실은 행동하려는 충동이 다양하다는 것을 뜻한다. 이는 인생은 양가적(ambivalent) 감정으로 충만되어 있다는 것을 의미하기도 한다. 환자가 어떤 정서 사태를 기술할 때 치료자는 그 이야기는 일부분만을 말한 것이라고 가정해야 하며, 치료적 기본 원리는 항상 양가성을 찾아내는 것이다.

환자들은 자기가 원하는 것을 하기 싫거나 할 수 없다고 보고한다(예: 근사한 레스토랑에서 혼자 먹는 것, 하루 동안 나체촌 방문하기, 낙하산으로 뛰어내리는 것 배우기 등). 반대로 어떤 때는 자기가 정말 하기 싫은 일을 한다고 말하기도 한다(예: 젊은 사람 방문하기, 원하지 않거나 필요하지 않은 물건 사는 일). 이러한 사태는 면밀히 조사하면 어떤 종류의 공포가 항상 존재한다는 것을 나타낸다. 즉 거절의 공포, 비판의 공포, 바보 같은 짓을 할까봐 두려워하는 공포 등인데 공포는 행위의 가장 큰 억압자이다.

치료 원리는 환자가 어떠한 주제에 고착되어 있을 때, 또는 인지 택일적 생각이나 행동을 결정하기 싫을 때는 공포를 찾아내는 것이다.

모든 사람은 독특하다. 재주도 다르고, 교육 정도도 다르며, 목표도 다르다. 우리가 보통 사용하는 단어들은 다른 사람들에게 다른 의미와 다른 함축을 갖는다는 것도 명확하게 알 수는 없다.

치료의 기본 원리는 환자가 자기의 감동과 정서를 명명한 것은 특별한 개인적 의미를 가지기 때문에 탐색이 요구된다.

"정서적 부적응"이란 용어는 어떤 개인에게는 어떤 종류의 정서만이 편포되어 있어서 한 두 개의 정서만이 강하거나 개인 존재의 중심에서 말썽스러운 정서가 있다는 것을 의미한다. 치료 원리는 광범위한 정서를 경험하고 표현하는 능력은 성공적인 순응, 즉 훌륭한 정신 건강의 신호라는 것을 유념하는 것이다.

무엇이 잘못 되었을 때 많은 사람들은 변명을 하려고 애쓰거나 다른 사람을 탓하려는 욕구를 갖는다. 이러한 태도는 해당 개인이(환자가) 그들 생활에서 통제 정도를 상실했거나 악마적인 힘이 그렇게 만들었다고 하는 감정의 표현이다.

치료 원리는 적절한 대처 스타일(coping style)을 사용함으로써 환경의 영향을 감소시키고 과거로부터 분리될 것을 유념하는 것이다.

정신 치료에는 여섯 가지 유형의 정서 변화 과정이 있다(Greenberg & Safran, 1987). 이 과정들은 ① 1차적 정서 반응을 인정하는 것, ② 감정을 통해서 의미를 창조하는 것, ③ 정서의 각성, ④ 감정적 정서에 대한 책임의 수용, ⑤ 기능 장애적 정서 반응을 수정하는 것, ⑥ 치료 관계에서의 감정의 표현이다.

처음 다섯 가지 과정은 환자에게만 강조되는 것이고, 여섯 번째 것은 치료 관계에서의 환자-치료자의 정서적 과정이다.

12.3 분 노

12.3.1 진화론적 견해

분노는 빈번하게 경험되는 정서로 다른 사람의 행동에 대한 1차적 불쾌 감정과 관계된 것이다. 분노를 연구한 사람들 가운데 원인에 대해서

목록을 만든 사람도 있다(예: Averill, 1979). 분노를 일으키는 빈번한 이유
들은 타인 행동으로부터 실망, 진행되는 행동의 좌절, 자기 존중감의 상
실, 소유물 손해, 상처, 고통 등이다. 진화론적 전망에서 보면 분노는 공
격성과 관련된 정서의 하나라고 생각된다(Blanchard & Blanchard, 1984). 분
노를 일으키는 원인은 많지만, 분노가 갖는 가능한 기능도 많다. 예컨대
자기의 권위를 주장하거나, 복수를 하는 것, 다른 것을 파괴하는 것, 다
른 사람의 행동을 변화시키는 것 등이다(Averill, 1979; Blanchard &
Blanchard, 1984; Brain, 1984). 이러한 기능들은 진화론의 경제적 용어인 비
용－이익이란 용어로 논의될 수 있다(McGuire & Troisi, 1989).

즉 진화론적 사고로, 비용과 이익 개념은 중요하다. 왜냐하면 비용과
이익은 행동과 적합성 사이를 연결시켜서 본질적으로 각자의 유전 인자
가 성공적인 세대 안에서 복사되게 만들기 때문이다.

진화론적 견해에서 해석하면, 첫번째 해석은 분노와 공격성은 도태
(selection)의 산물이라는 것이다. 현재와 마찬가지로 과거에는 분노와 공
격성은 분노한 사람뿐 아니라 그들의 친척이나 친구, 자원들을 성공적으
로 보호하기 때문이다. 두 번째 해석은 분노한 사람은 상호 관계에 있게
되는데, 왜냐하면 그들은 이러한 상호 관계가 똑같은 이익을 줄 것이라고
예상하기 때문이라고 한다(Trivers, 1971). 세 번째 해석은 분노는 화난 사
람과 분노의 수용자 모두에게 특수한 생리학적 비용(예: 에너지와 시간 소
비 등)을 들게 한다. 화가 나면 여러 가지 생리학적 체계의 변화를 가져
온다. 예컨대 혈압, 맥박, 테스토스테론 수준과 아드레날린 활동을 증가
시키며, 에피네프린 기능과 당의 신진대사 및 자율 신경계 활동의 변화를
가져온다(Brain, 1984; Schwatz, Weinberger, & Singer, 1981).

많은 해부학적 체계는 불안과 관련되어 있다. 시상하부(hypothabamus),
중뇌 중추 회색 영역, 편도선 및 중격(septum)의 중추와 안쪽 면이 불안
반응에 관계한다. 이와 비슷하게 많은 신경 전달 체계도 관계하는데 여기
에는 노르에피네프린, 에피네프린, 도파민 및 세로토닌(Releigh & McGuire,
1980)이 포함된다. 이러한 신경전달 체계, 해부학 체계의 변화들은 생리
학적 비용을 나타내는데, 많은 경우에 이러한 비용은 불쾌 경험과 연관된
다. 예시된 해부학적 영역, 그리고 생리학적 체계와 행동 체계 사이의 상

호 작용이 함께 생긴다는 것은 분노가 진화론적으로 오래되고 복잡한 정서라는 것을 시사하는 것이다.

비용은 화낸 사람뿐 아니라 분노의 수용자(화를 당하는 사람)에게도 생긴다. 수용자는 놀라게 되고 죄책감을 느끼고 안절부절 못하게 될 수도 있기 때문이다. 화난 사람이 계속 화를 내면, 수용자도 화를 내게 된다. 분노가 지속되고 확장되면 생리학적 비용도 급속도로 누적되어 비용은 결과에 영향을 미친다.

화를 내고, 화를 당하는 것 모두 생존을 위한 해결 방법으로 분노는 오랜 역사를 가지고 진화해 왔다고 본다.

12.3.2 분노와 정서 장애

반복되는 분노, 또는 폭발적 분노는 정신 장애의 뚜렷한 특징이다. 그러나 높은 강도의 분노와 공격성은 정신 장애자에게도 가끔씩만 나타난다. 지금까지 알려진 바로는 정신병리학과 분노 사이의 관계는 분명하거나 완전하지 못하다. 분노와 장애 유형 사이의 상호 작용은 매우 달라서 일반화시키기 어렵기 때문이다. 예컨대 강박 신경증(obsessive-compulsion) 장애를 가진 사람은 오랫동안 화를 내는 데 비해서, 양극적인 정신병의 조적(manic) 유형을 나타내는 환자는 분노를 거의 보이지 않는다. 어쩌면 분노는, 위에서 언급한 대로 대부분의 사람들이 빈번히 경험하는 정서로서 생존의 한 해결책이며, 정신 장애의 중추라고는 볼 수 없을지 모른다. 특히 분노를 진화론적 입장에서 고찰한다면 더욱 그러하다.

제13장
정신분석적 치료

13.1 정신분석적 과정

13.1.1　1차적 과정

　　정신분석학의 견해에 의하면, 1차적 과정의 상위 심리학적 공식은 이상적, 또는 정신병리학적 반응을 나타내는 정신 과정이라고 정의된다. 임상적 용어로는 1차적 과정의 지표는 정서, 충동, 인지적 요소, 공상, 꿈의 재료 및 행동 등으로 표현된다.

　　1차적 과정은 부정적으로는 괴기하고 지리멸렬하며 원시적이고 환각적이며, 긍정적으로는 대단히 특이한(idosyncratic) 것이라고 간주된다. 1차적 과정은 보통 이드(Id)의 내적 심리적 개념과 관련된 충동을 포함한다. 프로이드에 의하면 이러한 이드의 산물은 현실과 정상적·사회적 기능의 요구에 기초한 반응이라기보다는 성격 내의 쾌락 욕구에 대한 즉각적 반응이라고 정의된다. 마술적 생각, 환각, 망상, 식육적(carnibalistic) 공상, 신조어(neologism), 혼합주의적(syneretistic) 사고 등 모두는 1차적 과정의 산물들이다. 따라서 1차적 과정은 임상적 용어로 심각한 정신병리학의 특징이다.

브로이어(Breuer)가 이 개념을 처음으로 썼다고 하지만, 사실은 프로이드가 1895년에 「과학적 심리학을 위한 프로젝트」에서 1차적 과정의 개념을 제시했으며, 1900년 프로이드의 유명한 저서인 '꿈의 해석'(1900/1913)에 1차적 과정 개념이 나타났다. 프로이드는 1차적 과정의 산물은 쾌락원리와 억압된 원망(wish)에 의해서 지배되는 생각들로 시간과 공간의 범주를 무시한 것들이라고 가정하였다.

위상적(topological) 정신분석학의 모델, 즉 이드, 에고, 슈퍼에고의 상호 작용에 관한 모델에서 1차적 과정은 이드 산물의 전형적인 사고 양식이며 꿈으로 경험된다. 꿈의 재료가 깨어 있는 상태에서 나타나게 되면, 이러한 표현은 정신병적(psychotic) 산물로 간주되며, 부적응이라고 불린다.

정신병리학의 본질이며 극단적인 1차적 과정은 많은 사고 기제와 상관될 수 있는 언어적 산물도 포함한다. 1차적 과정은 많은 이론가와 임상가들에 의해서 확장된 관념의 응집을 반영하고 정서를 부적합하고 부적절한 목표에 대치시키고, 언어 표현에서 반대말을 사용하고 상징에 대한 확장된 참조를 반영하는 것으로 정의되고 있다. 반대말을 쓰고(예: '위'라고 말하는 것은 '아래'를 의미함), 대치(정서를 간접적인 형태로 번역해 쓰고), 상징 등 정신분열증에서 보이는 병리학적 현상은 1차적 과정의 발현이며 동시에 지배를 받는 것이다.

아르이티(Arieti, 1966)는 1차적 과정의 특별한 요소에 대해서 논의했다. 예컨대 정신병자의 단어 사용에는 의미와는 상관없이 음소적 본질만이 있다는 것과, 대상간의 뚜렷한 혼란이 있어서 대상과 유사하거나 대상의 일부를 그 대상 전체와 똑같이 본다는 것이다.

프롬(Fromm, 1978-1979)은 1차적 과정의 여러 산출은 언어가 발달되기 전, 그리고 현실 정향 발달이 되기 전 초기 아동기의 산물과 비슷한 정신 기능을 반영한다고 시사했다. 1차적 과정의 산물의 표현과 전형적으로 일치하는 초기 아동기의 한 측면은 만족을 지연시키는 데 무능력하다는 것이다. 팔롬보(Palombo, 1985)는 1차적 과정을 원시적(primordial), 태고적(primitive), 선매적(preemptive)인 것으로 보고, 1차적 과정은 즉각적 방출을 하는 경향이 있다는 것을 지적하고 있다.

일찍이 라파포트(Rapaport, 1957)는 1차적 과정은 행동으로 뿐만이 아니라 사고로도 작용할 수 있다고 지적함으로써 1차적 과정 자체와 1차적 과정 사고(thought) 사이를 구별했다.

13.1.2 2차적 과정

1차적 과정과 대비되는 것이 2차적 과정이다. 2차적 과정은 의식적 사고와 논리가 반응을 지배하는 과정이다. 프로이드에 의하면, 2차적 원리는 현실 원리에 입각해서 순응행동을 함으로써 불쾌를 감소시킨다. 다시 말해서 2차적 과정은 사고와 현실 검증으로만 동일시되며, 순응적 사고에 부응하고 응집되고 집중된 과정이다. 이에 비해서 1차적 과정은 현실 조건이나 관습에 의해서보다는 내적 신호에 기초한 특이하고, 직관적이고 충동적인 반응이다.

13.1.3 1차적 과정과 정서

1차적 과정은 정서적 사고의 산물로서, 또는 비합리적인 사고의 출처로서 생각되며, 프로이드는 이에 덧붙여 1차적 과정은 금지(inhibition)로부터 해방된 행동양식이라고 제안했다. 앞에서 언급했듯이 꿈속에서 금지로부터 해방된 행동은 병리적으로 생각되지 않는다. 그러나 깨어 있는 상태에서 이러한 1차적 과정이 나타나는 것은 병리적이다.

라파포트와 그의 동료들(1970)은 정서의 표현과 1차적 과정과의 관계에 관한 연구에서, 1차적 과정은 전 논리적 무의식으로 표상되는 개념 형성의 형태이며, 관심, 직관, 정서와 상호 작용한다고 언급하고 있다.

1차적 과정은 단순히 원시적인 무의식적 지표의 마구잡이식 표현이 아닐 수 있으며, 1차적 과정의 출현은 환자 또는 개인의 특별한 정서적 구조를 반영할 수 도 있다. 따라서 1차적 과정의 자료는 개인마다, 환자마다 또는 정신병의 특징에 따라 다를 수 있다. 즉 감정의 세기나, 연상적 산물, 정서 표현에 있어서 성격 양식에 따라 차이가 있다.

켈러만(Kellerman, 1979, 1983, 1987)에 의하면 정서-성격 체계는 1차적 과정의 자료와 많이 관계되어 있으며, 이러한 1차적 과정의 자료는, 여러 가지 기본 정서가 다르듯이 그 종류가 다르다는 것을 주장했다. 더 나아가서 1차적 사고는 각 기본 정서 체계의 구성 요소일 수 있다는 것과 후성적 정서-성격 체계의 맥락에서 확인되며 이해될 수 있다고 제안했다.

13.2 정신병 징후와 정서-성격 구조

켈러만은 플라칙과 함께 1983-1989년에 이르는 정서에 관한 집중적 연구 및 저서를 통해서 정서-성격 체계와 정신병 유형의 관계를 모델로 만들었다. 이것은 정서 연구 분야의 대단한 업적으로 간주되고 있다.

특히, 켈러만(1987)은 정신병 징후(유형)에 따라 여덟 개의 기본 정서들과 성격 특질의 특수한 군집과 관련시켰다. 여기에는 특수 방어기제, 꿈, 야경증의 주제, 내적 심리적 이드-슈퍼에고 영향, 인지적 경향, 진단 소질, 1차적·2차적 소질도 포함되어 있다. 다음에 켈러만의 정신병 징후에 따른 정서-성격 구조 모델을 소개하기로 한다(Kellerman, 1989, pp. 95~111; 김경희, 1995, pp. 241~243).

표 13-1 정신병 징후에 따른 정서-성격 구조 모델

	1) 편집증	2) 히스테리
원형적(prototype) 유형	거절	합병(incorporation)
행동	모면	동화
기본 정서	혐오, 급변	수용
성격 특질	비판성, 의심, 불신	신뢰, 암시성, 속기 쉬움
진단적 소질	편집증	히스테리

방어 기체	투사	부정(denial)
꿈과 야경증	자기-처벌, 자기 하,(수족등)절단, 신체 부분의 절단,(토막내기)	비꼬기, 소외 주제
내적 심리적 속성	슈퍼에고	이드
인지적 경향	자이와 대상(객체)를 분리시키기 위해서 확실성을 수립하는 것	주체-대상 관계를 유지하기 위해서 대상에 대한 긍정적 정보에 동화하거나 대상에 참가하기
2차적 과정의 목표	대상에 대한 부정적 관점을 유지하는 것	대상에 대한 긍정적 초점을 유지하는 것
1차적 과정의 출현	전달하는 꿈의 자료, 투사한 자료에 대한 혐오 또는 쇠퇴에 관한 것, 환각적 경험, 처벌적 망상(delusion) 주제	비꼬기, 대상을 파괴하려는 목적을 가진 합병욕구, 호기심을 일으키는 대상에 대한 공상을 통해서 표현되는 부정적 충동
	3) 수동성	4) 공격성
원형적(prototype) 유형	보호	파괴
행동	주의, 도피	대상을 향한 공격성
기본 정서	공포, 근심	분노
성격 특질	겁 많음, 복종	공격성, 반항, 싸움
진단적 소질	수동적	공격성
방어 기제	억압	대치(displacement)
꿈과 야경증	생명을 위협하는 공격자가 나타남	주체가 대상을 공격하는 것
내적 심리적 속성	슈퍼에고	이드
인지적 경향	자율성을 고집하기 위해서 대상을 잊는 것	분노를 응집된 조직으로 대치하는 것
2차적 과정의 목표	대상으로부터 주체를 분리하는 것	대치 기제를 통해서 대상에 향해 있는 파괴적 감정을 중립화하는 것
1차적 과정의 출현	자율성 상실에 직면해서 타인으로부터 위협받는 데 대한 의식적 기대 및 공포 경계상태에 있는 사람	직접적인 분노 반응을 통해서 대상을 말살하는 것

	5) 강박증	6) 정신병질
원형적(prototvype) 유형	탐색	정향
행동	도화(mapping)	대상을 손상시킴
기본 정서	기대	놀람
성격 특질	통제, 정돈, 검약	통제 불능, 충동성, 인내심 없음(impatience)
진단적 소질	강박적	정신병질적
방어 기제	지식화, 승화, 합리화	퇴행
꿈과 야경증	통제 상실	마비
내적 심리적 속성	슈퍼에고	슈퍼에고
인지적 경향	분석하고 두드려보는 것을 계속하고, 주체-대상 관계를 주시하는 것	대상에 대한 인내심 없음
2차적 과정의 목표	주체의 관계 통제를 통해서 주체-대상 연결을 확인하는 것	주체가 통제하는 것을 객체가 막는 것
1차적 과정의 출현	방향 감각 상실에서 오는 대상에 대한 통제 상실과 주체의 통제 불능 행동	대상을 통제할 수 없기 때문에 정서적 마비감과 공포로 나타남
	7) 조증(mania)	8) 우울증
원형적(prototvype) 유형	성	재통합
행동	대상의 소유	상실에 대한 반응
기본 정서	기쁨 또는 즐거움	슬픔
성격 특질	사교성, 근면성, 쾌활	의존적, 우울
진단적 소질	조적(manic)	우울적
방어기제	반동 형성, 보상, 승화	보상
꿈과 야경증	성적으로 통제할 수 없는 꿈	슬퍼서 우는 것
내적 심리적 속성	이드	슈퍼에고
인지적 경향	목표를 달성하는 것, 목적성	숙고, 대상에 대한 계속적 주시

2차적 과정의 목표	반동-형성, 보상 및 특히 승화 방어 기제를 통해서 대상에 대해서 비 성적으로 초점을 맞추고 유지하는 것	대상을 주체와 재통합하게 함
1차적 과정의 출현	성을 무효화하도록 고안된 기제의 장애 때문에 주체와 대상을 분리하는 것. 성을 통제할 수 없는 능력은 결과적으로 성적으로 통제불능 행동을 초래함	대상의 포기, 상실과 포기의 경험, 자살에 대한 숙고 및 자살 시도

이상에서 1차적 과정과 직접 관계 있는 정서의 기본 체계와 성격 구조를 정신병리학과 관련시켜서 고찰하였다.

13.3 집단 치료에서의 정서의 역할

13.3.1 집단 이론의 역사적 고찰

1. 프로이드

프로이드(1921)는 집단의 힘을 지도자에 대한 공통 애착에서 파생되는 것이라고 생각했다. 프로이드는 집단 구성원들에게는 반대 상태에 대한 원망 충족적 반응을 나타내는 착각으로 집단 지도자에 대하여 긍정적 감정을 통합하게 되는 경향이 있다고 보았다. 이러한 이론적 자료는 집단 통제와 개인적 자율성 사이에 긴장이 있다는 것과 개인성이 최소화되었다는 것을 시사해 준다.

이러한 생각은 현대 집단 정신 치료에서는 거의 찾아볼 수 없으나 집단을 이해하는 데 최소한 중요한 이론적 접근의 기초를 마련했다.

2. 바 이 언

영국의 정신의학자인 바이언(Bion)은 1943년부터 1952년 사이에 씌어진 일련의 논문에서 질서 있는 생산적인 직업 집단을 원시적 충동과 반응이 일어나는 "기본 가정" 상태로 비유했다. 또 정서는 조직적이거나 인지적 통제 아래에서 지켜지는 파괴적이고 혼란스러운 힘으로 간주하였다. 바이언의 작업이 주의를 끈 것은 특별한 정서 차원을 강조했기 때문이다. 그는 집단의 힘은 특히 대립되는 상황에서 집단 구성원의 정서 반응에 영향을 미친다고 기술했다. 그의 집단 개념의 핵심은 정서의 증폭자(amplifier)이다.

3. 슬래브슨

미국의 집단 정신 치료에 가장 큰 원동력이 된 것이 바로 슬래브슨(Slavson, 1979)의 이론적 저술과 조직적 경험이다. 슬래브슨의 접근의 기초는 유전적 해석을 통해서 현재의 신경증적 행동을 초기 아동기 근원과 연결시킨 전이(tranference)의 분석이다. 슬래브슨은 치료자와 다른 집단 구성원에 대한 관계에서 생기는 전이와 모델링을 강조했다. 그의 업적은 집단 이론 발달에 중요한 진보라고 평가되고 있다.

4. 휘테이커와 리버만

많은 이론가들은 집단 현상을 구성원 사이에 공통적인 정신역동적 주제라고 개념화했다(Erziel, 1950; Whitaker & Lieberman, 1964). 휘테이커(Whitaker, 1985)는 집단 역동적 주제들이 생기는 것은 집단 참여에 대한, 위험 부담에 대한, 그리고 민감한 개인적 문제를 진술하는 것에 대한 불안 심리의 방어 때문이라고 기술하고 있다. 그리고 어떤 특별한 주제에는 집단 구성원 사이에 공통적으로 나타나는 일정한 정신 역동적 갈등이 있다는 생각은 집단 과정을 분석하는 데 상당한 미묘함이 있음을 나타내는 것이다. 휘테이커의 생각은 집단 수준의 정서 상태와 개인의 관계 및 개인의 의미에 대한 슬래브슨의 관심을 확장시킨 것이다. 휘테이커와 리버만의 이론은 그 근원을 본능에 대한 초기의 정신분석적 개념에 두고 있다.

13.3.2 집단 치료의 요인들

집단 정신 치료에서 대인 관계 연구는 이 분야의 많은 저서에서 중심적 주제가 되어 왔다. 이러한 문헌에서 발전되고 공통적인 견해는 치료자 역할의 중심성이 감소되었고 구성원 대 구성원의 중요성이 강조되고 있는 점이다. 또한 문헌에서 정서는 특수한 대인적 의미를 갖는 상호 작용의 차원에서 중요한 부분을 차지하고 있다.

구체적인 집단 치료를 좌우하는 요인들을 고찰하기 전에, 집단 치료의 기본적인 요인으로 응집력과 유친성에 대해서 언급할 필요가 있다.

1. 응 집 력

응집력은 개별적 치료에서 감정 이입시 중요한 것과 비슷하게 기본 치료적 요인의 하나로 논의되어 왔으나 분명한 정의가 없어서 문제가 되어왔다. 얄롬(Yalom, 1985)은 응집력(cohension)의 의미를 "모든 구성원이 집단에 그대로 남아서 행동하게 하는 힘의 결과," 또는 "구성원에게 느껴지는 어떤 집단이 가지는 매력"이라고 기술하고 있다. 블로흐와 크로우치(Bloch & Crouch, 1985)는 집단을 고려해서 응집력은 변화를 위한 일반적 조건이라고 정의하고 있다. 따라서 집단 수준에서 응집력은 변화를 위한 중요한 조건의 하나라고 간주되며 집단 정신의 감각이라고도 생각할 수 있다. 응집력은 집단의 목표, 곧 긍정적 치료의 결과에 대한 잠재력이다. 응집력은 카리스마적이고 권위 있는 치료자(지도자)의 매력에 달려 있다.

2. 유 친 성

집단에 대한 유친성(affiliaton)의 개념은 응집력의 개념과 밀접하게 관련되어 있다. 유친성은 다른 개인에 대한 연대감, 또는 애착의 정서적 차원과는 다르다. 유친성은 집단에서 공통적인, 구성원들이 공감하고 서로를 신뢰하는 상황과 조건에 기초한다. 따라서 응집력의 경우와 마찬가지로 치료자가 중요하다. 집단 치료 상황에서 집단 구성원(환자)들은 서로 의지하거나 공감하는 문제(정신적 징후)를 가지고 있기 때문에, 치료자의 능력과 매력이 큰 역할을 하게 된다.

다음은 블로흐와 크로우치(Block & Crouch, 1985)가 제안한 열 가지 범주로 된 치료적 요인의 모델을 살펴보기로 한다. 이들은 열 가지 범주를 사기(士氣)요인, 자기-폭로 요인, 정보 요인 및 생리학적 작업 요인의 네 가지 요인으로 묶었다. 이 열 가지 범주는 블로흐와 클로우치가 문헌 조사를 통해서 범주화시킨 것이다.

1) 사기 요인(morale factors)

① **희망을 심어주기**   환자는 다른 집단 구성원들이 좋아졌고 또 향상되고 있다는 것과, 집단이 목표를 달성하는 데 구성원들에게 도움이 될 수 있다는 것을 아는 것이다. 따라서 환자는 집단의 잠재적 도움에 대해서 낙관적이 된다.

② **보 편 성**   환자는 다른 집단 구성원들이 비슷한 문제와 감정을 가지고 있다는 것, 반응하고 문제를 다루는 것이 혼자만이 아니라는 것, 그리고 자기의 상황이 독특한 것이 아니라는 것을 깨닫는다.

③ **수   용**   환자는 집단으로부터 소속감과 수용, 밀접성, 따뜻함, 재확인, 지지감을 경험한다.

④ **이타주의**   환자는 지지를 재확인하고 다른 사람을 돕는 과정에서 자신에 대한 태도에 변화를 경험한다. 다른 사람을 도우려는 욕망이 재인된다.

이 네 가지 요인들은 다른 사람들과의 상호관계에서 자기를 여는 일반적 과정들에 관한 것이다. 이 요인들은 전에 프랭크(Frank, 1973), 로저스(Rogers, 1951) 등에 의해서 공통적인 도움을 주는 요인들로 간주되어 왔다.

이들 치료적 요인들은 집단에 강력한 효과를 갖게 한다. 대인 관계에서 개방 과정은 다른 사람 이야기를 경청하고 이해하며 주고 받는 교환을 이루려는 욕구가 필요하다. 그러나 경우에 따라서 상호 작용의 상황이 부정적 방향으로 가서 심각한 문제를 일으키는 수도 있다. 이러한 분위기는 치료에 대단히 부정적인 효과를 미친다(Dies & Teleska, 1985).

2) 자기-폭로 요인

① **정화(catharsis)**   환자는 자기나 또는 생활 사건에 대한 부정적·긍정적인 감정의 정화를 경험한다. 중요한 효과는 방출이 위안을 가져와야 한다는 것이다. 가끔 이는 이전에 표현되지 않았거나, 또는 아주 어렵게 표현된 자료의 토로(uncorking)라고 기술된다.

② **자기-노출(self-disclosure)**   환자는 비밀로 해왔던 개인적 정보를 나타낸다. 이는 과거 생활에 대한 실제 또는 공상화된 자료나 집단 밖에서의 현재 일어난 일들을 다루는 것이다.

이 두 가지의 범주는 개인적인 정보를 집단에 제공하는 특수한 정서적 사건이다. 이 두 범주는 개인의 자기-폭로란 관점에서 대인 관계 작업을 심화하는 것이다. 다른 범주들과 마찬가지로 정화는 순수한 정서의 방출에 기초하는 정서적인 것이다.

자기-폭로는 응집력 있는 집단의 발달과 관계된다. 많은 연구들은 자기-폭로와 구성원 사이의 매력과 수용 사이에는 비슷한 상호적 효과가 있다는 것을 시사하고 있다(Bloch & Crouch, 1985, p.135).

3) 정보 요인들

① **지   도**   환자는 예컨대 정신병에 대한 사실들, 병원학(etiology)의 이론, 또는 어떤 문제에 어떻게 접근하는지에 대한 특수한 지시 등 유용한 정보와 조언, 또는 암시를 받게 된다.

② **대리학습**   환자는 치료 장면 안에서 상호 작용하는 다른 사

람들을 관찰함으로써 자기에 대한 어떤 가치를 배운다. 여기에는 다른 구성원이나 치료자를 모델링하거나, 다른 구성원과 동일시하는 것, 다른 구성원을 모방하는 것, 다른 사람이 나타낸 개인적으로 합당한 유형을 보고 그것으로부터 배우는 것 등이 포함된다.

이 두 범주는 외부 정보가 행동을 수정하고 자기와 타인에 대한 지각을 하는 데 사용되는 기제와 관련된 것이다.

4) 심리학적 작업 요인들

① **대인 관계 행동**   환자는 집단에서 다른 사람들과 실제 대인 관계 행동으로부터 배운다. 이는 구성원들, 또는 치료자와의 보다 개방된 관계를 맺으려 하는 것, 새로운 관계 방법을 찾으려는 것, 자신의 행동에 대한 피드백으로부터 배우는 것, 자신의 대인 관계 구조의 일탈을 보는 것, 그리고 새로운 이해의 기초가 되는 다른 방법을 찾아내려는 것 등을 포함한다.

② **통 찰**   환자는 자신, 개인적 행동, 타인의 자기 표현, 자기 문제의 본질에 대해서 중요한 그 무엇을 배운다. 현재 유형에 이르게 한 과거 경험이 확인될 수 있다.

이 두 범주는 집단에서 생길 수 있는 대인 관계 행동의 전체적 응용 범위에 관한 것이다. 이 때 생기는 정서적 과정은 문제를 이해하려는 노력이 있어야 하며, 또 그 문제와 다른 사태 및 대인 관계 의미를 관련시키고 새로운 유형의 상호 작용을 이끌어내야 한다.

13.3.3   집단 치료의 발달 단계와 환자의 역할

치료 집단을 이해하는 데는 몇 가지 관점이 있다. 집단의 각 구성원은 집단이란 체계에서 기능적 중요성을 갖는 사회적 역할에 종사해야 한다. 최근 많은 연구 문헌들에서는 집단은 여러 발달 단계를 거쳐 진보할 수 있다는 것을 시사하고 있다.

발달 단계 개념은 사회적 역할에 의해서 보충된다. 다음에 집단 정신 치료 과정의 발달 단계와 구성원(환자)의 사회적 역할을 상론하기로 한다.

1. 집단 치료 발달 단계

매켄지와 라이브슬리(Mackenzie & Livesley, 1983)는 문헌 연구를 통해 집단 정신 치료의 발달 과정을 여섯 단계로 나누었다.

① 1단계   참여(engagement)단계: 첫번째 단계에서의 기본 과제는 치료의 공통적인 과제에 구성원이 참여하는 문제를 해결하는 것이다. 개인 구성원에게 기본 과제는 유친적 과정으로 참여를 허락하고, 고립과 철회(withdrawal) 경향을 극복하는 것이다. 이 단계의 집단 분위기는 개방 수준 및 집단과 구성원에 대한 긍정적 태도를 증가시키는 것이 특징이다.

② 2단계   분화(differentiaion)단계: 2단계의 과제는 구성원들 사이에 차이가 존재한다는 것을 인정하는 것이다. 각 구성원은 적개심을 관리하고 사회적 기대에 합병하려는 욕구를 다루어야 한다. 이 단계는 의견의 극단화와 지도자에 대한 도전을 포함한다. 갈등과 직면(confrontation)은 차이를 탐색하게 하고, 갈등 해결 기제를 발달시킨다.

③ 3단계   개인화(individuation)단계: 집단은 각 구성원의 복잡성에 대한 심층적 평가를 허용하는 탐색적 과정으로 진행된다. 이것은 지지적 분위기에서 적극적인 대인적 도전을 통해서 성취된다. 집단의 각 구성원은 심리적 탐색에 개방되어야 하며 자기의 양가성, 모순 및 분열된 부분을 보다 명확하게 알아야 한다. 자기 노출, 도전, 인지적 지배 등의 차원이 분명하게 나타난다. 참여 단계의 응집력과 분화 단계의 갈등 해결 양식이 이 3단계에 와서 생산적 작업을 하게 되는 것이다.

④ 4단계   친밀성(intimacy)단계: 이 단계의 과제는 밀접한 관계의 의미를 경험하고 탐색하는 것이다. 이 작업은 개인화 단계에서 나타난 확장된 개인적 정보를 기초로 한다. 초점은 개인 구성원에서 집단 내의 관계로 옮겨가는 것이다. 각 구성원은 그들 자신뿐만 아니라 다른 사람에 대한 타당성을 가지려는 생각을 다루어야 한다. 상호 작용 분위기는 적극

적인 참여와 거의 행복감 비슷한 정서가 특징이다.

⑤ **5단계**　　　상호성(mutuality)의 단계: 이 단계에서는 친밀성의 의미가 탐색되고 각 구성원의 기본적 독자성에 대한 평가가 얻어진다. 이는 개인적 자율성과 대인적 책임감의 문제를 포함한다. 각 구성원은 가깝고 의미 있는 관계의 맥락에서 수용되고 포기되었다는 느낌을 진술해야 한다. 이는 심층 수준의 신뢰의 의미를 말하는 것이다. 상호 관계의 분위기는 대인적 개방성이지만 이전에 비해서 갈등과의 직면은 더 크다.

⑥ **6단계**　　　종결(termination)단계: 집단 과제는 "인위적인" 사회적 체계로부터 분리되는 것이며 동시에 허용되었던 경험과 학습한 것을 합병하는 것을 고무시켜야 한다. 종결이 부정적인 방식으로 보일 때는 빠른 진행은 안하는 것이 좋다. 각 구성원은 집단적 심판 없이 개인적 책임감을 가정할 필요성, 그리고 상실과 분리를 다루어야 한다.

2. 구성원(환자)의 사회적 역할

환자의 사회적 역할은 다음과 같은 네 가지를 포함한다.

① **사교적 (sociable) 역할**　　　이 역할을 하는 구성원들은 긍정적(사교적)이고 신뢰롭다. 그들은 모든 구성원들이 지지해 줌으로써, 참여를 고무함으로써, 그리고 차이나 또는 부정적 반응을 최소화함으로써 긍정적 경험을 갖도록 확인해야 한다. 이러한 구성원들은 집단으로 빨리 병합되고 인기 있는 구성원으로 간주된다. 이러한 성질은 순수함과 착취의 잠재성을 내포할 수도 있다. 사교적 구성원은 지나치게 집단에 의존하게 될 수도 있다.

② **구조적 (structural) 역할**　　　이러한 구성원들은 집단이 과제에 참여하는 데 관심이 많아서 집단 활동을 조직하고 목표를 수립하는 데 관여한다. 그들은 감정을 인식하고 다루는 데 어려움을 가질 수도 있고, 조언을 주거나 구체적인 문제 해결 방식으로 이 어려움을 보상한다. 인지적 지배(mastery)와 목적 의식에 대한 욕구는 안정된 것이 특징이지만, 이와 같은 특징들이 대인적 교환을 어렵게 만드는 형식적이고, 강박

적인 양식으로 이끌 수도 있다.

③ **경계적(cautionary) 역할**   이 역할을 수행하는 구성원들은 방어적인 방식으로 행동한다. 그들은 그들 자신의 중요한 면을 나타내는 데 주저하며 집단적으로 해결해야 할 과제를 억지로 한다. 그들의 저항은 분노나 불신의 성질을 가진 것이다. 그들은 자율성과 자기-책임감의 중요성을 강조한다. 이러한 성질들은 집단의 효과적 사실을 방해하며, 다른 구성원으로부터 거절당하게 된다.

④ **확산적(divergent) 역할**   이러한 구성원의 행동은 대인적 사례에 도전하고 질문하는 것이 특징이다. 이러한 행동을 보이는 구성원들은 견해의 차이를 강조하며, 종종 충동적인 방식으로 행동한다. 그들의 대인적 양식에는 분노와 공격적 요소가 있다. 그들은 집단작업에 잘 관여하고 중요한 문제를 조사하는 데 열심이다. 이와 같은 성질들은 집단에 대해 분열(disruption)을 초래한다.

제14장
역동적 치료

정서 문제에 대한 관한 역동적 치료에는 인지적 치료, 다형태적 치료, 그리고 대인 관계 분석-정화모델이 포함된다. 이 장에서는 이러한 치료법의 이론과 실제 및 문제점을 다루고자 한다.

14.1 인지적 치료

인지적 모델과 치료는 인지, 정서, 행동의 상호 작용에 대한 가정을 기초로 하고 있기 때문에 인지적 치료는 정서적 장애, 특히 우울증을 치료하는 데 주로 사용되고 있다. 인간은 내적·외적 정보를 인지적으로 처리하는데 종사하는 적극적 지각자이다. 따라서 행동 반응을 보이기 전에 선택적으로 주의하여 받아들이고, 수정하고, 범주화하고 변형한다. 정보를 처리하는 과정에서 변화와 수정은 그에 따른 정서와 행동의 변화를 초래한다.

일상생활에서 부정적이고, 불쾌한 경험을 많이 할수록 현실에 대한 부정적 견해, 실패감과 무능감이 생겨서 결국 우울증을 초래하게 된다. 어떤 사람이 자기의 사회적 테두리 안에서 점점 우울하게 되면 다른 이들로부터 거절과 비판 반응을 받게 되며, 이는 다시 악순환 되어서 사회적 고립과 철회를 나타내게 된다.

이와 반대로, 조화로운 대인 관계를 갖는 사람은 심각한 정도의 우울증에 빠지지 않는다. 베크와 그의 동료들(Beck, Rush, Shaw, & Emery, 1979)에 의하면 환자의 현실에 대한 부정적 견해는 아동기에 근원을 둔 인지 구조에서 비롯된다고 주장했다. 부정적인 인지적 구조를 발달시킨다고 가정되는 아동기 사건들은 부모의 상실이나, 부모로부터의 거절, 자율성과 독립성에 대한 부모의 무관심, 신체적 결함이나 이상성 등을 포함한다. 인지 모델이 인지적 사건들의 시초성(primacy-아동기의 사건들)을 가정하는 것은 우울증 발달에 대한 생화학적·유전적 요인의 영향을 부정하는 것은 아니다.

잉그램과 홀랜(Ingram & Hollen, 1986)에 따르면, 우울증에 관한 통합되고 일관성 있는 이론의 발달은 우울증 이해에 중추적이라고 가정되는 인지적 변인들이 너무 다양하기 때문에 장애에 부딪히고 있다.

예를 들면, 자아-셰마, 자아-진술, 귀인 스타일, 비합리적 신념과 같은 인지 변인들이 각각 우울증의 발생과 유지에 중추적인 것이라고 가정되고 있기 때문이다. 이러한 여러 가지 인지 변인들을 일관성 있는 구조로 정리하기 위해서 잉그램과 홀랜은 인지의 기본 기제를 네 가지 종류로 범주화하여 제안하였다. 즉 ① 인지 구조, ② 인지 명제(proposition), ③ 인지 조작, ④ 인지 산물 등이다. 이 분류는 마이헨바움과 길모어(Meichenbaum & Gilmore, 1984)가 인지 구조, 인지 과정, 인지 사건으로 나누어 논의했던 것과 일치한다고 보겠다.

베크와 그린버그(Beck & Greenberg, 1989)가 지적한 바와 같이 잉그램과 홀랜의 분류는 우울증의 중요한 인지과정을 논의하는데 도움이 될 것이다.

14.1.1 인지 구조

인지 구조란 용어는 기억에 있어서 이전 지식과 경험에 대한 지속적인 표상에 관한 것이다. 또한 인지 구조는 정보를 처리하고, 선택적 부호화, 평가, 기억으로부터의 정보 인출 등을 통해서 행동의 미래 과정을 예측하는 데 사용된다.

인지적 모델의 관점에서 가장 중요한 인지 구조는 셰마이다. 셰마는 개인이 직면하는 자극들을 선택하고, 부호화하고, 인출하고, 해석하는 유형으로서 기능한다. 따라서 일반적 조직과 일치하지 않는 정보는 흔히 무시되거나 망각되며, 다른 정보의 측면들은 활성화된 셰마와 일치하는 방법으로 정교화된다고 한다(Bobrow & Norman, 1975; Bower, Black, & Turner, 1979, Minsky, 1975; Owens, Bower, & Black, 1979). 셰마가 지각과, 이해, 회상, 문제 해결을 촉진하기도 하지만, 셰마의 계속적 조작의 중요한 결과는 편파되고 일탈된 정보 처리를 한다(예 : 선택적 주의와 회상). 우울증의 인지 구조 특징은 다음과 같이 세 가지로 고찰된다.

1. 자아-셰마(self-schema)

부정적 자아-셰마 개념은 우울증에 관한 인지 모델의 중추적인 것으로 알려져 있다(Deny & Kuiper, 1981). 연구에 의하면 우울한 사람들의 자아-셰마는 자기와 관련된 정보를 처리하는 데 중요한 역할을 하며, 이러한 셰마들은 우울하지 않은 사람들의 자아-셰마와 내용에 있어서 다르다고 보고되고 있다.

부정적 정보에 대한 편파적 정보 처리는 우울증의 심각성과 관련되어 있다고 본다(Greenberg & Beck, 1989). 즉 임상적으로 우울한 사람들은 긍정적 정보보다는 우울증과 관련된 부정적 정보를 더 효과적으로 처리한다. 그러나 정상적이고 약간 우울한 사람은 긍정적·부정적 정보 모두를 효과적으로 똑같이 처리한다고 한다. 이러한 관찰은 우울증 환자와 정상인들은 기초가 되는 자아-셰마의 내용에서 다르다는 것을 시사한다.

2. 세계와 미래 셰마

우울증의 인지 모델은 우울한 사람들은 부정적 자아-셰마뿐 아니라 세계와 미래에 대해서도 부정적 셰마를 가진다고 시사한다. 이 세 가지 셰마는 우울증의 "인지적 3원 체계(triad)"로 명명되기도 한다(Greenberg & Alloy, 1983).

절망(hopelessness – 희망이 없음) 가설은 정서 장애, 특히 우울증에 대한 인지 이론에서 중요한 역할을 한다. 절망은 자살 위험이 높은 것과 연관되어 있는 미래 지향적 가설이다. 베크과 에머리(Beck & Emery, 1985)의 장기간에 걸친 연구에 의하면, 절망 척도를 사용해서 병원에 입원한 자살 환자의 표집으로부터 자살에 대한 90%의 예언율을 가진다는 결과를 보고했다. 따라서 인지 치료자는 우울증 환자에게서 절망이 증가하거나 심각하게 되는 데에 민감해야 한다.

3. 소질적 우울(depressogenic)의 가정

우울증이 발달하고 유지되는 데 중요한 역할을 하는 것으로 가정되고 있는 인지 구조의 또 다른 유형은 개인이 가지고 있는 기본적 가정이다. 부정적인 환경의 사건들을 더 잘 지각하고 처리하는 사람들, 곧 부정적 견해를 갖는 우울한 사람들은 그들을 우울하게 만드는 기본 신념과 개인적 규칙을 갖는다. 따라서 인지 치료의 중요한 과제 가운데 하나는 우울한 사람에게 그가 가지고 있는 가정들을 확인하고 수정하는 것을 도와주는 것이다.

14.1.2 인지 명제

잉그램과 홀랜(1986)에 의하면 인지 명제들은 여러 인지 구조에서 나타나는 실제 내용이다. 인지 구조에서 언급했듯이, 우울증의 경우에 내용(인지 명제)은 자아, 세계, 미래에 대한 부정적 신념으로 구성된다. 이러한 것은 알로이와 그린버그(Alloy & Greenberg, 1983)의 연구에서 밝혀졌다.

14.1.3 인지 조작

인지 조작은 정보처리 체계를 통해서 정보를 실제로 조작하는 기제이며 셰마의 산물이라고 가정된다. 이 과정은 규칙과 발견술(heuristics), 주의 과정, 부호화(encoding)과정, 통제 과정 및 기억 조직망 속에 퍼져 있는 실제 개념을 포함한다. 베크(1967, 1976)는 주로 발음 곤란과 우울증 증후를 가지고 있는 환자들의 임상 관찰을 통해서 많은 인지 조작들을 요약했다. 임상 장면에서 관찰되는 가장 현저한 기제들은 다음과 같다 (Greenberg & Beck, 1989, p. 184, 재인용).

① **임의적 추론**   지지할 만한 증거가 없는 데서 추출하는 결론
② **선택적 추상**   맥락에서 취한 한 부분에 대한 강조
③ **과잉 일반화**   하나 이상의 분리되어 있는 사건을 기초로 하여 일반적 규칙을 이끌어 내는 것
④ **확대**(magnification)**와 최소**(minimization)   한 사건의 의미나 정도를 일탈하는 것
⑤ **개인화**(personalization)   외적 사건을 자료가 없는데 자기와 관계시키는 것
⑥ **이분법적 사고**   사건을 승자와 패자, 능력과 불능과 같은 두 개의 서로 독자적인 범주의 하나로 평가하는 경향

따라서 인지 치료자는 환자에게 이러한 과정들이 경험의 부적응적 일탈이라고 확인시키고 경험적으로 증명할 수 있는 관찰을 기초로 해서 결론을 이끌어내야 한다.

인지적 모델에 중심이 되는 인지 조작의 또 다른 변인은 환자들의 "자동적인 부정적 사고" 개념이다(Ingram & Hollen, 1986). 이 경우에 인지적 치료자는 우울증을 감소시키는 데 환자로 하여금 부정적 사건들을 다룰 수 있는 모델과 방법을 제시해야 한다.

14.1.4   인지 산물

인지 산물은 잉그램과 홀랜(1986)에 의하면 정보 입력과 인지 구조와 인지 조작의 상호 작용에서 생기는 인지라고 정의된다. 우울증 연구에 관계되는 인지 산물은 자기 진술, 귀인(attribution), 인과적 추론 및 심상 등을 포함한다. 이러한 인지들은 실패, 거절, 불능 및 절망의 주제를 내포한다.

절망의 개념은 인지 모델과 우울증 치료에서 중심적 가설이다. 개인이 절망적으로 되고 문제를 해결하는 방법을 지각할 수 없게 되면 자살의 위험은 증가한다(Beck, Steer, & McElroy, 1982).

따라서 자살 환자에게 절망을 감소시키는 일은 치료 과정에서 대단히 중요한 과제이다. 숙제를 주는 것은 한 방법인데, 숙제를 주면 환자에게 긍정적 피드백(feedback)을 주고 부정적 기대와 예측을 적게 하기 때문에 우울증과 절망을 감소시킬 수 있다. 환자 역시 자신의 특수한 인지적 일탈을 확인하고, 모니터하고 이름을 붙이는 방법에 대해 지시를 받는다. 치료자는 환자가 부정적 방식으로 자신을 보는 경험을 의식하게 해주어서 환자로 하여금 그들의 긍정적 속성을 알게하고 검사 등을 통해서 얻은 인지적 자료를 참고하게 도와주어야 한다.

14.2   다형태적 치료

다형태적(multimodal) 입장은 단일한 요인으로는 인간의 정서성을 전부 설명할 수 없다는 데서 출발한다.

다형태적 견해를 가진 학자들은 정서적 현상들은 인지적, 행동적, 현상학적, 지각적, 생화학적, 그리고 신경생리학적 기능들 사이의 복잡한 상호 작용에 달려 있다고 본다. 이러한 다형태적 접근은 평가와 치료에 이러한 전체적인 스펙트럼을 포괄하려고 노력하고 있다(예 : Brunell & Young, 1982; Lazarus, 1976, 1985, 1986, 1987, 1989).

라자러스에 의하면(1986), 다형태적 입장은 정서는 보통 대인적 맥락에서의 행동, 감각, 상상(imagery), 인지적 요인 및 생물학적 입력의 상호작용의 산물이라고 보는 것이다(p. 68). 라자러스는 다형태적 측정모델을 만들었는데 이것은 일곱 가지 형태로 되어 있으며 진단 과정 중에 중요한 것이다. 이 모델은 BASIC I.D.라는 약자로 되어 있다. BASIC I.D.를 좀더 설명하면 다음과 같다(Lazarus & Lazarus, 1989, p.201).

① 행동(Behavior : B)은 주로 외현적 행동, 행위, 몸짓, 습관 및 관찰할 수 있고 측정할 수 있는 행동들에 관한 것이다.

② 감정(Affect : A)은 정서, 기분 및 강한 감정(feeling)에 관한 것이다.

③ 감각(Sensation : S)은 단순하게 다섯 가지 기본 감각들, 즉 보는 것, 듣는 것, 만지는 것, 맛이나 냄새에 관계된 것이다.

④ 상상(Imagery : I)은 꿈, 공상, 생생한 기억, 정신상, 그리고 사람들이 자신을 보는 방법(자아상)을 포함한다. 청각적 심상도 이 범주에 속한다.

⑤ 인지(Cognition : C)는 태도, 가치, 의견 및 관념(독백: self-talk)에 관계되는 것이다.

⑥ 대인관계(Interpersonal relationship : I)는 다른 사람들과의 모든 의미있는 상호 작용을 포함한다(친척, 친구, 애인, 지인 등).

⑦ 약물—생물학(Drug-Biology : D)은 영양, 위생, 운동에 추가한 약물(자기 또는 의사가 처방한)과 모든 기본적, 생리학적, 병리학적 입력(지식)을 포함한다. 이 범주는 성격에 영향을 미치는 신경생리학적—생화학적 요인들을 포함한다.

이 모델은 환자뿐 아니라 일상 생활에서 일어나는 사태와 사람들에게 적용될 수 있다. 라자러스(1973)가 주로 약물로 치료하던 시절에 정신분열증 환자의 치료에 대해서 이 다형태적 모델을 발표했을 때 논란이 많았다. 최근 라자러스(1989)는 스스로 이 모델에 대해서 자부하고 있다. 즉 많은 사람들은 아직도 전문적 정신 치료자의 상담을 구한다. 그들은 불안이나 우울증과 같은 부정적인 정서 상태를 경험했기 때문에 기분이 나빠서이다. 그러나 라자러스는 다형태적 입장과 실제야말로 불안을 감소하고, 우울증을 해소시키고 죄책감을 희석하는 가장 우아하고 완전한 방법이라고 추천한다. 왜냐하면, 이 다형태적 방법은 이러한 징후에서 나타나는 행동, 감각, 상상, 인지, 대인 관계 및 생물학적 과정의 특수하고 상호 관련된 기능 장애적 유형을 제거하기 때문이다.

이 다형태적 모델은 포괄적 치료(comprehensive therapy)의 입장을 전제하고 있는데, 이에 관한 임상적·이론적 연구가 더 뒤따라야 할 것으로 생각된다.

14.3 대인관계 분석-정화 모델

14.3.1 정화 모델의 개념과 현황

정화(Catharsis) 모델의 기초가 되는 정신분석학 이론에 따르면, 정화 개념은 이드와 슈퍼에고의 갈등에 에너지가 구속되고, 문제가 되는 갈등은 에고에 의해서 억압되거나 차단된다. 이때 억압된 갈등의 돌출이 위협받는 것과 관련되어 불안이 생기는데, 불안은 개인으로 하여금 해결되지 않은 과거의 갈등과 무의식적으로 계속해서 연결된다. 정화적 치료는 이 차단된 에너지를 방출시키는 것이다.

오늘날 정신분석적 치료에서 정서 에너지를 방출하는 것이 가장 중요하게 되어 있으며, 프로이드와 브로이어(Breuer)에 의한 본래의 정화 치료로부터 이 정신분석학적 치료를 변형시킨 약식 치료(brief therapy)에 이르기까지 다양하여 150가지에 이른다. 예컨대 쉐와 그의 동료들(Shea, Elkin, & Hirschfeld, 1988)이 발달시킨 치료법, 켈러만과 그의 동료들(1986)이 발달시킨 대인적 치료법(interpersonal therapy) 등이 그것이다.

　　대인적 치료법은 세 가지 과정을 포함한다. 첫째는 환자가 얘기한 것을 재구성 하고 피드백을 주는 과정이고, 둘째는 환자가 고통스러운 감정을 확인하고, 수용하고, 또 억압된 감정을 표현하도록 도와주는 과정이고, 셋째는 부적응적 의사소통 유형을 확인하고 효과적인 의사소통을 증가시키는 "의사 소통 분석"과정이다.

　　일반적으로 감정을 분명하게 확인하고 표현하는 것은 정신 치료에서 대단히 중요하다. 특히 정신분석학에서 더욱 중요하다.

14.3.2　정화 모델의 효과 분석법: 사회적 행동의 구조적 분석

　　이 방법은 우울증에 있어서 분노의 표현 역할을 프로이드가 해석한 것을 응용한 방법이다. 이 모델은 설리반(Sullivan), 머레이(Murray), 리어리(Leary), 샤퍼(Schafer) 등의 업적에서 발달되었으며 벤자민(Benzamin, 1974, 1984)이 이를 요약하고 있다. 사회적 행동의 구조적 분석(SASB : Structural Analysis of Social Behavior)은 대인적 상호 작용을 ① 대인적 초점(자기, 타인, 재투사), ② 사랑과 증오, ③ 구속과 분화의 세 가지 차원으로 기술하는 모델이다. 우울증에 있어서 프로이드의 자아−공격(self-attack)에 대한 정화 모델은 적절한 치료 중단이라는 것을 의미한다. 자아−공격이 사랑하는 사람들에 대해 직접 향한 공격에서 생긴 것이라면, 분노의 표현은 도움이 될 수 있다는 것이다. 최근 프로이드의 우울증에 대한 해석에 관한 연구들이 많았는데, 우울한 사람은 공격성을 억압하고 있다는 생각은 연구 결과들과 모순된다는 보고가 있다. 예컨대 와이스맨과 그의 동료들(Weissman, Kellerman & Paykel, 1971)은 우울증에 걸려 있는 동안에 어떤 사람들은 자기나 타인에 대해서, 특히 사랑하는 사람에 대해서 적대적이라는 것을 발견했다고 보고하고 있다.

　　SASB 모델이 측정하는 세 번째 차원은 설리반(1983)의 내투사 개념과 유사한 것이다. 내투사는 우울증에서 자아 공격이 다른 중요한 사람이 행한 것을 자신에게 하는 것으로 나타내는 것으로, 이때는 정화 모델은 직접적인 치료 타당성을 갖지 못한다. 이런 환자는 공격당한 것을 공격하려는 원망(wish) 때문에 고통을 받지는 않는다. "네가 나를 경멸한다면, 나는 나 자신을 경멸할 거야"라는 내투사 기제는 사랑하는 사람을 모방하는 것이고, 자기가 모방하는 사람을 존경하고 사랑한다는 것을 시사한다. 모방자(환자)가 사랑하는 사람을 공격하는 것은 자연스러운 반응도, 적응적인 반응도 아니다. 사랑하는 사람을 공격하는 것을 고무하기보다는, 오히려 자신에게 그 공격을 돌리는 경우에, 치료는 환자가 이러한 파괴적인 내면화로부터 분화되도록 도와야 한다. 이 경우에 중요한 것은 환자가 그를 나쁘게 취급한 사람으로부터 심리적으로 분리되도록 도와주어야 한다는 것이다. 환자는 개인적으로 자신에 대한 견해를 발달시키는 것이 필요하기 때문이다. 이러한 분리는 분노의 표현으로 촉진될 수 있다. 그러나 분노보다는 분화가 치료의 목표이다.

대상관계를 조작하기 위한 SASB 방법은 자아-공격이 투사적 비난인지 또는 내재화된 비난인지를 결정하는 변인들을 확인하여 동일시하는 데에 사용될 수 있다. 현재로는 SASB 분석법은 우울증의 역동성에 대한 프로이드의 가설이 가지고 있는 대인적 본질을 확인하고, 또 그의 정화 모델(직접적 공격)이 우울증을 완화시키는 데 적절한지를 증명하는 데에만 사용되고 있다.

프로이드는 우울증 분석을 사랑하는 사람으로부터 적대적 압력을 받는다는 것을 관찰한 데부터 출발했다. 프로이드가 대인적 함축을 분명하게 기술했음에도 불구하고, 전통적인 정신분석적 문헌은 우울증의 진단이나 치료의 공식화에서 사랑하는 사람에 관한 것은 포함시키지 않고 있다. SASB 분석법은 이러한 간과된 점을 보충하고 확인하기 위한 필요성에서 시작된 것이다.

14.3.3 분노 표현에 관한 치료적 지침

환자가 어떤 정서를 표현할 때, 치료자는 표현된 정서를 인정하고, 숙고하고 정리하여서 환자로 하여금 그 정서에 대한 대인적 평등을 발견하도록 도와주어야 한다. 평등한 대인적 문제란 환자가 치료자와 얘기한 사람 또는 문제점을 통제하거나 거리를 갖기를 원하는 것이라는 것을 의미한다.

SASB 분석법의 가정은 건강한 사람들도 ① 자기 자신이나 타인에 대해서 똑같이 관심을 가지고 초점을 맞출 수 있고, ② 다른 사람들과 따뜻한 유대, 즉 애착을 보일 수 있고, ③ 자기 또는 분리에 대해서 명확한 감각을 가져야 한다는 것이다. 이러한 가정들과 관련되어 있는 치료적 지침은 분화된 자아 감각을 촉진하는 감정 표현은 도움이 되므로, 이는 치료자에 의해서 고무되어야 한다는 것이다. 이러한 기준에 맞지 않은 감정은 치료의 진전을 방해하는 경향이 있다.

달리 표현하면, 과거의 부적응적 대인관계 유형과 관련된 정서적 표현은 고무하지 말고, 대신에 분노의 대인적 의미를 직접 기술하도록 해야 한다. 이렇게 해서 환자가 부적응적 사태에 대해 현실적인 평가를 하게 되면 지지해 주어야 한다. 과거에 '정말 그랬었구나' 하는 것을 인지적·감정적으로 경험하는 것은 과거의 부적응적 관계와 견해가 잘못되었다는 전망을 갖고, 또 이러한 생각과 관계를 새롭고 더 좋은 유형으로 대치할 수 있도록 하는 데 도움이 된다.

참 고 문 헌

김경희(1998). "교사용 유아 정서지능 평정 척도 개발에 관한 연구." 연세대학교 대학원 박사학위 논문.

김경희(1988). 「성격」. 민음사.

김경희(1995). 「정서란 무엇인가」. 민음사.

김경희(1996). "한국 청년의 정서에 관한 심리학적 연구." 한국 심리학회: 발달, 9(1), 1-14.

김경희(1997). "한국 아동의 정서에 관한 심리학적 연구." 한국 심리학회: 발달, 10(1), 43-56.

김경희(1999). "아동과 청년의 사회적 도덕성에 관한 연구−정직과 친절을 중심으로−." 한국심리학회: 발달, 12(1), 14−24.

김경희(2002). "한국 아동과 청소년의 도덕적 정서−죄책감을 중심으로−." 한국 심리학회지: 발달, 15(1), 35-55.

박경아 외(1996). 「의학신경 해부학」. 고려의학.

위영희(1995). "영아의 창조행동과 관련 변인에 관한 연구." 연세대학교 박사학위 논문.

최명애 외 편찬(2002). Mosby 의학대사전. 현문사.

Adolphs, R., Damasio, H., Tranel, D., Cooper, G., & Damasio, A.(2000). A role of somatosensory cortices in the visual recognition of emotions as revealed by three-dimensional lesion mapping. *Journal of Neuroscience. 20*, 2683-2690.

Adolphs, R., Tranel, D., Damasio, H. & Damasio, A.(1994). Impaired recognition of emotion in facial expressions following bilateral damage to the human amygdala. *Nature, 372*, 669-672.

Aggleton, J. P.(1985). A description of intra-amygdaloid connections in old world monkeys. *Experimental Brain Research, 57*, 390-399.

Aggleton, J. P., Burton, M. J., & Passingham, R. E.(1980). Cortical and subcortical afferents to the amygdala of the rhesus monkey(Macaca mulatta). *Brain Research, 190*, 347-368.

Ainsworth, M. D. S.(1963). The development of infant-mother attachment among the Uganda. In D. M. Foss(Ed.), *Determination of infant behavior.* New York: Wiley.

Ainsworth, M. D. S.(1967). *Infancy in Uganda: Infant care and the growth of love.* Baltimore. Johns Hopkins University Press.

Ainsworth, M. D. S., Blehar, M. C., Waters, E., & Wall, S.(1978). *Patterns of attachment.* Hillsdale, N.J.: Erlbaum.

Alechsieff, N.(1907). Die Grundformen der Gefühle. *Psychol. Stud. 3,* 156-271.

Alexander, R. D.(1987). *The biology of model systems.* New York: Aldine de Gruyter.

Alloy, L. B., & Greenberg, M. S.(1983). Depression, anxiety, and self-schemata: A test of Beck's theory. *Paper presented at the 91st annual convention of the American Psychological Association,* Anaheim. CA.

Allport, F. H.(1924). *Social psychology.* Boston.

Allport, G. W.(1937). *Personality:* A psychological interpretation. New York: Holt.

Allport, G. W., & Vernon, P.(1935). *Studies in expressive movement.* New York: MacMillan.

Altman, I.(1976). Environmental psychology and social psychology. *Personality and Social Psychology Bulletin, 2,* 96-113.

Ames, L. B.(1963). *The child's emotions : A developmental approach. In Conference on emotions and feelings.* Philadelphia : American Psychological Association.

Anand, B. B., Chhina, G. S., & Singh, B.(1961). Some aspects of electroence-phalographic studies in Yogis. *Electroencephalogr. Clin. Neurophysiol., 13,* 452-456.

Anderson, N. H.(1981). *Foundational of information integration theory.* New York: Academic Press.

Anderson, N. H.(1982). *Method of information integration theory.* New York: Academic Press.

Andrew, R. J.(1972). The information potentially available in mammalian displays. In R. A. Hinde(Ed.), *Nonverbal communication.* London and New York: Cambridge University Press.

Ariens-Kappers, C. U.(1920). *Die vergleichende Anatomie des Nervensystems der Wirbeltiere und des Menschen..* Haarlem: De Erven F. Bohn.

Arieti, S.(1966). Creativity and its cultivation : Relation to psychopathology. In S. Arieti(Ed.), *American handbook of psychiatry(Vol. 3).* New York: Basic Book.

Aristotles.(1936). *On the soul*("De Anima", translated by Heft). London : St. Edmundsbury Press.

Aristotles.(1941). *The basic works of Aristotles.* (*1936*). (Translated by Beare). New York: Random House.

Arnold, M. B.(1960). *Emotion and Personality(Vol. 2).* New York: Columbia University Press.

Arnold, M. B.(Ed.).(1971). *Feeling and emotion.* New York: Academic Press.

Asendorpf, J. B.(1984). Lassen sich emotionale Qualitaten im Verhalten unterscheiden? *Psychologische Rundschau, 35,* 125-135.

Asher, S., & Parker, J.(1989). Significance of peer relationship problems in childhood. In B. Schneider, G. Attili, J. d, Coie(Eds.), *social competence in developmental perspective.* Dordrecht, Holland: Kluwer.

Averill, J. R.(1969). Autonomic response patterns during sadness and mirth. *Psychophysiology, 5,* 399-414.

Averill, J. R.(1979). Anger. *In Nebraska Symposium on Motivation.* Lincoln: University of Nebraska Press.

Averill, J. R.(1980). A constructivist view of emotion. In R. Plutchik, & H. Kellerman(Eds.), *Emotion, theory, research, and experience(Vol. 1).* New York: Academic Press.

Averill, J. R.(1981). The emotions. In Staub, E.(Ed.), Personality: *Basic aspects and current research.* Englewood Cliffs, N.J.: Prentice-Hall.

Averill, J. R.(1982). *Anger and aggression : An essay on emotion.* New York: Springer.

Ax, A. F.(1953). The psychological differentiation between fear and anger in humans. *Psychosomatic Medicine. 15,* 433-442.

Bagchi, B. K., & Wenger, M. A.(1957). Electrophysiological correlates of some yogi exercises. *Electroencephalogr. Clin. Neurohpysiol., 7,* 132-149.

Baleydier, C., & Mauguiere, F.(1980). The duality of the cingulate gyrus in monkeys: Neuroanatomical study and functional hypothesis. *Brain, 103,* 525-554.

Balint, M.(1952). *Primary love and psychoanalytic technique.* London: Hogarth.

Bandura, A.(1977). *Social learning theory.* Englewood Cliffs, N.J.: Prentice-Hall.

Bandura, A.(1978). The self system in reciprocal determinisim. *American Psychologist, 33,* 244-358.

Bandura, A., & Walters, R. H.(1963). *Social learning and personality development.* New York: Holt.

Bänninger-Huber, E., & Rauber-Kaiser, S.(1989). Die Differenzierung verschiedener Lächeltypen: FACS-Codierung und Einschätzungen. *Schweizerische Zeitschrift für Psychologie,* 48, 21-34.

Bard, P.(1928). A diencephalic mechanism for the expression of rage with special reference to the sympathetic nervous system. *American Journal of Physiology, 84,* 490-513.

Barnett, S. A.(1973). Animals to man: The epigenetics of behavior. In S.A. Barnett(Ed.), *Ethology and behavior.* London: Heinemann.

Barrera, M., & Maurer, D.(1978). Recognition of mother's photographed face by three month old infants. *Paper presented at the meeting of the International Conference on Infant Studies,* Providence, Rhode Island, April.

Bauer, R. M.(1982). Visual hypoemotionality as a symptom of visual-limbic disconnection in man. *Archives of Neurology, 39,* 702-708.

Beck, A. T.(1967). *Depression: Clinical, experimental, and theoretical aspects.* New York: Harper & Row.

Beck, A. T.(1971). Cognitive, affect and psychotherapy. *Archives of General Psychiatry, 24,* 495-500.

Beck, A. T.(1976). *Cognitive theory and the emotional disorders.* New York: International Press.

Beck, A. T. Rush, A. J., Shaw, B. F., & Emery, G.(1979). *Cognitive therapy of depression.* New York: Guilford Press.

Beck, A. T., Steer, R. A., & McElroy, M. G.(1982). Relationship of hopelessness, depression, and previous suicide attempts to suicidal ideation in alcoholics, *Journal of Studies on Alcohol,* 1042-1046.

Beck, A. T., & Emery, G.(1985). *Anxiety disorders and phobias: A cognitive perspective.* New York: Basic Books.

Bell, N. J., Avery, A. W., Jenkins, D., Feld, J., & Shoenrock, C. J.(1985). Family relations and social competence during adolescence. *Journal of youth and Adolescence,* 14, 109-114.

Bell, S. M., & Ainsworth , M. D. S.(1972). Infant crying and maternal respon-siveness. *Child Development, 43,* 1171-1190.

Bem, D. J.(1972). Self-perception theory. In L. Berkowitz(Ed.), *Advances in experimental social psychology(Vol. 6)*. New York: Academic Press.

Ben-Ari, Y.(1981). Transmitters and modulators: A review. In Y. Ben-Ari(Ed.), *The amygdaloid complex*. Amsterdam: Elsever/North-Holland, Biomedical Press, 163-174.

Benjamin, L. S.(1974). Structural analysis of social behavior. *Psychological Review, 81,* 392-425.

Benjamin, L. S.(1984). Principles of prediction using structural analysis of social behavior. In R. A. Zucker, J. Aronoff, & A .I. Rabin(Eds.), *Personality and the prediction of behavior(Vol. 1)*. New York: Academic Press.

Benjamin, L. S.(1986). Adding social and intrapsychic decriptors to Axis of DSM-Ⅲ. In T. Million & G.L. Klerman(Eds.), *Contemporary directions in psychopathology*. New York: Guilford Press.

Benton, D.(1982). Is the concept of dominance useful in understanding rodent behavior? *Aggressive Behavior, 8,* 104-107.

Benton, D., Brain, P. F., Jones, S., Colebrook, E., & Grimm, V.(1983). Behavioral examinations of the anti-aggressive drug fluprazine. *Behavioral and Brain Research, 10,* 325-338.

Berger, S.(1962). Conditioning through vicarious instigation. *Psychological Review, 69,* 450-466.

Berlyne, D. E.(1960) *Conflict, arousal and curiosity*. New York: McGraw-Hill. (1969). Laughter, humor and play. In G. Lindzey & E. Aronson(Eds.). *Handbook of Social Psychology(Vol.3).: Aesthetics and psychobiology*. New York: Appleton-Century-Crofts.

Bernstein, D. A., & Allen, G. J.(1969). Fear Survey Schedule Ⅱ: Normative data and factor analysis based upon a large college sample. *Behavior Research and Therapy, 7,* 403-407.

Berry, J. W.(1980). Introduction to methodology. In H. C. Triandis & J. W. Berry(Eds.), *Handbook of cross-cultural psychology: (Vol.2), Methodology*. Boston: Allyn & Bacon.

Biehl, M., Matsumoto, D., Ekman, P., Hearn, V., Heider, K., Tsutomu, K., & Ton, V. (1997). Matsumoto and Ekman's Japanese and Caucasian facial expressions of emotion(JACFEE): Reliability data and cross-national differences, *Journal of Non-verbal Behavior, 21*(1).

Billman, J., & McDevitt, S. C.(1980). Convergence of parent and observer ratings of temperament with observations of peer interaction in nursery school. *Child Development, 51,* 395-400.

Bion, W.(1961). *Experience in groups.* New York: Basic Books.

Black, A. H., & Toledo, L.(1972). The relationship among classically conditioned responses: Heart rate and skeletal behavior. *In A. H. Black & W. Prokasy (Eds.), Classical conditioning: Current research and theory.* New York: Appleton-Century-Crofts.

Blanchard, R. J., & Blanchard, D. C.(1981). The organization and modeling of animal aggression. In P. F. Brain & D. Benton(Eds.), *The biology of aggression.* Alphen aan den Rijin, The Netherlands: Sijthoff & Noordhoof.

Blanchard, D. C., & Blanchard, R. J.(1984). Affect and aggression: An animal model applied to human behavior. *Advances in the Study of Aggression, 1,* 1-67.

Blatz, W. E.(1925). The cardiac, respiratory and electrical phenomena involved in the emotion of fear. Journal of *Experimental Psychology.* 8, 109-132.

Bloch, S., & Crouch, E.(1985). *Therapeutic factors in group psychotherapy.* London: Oxford University Press.

Board, F., Persky, H., & Hamburg, D. A.(1956). Psychological stress and endocrine functions. *Psychosomatic Medicine.* 18, 324-334.

Bobrow, D. G., & Norman, D. A.(1975). Some principles of memory schemata. In D. G. Bobrow & A. M. Collins(Eds.), *Representation and understanding: Studies in cognitive science.* New York: Academic Press.

Bogdanoff, M. D., Combs, J. J., Bryant, G. D., & Warren, J. B.(1959) Cardiovascular responses in experimentally induced alterations of affect. *Circulation,* 20, 353-359.

Boissy, A.(2002). Interactions between social and feeding motivations on the grazing behaviour of herbivores: Sheep more easily split into subgroups with familiar peers. *Applied Animal Behaviour Science, 79(3),* 223-245.

Bonin, G. von, & Bailey, P.(1947). *The neocortex of Macaca mulatta.* Urbana: University of Illinois Press.

Bower, G. H., Black, J. B., & Turner, T. J.(1979). Scripts in memory for text. *Cognitive Psychology, 11,* 177-220.

Bowlby, J.(1969). Psychopathology of anxiety: the role of affectional bonds. In M. H. Lader(Ed.), *Studies of anxiety. Special Publication,* 3.

Bowlby, J.(1969). *Attatchment and loss(Vol. 1). Attatchment.* New York : Basic

Books.

Bowlby, J.(1973). *Attatchment and loss(Vol. 2): Seperation, Anxiety and anger*. New York : Basic Books.

Bowlby, J.(1980). *Attachment and loss(Vol. 3): Loss*: New York: Basic Books.

Bradburn, N. M.(1969). *The structure of psychological well-being*. Chicago: Aldine.

Brain, P. F.(1981). Differentiating types of attck and defense in rodents. In P. F. Brain & D. Benton(Eds.), *Multidisciplinary approaches to aggression research*. Amsterdam: Elsevier/North-Holland.

Brain, P. F.(1984). Biological explanations of human aggression and the resulting therapies offered by such approaches: A critical evaluation. *Advances in the Study of Aggression, 1,* 63-102.

Brain, P. F., Benton, D., Howell, P. A., & Jones, S. E.(1980). Resident rats aggression towards intruders. *Animal Learning and Behavior, 8,* 331-335.

Brandstätter, H., & Eliasz, A.(2001)(Eds.). *Persons, Situations and Emotions: An ecological approach*. Oxford: Oxford University Press.

Brayley, K. N., & Albert, D. J.(1977). Suppression of VMH-lesion-induced reactivity and aggressiveness in the rat by stimulation of lateral septum but not medial septum or cingulate cortex. *Journal of Comparative and Physiological Psychology, 91,* 290-299.

Brazelton, T. B.(1961). Psychophysiologic reaction in the neonate. *Journal of Pediatrics, 58,* 513-518.

Brazelton, T. B.(1976). Early parent-infant reciprocity. In V. C. Vaughan, Ⅲ & T. B. Bazelton(Eds.), *The family: Can it be saved?* New York: Year Book Medical.

Brazelton, T. B., Tronick, E., Adamson, L., Als, H., & Wise, S.(1975). Early mother-infant reciprocity. *Parent-Infant Interaction, Ciba Foundation Symposium 33*. Amsterdam: Elservier.

Brazelton, T. B., & Als, H.(1979). Four early stages in the development of mother-infant interaction. *Psychoanalytic Study of the Child, 34,* 349-369.

Brenner, C.(1975). Affects and psychic conflict. *The Psychoanalytic Quarterly, 44,* 5-28.

Bridges, K. M. B.(1931). *The social and emotional development of the preschool child*. London: Routledge.

Bridges, K. M. B.(1932). Emotional development in early infancy. *Child Development,* 3, 324-341.

Broca, P.(1878). Anatomie comparée des circonvolutions célébrales. Le grand lobe limbique et la scissure limbique dans le série des mammifières. *Revue Anthropologique, 2*, 385-498.

Bronson, G.(1972). Infant's reactions to unfamiliar persons and novel objects. *Monographs of the Society for Research in Child Development, 37(3)*.

Brown, B. B.(1971). Awareness of EEG-Subjective activity relationships detected within a closed feedback system. *Psychophysiology, 7*, 451-64.

Brown, C. H., & Van Gelder, D.(1938). Emotional reactions before examinations, Physiological changes. *Journal of Psychology, 5*, 1-9.

Brown, K., Covell, K., & Abramovitch, R.(1991). Time course and control of emotion: Age differences in understanding and recognition. *Merrill-Palmer Quarterly, 37*, 273-287.

Brown, J. S., & I. E. Farber.(1951). Emotions conceptualized as intervening variables: With suggestions toward a theory of frustration. *Psychological. Bulletin., 48*, 465-495.

Brunell, L. F., & Young, W. T.(Eds.)(1982). *Multimodal handbook for a mental hospital: Designing specific treatments for specific problems.* New York: Springer Verlag.

Buck, R.(1975). Nonverbal communication of affect in children. *Journal of Personality and Social Psychology, 31*, 644-653.

Buck, R.(1979). Individual differences in nonverbal sending accuracy and electrodermal responding: The externalizing-internalizing dimension. In R. Rosenthal(Ed.), *Skill in nonverbal communication : Individual differences.* Cambridge, Massachusetts: Oelgeschlager.

Buck, R.(1980). Nonverbal behavior and the theory of emotion: The facial feed-back hypothesis. *Journal of Personality and Social Psychology, 38*, 811-824.

Buck, R.(1985). PRIME Theory: An integrated approach to motivation and emotion. *Psychological Review, 92*, 389-413.

Buck, R.(1999). Typology of biological affects. *Psychological Review, 106(2)*, 301-336.

Buck, R. W., Miller, R. E., & Caul, W. F.(1974). Sex, personality and physiological variables in the communication of emotion via facial expression. *Journal of Personality and Social Psychology, 30*, 587-596.

Buhler, C.(1930). *The first year of life.* New York: John Day.

Buirski, P., Kellerman, H., Plutchik, R., & Buirski, N.(1973). A field study of emotions, dominance, and social behavior in a group of baboons(Papio anubis). *Primates, 14,* 67-78.

Buss, D. M.(1999). Evolutionary psychology: A new paradigm for psychological science. *Psychological Inquiry, 6,* 1-30.

Buss, D. M.(1995). *Evolutionary psychology: The new science of mind.* Boston: Allyn and Bacon. Rowohlt.

Buunk, B. P., Angleitner, A., Oubaid, V. & Buss, D. M.(1996). Sex differences in jealousy in evolutionary and cultural perspective: Test from the Netherlands, Germany, and the United States. *Psychological Science, 7,* 359-363.

Campos, J. J., Emde, R., Gaensbauer, T., & Henderson, C.(1975). Cardiac and behavioral interrelationships in the reactions of infants to strangers. *Developmental Psychology, 11(5),* 589-601.

Campos, J. J., Hiatt, S., Ramsay, D., Henderson, C., & Svejda, M.(1978). The emergence of fear on the visual cliff. In M. Lewis & L. Rosenblum(Eds.), *The development of affect.* New York: Plenum.

Campos, J. J., Stenberg, C.(1981). Perception, appraisal, and emotion : The onset of social referencing. In M.E. Lamb & L.R. Sherrod(Eds.), *Infant social cognition: Empirical and theoretical considerations.* Hillsdale. N.J.: Erlbaum.

Camras, L.(1977). Facial expressions used by children in a conflict situation. *Child Development, 48,* 1431-1435.

Camras, L.(1987). Darwin revisited: An infant's first emotional facial expressions. *Face Value, 1(2),* 3.

Cannon, W. B.(1927). The James-Lange theory of emotion: A critical examination and an alternative theory. *American Journal of Psychology. 39,* 106-124.

Cannon, W. B.(1929). *Bodily changes in pain, hunger, fear and rage.* New York: Appleton.

Cannon, W. B.(1931). Against the James-Lange and the thalamic theories of emotion. *Psychological Review, 38,* 281-295.

Cannon, W. B.(1942). "Voodoo" death. *American Anthropologist, 44,* 169-181.

Carpenter, G.(1973). Mother-stranger discrimination in early weeks of life. *Paper read at a meeting of the Society for Research and Child Development,* Philadelphia, Pennsylvania, March.

Carr, S., Dabbs, J., & Carr, T.(1975). Mother-infant attachment: The importance of the mother's visual field. *Child Development, 46,* 331-338.

Chavis, D. A., & Pandya, D. N.(1976). Further observations on corticofrontal connections in the rhesus monkey. *Brain Research, 117,* 369-386.

Chess, S.(1966). Psychiatry of the first three years of life. In S. Arieti(Ed.), *American handbook of psychiatry.* New York: Basic Books.

Chomsky, N.(1972). *Language and mind.* New York: Harcourt.

Chwalisz, K., Diener, E., & Gallagher, D.(1988). Autonomic arousal feedback and emotional experience: Evidence from the spinal cord injured. *Journal of Personality and Social Psychology, 54,* 820-828.

Cicchetti, D., & Pogge-Hesse, P.(1981). The relation between emotion and cognition in infant development. In M. Lamb & L. Sherrod(Eds.), *Infant social cognition.* Hillsdale, N.J.: Erlbaum.

Cicchetti, D., & Pogge-Hesse, P.(1982). Possible contributions of the study of organically retarded persons to developmental theory. In E. Zigler & D. Balla(Eds.), *Mental retardation : The development-difference controversy.* Hillsdale, N.J.: Erlbaum.

Cicchetti, D., & Sroufe, L. A.(1976). The relationship between affective and cognitive development in Down's syndrome infants. *Child Development, 47,* 920-929.

Cicchetti, D., & Sroufe, L. A.(1978). An organizational view of affect: Illustration from the study of Down's syndrome infants. In M. Lewis & L. Rosenblum(Eds.), *The development of affect.* New York: Plenum

Clynes, M.(1980). The communication of emotion: Theory of sentics. In R. Plutchik & H. Kellerman(Eds.), *Theories of emotion.* New York: Academic Press.

Cohn, J. F., & Tronick, E. Z.(1981). Communicative rules and the sequential structure of infant behavior during normal and depressed interaction. In E. Tronic(Ed.), *The development of human communication and the joint regulation of behavior.* Baltimore, Maryland: University Park Press.

Cohn, J. F., & Tronick, E. Z.(1983). Three-month-old infants' reaction to simulated maternal depression. *Child Development, 54,* 185-193.

Cole, P. M.(1986). Children's spontaneous control of facial expression. *Child Development, 57(6),* 1309-1321.

Conte, H. R.(1975). *A circumplex model for personality traits.* Ph.D. Dissertation, New York University.

Cooley, C. H.(1912). *Human nature and the social order.* New York: Scribners.

Cornelius, R. R.(1996). *The science of emotion: Research and tradition in the psychology of emotions.* N.J.: Prentice Hall.

Cosmides, L. & Tobby, J.(1994). Evolutionary psychology and the emotions. In Lewis, M. & Haviland, J. M.(Eds.), *Handbook of cognition and emotion.* Chichester, Weinheim: Wiley.

Cytawa, J., & Trojniar, W.(1979). The pleasure system of the brain and its neurotransmitters. *Polish Journal of Pharmacology and Pharmacy, 31,* 283-292.

Darwin, C.(1872/1965). *The expression of emotions in man and animals.* Chicago: University of Chicago Press.

Davidson, R. J., Ekman, P., Saron, C. D., Senulis, J. A., & Friesen, W. V.(1990). Approach-withdrawal and cerebral asymmetry: emotional expression and brain physiology. *Journal of Personality and Social Psychology, 58,* 330-341.

Davidson, R. J.(1993). Cerebral asymmetry and emotion: Conceptual and methodological conundrums. *Cognition and Emotion, 7,* 115-138

Davis, R. C., & Buchwald, A. M.(1957) An exploration of somatic response patterns: Stimulus and sex differences. *Journal of Comparative Psychology, 50,* 44-52.

Davitz, J. R.(1969). *The language of emotion.* New York.

Davitz, J. R.(1970). A dictionary and grammar of emotion. In M. Arnold(Ed.), *Feelings and emotions: The Loyola Symposium.* New York: Academic Press.

Dawkins, R.(1996). *Das egoistische Gen.* Hamburg: Rowohlt.

De Bologne, D.(1862/1990). *The mechanism of human facial expression or an electo-physiological analysis of the expression of the emotions.* Cambridge, England: Cambridge University Press.

Derry, P. A., & Kuiper, N. A.(1981). Schematic processing and self-reference in clinical depression. *Journal of Abnormal Psychology, 90,* 286-297.

De Weid, D., Van Delft, A. M. L., Gispen, W. H., Weijnen, J. A. W. M., & Van Wimersma, Greidanus, T. J. B.(1972). The role of pituitary-adrenal system hormones in active avoidance conditioning. In S. Levine(Ed.), *Hormones and behavior.* New York: Academic Press.

Diamond, E. L.(1982). The role of anger and hostility in essential hypertension and coronary heart disease. *Psychological Bulletin. 92,* 410-33.

Dies, R. R., & Teleska, P. A.(1985). Negative outcome in group psychotherapy. In D. T. Mays & C. M. Franks(Eds.), *Negative outcome in psychotherapy.* New York: Springer Verlag.

Dimberg, U., Fredrikson, M., & Lundquist, O.(1985). Autonomic reactions to social and neutral stimuli in subjects high- and low-in public speaking fear. *(Manuscript submitted for publication)*.

Duffy, E.(1934). Emotion: An example of the need for reorientation in psychology. *Psychology Review, 41,* 154-198.

Duffy, E.(1962). *Activation and behavior.* New York.

Dumas, G.(1933). L'expression des émotions: Les mimiques. In G. Dumas(Ed.), *Nouveautraité de psychologie.* Paris: Alcan,

Dworkin, R. H., Burke, B. W., Mayer, B. A., & Gottesman, I. I.(1976). A longitudinal study of the genetics of the genetics of personality. *Journal of Personality and Social Psychology, 34,* 510-518.

Easterbrook, J. A.(1969). The effect of emotion on the utilization and the organization of behavior. *Psychology Review, 66,* 183-201.

Eavas, L. J., Martin, N. G., & Eysenck, S. B. G.(1977). An application of the analysis of convarinace structures to the psychogenetic study of impulsiveness. *British Journal of Mathematics, Statistic and Psychology, 30,* 185-197.

Edelberg, R.(1972). Electrical activity of the skin. In N. S. Greenfield & R. A. Sternbach(Eds.), *Handbook of psychophysiology.* New York: Holt, Rinehart & Winston, 367-418.

Efron, D.(1972). *Gesture, race and culture.* The Hague-Paris: Mouton.

Ehrenkranz J, Bliss. E., & Sheard, M. H.(1974). Plasma testosterone correlation with aggressive behaviour and social dominance in man. *Psychosomatic Medicine, 36,* 469-474.

Eibl-Eibesfeldt, I.(1973). The expressive behavior of the deaf-and blind-born. In M. V. Cranach & I. Vino(Eds.), *Social communication and movement.* London: Academic Press.

Eibl-Eibesfeldt, I.(1995). *Die Biologie des menschlichen Verhaltens: Grundriss der Human-ethologie.* München: Piper.

Eimas, P. D.(1985). The perception of speech in early infancy. *Scientific American, 252,* 46-52.

Ekman, P.(Ed.)(1973). *Darwin and facial expression: A century of research in review.* New York: Academic Press.

Ekman, P.(1980). *The face of man. Expressions of universal emotions in a New Guinea village.* New York: Garland STPM Press.

Ekman, P.(1984). Expression and the nature of emotion. In K. Scherer & P.

Ekman(Eds.), *Approaches to emotion*. Hillsdale, New York: Lawrence Erlbaum.

Ekman, P.(1992). An argument for basic emotions. *Cognition and Emotion, 6(3/4)*, 2169-2200.

Ekman, P., & Davidson, R. J.(1994). *The Nature of Emotion: Fundamental questions*. New York Oxford: Oxford University Press.

Ekman, P., & Friesen, P.(1971). Constants across cultures in the face and emotion. *Journal of Personality and Social Psychology, 17*, 124-129

Ekman, P., & Friesen, W. V.(1969). The repertorie of nonverbal behavior: Categories, origins, usage and coding. *Semiotica, 1*, 49-98.

Ekman, P., Friesen, W. V., & Ellsworth, P.(Eds)(1982). *Emotion in the human face: Guidelines for research and an integration of findings*. Cambridge, England: Cambridge University Press.

Ekman, P., & Friesen, W. V.(1975). *Unmasking the face*. Englewood Cliffs, N.J.: Prentice-Hall.

Ekman, P., & Friesen, W. V.(1978). *The facial action coding system(FACS): A technique for the measurement of facial action*. Palo Alto, CA: Consulting Psychologists Press.

Ekman, P., & Frisen, W. V.(1982). Felt, false, and miserable smiles. *Journal of Nonverbal Behavior, 6(4)*, 238-258.

Ekman, P., & Oster, H.(1979). Facial expressions of emotion. *Annual Review of Psychology, 30*, 527-554.

Ekman, P., Levenson, R. W., & Friesen, W. V.(1983). Autonomic nervous system activity distinguishes between emotions. *Science, 221*, 1208-1210.

Ekman, P., & Rosenberg, E. L.(Eds.)(1997). *What the face reveals: Basic and applied studies of spontaneous expression using the Facial Action Coding System(FACS)*. 386-397. New York: Oxford University Press.

Ellis, A.(1962). *Reason and emotion in psychotherapy*. New York: Lyle Stuart.

Ellson, C. D., Henri, P., & Cunis, D.(1977). Physiological changes in yoga meditation. *Psychophysiology, 14*, 52-57.

Ellison, G. D.(1975). Behavior and the balance between norepinephrine and serotonin, *Acta Neurobiologiae Experimentalis, 35*, 499-515.

Emde, R. N.(1978). *Towards a psycoanalytic theory of affect*. Unpublished manuscript.

Emde, R. N., & Brown C.(1978). Adaptation to the birth of a Down's syndrome infant: Grieving and maternal attachment. *Journal of the American Academy of Child Psychiatry, 17,* 299-323.

Emde, R. N.(1980). Emotional availability: A reciprocal reward system for infants and parents with implication for prevention of psycho-social disorders. In P. M. Taylor(Ed.), *Parent-infant relationships.* New York: Grune and Stratton.

Emde, R. N., Gaensbauer, T., & Harmon, R. J.(1976). *Emotional expression in infancy: A biobehavioral study.* New York: International Universities Press.

Emde, R. N., Gaensbauer, T. J., & Harmon, R. J.(1979). Emotional expression in infancy: A biobehavioral study. *Psychological Issues(Vol. 10).* New York: International Universities Press.

Emde, R. N., Kligman, D. H., Reich, J. H., & Wade, T. D.(1978). Emotional expression in infancy. I. Initial studies of signaling and an emergent model. In M. Lewis & L. A. Rosenblum(Eds.), *The development of affect.* New York: Plenum.

Emson, P. C., Jessell, T., Paxinos, G., & Cuello, A. C.(1978). Substance in the amygdaloid complex, bed nucleus and stria terminalis of the rat brain. *Brain Research, 149,* 97-105.

Endres de Olivera(1989). *Die Ontogenese des Affektsystems.* Unveröffentlichte Dissertation, Universität des Saarlandes, Saarbrücken.

Endres de Olivera & Krause, R. (1989). Reagieren Kleinkinder auf affektive mimische Reize affektiv?. *Acta Pädopsychiatrica, 52,* 26-35.

English, H. B., & English, A. C.(1961). *A student's dictionary of psychological terms.* New York: Longmans Green.

Epstein, S.(1971). Heart rate, skin-conductance and intensity rating during experimentally induced anxiety: habituation within and among days. *Psychophysiology, 8,* 319-325.

Epstein, S.(1973). Expectancy and magnitude of reaction to a noxious UCS. *Psychophysiology, 10,* 100-107.

Erikson, E. H.(1950). *Childhood and society.* New York: Norton.

Escalona, S. K., & Heider, G. M.(1959). Prediction and outcome: *A study in child development.* New York: Basic Books.

Etcoff, N. L., Ekman, P., Frank, M., Magee, J., & Torreano, L.(1992). Detecting deception: Do aphasics have an advantage? *Paper presented at conference of ISRE,* Carnegie Mellon University.

Euler, H. A.(2000). Evolutionstheoretische Ansätze. In J. H. Otto, H. A. Euler, & H. Mandl(Hg.), *Emotionspsychologie. Ein Handbuch*. Weinheim: Beltz, Psychologie Verlags Union.

Eysenck, H. J.(1967). *The biological basis of personality*. London: Academic Press.

Ezriel, H.(1950). A psychoanalytic approach to group treatment. *British Journal of Medical Psychology, 23,* 59-74.

Fairbairn, W. R. D.(1952). *Psychoanalytic studies of the personality*. New York: Basic Books.

Farr, C. B., & Lueders, C. W.(1923). Gastric secretory functions in the psychoses. *Archives. of Neurological Psychiatry, 10,* 548-561.

Farrington. D. P., Loeber, R., & Van Kammen, W. B.(1990). Longterm criminal outcomes of hyperactivity-impulsivity-attention deficit and conduct problems in children. In N. Robins, and M. Rutter(Eds.), *Straight and devious pathways from childhood to adulthood*. Cambridge: Cambridge University Press.

Feinman, S.(1980). Infant response to race, size, proximity and movement of strangers. *Infant Behavior and Development, 3,* 187-204.

Feinman, S., & Lewis, M.(1981). Social referencing and second-order effects in tenmonth old infants. *Paper presented at a meeting of the Society for Research in Child Development,* Boston, Massachusetts. April.

Feiring, C.(1996). Concepts of romance in 15-year-old adolescents. *Journal of Research on Adolescence, 6,* 181-200.

Fenz, W. D. & Epstein, S.(1968). Specific and general inhibitory reactions associated with mastery of stress. *Journal of Experimental Psychology, 77,* 52-56.

Field, T. M.(1985). Neonatal perception of people: Maturational and individual differences. In T. M. Field & M. A. Fox(Eds.), *Social perception in infants*. Norwood, New Jersy: Albex.

Folkman, S., & Lazarus, R. S.(1985). If it changes it must be a process: Study of emotion and coping during three stages of a college examination. *Journal of Personality and Social Psychology, 48,* 150-170.

Folkman, S., Schafer, C., & Lazarus, R. S.(1979). Cognitive processes as mediators of stress and coping. In V. Hamilton & P. M. Warburton(Eds.), *Human stress and cognition: An information-processing approach*. London: Wiley.

Ford, M. E., Wentzel, K. R., Wood, D., Stevens, E., & Siesfeld, C. A.(1989). Process associated with integrated social competence: Emotional and con- textual influences on adolescent social responsibility. *Journal of Adolescent Research, 4,* 405-425.

Forsyth, R. P.(1969). Blood pressure responses to long-term avoidance schedules in the restrained rhesus monkey. *Psychosomatic. Medicine, 31,* 300-309.

Fraiberg, S.(1977). *Insights from the blind.* New York: Basic Books.

Franccaroli, F., Le Blanc, A., & Hajjar, V.(1994). Social self-description and affective well-being in young unemployed people; A comparative study. *European Work and Organizational Psychologist, 4,* 81-100.

Frank, J. D.(1973). *Persuasion and healing: A comparative study of psychotherapy.* Baltimore. MD: Johns Hopkins University Press.

Frankenhauser, M.(1975). Experimental approaches to the study of catecholo amines and emotion. In L. Levi(Ed.), *Emotions: Their parameters and measurement.* New York: Raven Press.

Franzkoiak, P., & Stöβel, U.(1990). Jugend und Gesundheit. In Sachverständigen-kommision 8. Jugendbericht. *Risiken des Heranwachsens: Problem der Lebensbewältigung im Jugendalter(Vol. 3).* Augsburg: Verlag Deutsches Jugendinstitut.

Fredrikson, M., Sundin, O., & Frankenhaeuser, M.(1987). Cortical excretion during the defensive reaction in human. *Psychosomatic Medicine. 47(4),* 313- 319.

Freedman, D. G.(1974). *Human infancy: An ethological perspective.* Hillsdale, N.J.: Erlbaum.

Freeman, D. A.(1979). The sensory deprivations. *Bulletin of the Menninger Clinic, 43(1),* 29-68.

Freud, S.(1900/1953). *The interpretation of dreams.* In standard edition, Vol. 4-5. London: Hogarth.

Freud, S.(1905/1953). *Three essays on the theory of sexuality.* In standard edition, Vol. 7. London: Hogarth.

Freud, S.(1908/1959). *Character and anal eroticism.* London: Hogarth.

Freud, S.(1911/1958). *Psychoanalytic notes on an autobiographical account of a case of paranoia.* In standard edition, Vol. 12. London: Hogarth.

Freud, S.(1912/1955). *Mourning and Melancholea. In standard edition, Vol. 14.* London: Hogarth.

Freud, S.(1922/1955). *Group psychology and the analysis of the ego.* In standard edition, Vol. 18. London: Hogarth.

Freud, S.(1922/1955). *Neurotic mechanisms in jealousy, paranoia and homosexuality.* In standard edition, Vol. 18. London: Hogarth.

Freud, S.(1931/1961). *Libidinal types.* London: Hogarth.

Freud, S.(1940/1964). *An outline of psychoanalysis.* London: Hogarth.

Frey, S., Hirsbrunner, H. P., Pool, J., & Daw, W.(1981). Das Berner System zur Untersuchung nonverbaler Interaktion, In P. Winkler(Ed.), *Methoden der Analyse von Face-to-Face-Situationen,* 203-236. Stuttgart: Metzler.

Fridlund, A. J.(1991). Evolution and facial action in reflex, social motive, and paralanguage. *Biological Psychology, 32,* 3-100.

Fridlund, A. J.(1994). *Human facial expression:* An evolutionary view. San Diego: Academic Press.

Friedman, H. M. M. & Allen, N.(1969). Chronic effects of complete limbic lobe destruction in man. *Neurology, 19,* 679-690.

Frijda, N. H.(1986). *The emotions.* Cambridge: Cambridge University Press.

Frijda, N. H.(1996). Gesetze der Emotionen. *Psychosomatische Medizin und Psychoanalyse, 3,* 205-221.

Fromm, E.(1978). Primary and secondary process in waking and in altered states of consciousness. *Journal of Altered States of Consciousness, 4(2),* 115- 128.

Fuller, J. L.(1979). The taxonomy of psychophenes. In J. R. Royce & L. P. Mos(Eds.), *Theoretical advances in behavior genetics.* Netherlands: Sijthoff & Noordhoff.

Funkenstein, D. H.(1954). The physiology of fear and anger. *Scientific American, 192,* 74-80.

Funkenstein, D. H., King, S. H., & Drolette, M. E.(1957). *Mastery of stress.* Cambridge, Mass.: Harvard University Press.

Furedy, J. J.(1968). Novelty and the measurement of the GSR. *Journal of Exprimental. Psychology. 76,* 501-503.

Gaensbauer, T., Emde, R. N., & Campos, J. J.(1976). "Stranger" distress: Confirmation of a developmental shift in a longitudinal sample. *Perceptual and Motor Skills, 43,* 99-106.

Galati, D., Miceli, R., & Sini, B.(2001). Judging and coding facial expression of emotions in congenitally blind children. Source: *International Journal of Behavioral Development, 25(3),* 268-278.

Gascon, G. G., & Gilles, F.(1973). Limbic dementia. *Journal of Neurology,*

Neurosurgery, and Psychiatry, 36, 421-450.

Geer, J. H.(1965). The development of a scale to measure fear. *Behavior Research and Therapy, 3,* 45-53.

Gerber, E. R.(1975). *The cultural patterning of emotions in Samoa.* Ph.D. thesis. San Diego, CA: University of California.

Gerber, E. R.(1985). Rage and obligation: Samoan emotions in conflict. In G. M. White & J. Kirkpatrick(Eds.), *Person, self, and experience:* Exploring Pacific ethnopsychologies. Barkeley, CA: University of California Press.

Gesell, A., & Ilg, F. L.(1943). *Infant and child in the culture of today.* New York: Harper.

Goldberg, S.(1977). Social competence in infancy: A model of parent-infant interaction. *Merrill-Palmer Quarterly, 23,* 164-177.

Goldfried, M. R.(1979). Anxiety reduction through cognitive-behavioral intervention. In P. C. Kendall & S. D. Hollon(Eds.), *Cognitive-behavioral interventions: Theory, research and procedures.* New York: Academic Press.

Goldwater, B. C.(1972). Psychological significance of pupillary movements. *Psychological Bulletin. 77,* 340-355.

Goldstein, M. L.(1986). Physiological theories of emotion: A critical historical review from the standpoint of behavior theory. *Psychological. Bulletin, 68,* 23-40.

Goleman, D.(1995). *Emotions intelligence.* New York: Bantan Books.

Goodall, J.(1967). Mother-offspring relationships in the free ranging chimpanzees. In D. Morris(Ed.), *Primate ethology.* Chicago: Aldine.

Goodall, J.(1986). *The chimpanzee of Gombe: Patterns of behavior.* Cambridge: Harvard University Press.

Goodenough, F. L.(1931). The expression of the emotions in infancy. *Child Development, 2,* 96-101.

Gottesman, I. I.(1966). Genetic variance in adaptive personality traits. *Journal of Child Psychology and Psychiatry, 7,* 199-208.

Gorta, L. J., & Ader, R.(1969). Continuous recoding of maternal behavior in Rattus Norvegicus. *Animal Behavior, 17,* 722-729.

Gray, J. A.(1982). Precis of the neuropsychology of anxiety with commentaries. *The behavioral and Brain Science, 5,* 469-534.

Greely, A. M.(1974). *Ecstasy: A way of knowing.* Englewood Cliffs, N.J.: Prentice Hall.

Greene, A. L.(1990). Patterns of affectivity in the transition to adolescence. *Journal of Experimental Child Psychology, 50,* 340-356.

Green, S. K.(1977). Causal attribution of emotion in kindergarden children. *Developmental psychology, 13,* 533-534.

Greenberg, M., & Silverstein, M.(1983). Cognitive and behavioral treatments of depressive disorders: Interventions with adults. In H. L. Morrison(Ed.), *Children of depressed parents: Risk, identification, and intervention.* New York: Grune & Stratton.

Greenfield, N. S., & Sternbach, R. A.(Eds.)(1972). *Handbook of psychophysiology.* New York: Holt, Rinehart & Winston.

Grings, W. W., & Dawson, M. E.(1978). *Emotions and bodily responses: A psychophysical approach.* New York: Academic Press.

Grotevant, H. D.(1997). Adolescent development in family contexts. In N. Eisenberg(Ed.), *Handbook of child psychology.* New York: Wiley.

Guerney, L., & Arthur, J.(1984). Adolescent social relationships. In R. Lerner & N. L. Galambos(Eds.), *Experiencing adolescents: A sourcebook for parents, teachers and teens.* New York: Teachers College Press.

Haidt, J.(2001). The emotional dog and its rational tail. *Psychological Review. 108,* 814-834.

Hainline, L.(1978). Developmental changes in visual scanning of face and nonface patterns by infants. *Journal of Experimental Child Psychology, 25,* 90-115.

Hains, A. A., & Ryan, E. B.(1983). The development of social cognitive processes among juvenile delinquents and nondelinquents peers. *Child Development, 54,* 1536-1544.

Haith, M.(1981). *Rules that newborns look by.* Hillsdale, N.J.: Erlbaum.

Haith, M., Bergman, T., & Moore, M.(1977). Eye contact and face scanning in early infancy. *Science, 198,* 853-855.

Haith, M., & Campos, J.(1977). Human infancy. In M. Rosenzweig & L. Poter (Eds.), *Annual Review of Psychology, 28,* 251-293.

Haley, J.(1980). *Leaving home:* The therapy of disturbed young people. New York: McGraw-Hill.

Hall, G. S.(1904). *Adolescence.* New York: Appleton-Century Crofts.

Harlow, H. F.(1958). The nature of love. *American Psychologist, 12,* 673-685.

Harlow, H. F., & Harlow, M. K.(1966). Learning to love. *American Scientist, 54,* 244-272.

Harlow, H. F., Suomi, S. J., & McKinney, W. T.(1970). Experimental production of depression in monkeys. *Mainly Monkeys, 1,* 6-12.

Harrell, J. P.(1980). Psychological factors and hypertension: A status report. *Psychology Bulletin, 87,* 482-501.

Harris, C. R.(2003). A Review of sex differences in sexual jealousy, including self-report data, psycho-physiological responses, interpersonal violence, and morbid jealousy. *Personality and Social Psychology Review, 7(2),* 102-128.

Harter, S.(1978). Effectance motivation reconsidered. *Human Development, 21,* 34-64.

Harter, S.(1979). *Children's understanding of multiple emotions: A cognitive developmental approach.* Address presented to the Jean Piaget Society, Philadelphia, Pennsylvania, April.

Harter, S., & Buddin, B.(1987). Children's understanding of the simultaneity of two emotions: A five stage developmental sequences. *Developmental Psychology, 23,* 388-399.

Hebb, D. O.(1972). *Textbook of psychology.* Philadelphia, Pennsylvania: Saunders.

Heider, G.(1966). Vulnerability in infants and young children. *Genetic Psychology Monograph, 73(1),* 1-216.

Heit, G., Smith. M. E., & Halgren, E.(1988). Neural encoding of individual words and faces by the human hippocampus and amygdala. *Nature, 333,* 773-775

Henry, J. P., Stephens, P. M.(1977). *Stress, health and social environment: A sociobiologic approach to medicine.* New York: Springer Verlag.

Henry, J. P.(1982). The relation of social to biological processes in disease. *Social Science and Medicine, 16,* 369-380.

Herd, J. A., Morse, W., Kelleher, R. J., & Jones, L. R.(1969). Arterial hypertension in the squirrel monkey during behavioral experiments. *American Journal of Physiology, 217,* 24-29.

Herrick, C. J.(1926). *Brains of rats and men.* Chicago: University of Chicago Press.

Hess, E. H.(1960). Pupil size as related to interest value of visual stimuli. *Science, 132,* 349-350.

Hess, E. H.(1965). Attitudes and pupil size. *Science, 212,* 46-54

Hess, E. H.(1972). Pupillometrics: A method of studying mental, emotional and sensory processes. In N. S. Greenfield & R. A. Sternbach(Eds.), *Handbook of psychophysiology.* New York: Holt, Rinehart & Winston.

Hess, E. H., & Polt, J .M.(1960). Pupil size as related to interest value of visual stimuli. *Science, 132,* 349-350.

Hewett, J. P.(1976). *Self and society:* A symbolic interactionist social psychology. Boston: Allyn and Bacon.

Hiatt, S., Campos, J .J. & Emde, R. N.(1979). Facial patterning an infant facial expression: Happiness, surprise, and fear. *Child Development, 50,* 1020- 1035.

Higguns, E. T., Friedman, R. S., Harlow, R. E., Chen Idson, L., Ayduk, O. N., & Taylor, A.(2001). Achievement orientations from subjective histories of success: Promotion pride verses prevention pride. *European Journal of Social Psychology, 31,* 3-23.

Hightower, E.(1990). Adolescent interpersonal and familial precursors of positive mental heath at midlife. *Journal of Youth and Adolescence, 19(3),* 257-275.

Hill, J. P.(1980). *Understanding early adolescence:* A frame-work. Chapel Hill, NC: Center for Early Adolescence.

Hofer, M. A., & Shair, H.(1978). Ultrasonic vocalization during social interaction and isolation in 2 week lod rats. *Developmental Psychobiology, 11,* 495- 504.

Hoffman, H. S., & Solomon, R. L.(1974). An opponent-process of motivation. Some affective dynamics in imprinting. *Learning and Motivation, 5,* 149- 164.

Hoffman, M. L.(1984). Interaction of affect and cognition in empathy. In C. E. Izard, J. Kagan & R. Zajonc(Eds.). *Emotion, conition, and behavior.* New York: Cambridge University Press.

Hogan, R.(1982). A socioanalitic theory of personality. *In Nebraska symposium on motivation.* Lincoln: University of Nebraska Press.

Hohmann, G. W.(1966). Some effects of spinal cord lesions on experienced emotional feelings. *Psychophysiology, 3,* 143-156.

Honigmann, J. J.(1967). *Personality in culture.* New York: Harper & Row.

Hooff, J. A. R. A. van.(1972). A comparative approach to the phylogeny of laughter and smiling. In Hinde, R. A.(Ed.), *Non-verbal communication.* Cambridge: Cambridge University Press.

Hooff, J. A. R. A. van.(1976). The comparison of man and higher primates. In Cranach, M. V.(Ed.). *Methods of inference from Animals to human Behavior.* Chicago: Mouton.

Horowitz, M. J.(1976). *Stress response syndromes.* New York: Jason Aronson.

Hupka, R. B.(1981). Cultural determinants of jealousy. *Alternative Lifestyle, 4,* 311-356.

Hurlock, E. B.(1959). *Developmental psychology.* New York: McGraw-Hill.

Hutzell, R. R., & Knutson, J. F.(1972). A comparison of shock-elicated fighting and shock-elicited biting in rats. *Physiology and Behavior, 8,* 477-480.

Ingram, R. E., & Hollon, S. D.(1986). Cognitive therapy of depression from an information processing perspective. In R. E. Ingram(Ed.), *Information processing approaches to psychopathology and clinical psychology.* Orlando, FL: Academic Press.

Izard, C. E.(1971). *The face of emotion.* New York: Appleton-Century-Crofts.

Izard, C. E.(1972). *Patterns of emotions: A new analysis of anxiety and depression.* New York: Academic Press.

Izard, C. E.(1977). Human emotions. New York: Plenum.

Izard, C. E.(1978). On the ontogenesis of emotions and emotion-cognition relationship in infancy. In M. Lewis & L. A. Rosenblum(Eds.), *The development of affect.* New York: Plenum.

Izard, C. E.(1979). *The maximally discriminative facial movement coding system.* Newark, DE: Instructional Resource Center, University of Delaware.

Izard, C. E.(1990). Facial expressions and the regulation of emotions. *Journal of Personality and Social Psychology, 58,* 487-498.

Izard, C. E.(1991). *The psychology of emotions.* New York: Plenum.

Izard, C. E., & Buechler, S.(1979). Emotion expressions and personality integration in infancy. In C. E. Izard(Ed.), *Emotions in personality and psychopathology.* New York: Plenum.

Izard, C. E., & Kobak, R. R.(1991). Emotions system functioning and emotion regulation. In J. Garber & K. A. Dodge(Eds.), *The development of emotion regulation and dysregulation.* Cambridge: Cambridge University Press.

James, W.(1884). What is an emotion? *Mind, 9,* 188-205.

James, W.(1890). *The principles of psychology.* New York: Holt.

Janisse, M. P.(1977). *Pupilometry:* The psychology of the pupillary response. New York: Wiley.

Jaspers, K.(1912). The phenomenological approach in psychopathology. *Z. ges. Neurol. u. Psychiat., 9,* 391-408.

Jones, M. C.(1933). Emotional development. In C. Murchison(Ed.), *A handbook of child psychology.* Worcester, Massachusetts: Clark University Press.

Jones, E. G., & Powell, T. P. S.(1970). An anatomical study of converging sensory pathways within the cerebral cortex of the monkey. *Brain, 93,* 793- 820.

Jost, H.(1941). Some physiological changes during frustration. *Child Development, 12,* 9-15

Jurgens, U.(1979). Vocalization as an emotional indicator. A neuroethological study in the squirrel monkey. *Behavior, 69,* 88-117.

Kagan, J.(1971). *Change and continuity in infancy.* New York: Wiley.

Kagan, J.(1978). On emotion and its development: A working paper. In M. Lewis & L. Rosenblum(Eds.), *The development of affect.* New York: Plenum.

Kaiser, S., & Wehrle, T.(1992). Automated coding of facial behavior in humancomputer interactions with FACS. *Journal of Nonverbal Behavior, 16(2),* 67-83.

Kaywin, L.(1960). An epigenetic approach to the psychoanalytic theory of instincts and affects. *Journal of the Amirican Psychoanalytic Association, 8(4),* 613-658.

Kellerman, H.(1966). The emotional behavior of dolphins, Tursiops truncatus: Implications for psychoanalysis. *International Mental Health Research Newsletter, 8(1),* 1-7.

Kellerman, H.(1979). *Group psychotherapy and personality: Intersecting struc tures.* New York: Grune and Stratton.

Kellerman, H.(1980). A structural model of emotion and personality: Psychoanalytic and sociobiological implications. In R. Plutchik & H. Kellerman(Eds.), *Emotion: Theory, research, and experience(Vol. 1).* New York: Academic Press.

Kellerman, H.(1983). An epigenetic theory of emotions in early development. In R. Plutchik & H. Kellerman(Eds.), *Emotion: Theory, research and experience(Vol. 2).* New York: Academic Press.

Kellerman, H.(1987). The nightmare and the structure of personality. In H. Kellerman(Ed.), *The nightmare: Psychological and biological foundations.* New York: Columbia University Press.

Kellerman, H., Buirski, P., & Plutchik, R.(1974). Group behavior in a baboon troop: Implications for human group process. In L. Wolberg & M. Aronson(Eds.), *Group Therapy.* New York: Stratton.

Kellerman, H., & Plutchik, R.(1977). The meaning of tension in group therapy. In L. R. Wolberg, M. L. Aronson, and A. R. Wolberg(Eds.), *Group therapy:* An overview. New York: Stratton International Medical Book Corp.

Kellerman, H., & Plutchik, R.(1978). Personality patterns of drug addicts in a therapy group: A similarity structure analysis. *Group, 2,* 14-21.

Kenny, M., Mason, W., & Hill, S.(1979). Effects of age, objects, and visual experience on affective response of rhesus monkeys to strangers. *Developmental Psychology, 15,* 176-184.

Kernberg, O.(1976). *Object relations theory and clinical psychoanalysis.* New York: Jason Aronson.

Kessen, W., & Mandler, G.(1961). Anxiety, pain, and inhibition of distress. *Psychological Review, 68,* 396-404.

Kieselbach, T.(1994). Arbeitslosigkeit als psychologisches Problemauf individueller und gesellschaftlicher Ebene. In L. Montana(Ed.), *Arbeitslosigkeit und soziale Gerechtigkeit..* Frankfurt. Main: Campus.

Kinsey, A. C., Pomeroy, W. B., & Martin, C. E.(1953). *Sexual behavior in the human female.* Philadelphia: Saunders.

Kirchler, E.(1984). *Arbeitslosigkeit und Alltagsbefinden. Eine sozialpsychologische Studie über die subjektiven Folgen von Arbeitslosigkeit.* Linz, Austria: Trauner.

Klaus, M. H., Trause, M. A., & Kennell, J. H.(1975). *Does human maternal behavior after delivery show a characteristic pattern? In Parent-infant interaction.* Amsterdam: CIBA Foundation, Associated Scientific Publishers.

Kleck, R. E., Vaughan, R., Colby, C., Cartwright-Smith, J. E., Vaughan, K., & Lanzetta, J. T.(1976). Effects of being observed on expressive, subjective, and physiological responses to painful stimuli. *Journal of Personality and Social Psychology, 34(6),* 1211-1218.

Kleinginna, P. R., & Kleinginna, A. M.(1981). A categorized list of motivation definitions, with a suggestion for a consensual definition. *Motivation and Emotion, 5,* 345-379.

Kling, A., Stekklis, H. D., & Deutsch, S.(1979). Radiotelemetered activity from the amygdala during social interactions in the monkey. *Experimental Neurology, 66,* 88-96.

Klinnert, M. D.(1978). *Facial expressions and social referencing.* Unpublished doctoral dissertation prospectus, University of Denver, Denver, Colorado.

Klinnert, M. D.(1981). Infants' use of mothers' facial expressions for regulating their own behavior. *Paper presented at a meeting of the Society for Research in Child Development,* Boston, Massachusetts, April.

Knutson, J. F., & Kane, N.(1980). The effects of social isolation on two shockinduced aggressives responses in rats. *Animal Learning and Behavior,*

8, 167-170.

Kobak, R. R., & Sceery, A.(1988). Attachment in late adolescence: Working models, affect regulation, and representation of self and others. *Child Development, 59,* 135-146.

Koestler, A.(1964). *The act of creation.* London.

Kolb, B., & Whishaw, I. Q.(1996). *Fundamentals of human neuropsychology.* New York: Freeman.

Kopp, C. B.(1989). Regulation of distress and negative emotion: A developmental view. *Developmental Psychology, 25(3),* 343-354.

Kreutzer, M., & Charlesworth, W.(1983). Infants' reactions to different expressions of emotions. *Paper presented at a meeting of the Society for Research in Child Development,* Philadelphia, Pennsylvania, March.

Kruk, M. R., Meelis, W., van der Poel, A. M., & Mos, J.(1981). Electrical stimulation as a tool to trace physiological properties of the hypothalamic network in aggression. In P. F. Brain & D. Benton(Eds.), *The biology of aggression.* Alphen aan den Rijn, The Netherlands: Sijthoof & Noordhoff.

Krystal, H.(1977). Aspects of affect theory. *Bulletin of the Menninger Clinic, 41,* 1-26.

Kugiumutzakis, G.(1999). Genesis and development of early infant mimesis to facial and vocal models. In Nadel, J., Butterworth, G.(Ed.), *Imitation in infancy.* New York, NY, US: Cambridge University Press.

La Barbera, J., Izard, C., Vietze, P., & Parisi, S.(1976). Four- and six-month-old infants' visual responses to joy, anger, and neutral expressions. *Child Development, 47,* 535-538.

Lacey, J. I., & Lacey, B. C.(1958). Verification and extension of the principle of autonomic response-stereotype. *American Journal of Psychology, 71,* 50-78.

Lacey, J. I., & Lacey, B. C.(1970). Some autonomic-central nervous system relationships. In P. Black(Ed.), *Physiological correlates of emotion.* New York:Academic Press.

LaFrauce, M., Hecht, M. A., & Paluck, E. L.(2003). Cues to Deception. *Psychological Bulletin, 129(1),* 74-118.

Lamb, M., & Campos, J.(1982). *Development in infancy: An introduction.* New York: Random House.

Landis, C., & Hunt, W. A.(1939). *The startle pattern.* New York: Farrar and Rinehart.

Laner, R. D., Quinlan, D. M., Schwartz, G. E., Walker, P. A., & Zeitlin, S. B. (1990).

The levels of emotional awareness scale: A cognitive developmental measure of emotion. *Journal of Personality Assesment, 55,* 124-134.

Lang, P. J.(1979). A bio-informational theory of emotional imagery. *Psychophysiology, 16,* 495-512.

Lange, C. G.(1885). The emotions: A psychophysiological study. In: C. G. Lange & W. James(Eds.), *The emotions.* Baltimore: Williams and Wilkins.

Lanzetta, J. T., Cartwright-Smith, J. E., & Kleck, R. E.(1976). Effects of nonverbal dissimulation on emotional experience and autonomic arousal. *Journal of Personality and Social Psychology, 33,* 354-370.

Larson, R., & Richards, M. H.(1991). Daily companionship in late childhood and early adolescence: Changing developmental contexts. *Child Development, 62,* 284-300.

Lazarus, A. A.(1973). Multimodal behavior therapy: Treating the BASIC ID. *Journal of Nervous and Mental Diseases, 156,* 404-411.

Lazarus, A. A.(1976). *Multimodal behavior therapy.* New York: Springer Verlag.

Lazarus, A. A.(Ed.)(1985). *Casebook of multimodal therapy.* New York: Guilford Press.

Lazarus, A. A.(1986). Multimodal therapy. In J. C. Norcross(Ed.), *Handbook of eclectic psychotherapy.* New York: Brunner/Mazel.

Lazarus, A. A.(1987). The multimodal approach with adult outpatients. In N. S. Jacobson(Ed.), *Psychotherapists in clinical practice.* New York: Guilford Press.

Lazarus, A. A.(1989). *The practice of multimodal therapy.* Baltimore: The Johns Hopkins University Press.

Lazarus, R. S.(1968). Emotions and adaptation: Conceptual and empirical relations. In M. B. Arnold(Ed.), *Nebraska Symposium on Motivation.* Lincon: University of Nebraska Press.

Lazarus, R. S.(1991). *Emotion and adaption.* New York: Oxford University Press.

Lazarus, R. S.(1999). The cognition-emotion debate: A bit of history. In K. Scherer, A. Schorr, & T. Johnstone(Eds.), *Appraisal processes in emotion.* Oxford: University Press.

Lazarus, R. S., Averill, J. R., & Opton, E. M., Jr.(1970). *Toward a cognitive theory of emotion: Feelings and emotions.* New York: Academic Press.

Lazarus, R. S., & Launier, R.(1978). Stress-related transactions between person and environment. In L. A. Pervin & M. Lewis(Eds.), *Perspectives in interactional psychology.* New York: Plenum.

Lazarus, R. S., & Opton, E. M. Jr.(1966). A study of psychological stress. In C. D. Spielberger(Ed.), *Anxiety and behavior*. New York: Academic Press, 225-262.

LeDoux, J. E.(1996). *The Emotional Brain*. New York: Simon & Schuster.

Lehmann, A.(1914). *Die Hauptgesetze des menschlichen Gefühlslebens*. Leipzig: Reisland.

Leslie, L., Huston, T., & Johnson, M.(1986). Parental reactions to dating relationship: Do they make a difference? *Journal of Marrige and the Family, 48(2)*, 57-66.

Levenson, R. W., Ekman, P., Heider, K.(1990). Voluntary facial action generates emotion-specific autonomic nervous system activity. *Psychophysiology, 27*, 363-384.

Leventhal, H. & Scherer, K. R.(1987). The relationship of emotion to cognition: A functional approach to a semantic controversy. *Cognition and Emotion, 1*, 3-28.

Levi, L.(1972). Stress and distress in response to psychosocial stimuli. Laboratory and real life studies on sympathoadrenomedullary and related reactions. *Acta Med. Scand.* 528.

Levy, R. I.(1973). *Tahitians: Mind and experience in the Society Islands*. Chicago: University of Chicago Press.

Levy, R. I.(1985). Local rationality, ideal rationality and emotion. *Social Science Information, 24*, 325-329.

Levy, R. I., Rosaldo, M. Z.(Eds.)(1983). Self and emotion. *Ethos*, 11.

Ley. R. G.(1984). Ceberal laterality and imagery. In A. Sheckh Aness(Ed.), *Imagery-Current theory, research, and application*. New York: Wiley.

Lewis, M., Alessandri, S. M. & Sullivan, M. W.(1990). Violation of expectancy, loss of control and anger expressions in young infants. *Developmental Psychology, 26(5)*, 745-751.

Liebowitz, M.(1983). *The chemistry of love*. Boston: Little & Brown.

Lieberman, R. P., Mueser, K. T., & Wallace, C. J.(1986). Social skills training for schizophrenic individuals at risk for relapse. *American Journal of Psychiatry, 143*, 523-526.

Loehlin, J. C., Horn, J. M., & Willerman, L.(1981). Personality resemblance in adoptive families. *Behavior Genetics, 11*, 309-330.

London, H., Schubert, D. S. P., & Wachburn, D.(1972). Increase of autonomic arousal in boredom. *Journal of Abnormal and Social Psychology*. 80, 29-36.

Lorenz, K.(1966). *On aggression*. New York: Harcourt Brace.

Luciano, D., & Lore, R.(1975). Aggression and social experience in domesticated rats. *Journal of Comparative and Physiological Psychology, 88,* 917-923.

Lumsden, C. J., & Wilson, E. O.(1981). *Genes, mind, and culture: The coevolutionary process.* Cambridge, Massachusetts: Harvard University Press.

Lutz, C.(1982). The domain of emotion words on Ifaluk. *American Ethnologist, 9,* 113-128

Lutz, C.(1987). Goals, events, and understanding in Ifaluk emation theory. In D. Holland & N. Quiin(Eds.), *Cultural Models in language and thought.* Cambridge: Cambridge University Press.

Luborsky, L., Crits-Cristoph, P., Brady, J. P., Kron, R. E., Weiss, T., Cohen, M., & Levy, L.(1982). Behavioral versus pharmacological treatments for essential hypertension-a needed comparison. *Psychosomatic Medicine, 44(2),* 201-213.

Lyons, W.(1999). The philosophy of cognition and emotion. In T. Dalgleish & T. Power(Eds.). *Handbook of cognition and emotion.* Chichester: Wiley.

Lytz, W.(1980). *Emotion.* Cambridge: Cambridge University Press.

Machoer, K.(1949). *Personality projection in the drawing of the human figure.* Springfield, IL: Thomas.

MacKenzie, K. R., & Livesley, W. J.(1983). A developmental model for brief group therapy. In R. R. Dies & K. R. MacKenzie(Eds.), *Advances in group psychotherapy: Integrating research and practice.* New York: International University Press.

MacLean, P. D.(1957). *The triune brain in evolution: Role in paleocerebral functions.* New York: Plenum.

Mahler, M. S., Pine, F., & Bergman, A.(1975). *The psychological birth of the human infant.* New York: Basic Books.

Main, M., & Weston, D. R.(1981). The quality of the toddler's relationship to mother and father as related to conflict behavior and readiness to establish new relationship. *Child Development, 52,* 932-940.

Magnusson, D., & Stattin, H.(1981). *Situation-outcome contingencies: A conceptual and empirical analysis of threatening situations.* Report, 571. Stockholm, Sweden: Department of Psychology, University of Stockholm.

Magnusson, D., & Stattin, H.(1982). Methodological problems in research on stress. In H. W. Krohne & L. Laux(Eds.), *Achievement, stress, and anxiety.* Washington, DC: Hemisphere.

Malamud, N.(1967). Psychiatric disorder with intracranial tumors of limbic system. *Archives of Neurology, 17,* 113-124.

Malatesta, C. Z.(1985). Development course of emotion expression in the human infant. In G. Zivin(Ed.), *The development of expressive behavior-biology-environment interactions,* New York: Academic Press.

Mandler, G.(1964). The interruption of behavior. In D. Levine(Ed.), *Nebraska symposium on motivation.* Lincon, Nebraska: University of Nebraska Press.

Mandler, G.(1972). Helplessness: Theory and research in anxiety. In C. D. Spielberger(Ed.), *Anxiety: Current trends in theory and research(Vol. 2).* New York: Academic Press.

Mandler, G.(1975). *Mind and emotion.* New York: Wiley.

Mandler, G., & Sarason S. B.(1952). A study of anxiety and learning. *Journal of Abnormal and Social Psychology, 47,* 166-173.

Mandler, G., & Watson, D. L.(1966). Anxiety and the interruption of behavior. In C. D. Spielberger(Ed.), *Anxiety and behavior.* New York: Academic Press.

Marcia, J. E.(1966). Development and validation of ego identity status. *Journal of Personality and Social Psychology, 3,* 551-558.

Marcia, J. E.(1993). The status of the statuses: Research review. In J. E. Marcia, A. S. Waterman, D. R. Matteson, S. L. Archer & J. L. Orlofsky(Eds.), *Ego identity: A handbook for psychological research.* New York: Springer Verlag.

Marlowe, W. B., Mancall, E. L., & Thomas, J. J.(1975). Complete Kluver-Bucy syndrome in man. *Cortex, 11,* 53-59.

Marsella, A. J.(1976). Cross-cultural studies of depression: A review of the literature. *Paper presented at the Symposium on Cross-Cultural Aspects of Depression, International Association of Cross-Cultural Psychology,* Tilburg, Netherlands.

Marston, W. M.(1917). Systolic blood pressure symptoms of deception. *Journal of Experimental Psychology,* 117-163.

Marston, W. M.(1923). Sex characteristics of systolic blood pressure behavior. *Journal of Experimental Psychology, 6,* 387-419.

Martin, I., & Venables, P. H.(1980). *Techniques of psychophysiology.* Chichester, England: Wiley.

Martin, L. L., & Clore, G.(Eds.)(2001). *Theories of Mood and Cognition.* Mahwah, N.J.: Lawrence Erlbaum.

Martinius, J.(1983). Homicide of aggressive adolescent boy with right temporal lesion: A case report. *Neuroscience and Biobehavioral Reviews, 7(3),* 419-423.

Martheny, A. P., Jr.(1983). A longitudinal twin study of stability of components from Bailey's infant behavior records. *Child Development, 54,* 356-360.

Mason, J. W., Hartley, L. H., Mongey, E. H., Ricketts, P., & Jones, L. G.(1973). Plasma cortisol and norepinephrine responses in anticipation of muscular exercise. *Psychosomatic Medicine, 35,* 406-414

Masters, J. G., & Carlson, C. R.(1984). Chidren's and adults' understanding of the cause and consequenses of emotional states. In C. E. Izard, J. Kagan, & R. Zajonc(Eds.), *Emotion, cognition and behavior.* New York: Cambridge University Press.

Masters, W. M., & Johnson, V. E.(1966). *Human sexual response.* Boston: Little Brown.

Maurer, D., & Salapatek, P.(1976). Developmental changes in the scanning of faces by young infants. *Child Development, 47,* 523-527.

Mazur, A., & Lamb, T. A.(1980). Testosterone, status and mood in human males. *Hormones and Behavior, 14,* 236-246.

McCall, R., & McGhee, P.(1977). The discrepancy hypothesis of attention and affect. In F. Weizmann & I. Uzgiris(Eds.), *The structuring of experience.* New York: Plenum.

McDougall, W.(1908). *An introduction to social psychology.* Boston: Luce.

McDougall, W.(1948). *An outline of psychology.* London: Methuen.

McGivern, R. F., Lobaugh, N. J., & Collier, A. C.(1981). Effect of naloxone and housing conditions on shock elicited reflexive fighting: Influence of immediate priori stress. *Physiological Psychology, 9,* 251-256.

McGuire, M. T., & Troisi, A.(1987). Regulation-deregulation theory and psychiatric disorders. *Ethology and Sociobiology, 8,* 95-225.

Mead, G.(1934). *Mind, self, and society: From the standpoint of a social behaviorist.* Chicago, Illinois: University of Chicago Press.

Meerum-Tergwogt, M., Schene, J., & Harris, P. L.(1986). Self-control of emotional reactions by young children. *Journal of Personality and Social Psychology, 27,* 357-366.

Meichenbaum, D.(1977). *Cognitive-behavior modification.* New York: Plenum.

Meichenbaum, D., & Gilmore, J.(1984). The nature of unconscious processes: A cognitive-behavioral perspective. In K. Bowers & D. Meichenbaum(Eds.), *The unconscious reconsidered.* New York: Wiley.

Meltzoff, A. B. N.(1985). The roots of social and cognitive development: models of man/ 9s original nature. In T. M. Field & N. A. Fox(Eds.), *Social perception in infants*. Norwood, N.J.: Ablex Publishing Corporation.

Merten, J.(2003). *Einführung in die Emotionspsychologie*. Kohlhammer: Stuttgart.

Mesulam, M. M., & Mufson, E. J.(1984). Neural inputs into the nucleus basalis of the substantia innominata in the rhesus monkey. *Brain, 107,* 253-274.

Mesquita, B., Frijda, N. H., & Scherer, K. R.(1997). Culture and emotion. In J. E. Berry, P. B. Dasen & T. S. Saraswathi(Eds.), *Handbook of cross-cultural psychology:* Vol. 2. Basic processes and developmental psychology. Boston: Allyn and Bacon.

Meyer, W. U., Schützwohl, A. & Reisenzein, R.(1997). *Einführung in die Emotions-psychologie: Evolutionspsychologische Emotionstheorien*. Bern: Huber.

Miczek, K. A., Kruk, M. R., & Oliver, B.(Eds.)(1984). *Ethopharmacological aggression research*. New York: Liss.

Miller, G. A.(1956). The magic number seven plus or minus two: Some limits on our capacity for processing information. *Psychological Review, 63,* 81-97.

Minsky, M.(1975). The framework for representing knowledge. In P. H. Winston(Ed.), *The psychology of computer vision*. New York: McGrawhill.

Mischel, W., & Baker, N.(1975). Cognitive appraisals and transformations in delay behavior. *Journal of Personality and Social Psychology, 31,* 254-261.

Morris, J. S., Friston, K. J., Buchel, C., Frith, C. D., Young, A. W., Calder, A. J., & Dolan, R. J.(1998). A neuromodulatory role from the human amygdala in processing emotional facial expressions. *Brain, 121,* 47-57.

Morris, J. S., Frith, C. D., Perrett, D. I., Rowland, D., Young, A. W., Calder, A. J., & Dolan, R. J.(1996). A differential neural response in the human amygdala to tearful and happy facial expressions. *Nature, 393,* 812-815.

Morton, E. F.(1977). On the occurrence and significance of motivation-structural rules in some bird and mammal sounds. *American Naturalist, 111,* 855- 869.

Moss, H.(1967). Sex, age and state as determinants of mother-infant interaction. *Merrill-Palmer Quarterly, 13,* 19-36.

Moyer, K. E.(1968). Kinds of aggression and their physiological basis. *Communications in Behavioral Biology, 2,* 65-87.

Murphy, L. B.(1937). *Social behavior and child personality*. New York: Columbia University Press.

Murphy, L.(1962). *The widening world of childhood*. New York: Basic Books.

Murphy, L. B., & Moriatry, A. E.(1976). *Vulnerability, coping and growth*. New Heaven: Yale University Press.

Murray, H. A.(1943). *Thematic Apperception Test*. Cambridge, MA: Harvard University Press.

Musch, J., & Klauer, K. C.(2003). *The psychology of evaluation affective processes in cognition and emotion*. N.J.: Lawrence Erlbaum.

Neumann, C., Lhamon, W. I., & Cohn, A.(1944). Study of emotional factors responsible for changes in the pattern of rhythmic volume fluctuations of the finger tip. *Journal of Clinical Investigation, 23*, 1-9.

Nisan, M., & Asher, S.(1987). Peer acceptance and later personal adjustmant: Are low-accepted children at risk? *Psychological Bulletin, 102(3)*, 357-389.

Nisbett, R. E., & Valins, S.(1971). Perceiving the causes of one's own behavior. In E. E. Jones, D. E. Kanouse, H. H. Kelley, R. E. Nisbett, S. Valins & B. Weiner.(Eds.), *Attribution: Perceiving rthe causes of behavior*. Morristown, N.J.: General Learning Press.

Nisbett, R., & Ross, L.(1980). *Human inference: Strategies and shortcomings of social judgment*. Englewood Cliffs, N.J.: Prentice-Hall.

Nowlis, D. P., & Kamiya, J.(1970). The control of electro-encephalographic alpha rhythms through auditory feedback and the associated mental activity. *Psychophysiology 6*, 476-84.

Obrador, S.(1947). Temporal lobotomy. *Journal of Experimental Neurology, 6*, 185-193.

Obrist, P. A.(1981). *Cardiovascular psychophysiology: A perspective*. New York: Plenum.

Ochs, E.(1986). From Feeling to grammar: A Samoan case study. In E. Ochs & B. B. Schieffelin(Eds.), *Language socialization across cultures*. New York: Cambridge University Press.

Öhmen, A.(1993). Fear and anxiety as emotional phenomena: Clinical phenomenology, evolutionary perspectives and information processing mechanisms. In M. Lewis & J. M. Haviland(Eds.), *Handbook of emotions*. New York: Guilford.

Olds, J., & Milner. P.(1954). Positive reinforcement produced by electrical stimulation of septal area and other regions of rat brain. *Journal of Comparative and Physiological Psychology, 47*, 419-427.

Orne, M. T.(1979). The efficacy of biofeedback therapy. *Annual Review of Medicine, 30,* 489-503.

Ortony, A., & Turner, T. J.(1990). What's basic about basic emotions? *Psychological Review, 97,* 315-331.

Oster, H., & Ekman, P.(1978). Facial behavior in child development. In W. A. Collins(Ed.), *Minnesota Symposia on Child Psychology(Vol. 11).* Hillsdale, N.J.: Erlbaum.

Oster, H., & Rosenstein, D.(1993). *Baby FACS:* Analyzing facial movement in infants.

Palombo, S. R.(1985). The primary process: A reconceptualization. *Psychoanalytic Inquiry, 5(3),* 405-435.

Panksepp, J.(1982). Toward a general psychological theory of emotions. *Behavior and brain Science, 5,* 407-467.

Panksepp, J.(1998). *Affective Neuroscience: The foundations of human and animal emotions.* New York: Oxford University Press.

Papez, J. W.(1937). A proposed mechanism of emotion. *Archives of Neurology and Psychiatry, 38,* 725-743.

Papousek, H., & Papousek, M.(1977). Mothering and the cognitive head-start: Psychobiological considerations. In H. R. Schaffer(Ed.), *Studies in mother-infant interation.* New York: Academic Press.

Parisi, S., & Izard, C. E.(1977). *Five-, seven-, and nine-month-old infants' facial responses to twenty stimulus situations.* Unpublished manuscript.

Parke, R., & Asher, S.(1987). Peer acceptance and later personal adjustment: Are low-accepted chidren at risk? *Psychological Bulletin, 102(3),* 357-389.

Parrot, G., & Hertel, P.(1999). Research methods in cognition and emotion. In T. Dalgleish & M. Power(Eds.). *Handbook of cognition and emotion,* Chichester: Wiley & Sons.

Patel, C., Marmot, M. G., & Terry, D. J.(1981). Controlled trial of biofeedback aided behavioral methods in reducing mild hypertension. *British Medical Journal, 282,* 2005-2008.

Pawlby, S. J.(1977). Imitative interaction. In H. R. Schaffer(Ed.), *Studies in mother-infant interaction.* New York: Academic Press.

Pelzmann, L.(1988). *Individuelle Folgen von Arbeitslosigkeit.* Heft 33, Linz: Österreichisches Institut für Arbeitsmarktpolitik.

Penfield, W., & Jasper, H.(1954). *Epilepsy and the functional anatomy of the human brain*. Boston: Little, Brown.

Pennebaker, J. W.(1982). *The psychology of physiological symptoms*. New York: Springer Verlag.

Perlin, L. I., & Schooler, C.(1978). The structure of coping. *Journal of Health and Social Behavior, 19,* 2-21.

Phillips, M. L., Young, A. W., Scott, S. K., Calder, A. J., Andrew, C., Giampetro, V., Williams, S. C. R., Bullmore, E. T., Brammer, M., & Gray, J. A.(1998). Neural responses to facial and vocal expressions of fear and disgust. *Biological Sciences, 265,* 1809-1817.

Piaget, J.(1936/1952). *The origins of intelligence in children*. New York: International Universities Press.

Piaget, J.(1962). *Will and action. Bulletin of the Menninger Clinic, 26,* 138-145.

Piaget, J.(1972). *The development of thought: Equilibratuin of cognitive structures*. New York: Viking Press.

Piaget, J.(1977). The relation of affectivity to intelligence in the mental development of the child. In S. Harrison & J. McDermott(Eds.), *Childhood psychopathology*. New York: International Universities Press.

Piaget, J., & Inhelder, B.(1962). *The psychology of the child*. London: Rutledge & Kegan Paul.

Pine, F.(1979). On the expansion of the affect array. *Bulletin of the Menninger Clinic, 43,* 1, 79-95.

Pool, J. L.(1952). The visceral brain of man. *Journal of Neurosurgery, 96,* 209-248.

Pover, M., & Dalgleish, T.(1997). *Cognition and Emotion(From Order to Disorder)*. Cambridge, UK: Psychology Press.

Price, J. L.(1981). The efferent projections if the amygdaloid complex in the rat, cat, and monkey. In Y. Ben-Ari(Ed.), *The amygdaloid complex. Amsterdam:* Elservier/North Hollan Biomedical Press.

Price, J. L., & Amaral, D. G.(1981). An autoradiographic study of the projections of the central nucleus of the monkey amygdala. *Journal of Neurosciences, 1,* 1242-1259.

Pribram, K. H.(1967). A new neurology and the biology of emotion. *American Psychologist, 22,* 830-838.

Planalp. S.(1999). *Communicating Emotion: Social, Moral, and Cultural processes*. Cambridge: Cambridge University Press.

Plutchik, R.(1955). Some problems for a theory of emotion. *Psychosomatic Medicine, 17,* 306-310.

Plutchik, R.(1958). Outlines of a new theory of emotion. *Transactions of the New York Academy of Science, 20,* 394-403.

Plutchik, R.(1960). The multifactor analytic theory of emotion. *Journal of Psychology, 50,* 153-171.

Plutchik, R.(1962). *The emotions: Facts, theories and a new model.* New York: Random House.

Plutchik, R.(1970). Emotions, evolution and adaptation. In M. Arnold(Ed.), *Feelings and emotions: The Loyola Symposium.* New York: Academic Press.

Plutchik, R.(1980). *Emotions: A psychoevolutionary synthesis.* New York: Harper & Row.

Plutchik, R.(1980). A general Psychoevolutionary theory of emotion. In R. Plutchik & H. Kellerman(Eds.), *Emotion: Theory, Research, and Experience(Vol. 1). Theories of emotion.* New York: Academic Press.

Plutchik, R.(1983). Emotions in early development: A psychoevolutionary approach. In R. Plutchik & H. Kellerman(Eds.), *Emotion: Theory, research and experience(Vol. 2). Emotions in early development.* New York: Academic Press.

Plutchik, R.(1984). Emotions: A general psychoevolutionary theory. In K. R. Scherer & P. Ekman(Eds.), *Approaches to emotion.* Hillsdale, N.J.: Erbaum.

Plutchik, R.(1989). Measuring emotions and their derivatives. In R. Plutchik & H. Kellerman(Eds.), *Emotion: Theory, research, and experience(Vol. 4). The measurement of emotions.* San Diego, CA: Academic Press.

Plutchik, R., & Ax, A. F.(1967). A critique of determinants of emotional state by Schachter and Singer(1962). *Psychophysiology, 4,* 79-82.

Plutchik, R., & Kellerman, H.(1974). *Emotions profile index.* San Francisco: Western Psychological Services.

Plutchik, R., Kellerman, H., & Conte, H. R.(1979). A structural theory of ego defenses. In C. E. Izard(Ed.), *Emotions, personality and psychopathology.* New York: Plenum.

Plutchik, R., & Landau, H.(1980). Perceived dominance and emotional states in small groups. *Psychotherapy: Theory, Research and Practice, 10,* 341-342.

Plutchik, R., & Platman, S. R.(1977). Personality connotations of psychiatric diagnoses: Implications for a similarity model. *The Journal of Nervous and*

Mental Disease, 165, 418-422.

Rado, S.(1956). *Psychoanalysis of behavior.* New York: Grune and Stratton.

Rado, S.(1969). *Adaptational psychodynamics: Motivation and control.* New York: Science House.

Raleigh, M. J., Weinberger, D. A., & Singer, J. A.(1981). Biosociopharmacology. *Journal of the McLean Hospital, 2,* 73-84.

Rapaport, D.(1957). *Seminars on advanced metapsychology(Vol. 1 & 2).* Stockbridge. MA: Austin Riggs Center(mimeo).

Rapaport, D., & Gill, M. M.(1959). The points of view and assumptions of metapsychology. *International Journal of Psychoanalysis, 40,* 153-162.

Rapaport, D., Gill, M. M., & Schafer, R.(1970). *Diagnostic psychological testing.* London: University of London Press.

Razran, G.(1961). The observable unconscious and the inferable conscious in current Soviet psychophysiology. *Psychological Review, 68,* 81-147.

Redican, W.(1975). Facial expressions in nonhuman primates. In L. A. Rosenblum(Ed.), *Primate Behavior(Vol. 4).* London: Academic Press.

Reissland, N., & Harris, P.(1991). Children's use of display rules in pride-eliciting situations. *British Journal of Developmental Psychology, 9(3),* 431- 435.

Rheingold, H., & Eckerman, C. O.(1974). Fear of the stranger: A critical examination. In H. W. Reese(Ed.), *Advances in child development and behavior.* New York: Academic Press.

Richard, B. A., & Dodge, K. A.(1982). Social maladjustment and problem solving in school-aged children. *Journal of Consulting and Clinical Psychology, 50(2),* 226-233.

Richards, J., Rader, N.(1981). Crawling-onset age predicts visual cliff avoidance in infants. *Journal of Experimental Psychology: Human Perception and Performance, 7,* 382-387.

Rogers, C. R.(1951). *Client-centered therapy.* London: Constable.

Roberts, G. W., Wookhams, P. L., Polack, J. H., & Crow, T. J.(1982). Distribution of neuropeptides in the limbic system of the rat: The amygdaloid complex. *Neuroscience, 7,* 99-131.

Roberts, W., & Strayer, J.(1996). Empathy, emotional expressiveness, and prosocial behavior. *Child Development, 67,* 449-470.

Rolls, E. T.(1975). *The brain and reward.* Oxford & New York: pergamon Press.

Roman, J., Older, H., & Jones, W. L.(1967). Flight research program,VII: Medical monitoring of navy carrier pilots in combat. *Aerospace Medicine. 38,* 133- 139.

Rorschach, H., & Oberholzer, E.(1924). The application of the interpretation of from to psychoanalysis. *Journal of Nervous and Mental Diseases, 60,* 225-248, 359-379.

Rose, R. J., & Ditto, W. B.(1983). A developmental-genetic analysis of common fears from early adolescence to early adulthood. *Child Development, 54,* 361-368.

Rosenthal, R.(1979). *Sensitivity to nonverbal communication: The PONS test.* Baltimore: Johns Hopkins University Press.

Roth, G.(1997). *Das Gehirn und seine Wirklichkeit: Kognitive Neurobiologie und ihre philosophischen Konsequenzen.* Frankfurt am Main: Suhrkamp.

Routtenrg, A.(1968). The two arousal hypothesis: Reticular formation and limbic system. *Psychological Review, 75,* 51-80.

Russell, J. A.(1994). Is there universal recognition of emotion from facial expression? A review of the cross-cultural studies, *Psychological Bulletin, 115,* 102-141.

Russell, J. A.(2003). Core affect and the psychological construction of emotion. *Psychological Review, 110(1),* 145-172.

Ryle, G.(1949). *The concept of mind.* Hutchinson: London.

Sachar, E. J., Mason, J. W., Kolmer, H. S., & Artiss, K. L.(1963). Psychoendocrine aspects of acute schizophrenic reactions. *Psychosomatic. Medicine, 25,* 510-538

Sackeim, H. A., Greenberg, M. S., Weiman, A. L., Gur, R. C., Hungerbuhler, J. P., & Geschwing, N.(1982). Hemispheric asymmetry in the expression of positive and negative emotions. *Archives of Neurology, 39,* 210-218.

Sackett, G.(1966). Monkeys reared in isolation with pictures as visual input: Evidence for an innate releasing mechanism. *Science, 154,* 1468-1473.

Sagi, A., & Hoffman, M.(1976). Empathic distress in the newborn. *Developmental Psychology, 12,* 175-176.

Salovey, P., & Mayer, J. D.(1990). Emotional intelligence. *Imagination, Cognition, and Personality, 9,* 185-211.

Salovey, P., Mayer, J. D., Goldman, S. L., Turvey, C., & Palpai, T.P.(1995). Emotional attention, clarity, and repair: Exploring emotional intelligence using the trait mate-mood scale. In J. W. Pennebaker(Ed.), *Emotion, disclosure, and health.* Washington, D.C.: American Psychological Association.

Savin-Williams, R. C., & Berndt, T. J.(1990). Friendship and peer relations. In S. S. Feldman & G. R. Elliott(Eds.), *At the threshold: The developing adolescent.* Cambridge, MA: Harvard University Press.

Scarr, S., & Salapatek, P.(1970). Patterns of fear development during infancy. *Merrill-Palmer Quarterly, 16,* 53-90.

Schachter, J.(1957). Pain, fear and anger in hypertensives: A psychophysiologic study. *Psychosomatic Medicine, 19,* 17-29.

Schachter, S.(1959). *The psychology of affiliation.* Stanford: Stanford University Press.

Schafer, R.(1976). *A new language for psychoanalysis.* New Havens: Yale University Press.

Schachter, S.(1964). The interaction of cognitive and physiological determinants of emotional state. In L. Berkowitz(Ed.), *Advances in experimental social psychology(Vol. 1).* New York: Academic Press.

Schachter, S.(1966). The interaction of cognitive and physiological determinants of emotional state. In C. D. Spielberger(Ed.), *Anxiety and behavior.* New York: Academic Press.

Schachter, S., & Singer. J.(1962). Cognitive, social and physiological determinants of emotional state. *Psychological Review, 63,* 379-399.

Schaffer, H. P.(1963). Some issues for research in the study of attachment behavior. In B. Foss(Ed.), *Determinants of infant behavior(Vol. 2).* London: Methuen.

Scherer, K. R.(1979). Entwicklung der Emotionen. In H. Hetzer, J. Todt, Z. Krenke, & J. Arbinger(Hg.), *Angewandte Entwicklungspsychologie des Kindes und Jugendalters.* Heidelberg: Quelle und Meyer.

Scherer, K. R.(1979). Nonlinguistic indicators of emotion and psychopathology. In C. E. Izard(Ed.), *Emotions in personality and psychopathology.* New York: Plenum.

Scherer, K. R.(1981). Speech and emotional states. In J. Darby(Ed.), *Speech evaluation in psychiatry.* New York: Grune & Stratton.

Scherer, K. R.(1984). On the nature and function of emotion: A component process approach. In K. R. Scherer & P. Ekman(Eds.), *Approaches to emotion.* Hillsdale, N.J.: Erlbaum.

Scherer, K. R.(1985). Vocal affect signaling: A comparative approach. In J. Rosenblatt, C. Beer, M. C. Busnel, & P. J. B. Slater(Eds.), *Advances in the study of behavior(Vol. 15).* Orlando, FL: Academic Press.

Scherer, K. R.(1986). Vocal affect expression: A review and a model for future research. *Psychological Bulletin, 99,* 143-165.

Scherer, K. R.(2001). Appraisal considered as a process of multilevel sequential checking. In K. Scherer, A. Schorr & T. Johnstone(Eds.), *Appraisal process in emotion.* Oxford University Press.

Scherer, K. R., & Ekman, P.(1984). *Approaches to Emotion.* Hillsdale, N.J.: Lawrence Erlbaum.

Scherer, K. R., & Tannenbaum, P.(1986). Emotional experiences in everyday life: A survey approach. *Motivation and Emotion, 10,* 4.

Scherer, K. R., & Wallbott, H.(1990). Ausdruck von Emotionen. In K. Scherer (Hg.), *Enzyklopädie der Psychologie: Psychologie der Emotion(Band 3).* Göttingen, Toronto, Zürich: Hogrefe.

Schilder, P.(1935). *The image and appearance of the human body.* New York: International Universities Press.

Schneider, K., & Dittrich, W.(1989). Functions and evolution of emotions. In K. Scherer(Ed.), *Enzyklopaedie der Psychologie, Bd. C/IV/3.* Göttingen: Hogrefe.

Schneider, R. A.(1968). A fully automatic portable blood pressure recorder. *Journal of Applied Psychology. 24,* 115-118.

Schultz, A.(1968). On multiple realities. In C. Gordon & K. J. Gergen(Eds.), *The self in social interaction(Vol. 1).* New York: Wiley.

Schwartz, G. A.(1977). *Biofeedback.* New York: Academic Press.

Schwartz, G. A., & Weinberger, D. A.(1980). Patterns of emotional responses to affective situations: Relations among happiness, sadness, anger, fear, depression, and anxiety. *Motivation and Emotion, 4,* 175-191.

Schwartz, G. E., Weinberger, D. A., & Singer, J. A.(1981). Cardiovascular differentiation of happiness, sadness, anger and fear following imagery and exercise. *Psychosomatic Medicine, 43,* 343-364.

Schwartz, J. C.(1979). Childhood origins of psychopathology. *American Psychologist, 34(10),* 879-885.

Schwartz, R. M., & Trabasso, T.(1984). Chidren's understanding of emotions. In C. E. Izard, J. Kagan, & R. Zajonc(Eds.), *Emotion, cognition, and behavior.* New York: Cambridge University Press.

Scott, J. C.(1930). Systolic blood-pressure fluctuations with sex, anger, and fear. *Journal of Comparative Psychology, 10,* 97-114.

Scott, J. P.(1958). *Animal behavior.* Chicago, Illinois: University of Chicago Press.

Segall, A.(1976). The sick role concept: Understanding illness behavior. *Journal of Health and Social Behavior, 17,* 162-169.

Selman, R. L., & Demorest, A. P.(1984). Observing understanding of emotions. In C. E. Izard, J. Kagan, & R. Zajonc(Eds.), *Emotion, cognition, and behavior.* New York: Cambridge University Press.

Seltzer, B., & Pandya, D. N.(1978). Afferent cortical connections and architectonics of the superior temporal sulcus and surrounding cortex in the rhesus monkey. *Brain Research, 149,* 1-24.

Selye, H.(1956). *The stress of life.* New York: McGraw-Hill.

Sergent, J., Otha, S., MacDonald, B., & Zuck, E.(1994). Segregated processing of facial identity and emotion in the human brain: A PET study. In V. Bruce & G. Humphreys(Eds.), *Object and face recognition: A special issue of visual cognition(Vol. 1).* N.J.: Erlbaum.

Shaver, P. R., Wu, S. & Schwartz, J. C.(1992). Cross-cultural similarities and differences in emotion and its representation: A prototype approach. In M. S. Clark(Ed.), *Emotion.* Newbury Park, CA: Sage.

Shea, M. T., Elkin, I., & Hirschfeld, R. M. A.(1988). Psychotherapeutic treatment of depression. In A. J. Frances & R. E. Hale(Eds.), *Review of psychiatry (Vol. 7).* Washington, D.C.: American Psychiatric Press.

Sherrod, L.(1979). Social cognition in infants: Attention to the human face. *Infant Behavior and Development, 2,* 279-294.

Sherrod, L.(1981). Issues in cognitive-perceptual development. In M. E. Lamb & L. R. Sherrod(Eds.), *Infant social cognition: Empirical and theoretical considerations.* Hillsdale, N.J.: Erlbaum.

Shirley, M. M.(1930). *The first two years of life.* New York: John Cay.

Shoda, Y., Mischel, W., & Peake, P. K.(1990). Predicting adolescent cognition and self-regulatory competancies from preschool delay of gratification: Identifying diagnostic conditions. *Developmental Psychology, 26,* 978-986.

Shultz, T., & Zigler, E.(1970). Emotional concomitants of visual mastery in infants: The effects of stimulus movement on smiling and vocalizing. *Journal of Experimental Child Psychology, 10,* 390-402.

Simner, M.(1971). Newborns' responses to the cry of another infant. *Developmental Psychology, 5(1),* 136-150.

Simpson, J. A., Rholes, W. S., & Nelligan, J. S.(1993). Support seeking and support giving within couples in an anxiety-provoking situation: The role of attachment styles. *Journal of personality and social psychology, 62*, 434- 446.

Singer, J. L.(1974). *Imagery and daydream methods in psychotherapy and behavior modification*. New York: Academic Press.

Sirota, A., Schwartz, G. E., & Shapiro, D.(1976). Voluntary control of human heart rate: Effect on reaction to eversive stimulation: A replication and extension. *Journal of Abnormal Psychology, 85*, 473-477.

Skinner, B. F.(1953). *Science and human behavior*. New York: Macmillan.

Slavson, S. R., & Schiffer, M(Eds.)(1979). *Dynamics of group psychotherapy*. New York: Jason Aronson.

Smith, W.(1922). *The measurement of emotion*. London: Paul.

Sokal, R. R., & Sneath, P. H. A.(1963). *Principles of numerical taxonomy*. San Francisco: W. H. Freeman.

Soussignan, R.(2002). Duchene smile, emotional experience, and autonomic reactivity: A test of the facial feedback hypothesis. *Emotion, 2(1)*, 52-74.

Speer, D. C.(1972). Nonverbal communication of affective information. *Comparative Group Studies*, 409-423.

Spiro, M. E.(1965). Religious systems as culturally conditioned defense mechanisms. In M. E. Spiro(Ed.), *Context and meaning in cultural anthropology*. New York: Free Press.

Spitz, R. A.(1946). *The first year of life*. New york: International Universities Press.

Spitz, R. A., Emde, R. N., & Metcalf, D. R.(1970). Further prototypes of ego formation: A working paper from a research project on early development. *Psychoanalytic Study of the Child, 25*, 417-441.

Sokolov, J. N.(1960). Neuronal models and the orienting reflex. In M. A. B. Brazier(Ed.), *The central nervous system and behavior*. New York.

Solomon, R.(1981). *Love: Emotion, myth, and metaphor*. New York: Doubleday Anchor.

Solomon, R. C.(1993). The philosophy of emotions. In M. Lewis & J. Haviland(Eds.), *The handbook of emotions*. New York: Guilford.

Sorce, J. F., & Emde, R. N.(1981). Mother's presence is not enough: The effect of emotional availability on infant exploration. *Developmental Psychology, 17*, 737-745.

Sorce, J. F., Emde, R. N., & Frank, M.(1982). Maternal referencing in normal and

Down's syndrome infants: A longitudinal study. In R. N. Emde & R. Harmon(Eds.), *The development of attachment and affiliative systems.* New York: Plenum.

Sorce, J. F., Emde, R. N. Klinnert, M. D., & Campos, J. J.(1981). Maternal emotional signaling: Its effect on the visual cliff behavior of one-year-olds. *Paper presented at a meeting of the Society for Research in Child Development.* Boston, Massachusetts, April.

Spitz, R. A.(1945). Hospitalism: An enquiry into psychiatric conditions in early childhood. *Psychosomatic Study of Child, 1,* 53-80.

Spitz, R.(1965). *The first year of life.* New York: International Universities Press.

Spivack, G., & Shure, M. B.(1974). Social adjustment of young children: *A cognitive approach to solving real-life problem.* San Francisco: Jossey-Bass.

Sroufe, L. A.(1976). *Emotional expression in infancy.* Unpublished manuscript.

Sroufe, L. A.(1979). Emotional development in infancy. In J. Osofsky(Ed.), *Handbook of infant development.* New York: Wiley.

Sroufe, L. A., & Wunsh, J. P.(1972). The development of laughter in the first year of life. *Child Development, 43,* 1326-1344.

Stampfl, T. G.(1966). Implosive therapy: the theory, the subhuman analogue, the strategy, and the technique. In S. G. Armitage(Ed.), *Behavior modification technique in the treatment of emotional disorders.* Battle Creek(Mich.), 12-21.

Stanley-Jones, D.(1966). The thermostatic theory of emotion: A study in cybernetics. *Progress of Biocybernetics, 3,* 1-20.

Steimer-Krause, E.(1996). *Übertragung, Affekt und Beziehung: Theorie und Analyse nonverbaler Interaktionen schizophrener Patienten.* Bern: Peter Lang.

Stein, L.(1969). Chemistry of purposive behavior. In J. T. Tapp(Ed.), *Reinforcement and behavior.* New York: Academic Press.

Stein, L., & Wise, C. D.(1969). Release of norepinephrine from hypothalamus and amygdala by rewarding medial forebrain bundle stimulation and amphetamine. *Journal of Comparative Physiological Psychology, 67,* 189-198.

Steinberg, L.(1990). Autonomy, conflict, and harmony in the family relationship. In S. Felman & G. Eliott(Eds.), *At the threshold: The developing adolescent.* Cambridge: Harvard University Press.

Steinman, B., Jaggi, U., & Widner, J.(1955). Ueber den Einfluss von Geräuschen und Lärm auf den Blutdrück des Menschen. *Cardiologia 27,* 233-239.

Stemmler, G.(1992). The vagueness of specificity: Models of peripheral physiological emotion specificity in emotion theories and their experimental discriminability. *Journal of Psychophysilology, 6,* 17-28.

Stemmler, G.(1998). Emotionen. In F. Rösler(Hg.), *Enzyklopädie der Psychologie: Ergebnisse und Anwendungen der Psychophysiologie(Vol. I).* Göttingen: Hogrefe.

Stemmler, G.(2001). Grundlagen psychophysiologischer Methodik. In F. Rösler (Hg.), *Enzyklopödie der Psychologie:* Grundlagen und Methoden der Psychophysiologie(Vol. Ⅳ). Göttingen: Hogrefe.

Stennett, R. G.(1957). The relationship of performance level to level of arousal. *Journal of Exprimental Psychology, 54,* 54-61.

Stephan, K.(1941). Aggression in early childhood. *British Journal of Medical Psychology, 18,* 178-191.

Stern, D.(1974). The foal and structure of mother-infant play. *Journal of the American Academy of Child Psychiatry, 13,* 402-421.

Stern, D.(1992). *Die Lebenserfahrung des Säuglings.* Stuttgart: Klett-Cotta Design.

Stern, G. G., Caldwell, B. M., Hersher, L., Lipton, E. L., & Richmond, J. B. (1969). A factor amalytic study of the mother-infant dyad. *Child Development, 40,* 163-181.

Sternberg, R. J.(1985). *Beyond IQ A triarchic theory of human intelligence.* New York: Cambridge University Press.

Stock, G., Schlor, K. H., Heidt, H., & Buss, J.(1978). Psychomotor and cardio vascular patterns during stimulation of the amygdala. *Pfluegers archives, 376,* 177-184.

Storms, M. D.(1973). Videotape and the attribution process: Reversing actors' and observers' points of view. *Journal of Personality and Social Psychology, 27,* 165-175.

Storr, A.(1968). *Human aggression.* New York: Atheneum.

Strack, F., Martin, L. L., & Stepper, S.(1988). Inhibiting and facilitating conditions of the human smile: A nonobtrusive test of the facial feedback hypothesis. *Journal of Personality and Social Psychology, 54(5),* 768-777.

Strongman, K. T.(1996). *The psychology of emotion: Theories of emotions in perspective.* New York: Wiley & Sons

Sullivan, H. S.(1953). *The interpersonal theory of psychiatry.* Washington, D.C.: William Alanson White Psychiatric Foundation.

Susman, E. J., Inhoff-Germain, G., Nottelmann, E. D., Loriaux, D. L., Cutler, G. B.,

& Chrousos, G. P.(1987). Hormones, emotional dispositions, and aggressive attributes in young adolescents. *Child Development, 58,* 1114-1134.

Suttie, I.(1935). *The origins of love and hate.* London: Kegan Paul.

Tangney, J. P.(1992). Situational determinants of shame and guilt in young adulthood.. *Persnality and Social Psychology Bulletin, 18,* 199-206.

Tangney, J. P.(1998). How does guilt differ from shame? In J. Bybee(Ed.), *Guilt and Children.* New York: Academic Press.

Tennes, K. H., & Lampl, E. E.(1964). Stranger and seperation anxiety in infancy. *Journal of Nervous and Mental Diseases, 139,* 247-254.

Terzian, H., & Ord, G. D.(1955). Syndrome of Kluver and Bucy reproduced in man by bilateral removal of temporal lobes. *Neurology, 5,* 373-380.

Thelen, E.(1979). Rhythmical stereotypes in normal human infants. *Animal Behavior, 27,* 699-715.

Thelen, E.(1981). Kicking, rocking, and waving: Contextual analysis of rhythmical stereotypes in normal human infants. *Animal Behavior, 29,* 3-11.

Thomas, A., & Chess, S.(1977). *Temperament and development.* New York: Bruner/Mazel.

Thomas, A., Chess, S., & Birth, H. G.(1968). *Temperament and behavior disorders in children.* New York: New York University Press.

Thompson, R. A.(1991). Emotion regulation and emotional development. *Educational Psychology Review, 3(10),* 269-307.

Thompson, W. R., & Wright, J. S.(1979). "Persistence" in rats: Effects of testosterone. *Physiological Psychology, 7,* 291-294.

Tigerstedt, C.(1926). Der Blutdruck des Menschen bei psychischer Exzitation. *Arch. Phys. Skand. 48,* 138-46.

Tomkins, S. S.(1962). *Affect, imagery, consciousness(Vol. 1): The positive affects.* New York: Springer Verlag.

Tomkins, S. S.(1963). *Affect, imagery, consciousness(Vol. 2): The negative affects.* New York: Springer Verlag.

Tooby, J., Cosmides, L.(1992). The psychological foundation of culture. In C. L. Barkow, J. Tobby(Eds.), *The adapted mind.* New York: Oxford University Press.

Torgersen, S.(1979). The nature and origin of common phobic fears. *British Journal of Psychiatry, 134,* 343-351.

Trap-Jensen, J., Carlsen, J. E., Hartung, O. J., Svendsen, T. L., Tang, M., & Christensen, N. J.(1982). Beta-adrenoceptor blockade and psychic stress in man. *British Journal of Clinical Pharmacology, 13,* 371-395.

Traue, H. C.(1998). *Emotion und Gesundheit: Die psychobiologische Regulation durch Hemmungen.* Berlin: Spektrum Akademischer Verlag.

Traxel, W.(1969). Gefühlsausdruck. In R. Meili & H. Rohracher(Hg.), *Lehrbuch der experimentellen Psychologie.* Bern-Stuttgart.

Trivers, R. L.(1971). The evolution of reciprocal altruism. *The Quaterly Review of Biology, 46(4),* 35-57.

Trivers, R. L.(1971). Parent-offspring conflict. *American Zoologist, 14,* 249-264.

Tronick, E., Als, H., Wise, S., & Brazelton, T.(1978). The infant's response to entrapment between contradictory messages in face-to-face interaction. *Journal of the American Academy of Child Psychiatry, 17,* 1-13.

Tucker, D. M., & Frederick, S. L.(1989). Emotion and brain lateralization. In H. Wagner & A. Manstead(Eds.), *Handbook of social psychophysiology.* Chichester: Wiley.

Turner, B. H., Mishkin, M., & Knapp, M.(1980). Organization of the amygdalopetal projections from modality-specific cortical association areas in the monkey. *Journal of Comparative Neurology, 191,* 515-543.

Tursky, B.(1974). Physical, physiological and psychological factors that affect pain reaction to electric shock. *Psychophysiology 11,* 95-112.

Tversky, A., & Kahneman, D.(1974). *Judgment under uncertainty: Heuristics and biases.* New York: Springer.

Ulrich, R. E.(1966). Pain as a cause of aggression. *American Zoologist, 6,* 643- 662.

Ursin, H., Baade, E., & Levine, S.(1978). *Psychobiology of stress: A study of coping men.* New York: Academic Press.

Vandenberg, B.(1978). Play and development from an ethological perspective. *American Psychologist, 33,* 724-738.

Van Hoesen, G. W.(1981). The differential distribution, diversity and sprouting of cortical projections to the amygdala in the rhesus monkey. In Y. Ben-Ari(Ed.), *The amygdaloid complex.* Amsterdam: Elsevier/North Hollan Bio-medical Press.

Van hooff, J. A. R. A. M.(1973). A structural analysis of the social behavior of a semicaptive group of chimpanzees. In M. von Cranach & I. Vine(Eds.),

Social communication and movement. New York: Academic Press.

Van Montfrans, G. A.(1984). *Continuous ambulatory blood pressure registration in uncomplicated hypertension.* Amsterdam: Rodopi.

Van Olst, E. H.(1971). *The orientaion reflex.* The Hague: Mouton.

Venables, P. H., & Martin, I.(1967). Skin resistance and skin potential. In P. H. Venables & I. Martin(Eds.), *Manual of psychophysical methods.* Amsterdam: Morth-Holland.

Wallace, R.(1970). Physiological affects of transcendental meditation. *Science, 167,* 1751-1754.

Wallbott, H. G., & Scherer, K. R.(1985). Differentielle Situations-und Reaktions-charakteristika in Emotionserinnerungen: Ein neuer Forschungsansatz. *Psychologische Rundschau, 36,* 83-101.

Wallbott, H. G., & Scherer, K. R.(1986). Cues and channels in emotion recognition. *Journal of Personality and Social Psychology, 51,* 690-699.

Wallbott, H. G., & Scherer, K. R.(1995). Cultural determinants in experiencing shame and guilt. In J. P. Tangney & K. W. Fishr(Eds.), *Self-conscious emotions: Shame, guilt, embarrassment, and pride.* New York: Guilford Press.

Walletschek, H., & Raab, A.(1982). Spontaneous activity of dorsal raphe neurons during defensive and offensive encounters the tree shrew. *Physiology and Behavior, 28,* 697-705.

Warr, P., & Payne, R.(1982). Experiences of strain and pleasure among British adults. *Social Science and Medicine, 16,* 1691-1697.

Washburn, R. W.(1929). A study of the smiling and laughing of infants in the first year of life. *Genetic Psychology Monographs, 6,* 398-537.

Watson, J. B.(1929). *Psychology from the standpoint of a behaviorist.* Philadelphia, Pennsylvania: Lippincott.

Watson, J. S.(1972). Smiling, cooing and "the game". *Merrill-Palmer Quarterly, 18,* 323-339.

Weerts, T. C., & Roberts, B.(1976). The physiological effects of imagining anger-provoking and fear-provoking scenes. *Psychophysiology, 13,* 174.

Weiner, B.(1985). An attributional theory of achievement motivation and emotion. *Psychological Review, 92,* 548-579.

Weinrich, J. D.(1980). Toward a sociobiological theory of emotions. In R. Plutchik & H. Kellerman, *Emotion: Theory, Research, and Experience(Vol. 1), Theories of Emotion,* London: Academic Press.

Weiss, G., & Hechtman, L. T.(1986). *Hyperactive children grown up: Empirical findings and theoretical considerations.* New York: Guilford Press.

Weissman, M. M., Klerman, G. L., & Paykel, E. S.(1971). Clinical evaluation of hostility in depression. *American Journal of Psychiatry, 128,* 41-46.

Wenger, M. A., Averill, J. R., & Smith, D. B. B.(1968). Autonomic activity during sexual arousal. *Psychophysiology, 4,* 468-78

Wenger, M. A., & Cullen, T. D.(1958). ANS response patterns to fourteen stimuli. *American Psychologist, 13,* 423-424.

Westermann, R., Spies, K., Stahl, G., & Hesse, F. W.(1996). Relative effectiveness and validity of mood induction procedures: A meta-analysis. *European Journal of Social Psychology, 26,* 557-580.

Whalen, P. J., Rauch, S. L., Etcoff, N. L., McInerney, S. C., Lee, M. B., & Jenike, M. A.(1998). Masked presentations of emotional facial expressions modulate amygdala activity without explicit knowledge. *Journal of Neuroscience, 18,* 411-418.

Whitaker, D. S.(1985). *Using groups to help people.* London: Routledge and Kegan Paul.

Whitaker, D. S., & Lieberman, M. A.(1964). *Psychotherapy through the group process.* New York: Atherton.

White, G. M.(1985). "Bad Ways" and "bad talk": Interpretations of interpersonal conflict in a Melanesian society. In J. W. Dougherty(Ed.), *Directions in cognitive anthropology.* Chicago: University of Illinois Press.

White, R.(1959). Motivation reconsidered: The concept of competence. *Psychological Review, 66,* 297-333.

Wicker, F. W., Payne, G. C., & Morgan, R. D.(1983). Participant descriptions of guilt and shame. *Motivation and Emotion, 7,* 25-39.

Wierbicka, A.(1972). *Emotions in semantic Primitives.* Frankfurt, Main: Atheneum Verlag.

Williams, A. C.(1939). Some psychological correlates of the electroencephalogram. *Archives of Psychology.*

Wilson, E. O.(1975). *Sociobiology: The new synthesis.* Cambridge: Harvard University Press.

Wilson, E. O.(1978). *On human nature.* Cambridge, Massachusetts: Harvard University Press.

Wilson, G. D.(1967). GSR responses to fear-related stimuli. *Perception of Motor Skills, 24,* 401-402.

Wilson, M. M.(1985). Hippocampal inhibition of the pituitary adrenalcortical response to stress. In S. B. Burchfield(Ed.), Stress: *Psychological and physiological interactions.* New York: Hemisphere Publishing Company.

Windischbauer, A.(1986). *Arbeitslos-kommunikationslos? Veränderungen im Kommunikationsverhalten bei langzeitarbeitslosen Jungendlichen in Salzburg.* Unpublished doctoral dissertation, University of Salzburg, Austria.

Winnicott, D. W.(1965). *The maturational processes and the facilitating environment.* New York: International University Press.

Winton, W. M.(1986). The role of facial response in self-reports of emotion: A critique of Laird. *Journal of Personality and Social Psychology, 50,* 808- 812.

Wintre, M., Polivy, J., & Murray, M. A.(1990). Self-predictions of emotional response patterns: Age, sex, and situational determinants. *Child Development. 61(4),* 1124-1133.

Wintre, M. G., & Vallance, D. D.(1994). A developmental sequence in the comprehension of emotions: Intensity of multiple emotions, and valence. *Developmental Psychology, 30(4),* 509-514.

Wise, R. A.(1982). Neuroleptics and operant behavior: The anhedonia hypothesis. *The Behavioral and Brain Sciences, 5,* 39-88.

Wolf, S., & Welsh, J. D.(1972). The gastro-intestinal tract as a responsive system. In N. S. Greenfield & R. A. Sternbach(Eds.), *Handbook of psychophysiology.* New York: Holt, Rinehart & Winston.

Wolf, S., & Wolff, H. G. (1943). *Human gastric function.* New York: Oxford University Press.

Wolff, H. G.(1950). Life situations, emotions and bodily disease. In M. L. Reynert(Eds.), *Feelings and emotions.* New York: McGraw-Hill.

Wolff, P. H.(1959). Observations on newborn infants. *Psychosomatic Medicine, 21,* 110-118.

Wolff, C. T., Friedman, S. B., Hofer, M. A. & Mason, J. W.(1964) Relationship between psychological defenses and mean urinary 17-hydroxycorticosteroid excretion rates: A predictive study of parents of fatally ill children. *Psychosomatic Medicine. 26,* 591-609.

Woodman, D. P., Hurton, J. W., & O'Neill, H. T.(1978). Plasma catecholamines, stress and aggression in maximum security patients. *Biological Psychology. 6,* 147-154.

Wundt, W.(1874). *Grundzüge der physiologischen Psychologie.* Leipzig: Engelmann.

Wundt, W.(1905). *Grundzüge der physiologischen Psychologie(Vol. 3).* Leipzig: Engelmann.

Yalom, I. D.(1985). *The theory and practice of group psychotherapy.* New York: Basic Books.

Yarrow, L. J.(1979). Emotional development. *American Psychologist, 34(10),* 951-957.

Yang, P. T.(1943). *Emotion in men and animal.* New York: Wiley.

Yates, G. C. R., Lippett, R. M. K., & Yates, S. M.(1981). The effects of age, positive affect induction, and instructions on children's delay of gratifications. *Journal of Experimental Child Psychology, 32,* 169-180.

Young, A. W., Hellawell, D. J., van de Wal, C., & Johnson, M.(1996). Facial expression processing after amygdalotomy. *Neuropsychologia, 34,* 31-39.

Young-Browne, G., Rosenfeld, H., & Horowitz, F.(1977). Infant discrimination of facial expressions. *Child Development, 48,* 555-562.

Zajonc, R. B.(1980). Feeling and thinking: Preferences need no inferences. *American Psychologists, 35,* 151-175.

Zajonc, R. B., Murphy, S. T., & Inglehart, M.(1989). Feeling facial efference: Implications of the vascular theory of emotion. *Psychological Review, 96,* 395-416.

Zimbardo, P. G.(1969). *The cognitive control of motivation: The consequences of choice and dissonance.* Glenview Ill.: Foresman.

Zuckerman, M.(1971). Physiological measures of sexual arousal in the human. *Psychological Bulletin. 75,* 297-329.

인명색인

사항색인

저자약력

고려대학교와 동 대학원 심리학과 졸업
독일 튀빙겐 대학교 심리학 박사(Ph. D.)
독일 자르 브뤼켄 대학교(1976), 아우그스부르크 대학교(1981) 및 튀빙겐 대학교(1985, 1995)
심리학과 초빙 교수 역임
현재 연세대학교 아동학과 교수

저서 : 심리학 개설(공저, 고려대학교 출판사, 1974)
　　　아동 정신병리학(학문사, 1982)
　　　성격(민음사, 1988)
　　　우리아이 왜 이럴까(동아출판사, 1990)
　　　정서란 무엇인가(민음사, 1995)
　　　발달심리학(학문사, 1999)
　　　게슈탈트 심리학(학지사, 2000)
　　　아동심리학(개정판, 박영사, 2003) 외 다수

역서 : 아기의 처음 365일 외

논문 : Zeitbegriff und Zeitperspektive bei Kindern im Alter von 4 bis 8 Jahren(1971, 박사논문)
　　　Achievement Motivation and Individualism in Korea Adolescent, Psychology of The Korean People(1990)
　　　한국 청년의 정서에 관한 심리학적 연구(1996)
　　　한국 아동의 정서에 관한 심리학적 연구(1997)
　　　한국 아동과 청소년의 도덕적 정서-죄책감을 중심으로(2002) 외 18편

정서심리학

2004년　6월　15일　初版印刷
2004년　6월　25일　初版發行

著　者　김　경　희
發行人　安　鍾　萬
發行處　博　英　社　
　　　　서울特別市 鍾路區 平洞 13-31番地
　　　　電話　(733)6771　FAX　(736)4818
　　　　登錄　1952. 11. 18.　제1-171호(倫)
　　　　對替計座　010033-31-1650878

www.pakyoungsa.co.kr　e-mail : pys@pakyoungsa.co.kr

破本은 바꿔 드립니다. 本書의 無斷複製行爲를 금합니다.

定　價　20,000원　　　　　ISBN　89-10-03126-3